Marcus Willaschek (Hrsg.)

Feld – Zeit – Kritik

Die feldtheoretische Transzendentalphilosophie
von Peter Rohs in der Diskussion

Münsteraner Philosophische Schriften

herausgegeben von

Prof. Dr. Kurt Bayertz,
Prof. Dr. Ludwig Siep,
Prof. Dr. Josef Früchtl,
Prof. Dr. Thomas Leinkauf,
Dr. Marcus Willaschek

(Philosophisches Seminar,
Westfälische Wilhelms-Universität Münster)

Band 1

LIT

Marcus Willaschek (Hrsg.)

Feld – Zeit – Kritik

Die feldtheoretische Transzendentalphilosophie
von Peter Rohs in der Diskussion

LIT

Umschlagbild: Detail aus „Der Astronom" (1668) von Jan Vermeer van Delft

Gedruckt auf alterungsbeständigem Werkdruckpapier entsprechend
ANSI Z3948   DIN ISO 9706

Die Deutsche Bibliothek – CIP-Einheitsaufnahme

Feld – Zeit – Kritik : Die feldtheoretische Transzendentalphilosophie von Peter Rohs in der Diskussion / Marcus Willaschek (Hrsg.) . – Münster : LIT, 1997
  (Münsteraner Philosophische Schriften ; 1.)
  ISBN 3-8258-2963-4

NE: GT

© LIT VERLAG
Dieckstr. 73   48145 Münster   Tel. 0251–23 50 91   Fax 0251–23 19 72

Vorwort

Die Beiträge in diesem Band gehen auf eine Tagung zurück, die im Mai 1996 im Landhaus Rothenberge der Westfälischen Wilhelms-Universität Münster stattgefunden hat. In einem Kreis von Freunden, Kollegen und Schülern wurde dort der 60. Geburtstag von Peter Rohs gefeiert. Zu den in Rothenberge gehaltenen Vorträgen sind in diesem Band noch drei weitere Beiträge hinzugekommen. Wie bereits die Tagung, so ist auch dieses Buch Peter Rohs gewidmet: die Autoren und der Herausgeber ehren damit einen Freund, Kollegen und Lehrer, einen originellen Philosophen und außergewöhnlichen Menschen.

Dennoch ist dieser Band keine Festschrift im üblichen Sinn. Es handelt sich nicht um eine Sammlung von Aufsätzen, die mit dem Werk und der Person des Gefeierten nur lose verknüpft sind. Vielmehr setzen sich alle Beiträge eingehend mit den Arbeiten von Peter Rohs auseinander. Dabei steht sein 1996 erschienenes Buch *Feld–Zeit–Ich* im Mittelpunkt. Als Zwischenbilanz eines seit über 25 Jahren verfolgten Projekts entwickelt es die Grundzüge einer feldtheoretischen Transzendentalphilosophie. Diese Theorie wird in den folgenden Beiträgen kritisch und konstruktiv diskutiert. Am Ende des Bandes antwortet Peter Rohs mit ausführlichen Erwiderungen.

Ich möchte an dieser Stelle noch einmal allen Teilnehmern der Tagung in Rothenberge für anregende Vorträge und lebhafte Diskussionen danken; letztere sind auch diesem Band zugute gekommen. Weiter gilt mein Dank den beteiligten Autoren, nicht zuletzt Peter Rohs selbst, für Ihre Kooperation und Unterstützung. Ein besonderer Dank geht an die Westfälische Wilhelms-Universität Münster, namentlich an Herrn Regierungsdirektor Dirk Barfuss, die diesen Band durch einen Druckkostenzuschuß erst ermöglicht hat. Zu danken habe ich auch den Mitherausgebern der Reihe *Münsteraner Philosophische Schriften* und dem LIT-Verlag für die schöne Gelegenheit, mit dem vorliegenden Band die Buchreihe des Philosophischen Seminars der WWU Münster zu eröffnen. Schließlich möchte ich mich ganz herzlich bei Andrea Arendt, Christoph Halbig, Dieter Janssen und Christian Suhm bedanken, die mir mit viel Mühe und Einsatz beim Formatieren der Beiträge, beim Korrekturlesen und dem Erstellen der Druckvorlage geholfen haben.

Münster, im Juli 1997   M.W.

Inhalt

Marcus Willaschek
Einleitung — 1

Wolfgang Kuhlmann
Kant, Rohs und die Transzendentalpragmatik — 10

Volker Gerhardt
Kein Fenster zum Feld
Die Rolle des Selbstbewußtseins in der transzendentalen Feldtheorie — 51

Michael Esfeld
Feldmetaphysik und Philosophie der Physik — 63

Georg Meggle
Selbstbewußte Reflexionen — 82

Christoph Jäger
Selbstreferenz im Cogito — 111

Michael Quante
Ist die diachrone Identität der Person infallibel?
Einige Bemerkungen zum Verhältnis von Ichen und
Personen im Anschluß an Peter Rohs' *Feld–Zeit–Ich* — 124

Bernward Gesang
Die Wahrheitstheorie von Peter Rohs — 134

Georg Mohr
Was sind eigentlich Wahrnehmungsurteile? — 142

Hansgeorg Hoppe
Über den doppelten Sinn des Ausdrucks ‚Erfahrung' bei Kant — 154

Christian Suhm
Machen Quantensprünge frei?
Zum Zusammenhang von Kausal- und
Freiheitsproblem in der Quantentheorie — 159

Alejandro Rosas
Feld und Freiheit bei Rohs   174

Sibille Mischer
Quaken, Brüten, Äsen
Überlegungen zur Beschreibung und Erklärung tierischen Verhaltens   182

Ludwig Siep
Naturteleologie und Ethik   194

Birgit Recki
Eine Ethik? Eine Ästhetik?
Über offene Wünsche im jüngsten
Systemprogramm des transzendentalen Idealismus   202

Peter Rohs
Entgegnungen   222

Bibliographie Peter Rohs   263

Angaben zu den Autoren   268

Marcus Willaschek

Einleitung

„Jeder wesentliche Denker denkt – so Heidegger – nur einen Gedanken. Aber es fragt sich, ob es der sein muß, den er selbst dafür hält," beginnt Peter Rohs sein kleines Heidegger-Portrait (Rohs 1980, 93). Was Heidegger betrifft, so ist für Rohs die Antwort klar: Nicht das Denken des „Seins als Sein", das jener für seinen eigentümlichen Gedanken hielt, sondern die Einsicht in die wesentliche Zeitlichkeit von Subjektivität ist die „wahrhaft bedeutende und auch gegenüber dem früheren Denken revolutionierende Einsicht Heideggers" (Rohs 1980, 102). Walter Bröcker, Schüler Heideggers und Lehrer von Rohs, hat diesen Gedanken auf die von Rohs gern zitierte Formel gebracht, daß die Zeit die Substanz ist, aus der der Mensch gemacht ist (vgl. Bröcker 1977). Dieser Gedanke Heideggers ist zugleich der Grundgedanke der Philosophie von Peter Rohs. Trotz seiner im Laufe der Jahre noch gewachsenen Distanz zu Heidegger: seit den Kant-Interpretationen der frühen 70er Jahre zieht sich die temporale Deutung von Subjektivität als roter Faden durch die Arbeiten von Rohs. Die Entwicklung, die sein Denken in dieser Zeit durchlaufen hat, widerlegen jedoch Heideggers Eigentlichkeitsdünkel – zu einer überzeugenden Philosophie gehört erheblich mehr als nur *ein* Gedanke.

Das enge Verhältnis von *Zeit* und *Ich* ist in Rohs' jüngstem Buch bereits im Titel präsent. Doch *Feld–Zeit–Ich* enthält weitaus mehr als eine Subjektivitätstheorie: es ist der Entwurf eines philosophischen *Systems*, das eine an Kant orientierte („transzendentalphilosophische") Subjektivitäts- und Erkenntnistheorie mit einer an Spinoza orientierten („feldtheoretischen") Ontologie der raumzeitlichen Wirklichkeit verbindet. Heidegger hatte die Einsicht in die wesentliche Zeitlichkeit menschlichen Daseins zwar als Schlüssel zur „Seinsfrage" angekündigt, diese Frage dann aber doch nicht beantwortet. Bei Peter Rohs nun wird die Zeit tatsächlich, wenn auch auf eine ganz andere Weise als von Heidegger intendiert, zum ontologischen Mittelpunkt: Sie leistet nichts Geringeres als die Vermittlung von Ich und Welt.

„Wie paßt der menschliche Geist in eine physische Welt?", lautet die implizite Leitfrage von *Feld–Zeit–Ich*. Rohs will sie beantworten, ohne entweder unseren Geist und seine spezifischen Leistungen reduktionistisch zu verkürzen oder die Welt idealistisch zum bloßen Objekt unseres Denkens zu degradieren. Die physische Welt, so Rohs, müssen wir im Anschluß an Spinoza als vierdimensionales, raum-zeitliches „Feld" betrachten, als eine umfassende Substanz, deren Existenz und Beschaffenheit von unserem bloßen Denken unabhängig ist. Wie dieses Feld und seine Teile im einzelnen beschaffen sind, erfahren wir durch physikalische und andere naturwissenschaftliche Theorien. Unser Geist aber ist kein Teil des Feldes. Ihm liegt, wie Kant und Fichte gezeigt haben, eine rein subjektive und selbstgenügsame Bezugnahme auf das eigene Bezugnehmen zugrunde, ein selbstreferentieller Prozeß, der zugleich Kern einer Vielzahl mentaler Leistungen ist. Doch wenn die Welt ein physikalisch beschreibbares, substantielles „Feld" ist und unser Geist ein immaterieller, rein prozessualer Selbstbezug, wie ist es dann möglich, daß beide in der biologischen Lebensform Mensch ineinandergreifen?

Die Kluft zwischen Feld und Ich, so die Rohs'sche Antwort, schließt die Zeit. Sie hat nämlich gleichsam zwei Gesichter: Sie gehört einerseits (neben den drei räumlichen Dimensionen) als vierte, zeitliche Dimension zum Feld, während sie andererseits das Medium des subjektiven Selbstbezugs ist. Es ist diese Zweischichtigkeit der Zeit, durch die Feld und Ich zusammengehalten werden. Auf diesem Grundgedanken beruht das Vermittlungsprogramm der feldtheoretischen Transzendentalphilosophie, das Rohs in *Feld–Zeit–Ich* entwickelt.

So anspruchsvoll das Programm, so weit ist auch das Gebiet der behandelten Fragen: sie reichen vom ontologischen Grundbestand der Wirklichkeit über die Struktur von Selbstbewußtsein, die Bedingungen von Kommunikation und Erkenntnis, die Freiheit des Handelns bis zur Möglichkeit religiösen Glaubens. Es liegt auf der Hand, daß die Diskussion dieser philosophischen Grundfragen, soll sie zwischen zwei Buchdeckel passen, nur selten bis ins letzte Detail gehen kann. Der Anspruch, den Rohs mit seinen Thesen verbindet, ist denn auch nicht, sie *jeweils für sich* abschließend begründet oder gar bewiesen zu haben. Anspruchsvolle Thesen in der Philosophie lassen sich nur selten alternativlos aus sicheren Prämissen ableiten.

Rohs verfährt deshalb auf eine Weise, die man mit Rawls als Suche nach einem „Überlegungsgleichgewicht" (*reflective equilibrium*) bezeichnen kann: Ausgehend von vortheoretischen Intuitionen und den in ihrem Licht plausibel erscheinenden philosophischen Vormeinungen werden beide, Intuitionen und philosophische Theorien, solange variiert, bis sich ein stimmiges Ganzes ergibt. Dieses Vorgehen ist insofern „holistisch", als *keine* einzelne philosophische Frage endgültig beantwortet ist, bis nicht *alle* philosophischen Fragen beantwortet sind – faktisch also niemals. Andererseits geht Rohs aber davon aus, daß *einige* unserer vorphilosophischen Intuitionen (etwa unser Wissen um das Verfließen der Zeit) nicht zur Disposition stehen (vgl. Rohs 1987). Hier hat der Rohs'sche Holismus also Grenzen. Allerdings legen diese basalen Evidenzen allein noch nicht fest, wie ihnen philosophisch Rechnung zu tragen ist. Auf der Ebene der philosophischen Theoriebildung gilt der Begründungsholismus deshalb uneingeschränkt. Die Positionen, die Rohs zu unterschiedlichen Einzelfragen vertritt, erhalten ihre argumentative Unterstützung (und damit auch ihre genaue Bedeutung) daher nicht zuletzt aus ihrer Stellung in der Gesamtkonzeption, deren Plausibilität ihrerseits von der ihrer Teile abhängt. Mit der *Feld–Zeit–Ich* zugrundeliegenden Methodologie und dem dahinterstehenden Philosophiebegriff setzen sich, in unterschiedlicher Weise,

Wolfgang Kuhlmann und *Volker Gerhardt* in ihren Beiträgen kritisch auseinander.[1]

Im Mittelpunkt der feldtheoretischen Transzendentalphilosophie steht die Unterscheidung zwischen einer physikalistischen Ontologie der vierdimensionalen Raum-Zeit (des Feldes) und einer immaterialistischen Ontologie der ersten Person (des Ichs). Beide, so Rohs, sind irreduzible Bestandteile der Wirklichkeit. Rohs gelangt zu diesem ontologischen Dualismus in drei Schritten: (A) Die Welt der physischen Dinge in Raum und Zeit läßt sich angemessen als vierdimensionales Raum-Zeit-Feld begreifen. (B) Das „zeitliche Werden" (der Wechsel der 'modalen' Zeitbestimmungen „vergangen", „gegenwärtig" und „zukünftig") ist kein Teil dieses Feldes. (C) Das zeitliche Werden ist das Medium (die „Anschauungsform"), in dem sich menschliches Selbstbewußtsein vollzieht und das allen geistigen Leistungen von Subjekten zugrundeliegt. Ich möchte diese drei Schritte nun etwas näher erläutern.

A. Die grundlegenden Einzeldinge der feldtheoretischen Transzendentalphilosophie sind Raum-Zeit-Gebiete, die Rohs als *Ereignisse* bezeichnet (24ff.).[2] Diese Bezeichnung muß unpassend erscheinen, wenn man sich Raum und Zeit als eine Art Behälter mit Dingen darin vorstellt, in dem sich manchmal etwas ereignet, manchmal aber auch nicht. Es ist jedoch die zentrale These der Feldtheorie, daß eine solche Vorstellung in die Irre geht. Dinge sind danach selbst Ereignisse (bzw. Klassen von Ereignissen); Ereignisse wiederum sind, als Raum-Zeit-Gebiete mit ihren jeweiligen Eigenschaften oder Zuständen, unselbständige Teile des alles umfassenden vierdimensionalen *Feldes* aus Raum und Zeit. Es sind vor allem zwei Überlegungen, die für eine solche feldtheoretische Konzeption sprechen: Zum einen paßt sie bestens zur Auffassung der relativistischen Physik, daß Raum und Zeit eine vierdimensionale Einheit bilden und sich alles Physische als Zustand oder Zustandsveränderung von Raum-Zeit-Gebieten beschreiben läßt. Alles Wirkliche *in* Raum und Zeit wird so zu einer Eigenschaft oder einem Zustand *an* Raum und Zeit. – Auf den Zusammenhang zwischen Relativitätstheorie, Quantentheorie und Feldmetaphysik geht *Michael Esfeld* in seinem Beitrag ein.

Die zweite Überlegung beginnt mit der Einsicht, daß die diachrone Identität raum-zeitlicher Gegenstände nur relativ zu sortalen Prädikaten oder Begriffen festliegt (95ff.): Ob jemand zweimal in *denselben* oder jeweils in einen *anderen* Fluß steigt, hängt eben auch davon ab, ob wir mit „Fluß" eine geographische Einheit oder aber das darin fließende Wasser meinen. Dies gilt in weniger auffälliger Form auch für „handfestere" Gegenstände wie z.B. einen

---

[1] Kuhlmann gibt auch einen ausführlichen Überblick über die Grundgedanken der feldtheoretischen Transzendentalphilosophie (unten 23ff). Da die übrigen Beiträge dieses Bandes ebenfalls Darstellungen derjenigen Aspekte der Rohs'schen Position enthalten, mit denen sie sich näher auseinandersetzen, möchte ich mich in dieser Einleitung auf einige wenige erläuternde Bemerkungen beschränken.
[2] Seitenzahlen ohne weitere Angaben beziehen sich hier und im folgenden auf Rohs 1996.

Stein oder einen Kugelschreiber. Auch wenn man dessen Mine auswechselt und es sich deshalb um einen anderen *materiellen Gegenstand* handelt als zuvor, haben wir es noch immer mit demselben *Kugelschreiber* zu tun. Man kann sich seine Identität über Veränderungen des Ortes, der Zeit und der materiellen Bestandteile hinweg, etwas vereinfacht, folgendermaßen vorstellen: Es gibt einen kontinuierlichen Weg von jener Stelle in Raum und Zeit, die der Kugelschreiber vor dem Minenwechsel eingenommen hat, zu der Raum-Zeit-Stelle, die er jetzt einnimmt, und auf jedes Segment dieses Weges läßt sich der Begriff Kugelschreiber anwenden. Die uns vertrauten kontinuierlichen Dinge lassen sich so als Klassen von Raum-Zeit-Gebieten verstehen.

Nun sind Raum und Zeit *kontinuierliche* Größen; jede Einteilung in Gebiete ist insofern willkürlich. Raum-Zeit-Gebiete sind deshalb unselbständige Teile einer vorgängigen Einheit. Erst durch unsere Bezugnahme auf ein Gebiet, so Rohs, grenzen wir es von anderen Gebieten ab und 'machen' es so zu einem Individuum (27). Unabhängig von unserer Referenz gibt es nur *ein* Individuum (eine „Substanz") – das alle Gebiete umfassende und ihnen begrifflich vorhergehende vierdimensionale Raum-Zeit-Feld. Alles, was physisch existiert, ist Teil dieses Feldes.

B. Aber nicht alles, was existiert, existiert physisch. Paradigma und Prinzip nicht-physischer („nichtsinnlicher") Existenz ist Rohs' zentraler Einsicht zufolge das Verfließen der Zeit, das „zeitliche Werden" (34ff.). Die zeitliche Dimension des Feldes läßt sich vollständig mit Hilfe topologischer und metrischer Zeitbegriffe erfassen, z.B. „liegt zeitlich zwischen A und B" oder „dauert dreimal so lange wie der Zeitraum Z". Daß ein Ereignis aber zunächst zukünftig, dann gegenwärtig und schließlich für immer vergangen ist, kann sich nicht aus seiner Position im Feld ergeben; schließlich ändert ein Ereignis nicht seine Zeit-Stelle relativ zu anderen Ereignissen, wenn es gegenwärtig wird und dann vergeht. Es verhält sich hier ganz ähnlich wie mit Kants 100 wirklichen und 100 möglichen Thalern (vgl. Kant 1781, 599): sowenig die wirklichen Thaler heller schimmern als die möglichen, sowenig verändert sich ein Ereignis, wenn es aufhört, gegenwärtig zu sein. Daher spielen die modalen Zeitbestimmungen „zukünftig", „gegenwärtig" und „vergangen" auch keine Rolle in einer physikalischen Beschreibung der Wirklichkeit.

Das zeitliche Werden ist also kein Bestandteil des Feldes. Dennoch ist es ein so zentrales Moment unserer Auffassung von der Wirklichkeit, daß in einem bestimmten Sinn nur das als wirklich gilt, was gerade gegenwärtig ist. Wenn man mit Rohs das raum-zeitliche Feld als „die Wirklichkeit" auffaßt, muß man demnach drei Begriffe von Wirklichkeit unterscheiden: (1) wirklich qua gegenwärtig, (2) wirklich als ein Teil des Feldes und (3) die Wirklichkeit als die Feld und Ich umfassende Gesamtheit.

C. Das zeitliche Werden bildet nun die Gelenkstelle, an der Feldmetaphysik, Subjektivitäts- und Erkenntnistheorie ineinandergreifen. Es kann diese Rolle spielen, weil es über die folgenden drei Charakteristika verfügt:

(i) Das zeitliche Werden ist aufs Engste mit der Grundstruktur von Subjektivität, mit Bewußtsein und Selbstbewußtsein verbunden: Zwar kann man zukünftige Ereignisse erwarten und sich an vergangene erinnern – bewußt erleben aber kann man immer nur im Modus der Gegenwart. Rohs bringt dies auf das Schlagwort von der 'Nunczentrizität von Subjektivität' (12). In Anlehnung an Kants Lehre von Raum und Zeit gelangt er so zu der These, daß die „reine Anschauung des zeitlichen Werdens die Anschauungsform des Selbstbewußtseins" ist (48). Um eine „reine Anschauung" handelt es sich, weil unser Bewußtsein vom Verfließen der Zeit nicht begrifflichen, sondern anschaulichen Charakter hat, ohne daß wir das zeitliche Werden durch einen oder mehrere unserer Sinne wahrnehmen würden; es ist daher etwas „Intelligibles" oder „Nichtsinnliches". Daß dieser Vorgang die Anschauungsform des Selbstbewußtseins ist, bedeutet, daß man sich der eigenen mentalen Zustände unmittelbar nur als gegenwärtiger bewußt werden kann.

(ii) Nun ist unser Bewußtsein etwas Privates – zumindest insofern, als jeder Mensch sein *eigenes* Bewußtsein hat. Das zeitliche Werden aber ist für alle Menschen dasselbe: Falls jemand zu einem Zeitpunkt, der für mich gerade gegenwärtig ist, überhaupt Bewußtsein hat, muß dieser Zeitpunkt auch ihm gegenwärtig sein, denn Bewußtsein vollzieht sich, wie wir gesehen haben, ausschließlich im Modus der Gegenwart. Sofern wir unsere Mitmenschen also nicht als seelenlose Automaten betrachten wollen, müssen wir davon ausgehen, daß wir mit ihnen dieselbe Gegenwart teilen. Das zeitliche Werden, das einerseits ein wesentliches Moment unseres jeweils eigenen, subjektiven Bewußtseins ist, ist andererseits ein öffentlicher Vorgang.

(iii) Was sich im zeitlichen Werden verändert, sind Eigenschaften (nämlich die modalen Zeitbestimmungen) von *Ereignissen*, also von Teilen des Feldes. Die zeitlichen Strukturen des Feldes und das zeitliche Werden, obwohl nicht aufeinander reduzierbar, stehen in einem unmittelbaren Zusammenhang. Die in sich dual verfaßte Zeit ist Rohs zufolge ein einheitliches Phänomen (40; vgl. dazu auch den Beitrag von *Volker Gerhardt* und Rohs' Erwiderung).

Das zeitliche Werden hängt also über die topologischen und metrischen Zeitstrukturen mit dem Feld zusammen, bestimmt die Weise, wie Subjekte sich ihrer eigenen mentalen Zustände bewußt werden, und ist zugleich etwas Öffentliches – ein nicht-sinnlicher, aber intersubjektiv zugänglicher Bereich der Wirklichkeit. Diese Eigenschaften des zeitlichen Werdens sollen es nun erlauben, wie Rohs in den Kapiteln 5 bis 24 von *Feld–Zeit–Ich* im einzelnen ausführt, die Stellung von Subjekten in der Natur und die Möglichkeit von Erkenntnis, freiem Handeln und gelingender Kommunikation zu verstehen.

Wie ich glaube, ändert sich an dieser Stelle jedoch die Argumentationsrichtung: Während es bisher darum ging, eine plausible, wenn auch im Detail sicherlich nicht alternativlose Konzeption von raumzeitlicher Wirklichkeit und zeitlichem Werden zu rechtfertigen, geht es nun um die „Bedingungen der Möglichkeit" von Subjektivität, Erkenntnis, Handeln und Kommunikation. Diese Überlegungen hängen mit der soeben skizzierten Konzeption argumentativ auf folgende Weise zusammen: Wer mit Rohs z.B. annimmt, daß es objektive wissenschaftliche Erkenntnis gibt, der muß angesichts relativistischer und subjektivistischer Zweifel zumindest zeigen, wie eine solche Erkenntnis *möglich* ist. Wenn sich nun herausstellt, daß deren notwendige Bedingungen mit einem bereits für sich plausiblen Bild der Wirklichkeit vereinbar sind, aber nicht mit konkurrierenden Auffassungen, dann ist dies sowohl eine Bestätigung für unser Bild der Wirklichkeit als auch ein Schritt zur Erklärung der Möglichkeit objektiver Erkenntnis. (Analoges gilt für die übrigen Explananda.)

Ich möchte nun diese weiteren Überlegungen in ihren wichtigsten Schritten kurz in Erinnerung bringen. Zunächst zur Subjektivität. Peter Rohs übernimmt von Fichte die These, daß ein Subjekt nichts anderes ist als der Vollzug der Referenz auf sich in der Selbstzuschreibung mentaler Zustände. Für das „Ich" gilt deshalb das Prinzip „*esse est referri*": Die Referenz konstituiert die Existenz ihres Gegenstandes; sie kann deshalb auch nicht fehlgehen (74) – eine These, mit der *Christoph Jäger* sich in seinem Beitrag auseinandersetzt.

Dieser selbstbezügliche Vollzug der Referenz, das Fichtesche „Sich-Setzen", ist wesentlich präsentisch (77). Besonders dringlich, so *Michael Quante* in seinem Beitrag, stellt sich deshalb die Frage nach der diachronischen Identität von Subjekten. Rohs zufolge schließt der „nunczentrische" Charakter von Subjektivität nicht aus, daß ein Ich auf vergangene Phasen der eigenen Existenz Bezug nimmt. Dann aber ist – nach dem *Esse-est-referri*-Prinzip – der gegenwärtige Akt der Referenz mit seinem Gegenstand identisch. Subjekte verfügen damit über eine ursprüngliche, unabgeleitete diachrone Identität (94ff.): So, wie die Gegenwart immer dieselbe bleibt, auch wenn die jeweils gegenwärtigen Zeitpunkte wechseln, so bleibt das nunczentrische Ich dasselbe, auch wenn die Inhalte seines Bewußtseins wechseln. (Allerdings unterzieht Rohs diese in *Feld–Zeit–Ich* vertretene Auffassung in seiner Erwiderung auf die Kritik von Quante einer Revision; vgl. unten 236ff.).

Rohs unterscheidet nun mit Frege scharf zwischen psychischen *Vorstellungen* und intentionalen *Sinnen* (108ff.). Ohne Sinne als intersubjektiv, intertemporal und interlingual konstante Inhalte des Denkens, so seine These, gibt es weder Erkenntnis noch Kommunikation noch Handeln. Während psychische Vorstellungen sozusagen „blinde" Zustände eines Subjekts sind, beziehen sich Sinne (die gerade nichts „Sinnliches" sind) intentional auf Objekte. Sie sind deshalb „Gegebenheitsweisen": Weisen, sich geistig auf einen Gegenstand zu beziehen. Rohs führt diese Sinne, in Anlehnung an Kant, auf Verbindungsleistungen des Subjekts zurück. Indem wir uns des uns anschaulich Gegebenen bewußt werden, transformieren wir es in einen singulären, d.h. auf einen individuellen Gegenstand bezogenen Sinn. In einem weiteren Schritt können wir diesen singulären Sinn unter einen Begriff (einen generellen Sinn) bringen und so einen wahrheitsfähigen Gedanken (einen propositionalen Sinn) bilden. Beide Schritte haben, zumindest in den elementaren Fällen, präsentischen Charakter: das „Fassen" von Gedanken besteht (in den grundlegenden Fällen) in dem Bewußtsein, daß singulärer und genereller Sinn *in der Gegenwart* verknüpft sind. Auf diese Weise läßt sich die Intersubjektivität und Nichtsinnlichkeit der Sinne als Ergebnis einer Konstitutionsleistung verstehen, die von der präsentischen Form des Selbstbewußtseins geprägt ist. Was die Mitteilbarkeit solcher Sinne in sprachlichen Ausdrücken betrifft, so schließt sich Rohs weitgehend der handlungstheoretischen Semantik und Kommunikationstheorie *Georg Meggles* an. In seinem Beitrag in diesem Band faßt Meggle die entscheidenden Gemeinsamkeiten und die (offenbar immer geringer werdenden) Differenzen zwischen seiner Position und der von Rohs noch einmal zusammen.

Wie bereits erwähnt, lassen sich Rohs zufolge im raum-zeitlichen Feld Individuen nur relativ zu einer Weise der Bezugnahme unterscheiden. Wenn nun die Gegebenheitsweisen individueller Dinge das Ergebnis einer subjektiven Konstitutionsleistung sind, dann gibt es Individuen im Feld nicht „an sich", sondern nur „für uns". Peter Rohs gelangt so zu einer Variante des transzendentalen Idealismus Kants, der zufolge das Feld als ein Ganzes die Wirklichkeit „an sich" ist, während Gebiete und einzelne Dinge im Feld von unserer Weise abhängen, das Feld durch die Konstitution von Sinnen „zur Erscheinung zu bringen" (162ff.). Das hat zur Folge, daß die Wahrheit eines Gedankens sich nicht als Übereinstimmung mit einem unabhängigen „Stück" Wirklichkeit verstehen läßt, sondern nur als nicht weiter analysierbare Beziehung des Gedankens zur Wirklichkeit insgesamt (vgl. 138ff.) – eine Konsequenz, die *Bernward Gesang* in seinem Beitrag kritisch diskutiert.

Natürlich wollen wir auch wissen, welche unserer Gedanken wahr sind und welche nicht. Sofern wir uns dabei auf die alltäglichen Dinge unserer Lebenswelt beschränken, die uns anschaulich gegeben sind, können wir dies durch bloßes „Hinschauen" (und andere Formen des Wahrnehmens) feststellen. Zwar beruhen solche „Wahrnehmungsurteile" (wie zum Beispiel „Dies hier ist weiß") bereits auf Synthesen des Subjekts und sind insofern etwas intersubjektiv Verstehbares, doch ist ihre *Geltung* auf die Gegenwart beschränkt (173ff.). Aus diesem Grund stellen Wahrnehmungsurteile noch kein *systematisches* Wissen – Rohs spricht mit Kant von „Erfahrung" – über die raum-zeitliche Wirklichkeit dar. Zwar sind auch Erfahrungsurteile, als Inhalt eines Selbstbewußtseins, etwas Gegenwärtiges. Im Gegensatz zu Wahrnehmungsurteilen ist bei ihnen jedoch die *Geltung* der Verknüpfung von singulärem Sinn und Begriff (oder auch die mehrerer Begriffe) nicht auf die jeweilige Gegenwart beschränkt (187ff.). Aufgrund dieser „Zeitneutralität" sind Erfahrungsurteile nicht mehr unmittelbar durch Wahrnehmungen verifizierbar. Sie beruhen auf weitreichenden theoretischen Annahmen über grundsätzliche Züge der Natur, etwa über die Möglichkeit raumzeitlicher Lokalisierung von Einzeldingen, die systematische Abgeschlossenheit des Bereichs möglicher Eigenschaften und über das Kausalprinzip. Rohs zufolge handelt es sich hierbei um „Bedingungen der Möglichkeit von Erfahrung", von deren Erfülltsein wir, als Erfahrung machende Wesen, ausgehen dürfen. Allerdings ist ein vollständiges System der Erfahrung ein ideales Ziel, dem man sich nur asymptotisch annähern kann. – Mit der Rohs'schen Konzeption von Wahrnehmungsurteilen setzt sich der Beitrag von *Georg Mohr* auseinander; der Erfahrungsbegriffs Kants, und damit auch der von Rohs, ist Thema des Beitrags von *Hansgeorg Hoppe*.

Um Wissenschaft zu betreiben, müssen Menschen planvoll in den Naturablauf eingreifen. Solche Eingriffe sind *Handlungen*. Im Anschluß an Kant versteht Rohs menschliche Handlungen als kausale Zusammenhänge und damit als Fall einer „Sukzession nach einem Gesetz". Allerdings ist dieses Gesetz bei Handlungen von gänzlich anderer Art als beispielsweise in der Physik, denn es nimmt auf die propositional verfaßten Wollensinhalte und Überzeugungen des Handelnden Bezug (211ff.). Was jemand will, ist nicht naturkausal determiniert, sondern steht erst fest, wenn der Zeitpunkt des Handelns gegenwärtig wird. Handlungsgesetze haben daher nur retrospektiv erklärende und keine prognostische Kraft. In diesem Sinn ist menschliches Handeln frei. Allerdings droht diese Freiheit nun mit der kausalen Geschlossenheit der Natur in Konflikt zu geraten. Eine Antinomie läßt sich jedoch Rohs zufolge vermeiden, denn die Gesetze der Quantenmechanik, als der grundlegenden Theorie der Natur, haben eine Struktur, die für freies Handeln Raum läßt (227ff.) – eine Lösung des Freiheitsproblems, mit der sich *Christian Suhm* und *Alejandro Rosas* in ihren Beiträgen beschäftigen.

Auch das Verhalten von Tieren und Pflanzen erscheint uns oft als zweckgerichtet. Wir beschreiben andere Lebewesen dann so, *als ob* sie etwas wollen und glauben. Diese Einstellung läßt sich nun Rohs zufolge dadurch rechtfertigen, daß bei vielen Lebewesen bereits Vorformen des Wollens und Glaubens vorliegen müssen, wenn mit uns Menschen erkennende und handelnde Wesen evolutionär entstanden sind. Wir dürfen in unseren *genetischen* Verwandten im Tier- und Pflanzenreich sozusagen auch Brüder und Schwestern *im Geiste* sehen, die zwar nicht über Subjektivität wie die unsere, aber doch über etwas ihr Ähnliches verfügen (251ff.). – Mit der Rohs'schen Teleologie beschäftigt sich der Beitrag von *Sibille Mischer*. Welche moralphilosophischen und ästhetischen Konsequenzen sich aus dieser Auffassung ergeben könnten, diskutieren *Ludwig Siep* und *Birgit Recki* in ihren Beiträgen.

Jedenfalls hat man Rohs zufolge Grund zu der Annahme, daß Subjektivität kein Privileg des Menschen (und vielleicht noch einiger anderer Säugetiere) ist. Sie greift mit dem zeitlichen Werden vielmehr auf eine „Ressource" zurück, welche die *gesamte* Natur durchzieht. Dies erzwingt nicht, aber erlaubt es doch vielleicht, sich die Natur insgesamt als ein Subjekt zu denken. Wem religiöse Gefühle nicht fremd sind (und niemandem, der das Gute und das Schöne schätzt, können sie völlig fremd sein), dem steht es Rohs zufolge frei, seine Gefühle auf die Natur als ganze zu beziehen und diese als Gott zu verehren (266ff.). Ganz in der Tradition der beiden Denker, deren Einsichten die feldtheoretische Transzendentalphilosophie vereinbar machen soll, Spinoza und Kant, liegt der Fluchtpunkt der Rohs'schen Philosophie jenseits der Philosophie.

Dieser letzte Übergang von einer feldtheoretischen Transzendentalphilosophie zu einer spinozistisch geprägten Religiosität entzieht sich in gewisser Weise der Diskussion. Das gilt jedoch nicht für die vielfältigen Überlegungen, Thesen und Argumente, die diesem Schritt vorausgehen. Die feldtheoretische Transzendentalphilosophie kritisch zu würdigen, ist das Ziel der nun folgenden dreizehn Beiträge. Sie stellen die Wahrheit der von Peter Rohs vertretenen Positionen mehr als einmal in Frage. Doch sie machen zugleich deutlich, daß es sich bei *Feld–Zeit–Ich* um einen philosophischen Entwurf von außergewöhnlicher Reichweite, von großer innerer Geschlossenheit und hoher philosophischer Durchdringungskraft handelt. Daß dieses Projekt, trotz des bereits erreichten Grades an Elaboriertheit, auch nach über 25 Jahren noch nicht abschlossen ist, zeigen die Erwiderungen von Peter Rohs am Ende dieses Bandes.

Literatur

Bröcker, Walter (1977): „Rückblick auf Heidegger", in *Allgemeine Zeitschrift für Philosophie* 2, 24-28.

Kant, Immanuel (1781): *Kritik der reinen Vernunft*, in *Kants gesammelte Schriften*, hg. v. der Preußischen Akademie der Wissenschaften, Berlin 1900ff., Bde. 3 und 4. (Stellenangaben nach der Seitenzählung der Originalausgabe A.)

Rohs, Peter (1980): „Martin Heidegger", in *Physiognomien. Philosophen des 20. Jahrhunderts in Portraits*, hg. v. E. Nordhofen, Königstein, 93-119.

Rohs, Peter (1987): „Philosophie als Selbsterhellung von Vernunft", in *Philosophie und Begründung*, hg. v. Forum für Philosophie Bad Homburg, Frankfurt (Main).

Rohs, Peter (1996): *Feld–Zeit–Ich. Entwurf einer feldtheoretischen Transzendentalphilosophie*, Frankfurt (Main).

Wolfgang Kuhlmann

Kant, Rohs und die Transzendentalpragmatik

Es geht im folgenden um einen Vergleich und eine kritische Einschätzung von drei Formen von Transzendentalphilosophie, der klassischen Form, die der Begründer dieser Art von Philosophie, Kant, ihr gegeben hatte,[1] der Rohsschen Form, die gerade in einem neuen Buch vorgelegt wurde (Rohs 1996) und der transzendentalpragmatischen Form, die auf Karl-Otto Apel zurückgeht und an der ich schon seit langem mitarbeite.[2]

Konkreter Anlaß für die Untersuchung ist das Erscheinen des Buches von Peter Rohs *Feld–Zeit–Ich*, in dem dieser den gegenwärtigen Stand seiner langjährigen Bemühungen um eine kritische Rekonstruktion der kantischen Konzeption, um seine Idee von Transzendentalphilosophie, umfassend und resümierend vorgelegt hat. An dem wichtigen und bedeutenden Buch ist nach meiner Auffassung vor allem das Mißverhältnis auffällig zwischen der äußerst anspruchsvollen inhaltlichen Konzeption und der überaus anspruchslosen Form, in der diese Konzeption zur Geltung gebracht wird: Einerseits haben wir es mit einem weit ausgreifenden, tief angelegten und – wie ich denke – in vielem sehr überzeugenden Ansatz zu tun, bei dem sozusagen inhaltlich „aufs Ganze" gegangen wird, indem nämlich von einer theoretischen Zentralidee her alle wesentlichen „Weltknoten" (Erkenntnisproblem, Handlungsproblem, Leib-Seele-Problem, Problem der Evolution der Vernunft etc.) gelöst werden sollen. Es geht ganz klar nicht um eine Spezialtheorie, die sich auf einen bestimmten Weltausschnitt beschränkt. Andererseits aber tritt diese imponierende Konzeption in der allzu bescheidenen, das methodische Niveau und das Reflexionsniveau der vernunftkritischen Tradition klar unterbietenden Form einer – nach kantischen Begriffen – vorkritisch-objektivistisch durchgeführten wissenschaftlichen Spezialtheorie auf.

Dies Mißverhältnis legt es nahe, der Frage nach der angemessenen Form von Philosophie überhaupt, insbesondere aber der Transzendentalphilosophie, genauer nachzugehen. Zugrunde liegt dem Ganzen die Unterstellung, daß die Frage nach der Form des Unternehmens Philosophie – die gegenwärtig vor allem diskutierten Alternativen sind etwa: „wissenschaftlich-theoretisches Unternehmen", „Kritik", „edifying conversation", „theoretisches Unternehmen sui generis" – für den Erfolg der Sache von ausschlaggebender Bedeutung ist.

Es sollen drei Positionen besprochen werden. Für deren Verhältnis gilt folgendes: Alle drei deklarieren sich selbst als Formen der Transzendentalphilosophie. Insofern besteht eine wesentliche Gemeinsamkeit. Zugleich

---

[1] Vgl. Kant 1781 (im folgenden *KrV* A), Kant 1783 (im folgenden *Prol.*) und Kant 1787 (im folgenden *KrV* B).
[2] Vgl. Apel 1973, 1974, 1987; Böhler 1985; Kuhlmann 1984, 1992a, 1992b.

aber zeigen sich grundlegende Differenzen, tiefe sachliche Unterschiede. Diese erstrecken sich auch – ja sogar vor allem – auf die Idee der Transzendentalphilosophie, über die sie doch zusammenhängen. Sie unterscheiden sich am folgenreichsten darin, was sie als optimale Realisierung der wohlverstandenen Idee von Transzendentalphilosophie, als die optimale Form für die Transzendentalphilosophie ansehen, und genau in diesem Punkt konkurrieren sie auch miteinander. (In diese Konkurrenz gehört auch Kant selbst, der Urheber der Idee der Transzendentalphilosophie, und zwar insofern, als auch bei ihm zwischen der Idee, der wohlverstandenen Idee und der Realisierung der Transzendentalphilosophie unterschieden werden kann.)

Die Abhandlung ist ganz einfach aufgebaut. Im ersten Abschnitt wird die Kantische Konzeption vorgeführt und diskutiert (I), im zweiten der Rohssche Ansatz (II), im dritten der transzendentalpragmatische (III), und im vierten versuchen wir, die Frage nach der Form zu beantworten.

I

1. Kant versteht seine Konzeption einer kritischen Philosophie als *Antwort auf eine als dramatisch empfundene (Ausnahme-)Situation*. Es gibt keine allgemeingültigen Grundlagen, kein objektives Verfahren und keine allgemein akzeptierten Kriterien. „[I]n ihr [der Metaphysik] gerät die Vernunft continuirlich in Stekken... In ihr muß man unzählige mal den Weg zurück thun, weil man findet, daß er dahin nicht führt, wo man hin will, und was die Einhelligkeit ihrer Anhänger in Behauptungen betrifft, so ist sie noch so weit davon entfernt, daß sie vielmehr ein Kampfplatz ist, ... auf dem noch niemals irgend ein Fechter sich auch den kleinsten Platz hat erkämpfen und auf seinen Sieg einen dauerhaften Besitz gründen können" (*KrV* B XIVf.). Kant gibt hier eine Diagnose des Zustandes der Philosophie, die mutatis mutandis auch heute noch viele als nicht ganz unzutreffend für diese Disziplin ansehen würden, die ja den Status einer paradigmatischen normal science mit „sicherem Gang" ersichtlich nicht erreicht hat.

Aufgrund dieser Diagnose schlägt Kant ziemlich *radikale Maßnahmen* vor. Er behauptet, „daß es unumgänglich nothwendig sei, ihre [der Metaphysik] Arbeit vor der Hand auszusetzen, alles bisher Geschehene als ungeschehen anzusehen und vor allen Dingen zuerst die Frage aufzuwerfen: ob auch so etwas als Metaphysik überall nur möglich sei" (*Prol.* 255).

Mit diesem Schritt bekommt die Philosophie, die zuvor weitgehend und in vielem nach dem Muster einer intentione recta verfahrenden Realwissenschaft – einer Wissenschaft freilich mit besonderen Gegenständen – verstanden werden konnte, eine *grundsätzlich andere Form*: Philosophie wird wesentlich *Vernunftkritik*, „Kritik ... des Vernunftvermögens überhaupt, ... die Bestimmung sowohl der Quellen, als des Umfanges und der Gränzen derselben" (*KrV* A XII). Das bedeutet zunächst, daß für die Philosophie die natürliche Erkenntnisrichtung, die von der erkennenden Instanz weg auf das zu Erkennende zielt (Theoriemetaphorik) umgedreht wird. Philosophie wird durchgängig zur reflexiven Disziplin, für die die Vernunft der eigentliche und zentrale

Gegenstand wird, Vernunft, die freilich in dem Sinne, in dem Aristoteles das von der Seele sagte, „in gewissem Sinne alles ist" und über die in gewissem Sinne „alles" auch philosophisch zugänglich und verfügbar bleibt. Kurz: Philosophie wird *theoretische Untersuchung, Erforschung der Vernunft*, vernünftiger Subjektivität.

Aber das ist nicht alles. Vernunftkritik ist theoretische Untersuchung der Vernunft *in praktischer Absicht*. Sie ist nicht nur theoretisches Unternehmen, sondern zugleich so etwas wie ein juristischer Prozeß, in dem es nicht allein auf Einsicht in das, was ist, sondern auch und wesentlich auf Beurteilung dessen, was sein soll, auf Bewertung von Ansprüchen ankommt. Kant vergleicht sie mit einem „Gerichtshof, ...der sie (die Vernunft) bei ihren gerechten Ansprüchen sichere, dagegen aber alle grundlose Anmaßungen [der Dogmatiker oder Skeptiker; W.K.] ... abfertigen könne" (*KrV* A, XIf.). Als ein solcher Gerichtshof hat die Vernunftkritik nicht so sehr mit quaestionibus facti als vielmehr mit (darauf aufruhenden) quaestionibus juris zu tun.

Daß eine *philosophische* Untersuchung unseres Erkenntnisvermögens nicht bei einer rein deskriptiven Theorie stehenbleiben kann, folgt schon daraus, daß „Erkenntnis" (wie „Wissen") ein Erfolgswort ist. Ein philosophischer Erkenntnistheoretiker, der seinen Namen verdient und der den für ihn ja nicht ganz unerheblichen Unterschied zwischen wirklicher und bloß vermeintlicher Erkenntnis, zwischen Wissen und bloßem Meinen nicht vernachlässigen will, der kann nicht umhin, so etwas wie einen Maßstab aufzubieten, ihn (und damit zugleich sich selbst) ins Spiel zu bringen und seinen Gegenstand daran zu messen. Er kann sich nicht auf bloßes distanziertes Betrachten, auf bloße Deskription beschränken. Insofern tendiert Erkenntnistheorie immer schon in Richtung Erkenntniskritik.

Daß nun die Bestimmung seines Unternehmens als Vernunft*kritik*, als Gerichtshof etc. für Kant selbst nicht beiläufig und zufällig, sondern wesentlich und zentral ist, das wird deutlich an den (extremen) Forderungen, die er immer wieder an die Durchführung des Projekts stellt. Die wichtigste ist die der *Gewißheit*: Kant behauptet, „daß es in dieser Art von Betrachtungen auf keine Weise erlaubt sei, zu meinen und daß alles, was darin einer Hypothese nur ähnlich sieht, verbotene Waare sei" (*KrV* A, XV). Eine zweite eng damit zusammenhängende Forderung ist die der *Vollständigkeit*. Solange die kritische Untersuchung nicht vollständig ist, d.h. mögliche Fehlerquellen unerforscht geblieben sind, sei die Untersuchung wertlos, man könne sie wegwerfen (*KrV* A, 13; *Prol.* 263). Eine dritte Forderung ist die, daß das Unternehmen *bald abgeschlossen* sein muß. „Nun ist Metaphysik nach den Begriffen, die wir hier davon geben werden, die einzige aller Wissenschaften, die sich eine solche Vollendung und zwar in kurzer Zeit und mit nur weniger, aber vereinigter Bemühung versprechen darf" (*KrV* A, XX). – Wird Vernunftkritik als Erkenntnis*theorie*, als bloß theoretisches Unternehmen zur Befriedigung theoretischer Neugierde hinsichtlich der Beschaffenheit und der Funktion unseres Vernunftvermögens verstanden, dann leuchtet nicht ein, daß von Anfang an auf absoluter Gewißheit, Vollständigkeit und schneller Fertigstellung des Unternehmens bestanden werden muß, dann wäre der „sichere Gang der Wissenschaften" qua konvergierender Forschungsprozeß in the long run ja durchaus nicht sinnlos. Wenn jedoch Vernunftkritik als Erkenntnis*kritik* verstanden wird, als Unternehmen vorweg, das die „Quelle der Irrtümer verstopft", das die eigentliche Erkenntnis auf die richtige Bahn bringt, Grenzen setzt und Weichen stellt, als Unternehmen, von dem für alle andere Erkenntnis vieles abhängt, derart daß vorderhand alles ausgesetzt werden sollte, bis dies Unternehmen zu Ende gebracht ist, dann *müssen* mit einem solchen Unternehmen Forderungen wie die genannten verbunden werden, weil anderenfalls das Unternehmen witzlos würde. Und nur wenn all diese Forderungen *zusammen* erfüllbar sind, kann man mit Hilfe der Vernunftkritik aussichtsreich dem Skeptiker entgegentreten, der – konfrontiert nur mit einer Theorie der Erkenntnis, die diese Spezialität nicht aufweisen würde – in der Tat ungerührt bleiben könnte. Skepsis, die sich gegen *alle* Theorie richtet, kann durch *irgendeine* neue Theorie natürlich nicht abgewehrt werden. Kant versäumt nicht, darauf hinzuweisen, daß die besondere Art des Untersuchungsgegenstandes es tatsächlich erlaube, die hohen Forderungen an das Unternehmen zu erfüllen. „Denn es ist nichts als das Inventarium aller unserer Besitze durch reine Vernunft, systematisch geordnet. Es kann uns hier nichts entgehen, weil, was Vernunft gänzlich aus sich selbst hervorbringt, sich nicht verstecken kann, sondern selbst durch Vernunft ans Licht gebracht wird, sobald man nur das gemeinschaftliche Princip desselben entdeckt hat" (*KrV* A, XX; *Prol.* 263).

2. Die Grundlinien dieses – zwiespältigen – Projekts sind bekanntlich diese: Die leitende Frage: Wie ist Metaphysik möglich? wird in die Frage nach der Möglichkeit wahrer synthetischer Urteile a priori übersetzt. Und diese Frage wird beantwortet im Sinne der Idee der zweiten kopernikanischen Wende, nach der nicht „alle unsere Erkenntniß ... sich nach den Gegenständen", sondern vielmehr in gewissem Sinne „die Gegenstände ... sich nach unserem Erkenntniß richten" (*KrV* B, XVI). Erfahrung, durch die wir von der Realität wissen, wird verstanden als ein Verfahren, in dem die Realität, so wie sie ist, für uns zur Erscheinung gebracht wird. D.h., es geht gerade darum, daß die Realität, so wie sie ist, sich gegen unsere – vielleicht falschen – Erwartungen durchsetzen kann. Zugleich aber kann die Realität sich nur zur Geltung bringen, wenn sie sich dem bestimmten Verfahren des Zur-Erscheinung-Bringens selbst fügt. Gerade damit sie Widerstand leisten kann, muß sie sich in bestimmten Hinsichten unseren subjektiv-intersubjektiven Verfahren des Zur-Erscheinung-Bringens unterwerfen. Über dieses Verfahren aber schreiben wir der Realität gewisse Gesetze vor, und was wir ihr da vorschreiben, die Form, die die Realität haben muß, damit sie dem Verfahren entspricht, damit sie für uns – d.h. überhaupt – etwas sein kann, das kann unabhängig von Erfahrung gewußt werden und in synthetischen Urteilen a priori zum Ausdruck gebracht werden. Synthetische Urteile a priori lassen sich also als notwendige Bedingungen für gültige Erfahrungsurteile zugleich als Bedingungen der Möglichkeit der Gegenstände der Erfahrung (die ja durch sie allererst Gegenstände

für uns werden) rechtfertigen. Sie lassen sich sogar als notwendige Bedingung für etwas nur sehr schwer sinnvoll Bestreitbares – die Möglichkeit von Erfahrung – gegen Skeptiker verteidigen. Zugleich liefert dies Rechtfertigungsverfahren eine radikale kritische Begrenzung von Metaphysik, denn es ergibt sich ja, daß nur solche synthetische Urteile a priori legitimiert werden können, die sich als notwendige Konstruktionsmittel von Erfahrung bzw. von erscheinender Realität ausweisen lassen, die also zu den metaphysischen Anfangsgründen von Naturwissenschaft gehören.

Soweit die allgemeine Idee hinter der Kritik der reinen Vernunft. Im einzelnen geht Kant dann so vor, daß er nacheinander die Beiträge der verschiedenen „Vermögen unseres Gemütes" zur Konstruktion der Erfahrung und der Realität durchgeht und bespricht.

Ersichtlich führt dieses Programm nun einerseits in eine sehr verwickelte, komplizierte und – wie Kant mehrfach betont – sehr „tief angelegte", durchaus nichttriviale und daher riskante, fehlbare theoretische Untersuchung über das Zustandekommen von Erfahrung und das Zur-Erscheinung-Bringen der Realität. Andererseits scheint Kant gleichwohl zu glauben – und hier liegt der für uns interessante Aspekt –, daß er an den Forderungen: Gewißheit, Vollständigkeit, schnelle Vollendung, festhalten kann, weil es sich hier nicht um *irgendeine* theoretische Bemühung handle, die sich auf irgendeinen theoretischen Gegenstand richte, welcher einen sehr langwierigen Gang der Wissenschaft – vielleicht in the long run – erforderlich mache. Der Gegenstand, die Vernunft, sei für uns qua Vernunftwesen besonders nahe und vertraut. Vernunftleistungen können ja nicht ganz ohne Bewußtsein, und d.h. ganz ohne Wissen (verstanden in Opposition zu „Meinen") von ihnen erbracht werden. Und so behauptet er in der Einleitung zur ersten Auflage seines Werkes, daß sein Unternehmen als einziges aller Wissenschaften tatsächlich schnell vollendet werden könne, „denn es ist" – wie wir schon gehört haben – „nichts als das Inventarium aller unserer Besitze..." (*KrV* A, XX).

Sehen wir uns an einem Beispiel genauer an, wie das Projekt konkret durchgeführt wird. Wir halten uns dabei an einen Ausschnitt aus dem berühmtesten und charakteristischsten Teil der Kritik der reinen Vernunft, der transzendentalen Deduktion (Zweiter Abschnitt der Deduktion A). Wir gehen dabei so vor, daß wir zunächst den Text einmal durchgehen, den Gedankengang erinnern und so unser Verständnis kontrollierbar machen. (3) Darauf werden wir die wichtigsten Gesichtspunkte unserer Interpretation ausführlich erörtern, nämlich einmal die Alternativen, vor denen Kant tatsächlich stand (4), zum anderen den Umstand, der das Problematische an Kants Vorgehen verschleiert. (5) Erst danach – ausgerüstet mit den Resultaten dieser Erörterungen – kehren wir zur Interpretation unseres Beispieltextes zurück. (6)

3. Aufgabe der transzendentalen Deduktion ist der Nachweis, daß die Kategorien, die reinen Verstandesbegriffe, wie Kant sagt: „objektive Realität" haben, daß sie sich – obwohl rein subjektiv – dennoch auf Gegenstände beziehen können, daß es „wahre Sätze geben kann, in denen apriorische Prädi-

kate vorkommen können" (Rohs 1988, 143). Dieser Nachweis steht im Dienste des weiteren, daß und wie synthetische Urteile a priori und damit Metaphysik möglich sind. Das Beweisprinzip kann nach Kant nur sein, daß diese Begriffe „als Bedingungen a priori der Möglichkeit der Erfahrung erkannt werden müssen", daß gezeigt wird, „daß durch sie allein Erfahrung (der Form des Denkens nach) möglich sei. Denn alsdann beziehen sie sich nothwendiger Weise und a priori auf Gegenstände der Erfahrung, weil nur vermittelst ihrer überhaupt irgend ein Gegenstand der Erfahrung gedacht werden kann" (*KrV* A, 93).

Damit das gezeigt werden kann, muß die Rolle der Kategorien beim Zustandekommen von Erfahrung vorgeführt werden, es muß gezeigt werden, wie Erfahrung möglich ist. Transzendentalphilosophie führt also auf eine Untersuchung bzw. Theorie der Erfahrung.

Die Einleitung des – von uns ausgesuchten – zweiten Abschnittes („Von den Gründen a priori zur Möglichkeit der Erfahrung") macht nun zunächst noch einmal das *Problem* klar (objektive Gültigkeit der Kategorien), zeigt dann, daß die Aufgabe auf eine *Theorie der Erfahrung*, nicht nur des bloßen Denkens führt, „[w]eil ... in einem solchen Gedanken (von einem Gegenstand W.K.) mehr als das einzige Vermögen zu denken, nämlich der Verstand, beschäftigt ist ..." (*KrV* A, 97). Es wird sodann eine wesentliche Bedingung ausgezeichnet, die ein x, das das Prädikat „Erkenntnis" führen soll, erfüllen muß: Es muß „ein Ganzes verglichener und verknüpfter Vorstellungen" (ebd.) sein. Damit ist das *Synthesisproblem* gestellt. Es wird an die Zweiheit: Rezeptivität der Sinnlichkeit und Spontaneität des Verstandes, erinnert, wobei die erste Instanz als zuständig für die Mannigfaltigkeit der Anschauung und die zweite als zuständig für die Synthesis derselben erklärt wird. Die für Erfahrungserkenntnis erforderliche Synthesis durch Spontaneität wird genaugenommen eine Dreifache sein, nämlich der Apprehension, der Reproduktion und Recognition.

Kant schiebt eine kurze Regiebemerkung ein, in der die folgenden Abschnitte als bloß vorläufig, als bloße Vorbereitung auf das eigentliche Argument deklariert werden und trägt darauf die *Lehre von den drei Synthesen* vor: „Damit nun aus diesem Mannigfaltigen Einheit der Anschauung werde..., so ist erstlich das Durchlaufen der Mannigfaltigkeit und dann die Zusammennehmung desselben nothwendig, welche Handlung ich die Synthesis der Apprehension nenne, weil sie gerade zu auf die Anschauung gerichtet ist, die zwar ein Mannigfaltiges darbietet, dieses aber als ein solches und zwar in einer Vorstellung enthalten, niemals ohne eine dabei vorkommende Synthesis bewirken kann" (*KrV* A, 99). Wie Bröcker treffend sagt: „Eine Mannigfaltigkeit von Vorstellungen ist noch keine Vorstellung von einer Mannigfaltigkeit" (Bröcker 1970, 61). Damit sie das werde, ist die *Synthesis der Apprehension* nötig und zwar als empirische wie auch als (dieser zugrundeliegende) reine Synthesis.

Damit eine solche Mannigfaltigkeit als ein Ganzes erfahren werden kann, ist die *Synthesis der Reproduktion* erforderlich. „Würde ich aber die vorhergehenden (die ersten Teile der Linie, die vorhergehenden Teile der Zeit oder die nach einander vorgestellte Einheiten) immer aus den Gedanken verlieren und sie nicht reproduciren, indem ich zu den folgenden fortgehe, so würde niemals eine ganze Vorstellung... entspringen können" (*KrV* A, 102). Auch diese gibt es empirisch und apriorisch.

Nun reicht dies aber zur Erkenntnis noch nicht aus, denn „[o]hne Bewußtsein, daß das, was wir denken, eben dasselbe sei, was wir einen Augenblick zuvor dachten, würde alle Reproduction in der Reihe der Vorstellungen vergeblich sein" (*KrV* A, 103). Das durch die bisher genannten Thesen Erzeugte würde „der Einheit ermangeln, die ihm nur das Bewußtsein verschaffen kann", und, was wohl noch wichtiger wäre, es würde gar keine Beziehung auf Gegenstände (die von Vorstellungen verschieden sind) haben. Auch hier unterscheidet Kant zwischen empirischer und reiner *Synthesis der Recognition*, und die Idee einer reinen Recognition führt auf die Idee der transzendentalen Apperzeption, die sowohl für die Beziehung von subjektiven Modifikationen des Gemüts auf Gegenstände überhaupt wie auch für den gesetzmäßigen Zusammenhang der Erscheinungen verantwortlich ist. Transzendentale Apperzeption verschafft unseren Vorstellungen allererst „intentionale Gegenstandsbeziehung", dadurch, daß sie sie in einen Sinnzusammenhang aufnimmt, derart, daß sie sich sowohl sinnvoll aufeinander wie auch auf einen Gegenstand (etwas Gegenständliches) als den gemeinten, wie auch auf einen Besitzer, das Ich, beziehen können (vgl. Hoppe 1983). Darüber hinaus macht die transzendentale Apperzeption „aus allen möglichen Erscheinungen, die immer in einer Erfahrung beisammen sein können, einen Zusammenhang aller dieser Vorstellungen nach Gesetzen" (*KrV* A, 108). Kant faßt den Hauptgedanken in dem Satz: „Also ist das ursprüngliche und nothwendige Bewußtsein in der Identität seiner selbst zugleich ein Bewußtsein einer eben so nothwendigen Einheit der Synthesis aller Erscheinungen nach Begriffen, d.i. nach Regeln, die sie nicht allein nothwendig reproducibel machen, sondern dadurch auch ihrer Anschauung einen Gegenstand bestimmen, d.i. den Begriff von Etwas, darin sie nothwendig zusammenhängen: denn das Gemüth könnte sich unmöglich die Identität seiner selbst in der Mannigfaltigkeit seiner Vorstellungen und zwar a priori denken, wenn es nicht die Identität seiner Handlung vor Augen hätte, welche alle Synthesis der Apprehension (die empirisch ist) einer transscendentalen Einheit unterwirft, und ihren Zusammenhang nach Regeln a priori zuerst möglich macht" (ebd.).

Am Ende dieses Abschnittes erklärt Kant dann, was er unter dem Begriff eines „*Gegenstandes der Vorstellungen*" versteht. Wir haben es ja zunächst nur mit der Mannigfaltigkeit unserer Vorstellungen zu tun. Sofern der Gegenstand davon verschieden sein soll, kann er für uns nichts sein. „Dieser Begriff kann nun gar keine bestimmte Anschauung enthalten und wird also nichts anderes als diejenige Einheit betreffen, die in einem Mannigfaltigen der Erkenntniß angetroffen werden muß, so fern es in Beziehung auf einen Gegenstand steht" (*KrV* A, 109). Kant behauptet dann, daß „d[iese Beziehung ... nichts anderes" sei als die „nothwendige Einheit des Bewußtseins", und bringt das

Argument der Deduktion zum Ende durch den folgenden Schluß: „Da nun diese Einheit als a priori nothwendig angesehen werden muß (weil die Erkenntnis sonst ohne Gegenstand sein würde), so wird die Beziehung auf einen transscendentalen Gegenstand, d.i. die objective Realität unserer empirischen Erkenntniß, auf dem transscendentalen Gesetze beruhen, daß alle Erscheinungen, so fern uns dadurch Gegenstände gegeben werden sollen, unter Regeln a priori der synthetischen Einheit derselben stehen müssen, nach welchen ihr Verhältniß in der empirischen Anschauung allein möglich ist, d.i. daß sie eben sowohl in der Erfahrung unter Bedingungen der nothwendigen Einheit der Apperception, als in der bloßen Anschauung unter den formalen Bedingungen des Raumes und der Zeit stehen müssen, ja daß durch jene jede Erkenntniß allererst möglich werde" (*KrV* A, 109f).

Im anschließenden Abschnitt 4 kommt systematisch zu diesem Argument eigentlich nur die explizite Bezeichnung der eben genannten „Regeln a priori der synthetischen Einheit" als „Kategorien" hinzu. Mit alledem soll gezeigt sein, daß die Kategorien qua Subjektives, qua reine apriorische Begriffe gleichwohl sich auf Objektivität beziehen können, sich sogar darauf beziehen können müssen, weil ohne sie überhaupt keine empirische Erkenntnis möglich ist. An den Kategorien hänge es gerade, daß unsere Vorstellungen überhaupt Bezug auf Gegenstände haben können. – Soweit die Erinnerung an die transzendentale Deduktion.

Die Interpretation der Passage ist im einzelnen sehr umstritten. Die nach wie vor bestehenden durchaus nichttrivialen Differenzen zwischen den Interpretationen, insbesondere zwischen den Antworten auf die Frage: „Was genau ist die transzendentale Apperzeption?" „Was genau ist die Rolle und Leistung der transzendentalen Apperzeption?" „Wie kann die transzendentale Apperzeption diese Leistungen vollbringen?", machen es sehr wahrscheinlich, daß die Sache Kant selbst nicht wirklich klar gewesen ist und auch nicht mit Kantischen Bordmitteln klarzumachen ist. Das ist ja auch einer der Gründe, weshalb über Kant hinausgegangen werden muß. Aber wir brauchen uns in diesen Streit nicht einzumischen, weil unser Interesse auf etwas anderes geht, nämlich nur auf die Frage, wie Kant sein Projekt im Spannungsfeld zwischen (Erkenntnis-) Theorie und Kritik im einzelnen durchführt.

4. Ich denke nun, daß es den Blick schärft, wenn man sich vorweg, nämlich bevor wir die Passage noch genauer ansehen, vergegenwärtigt, welche die zwei extremen Möglichkeiten sind, die der Philosophie bei einem solchen Projekt offen stehen: (a) Da ist einmal die Möglichkeit, die Theorie der Erfahrung aufzufassen und anzugehen als faszinierendes, extrem schwieriges, verwickeltes theoretisches Problem. Auf so etwas zielt Kant mit der schon erwähnten Wendung von der „etwas tief angelegten Betrachtung". Es geht sozusagen um den Knoten, in dem alles mit allem zusammenhängt. Man hat nur Chancen, hier Licht ins Dunkle zu bringen, wenn man sich völlig und ohne Rücksicht allein der Sache und dem theoretischen Interesse an der Sache überläßt. Das bedeutet insbesondere, daß man alles aufbietet, was irgend die

Sache fördern könnte und die speziellen Rücksichten auf den Skeptiker, der ja nur durch ganz besondere Angebote zufriedenzustellen ist, hintanstellt, die daraus resultierenden Einschränkungen in den Handlungsmöglichkeiten des Theoretikers ignoriert. Wer auf diese Möglichkeit setzt, der wird sich nicht beschränken auf die Phänomene und Entitäten, die für das – zu untersuchende – Erkenntnissubjekt präsent, bewußt, explizit im Spiel sind, die es in gewissem Sinne *wissen* muß. Er wird unausweichlich tiefer unter die Oberfläche gehen, die Verhältnisse unter bzw. hinter den „Tatsachen des Bewußtseins" untersuchen, von der kausalen Affektion des Gemütes über die verschiedenen Ebenen und Formen der Repräsentation von Information (vgl. Bieri 1987, 18ff.) bis hin zu propositional verfaßten Gedanken und Sätzen. Dabei wird er theoretische Begriffe einführen, alle möglichen Arten von Erklärungen (Explanation), insbesondere funktionale Erklärungen, ins Spiel bringen und seine Theorien in einer Sprache vortragen, die nicht notwendig identisch ist mit der, oder auch nur anknüpft an die Sprache des untersuchten Erkenntnissubjekts, in der jenes von seinen kognitiven Handlungen und Leistungen weiß. Kurz: Diese Möglichkeit führt auf schwierige theoretische Forschung auf unsicherem, höchst umstrittenen Gebiet (Leib-Seele-Problem), auf dem es weder ein etabliertes Paradigma gibt noch ein solches auch nur in Sicht ist. Dementsprechend sind die Resultate in jeder Hinsicht riskant und vorläufig, sie sind in nichttrivialer Weise (insbesondere hinsichtlich der zu verwendenden theoretischen Sprache) fehlbar. Konvergenz der Resultate ist allenfalls in the very long run zu erwarten, und daher ist diese Möglichkeit zur Abwehr des Skeptikers und zur Etablierung von Erkenntniskritik-vorweg nicht geeignet.

(b) Die Alternative dazu besteht darin, daß dem Interesse an definitiver Grundlegung-vorweg, an einem bindend entscheidenden Gerichtshof, an Skeptikerwiderlegung, an Erkenntniskritik der Vorrang gegeben wird. Dann tritt die theoretische Neugierde hinter dem Interesse an Sicherheit, Gewißheit, an schneller und vollständiger Erledigung zurück. Zwar führt auch dieser Versuch über eine Theorie der Erfahrung bzw. der Vernunft und den Nachweis, daß X notwendig Bedingung der Möglichkeit von Erfahrung bzw. des Vernunftgebrauchs ist, aber dies so, daß angeknüpft wird an das, was das untersuchte Subjekt der Erfahrung bzw. der Vernunft (und damit auch der Skeptiker) immer schon von seinen entsprechenden kognitiven Leistungen wissen muß, damit es (i) als vernünftiges Subjekt gelten kann und damit (ii) die Leistungen als solche (als solche z.B., für die jemand verantwortlich ist) überhaupt zählen können. Die Pointe liegt hier gerade in der expliziten Vermeidung tiefer und riskanter Theorien, die über den Bereich dessen, was (immer schon) gewußt sein muß, hinausführen auf per anamnesis unzugängliche Grundlagen, tiefliegende, schwer zugängliche theoretische Entitäten und insbesondere eine neue theoretische Sprache, die nicht identisch ist mit der Sprache, in der die untersuchten Subjekte ihr Handlungswissen von ihren intellektuellen Leistungen artikulieren und artikulieren können müssen. Das Entscheidende wird hier bewirkt durch kluges Ausbeuten dieses auch dem Skeptiker verfügbaren und von ihm vorauszusetzenden Wissens.

Nach meiner Auffassung ist Kants Vorgehen erst im Lichte dieser Alternativen wirklich verständlich. Was tut Kant? Er sieht nicht, daß sein Projekt mit der Spannung zwischen zwei möglichen, naheliegenden, aber sehr schwer zu vereinbarenden Konzeptionen: Erkenntnistheorie/Erkenntniskritik zu tun hat. Und so diskutiert er das Problem, ob und wie diese vereinbart werden können, nicht. D.h., er sieht weder, daß ihn eine tiefe, nichttriviale und darum riskante und fehlbare Theorie der Erfahrung in das Problem einer Metakritik der Erkenntniskritik (mit drohendem Regreß) zu verwickeln droht, noch daß der ängstliche Blick auf die Forderungen und Bedingungen des Skeptikers wirklich neue tiefe und darum riskante Einsichten in Vernunft und Erfahrung eigentlich unmöglich machen würde. Er sieht das Problem nicht und stellt sich ihm daher auch nicht.

Nun, wenn man das Problem nicht sieht, dann ist das Naheliegende zweifellos der Versuch, beiden Sets von sich aufdrängenden Forderungen: tiefe relevante theoretische Einsichten einerseits – absolute Gewißheit, Vollständigkeit, schnelle Fertigstellung des Projekts andererseits, zusammen so gut es geht gerecht zu werden. Und dies ist genau das, was Kant versucht. Er kommt zu einem mittleren Weg, einem Kompromiß zwischen zwei an sich nicht zu vereinbarenden Konzeptionen. Dies freilich – und damit das ganze Problem – wird verschleiert durch folgenden wichtigen Umstand, den wir vor unserer Interpretation etwas genauer untersuchen müssen: Die Untersuchung der Vernunft bzw. der Erfahrung wird bei Kant so geführt, daß dabei vor allem auf *Handlungen* und *Leistungen* des Ich Bezug genommen wird. Im Hinblick auf Handlungen, Leistungen und ihre Voraussetzungen gibt es jedoch zwei Möglichkeiten zu reden, Möglichkeiten, die sich an der Oberfläche kaum oder nur geringfügig unterscheiden, so daß sie leicht verwechselt oder vermischt werden, die aber im Grunde wesentlich oder kategorial verschieden sind und daher nicht vermischt werden sollten.

5. Handlungen unterscheiden sich von bloßen Ereignissen dadurch, daß zu ihnen – und zwar schon vor jeder expliziten kognitiven Bemühung um sie – Handlungs*sätze* gehören („Ich tue [hiermit] das und das"), in denen die Absicht des Handelnden artikuliert ist und mit deren Hilfe diese Handlungen zugleich zutreffend und angemessen beschrieben werden können. Ohne diese Handlungssätze kann man weder verstehen, wie man sich zu Handlungen entscheiden kann, noch, wie man Handlungen verantworten kann, noch, wie Handlungen schief gehen können (d.h. ganz anders ausfallen als beabsichtigt, gleichwohl aber noch als (mißglückte) Handlung zählen kann). Diese Handlungssätze sind dasjenige, was derjenige, der eine Handlung zu verstehen sucht, herausbekommen möchte und was derjenige, der der Aktor der Handlung ist, *weiß und wissen muß*, wenn er der verantwortliche Täter seiner Tat sein soll. Wenn jemand unter normalen Bedingungen nur vermutet, daß er spazieren geht, dann geht er nicht wirklich spazieren.

Handlungen sind also – anders als Ereignisse – etwas, von dem man – insbesondere der Handelnde selbst – wissen können muß, und zwar ohne lange Forschungsprozesse. (Auf dies Wissen haben wir schon im vorigen Bezug genommen.) Als konstitutive Elemente von Handlungen sind Handlungssätze in gewisser Weise selbst-garantierend. Kant weiß davon und nützt das aus bei seiner Analyse des „Ich denke", bei der es freilich um eine besondere Verstandeshandlung geht: „Nämlich diese durchgängige Identität der Apperception eines in der Anschauung gegebenen Mannigfaltigen enthält eine Synthesis der Vorstellungen und ist nur durch das Bewußtsein dieser Synthesis möglich" (*KrV* B, 133). Dies Bewußtsein ist das Handlungswissen von der Verstandeshandlung.

Wenn nun Kant in seiner Analyse der Erfahrung sich vor allem auf Handlungen, eigene und mögliche eigene Handlungen bezieht, so gilt: Eigene Handlungen sind etwas, von dem er wirklich *Wissen* und nicht nur Vermutungen haben kann. Hier gilt: „Es kann uns hier nichts entgehen, weil, was Vernunft gänzlich aus sich selbst hervorbringt, sich nicht verstecken kann" (*KrV* A, XX). D.h., sofern sich die Analyse nur auf (mögliche eigene) Handlungen erstreckt, ist es nicht völlig aussichtslos, gegen den Skeptiker vorzugehen.

Nun trifft das Gesagte aber zunächst nur auf Handlungen zu, die absichtlich und mit vollem Bewußtsein durchgeführt werden, Handlungen im eigentlichen Sinne. Nur hier sind ersichtlich Handlungssätze und das – garantiert angemessene – Wissen von der Handlung im Spiel. Es gibt aber neben der Möglichkeit, den Handlungsbegriff in diesem engeren Sinne zu verwenden, auch noch die durchaus übliche und eingespielte Möglichkeit, den Begriff zwanglos *in einem weiteren Sinne* zu verwenden. Hier sind vor allem zwei Falltypen wichtig: *einmal* bezieht man sich auf Leistungen, die als tiefliegende Voraussetzungen zu eigentlichen Handlungen selbst nicht intentional erbracht werden und auch nicht erbracht werden können. Wegen der Voraussetzungsverhältnisse zu Handlungen, wegen des teleologischen Zusammenhangs, in dem sie normalerweise betrachtet werden, der daraus resultierenden Tatsache, daß sie als schiefgehend oder glückend angesehen werden können, sowie der, daß sie auf ein Subjekt zurückgehen, redet man von ihnen dennoch wie von Handlungen. Weil sie nicht intentional erbracht werden, ja nicht einmal der nachträglichen Anamnesis von innen zugänglich sind, gehören zu ihnen keine sich selbst garantierenden Handlungssätze, und dementsprechend gehört zu ihnen auch nicht die Möglichkeit, unmittelbar wirkliches Wissen von ihnen zu haben bzw. von ihnen zu bekommen. Das aber wäre Voraussetzung dafür, daß man sich in einer erkenntniskritischen, skepsisresistenten Analyse auf sie beziehen könnte.

Zum anderen kann man sich auf Handlungen und Leistungen beziehen, die zwar nicht faktisch intentional vollzogen werden oder wurden, es aber werden könnten. Dabei geht es um Handlungen, die entweder qua Routinehandlungen automatisiert wurden (derart, daß explizite Rekonstruktionsbemühungen hinsichtlich des Handlungswissens erforderlich geworden sind), oder um Leistungen, die zunächst generell unbewußt vollzogen werden, die dann aber ins Bewußtsein gehoben und so der bewußten Kontrolle zugänglich gemacht werden und schließlich ganz explizit vollzogen werden können. Entscheidend ist hier, daß der Handelnde, wenn er konfrontiert wird mit einer angemessenen Rekonstruktion seiner Leistung, zur Anamnesis fähig ist.

Ich behaupte nun, daß Kant die verschiedenen Verwendungsweisen der Ausdrücke „Handlung", „Leistung" etc. nicht auseinander hält, daß bei ihm Äquivokationen im Spiel sind und daß diese Äquivokationen für folgendes verantwortlich sind: Kant konnte es für plausibel halten, daß die verschiedenen Intentionen einer erschöpfenden und tiefen Theorie vernünftiger Subjektivität einerseits – die es nahelegt und erforderlich macht, über das dem Subjekt Bewußte, das per Handlungswissen Zugängliche, hinauszugehen – und absolut sicherer, schnell und vollständig fertigzustellender erkenntniskritischer Grundlegung andererseits – die sich Erfolgsaussichten aus dem Rekurs auf immer schon vorhandenes Handlungswissen von Vernunfthandlungen und -leistungen versprechen kann – in ein und demselben Projekt realisiert werden können.

6. Sehen wir unseren Textausschnitt daraufhin noch einmal an. Er beginnt mit der Problemstellung und der Erinnerung an das Beweisprinzip: Reine Begriffe a priori „müssen aber gleichwohl lauter Bedingungen a priori zu einer möglichen Erfahrung sein" (*KrV* A, 95), und dazu müsse man „die *subjectiven Quellen*, welche die Grundlage a priori zu der Möglichkeit der Erfahrung ausmachen, erwägen ..." (*KrV* A, 97). (Hier und im folgenden: Hervorhebungen alle von mir: W.K.) Kant drückt sich hier so aus, daß es naheliegt, zu verstehen, daß er so etwas wie eine funktionale Erklärung der Erfahrungserkenntnis vor hat. Und dies wäre eine theoretische Untersuchung von außen, die als solche nicht notwendig an des Handlungswissen des untersuchten Erkenntnissubjekts anknüpfen muß. Er erklärt dann (ebd.), daß der zu untersuchende Gegenstand, nämlich die (Erfahrungs-) Erkenntnis, ein „Ganzes *verglichener und verknüpfter* Vorstellungen" sei. Vergleichen und Verknüpfen sind eindeutig intentionale Handlungen. Damit wird (Erfahrungs-) Erkenntnis als Produkt von intentionalen Handlungen, als Artefakt deklariert, und eine Theorie der Erfahrung wird damit abhängig gemacht vom Verständnis dieser Handlungen, zu denen selbst-garantierende Handlungssätze gehören, d.h. vom hinzugehörigen Handlungswissen.

Wir werden so auf die Lehre von der dreifachen Synthesis geführt, bei der wir klar und eindeutig mit Handlungen zu tun haben. Kant nennt sie ausdrücklich so: „das Durchlaufen der Mannigfaltigkeit und dann die Zusammennehmung derselben ..., welche *Handlung* ich die Synthesis der Apprehension nenne..." (*KrV* A, 99). Dasselbe (daß es sich um eine Handlung handelt) gilt auch von der Synthesis der Reproduktion: Ich muß die vorhergehenden Teile des Ganzen eigens behalten, damit ich mit dem Ganzen zu tun haben kann. In Bröckers anschaulicher Erläuterung: „Jetzt dieser Apfel – einen hatte ich schon – sind zusammen zwei, jetzt dieser Apfel – zwei hatte ich schon – sind zusammen drei" (Bröcker 1970, 61). Und es gilt schließlich von der Synthesis der Recognition: Ich muß etwas als dasselbe identifizieren bzw. wiedererkennen, und auch dies ist eine Handlung. – Wir haben es also mit drei Typen von Handlungen zu tun, aber es ist klar, daß es sich dabei um solche handelt, die wir normalerweise weder mit ausdrücklichem Bewußtsein davon noch mit Absicht vollziehen. Wir verbinden und durchlaufen Vorstellungen quasi automatisch. Dennoch: Wenn wir mit der ausdrücklichen Rekonstruktion dieser Handlungen konfrontiert werden, kommen wir mit der Erinnerung an diese Handlungen heran, wie in der Bröckerschen Erläuterung deutlich wird. Ob wir allerdings über die Anamnesis auch bis an die jeweils postulierten *reinen* Synthesishandlungen herankommen, halte ich für sehr fraglich. Hier geht Kant über das für das Projekt der Erkenntniskritik so geeignete Handlungswissen hinaus und extrapoliert zu Zwecken teleologischer Explanation funktionale Erklärungen von außen, ohne freilich das Handlungsvokabular zu verlassen. – Kant erläutert dann den Zusammenhang zwischen reiner Synthesis der Recognition, d.h. der transzendentalen Apperzeption, und der Beziehung der Vorstellungen auf einen Gegenstand. In diesem Zusammenhang ist zwar einerseits das zu den Verbindungshandlungen zugehörige Handlungswissen von großer Bedeutung (Die „Einheit des Bewußtseins wäre unmöglich, wenn nicht das Gemüth in der Erkenntniß des Mannigfaltigen sich der Identität der Function bewußt werden könnte, wodurch sie dasselbe synthetisch in einer Erkenntniß verbindet"; *KrV* A, 108). D.h., es geht um Handlungen, zu denen gerade nach Kant Handlungswissen hinzugehören muß. Dies muß mindestens jene begleiten *können*. Das ist entscheidend für das Argument. Andererseits aber überschreitet Kant in diesem für sein Projekt zentralen Argument ganz klar den Bereich dessen, was durch dies Handlungswissen oder per Anamnesis dem Handelnden zugänglich ist. Daß wir durch Synthesishandlungen aus bloßen subjektiven Modifikationen des Gemütes allererst Vorstellungen, *die sich auf Gegenstände beziehen,* machen, d.h., daß wir durch solche Leistungen bloße Ereignisse im Gemüte zu Gebilden transformieren, die nunmehr in syntaktischen Beziehungen zueinander, in semantischen Beziehungen zu Gegenständen, in pragmatischen Beziehungen zu einem Ich stehen, das ist allein Resultat einer *theoretischen funktionalen Erklärung* (ob diese nun befriedigt oder nicht, darauf kommt es hier nicht an), nicht dagegen Resultat *reflexiver Vergegenwärtigung* dessen, was wir qua unbewußt oder nur mehr oder weniger unbewußt Handelnde eigentlich per Handlungswissen schon wußten. An die entscheidende Leistung, die der transzendentalen Apperzeption bei Kant zugeschrieben wird, reicht die reflexive Anamnesis nicht heran (was übrigens nicht heißen soll, daß man nicht per Anamnesis oder reflexives Aufdecken ein immer schon vorhandenes Wissen vom „stehenden und bleibenden Selbst", also vom bloßen Faktum der transzendentalen Apperzeption gewinnen kann).

Ich denke, daß sich mit alledem der oben vorgetragene Befund bestätigt. Kant sieht die Spannung zwischen den beiden Projekten Erkenntniskritik und Erkenntnistheorie nicht und versucht ohne klares Bewußtsein davon, den Anforderungen beider Seiten gerecht zu werden. Dabei trägt die im Kantischen Projekt zentrale Analyse von Handlungen und Leistungen des Vernunftsubjekts wesentlich dazu bei, die grundsätzliche Differenz zwischen beiden Projekten zu verschleiern. Man kann – wie an der zuletzt besprochenen Kantstelle deutlich wird – ohne weiteres von einer Analyse, die sich auf anamnetisch-reflexive Rekonstruktion von Handlungswissen stützt und zu der wesentlich essentialistische Ansprüche erhoben werden, übergehen zu einer theoretisch distanzierenden funktionalen Analyse von außen, in der das Handlungswissen des Aktors und essentialistische Ansprüche des Untersuchenden keine Rolle spielen, und bei diesem Übergang gleichwohl den Eindruck haben bzw. suggerieren, daß es sich um dieselbe Art der Untersuchung, um *dieselbe* Art der Begriffsverwendung handelt.

7. Fazit: Kant begründet die moderne Transzendentalphilosophie. Er führt sein Projekt in so beispielhafter Weise durch, daß es sofort zur philosophischen Weltmacht wird, zur „kritischen Philosophie", hinter die – in die sogenannte „vorkritische" Philosophie – keiner mehr ungestraft zurückfallen kann. Er übersieht freilich, daß in seinem Projekt einer kritischen Aufklärung der Vernunft durch sich selbst, zwei Motive zusammenkommen und zusammenkommen müssen, deren Verhältnis nicht ungeklärt bleiben darf, weil sie – mindestens auf der Ebene ihrer Durchsetzung – in Konflikt geraten können: nämlich das *theoretische* Interesse daran, was Vernunft, Erkenntnis im Grunde und im einzelnen sind, wie sie funktionieren, möglich sind etc., und das *reflexiv kritische* Interesse an Sicherheit und definitiver Grundlegung zum anderen (wobei gilt, daß das zweite Interesse überhaupt nicht ohne das erste verfolgt werden kann, das erste ohne das zweite dagegen nicht – wie es scheint – in einer *kritischen* Philosophie).

Er diskutiert das Problem nicht, kommt stillschweigend zu einem Kompromiß und läßt so denjenigen, die an ihn anknüpfen wollen, sehr verschiedene Möglichkeiten der Fortsetzung des Projekts, darunter als die systematisch wichtigsten: *die Idee einer möglichst tiefen, umfassenden und erklärungsmächtigen Erkenntnistheorie* sowie – als polar dazu entgegengesetzt – *die Idee einer radikalen, ganz auf Sicherheit setzenden und daher so sparsam wie möglich verfahrenden Erkenntniskritik*, die mit Dogmatikern und Skeptikern fertig zu werden erlaubt.

II

1. Ein sehr prägnanter Versuch, an Kant anzuknüpfen und dabei vor allem auf das erkenntnis*theoretische* Moment zu setzen, findet sich nun in der Konzeption von Peter Rohs. Rohs deklariert seinen Ansatz ausdrücklich als „Rekonstruktion von Kants Transzendentalphilosophie", als Kantrekonstruktion auf der Basis einer Theorie der Zeit. Er entwickelt in seinem Buch *Feld–Zeit–Ich* seine Philosophie weitgehend in Anlehnung an, Weiterentwicklung von und Auseinandersetzung mit Kantischen Lehrstücken und kommt so zu einer Konzeption, die inhaltlich der Kantischen Philosophie in vielem sehr nahe steht. Aber bei aller inhaltlichen Nähe ist nicht zu verkennen, daß es sich letztlich um ein Unternehmen von ganz anderem Zuschnitt

handelt. Es herrscht hier ein ganz anderes Licht, man atmet eine ganz andere Luft als bei Kant.

Der Unterschied beginnt schon mit der Diagnose der Ausgangssituation, in der die jeweilige Konzeption ihren Anfang nimmt. Kant geht aus von einer dramatischen Krisen- oder Ausnahmesituation der Philosophie: Alles ist unsicher. Es geht um das Überleben der Philosophie, das nur durch eine grundsätzliche Wende gesichert werden kann, durch eine „Revolution der Denkungsart", durch Vernunftkritik, durch Untersuchung der Vernunft in erkenntnis*kritischer* Absicht. Rohs dagegen sieht keine besonders dramatische Ausgangssituation. Für ihn ist durchaus nicht alles unsicher, radikale Skepsis spielt kaum eine Rolle, und das Überleben der Philosophie steht nicht auf dem Spiel. Seine Ausgangssituation ist die der normalen theoretischen Forschung: Es gibt große, erregende theoretische Probleme – er hat, wie wir sehen werden, immer gleich die größten vor Augen, lauter Weltknoten –, die zu lösen sind. Zwar sind viele Versuche gescheitert, aber die Sache ist durchaus nicht hoffnungslos, und es gibt gute Vorarbeiten, an die man anknüpfen kann. Wenn man die Mittel theoretischer Forschung, die im Prinzip Vertrauen verdienen, klug und umsichtig einsetzt und nutzt, hat man durchaus Chancen, sie zu lösen.

Wenn keine Ausnahmesituation mehr ein bestimmtes Thema und eine bestimmte Verfahrensweise (orientiert an Sicherheit, Vollständigkeit, schneller Vollendung) zwingend vorschreibt, dann hat der Philosoph die Freiheit, sich sowohl Themen wie auch Verfahren gelassen und unbefangen auszusuchen. Es ist ja nicht so, daß jede Lücke und jedes Risiko gleich das Ganze in Frage stellt, es geht nicht um Alles oder Nichts. Genau diese Freiheit und Gelassenheit wird hier von Rohs genutzt. Er sucht sich die theoretisch interessantesten und fruchtbarsten Themen aus, das Leib-Seele-Problem, das Erkenntnisproblem, das Problem der Freiheit, und versucht, sie beherzt und zupackend auf einen Streich zu lösen. Natürlich hängen diese Themen – sonst könnte von einer Kant-Rekonstruktion keine Rede sein – mit einer Theorie der Vernunft sehr eng zusammen. Sie reichen aber auch auf eine charakteristische Weise über den von Kant bestrittenen Bereich hinaus.

Da bei der veränderten Einschätzung der Ausgangssituation auch die Anforderungen an das Verfahren schwächer sind, begnügt sich Rohs mit einer sehr einfachen Methodologie. Die Theorie wird erarbeitet auf der Basis von (vor allem nicht-sinnlichen) inhaltlichen Evidenzen, die in der Theorie verständlich gemacht, erklärt und vor allem in einen kohärenten Zusammenhang gebracht werden, in dem sie sich wechselseitig stützen, aber auch stürzen können. Dabei korrigieren sich Theorie bzw. Systementwurf und Evidenzen wechselseitig. Es geht daher um ein Verfahren, das ausgezeichnet ist durch Holismus und Fallibilismus. Philosophie wird damit theoretische Forschung in the long run genau wie eine empirische Wissenschaft. – Ich möchte nun diesen Ansatz so vorstellen, daß ich zunächst einen kurzen inhaltlichen Überblick gebe (2), sodann eine etwas genauere Charakteristik des für ihn typischen Zugriffs auf die Sache (3) und daß ich schließlich die Frage nach Sinn und Recht eines solchen Vorgehens stelle (4).

Wir haben – wie schon angedeutet – eine sehr ehrgeizige, anspruchsvolle, umfassende Konzeption vor uns. Es geht um eine einheitliche Theorie, in der kohärent sowohl über die *Natur* im Sinne der Physik wie über vernünftige *Subjektivität* im Sinne der Transzendentalphilosophie gehandelt wird und dies so, daß sowohl verständlich werden soll, wie die Natur durch vernünftige Subjekte *erkannt* werden kann, wie auch daß Personen in dieser Natur *handeln* können. Zu dieser Gesamtkonzeption gehören als klar unterscheidbare Teile eine Theorie der Natur bzw. des Feldes, eine Theorie vernünftiger Subjektivität bzw. des Ich, eine Theorie der Zeit, eine Theorie der Erkenntnis, eine Theorie des Handelns, eine Theorie zum Leib-Seele-Problem.

Entscheidend für das Gesamtvorhaben ist die Überbrückung der „Kluft" zwischen der sinnlich zugänglichen Natur und der im Kern nicht-sinnlich zugänglichen Subjektivität. Rohs stellt strenge Forderungen für das Projekt auf: Die Aufgabe der Überbrückung darf nicht durch unfaires Herunterspielen der Differenzen vorweg illegitim erleichtert werden, die kategorialen Differenzen beider Seiten müssen vielmehr in aller Schärfe anerkannt werden. Es darf ferner keine peripheren, bloß lokalen Lösungen geben, zugelassen sind nur solche Lösungen, die die Seiten zentral und universal verbinden. „In der Philosophie scheint es öfters so zu sein, daß das Ganze leichter geht als das Halbe" (242).[3] Dieser Gesichtspunkt geht vor allem auf Spinoza zurück, der neben Kant und Fichte als dritter Gewährsmann auftritt, zu dem sich dann noch als besonders wichtiger vierter Zeuge Frege hinzugesellt.

2. Rohs beginnt seine Darstellung mit einer Skizze seiner von Spinoza inspirierten *Feldtheorie* (19ff.). Nach kritischer Auseinandersetzung mit der Kantischen transzendentalen Ästhetik stellt er die Realität dar als unabhängig von uns gegebene Substanz, als Feld, d.h. als „vierdimensionale Union von Raum und Zeit". Die Modi dieser Substanz seien raum-zeitliche „Gebiete", die, wenn sie sich in einem Zustand befinden, als „Ereignisse" gefaßt werden. Das Feld werde von uns dadurch zur Erscheinung gebracht, daß wir 1. das vierdimensionale Feld in den dreidimensionalen Raum und die eindimensionale Zeit zerlegen, 2. Gebiete daraus abgrenzen und somit individuelle Entitäten herausgreifen, auf die wir referieren, und 3. Propositionen bilden, die mit Bezug auf das Feld wahr oder falsch sein können. Die Feldtheorie soll zum einen das Recht der Physik, physikalischer Beschreibungen und Erklärungen sichern, und dazu ist sie vorzüglich geeignet. Sie soll zum anderen aber zugleich kompatibel mit der transzendentalphilosophischen Theorie der Subjektivität sein.

Diese Kompatibilität wird hergestellt durch eine *Theorie der Zeit* (30ff.). Die Zeit ist eine komplexe Struktur, an der gewöhnlich drei Typen von Eigenschaften unterschieden werden: *topologische* (qualitative: „Anordnung der Zeit-

---
[3] Seitenzahlen ohne weitere Angaben beziehen sich hier und im folgenden auf Rohs 1996.

punkte, stetige Zusammenhänge usw."), *metrische* (quantitative: Längen von Dauern) und *modale* (sich auf das Verfließen der Zeit beziehende). Erst zusammen bilden diese Eigenschaften das uns vertraute einheitliche Phänomen der Zeit. Als diese komplexe Struktur aber sei die Zeit – so Rohs – in hervorragender Weise zur Vermittlung zwischen Natur und Subjektivität geeignet, weil sie nämlich mit ihren metrischen und topologischen Eigenschaften eindeutig Teil des Feldes ist, zugleich aber über ihre modalen Eigenschaften sehr eng mit Subjektivität zusammenhängt, ja, wie Rohs zu zeigen versucht, sich geradezu als innerster Kern von Subjektivität erweise. Die Brücke zwischen Natur und Ich wird also geschlagen mit Hilfe eines Phänomens, das erstens zentral und grundlegend für beide Seiten zugleich ist, zweitens beide Seiten in ihrer je verschiedenen Spezifizität (die Natur als Gegenstand kausaler Analyse und physikalischer Differentialgleichungen, das Subjekt als freies Wesen, das Gedanken fassen kann) betrifft. Nun kann die Brücke nur geschlagen werden durch etwas, das wirklich beiden Seiten angehört. Es ist daher nötig, die Unmöglichkeit wechselseitiger Reduzierbarkeit von modalen und topologischen Zeitstrukturen nachzuweisen, also von Bestimmungen wie „zur Zeit t", „früher als" einerseits und „gegenwärtig, zukünftig, vergangen" andererseits, was Rohs im Anschluß an Bieri tut (37f.).

Modale Bestimmungen beziehen sich wie gesagt auf das Verfließen der Zeit, also auf den Sachverhalt, daß etwas (Donnerstag) erst zukünftig, dann gegenwärtig und dann vergangen ist, bzw. daß gegenwärtig erst der Dienstag, dann der Mittwoch und dann der Donnerstag ist. Der Sachverhalt kann also charakterisiert werden durch das Verhältnis von zwei sich aneinander vorbeischiebenden Reihen (Bröcker), der A-Reihe mit den modalen und der B-Reihe mit den topologischen Bestimmungen.

(A)   Gestern------------ heute-------------- Morgen ⇒
(B) ⇐ Dienstag----------Mittwoch----------Donnerstag

Rohs behauptet, daß die Physik ohne modale Zeitbestimmungen, ohne das Verfließen der Zeit auskomme, nicht aber eine Theorie von erkennenden und handelnden Subjekten. Beim Verfließen der Zeit bzw. dem *„zeitlichen Werden"* handle es sich, wie eine nähere Betrachtung zeige, um einen ganz besonderen Prozeß. „Es ist ein Prozeß ohne Bahn und Geschwindigkeit, der von einer Ortsveränderung oder qualitativen Umwandlung grundsätzlich unterschieden ist. Es gibt bei diesem Prozeß kein sich wandelndes Substrat" (46). Die Veränderung sei immateriell und nicht selbst eine Folge von Ereignissen. „Ein Ereignis benötigt nicht selbst eine Zeiterstreckung, um nacheinander, zukünftig, gegenwärtig und vergangen zu sein" (ebd.), was ja in einen Regreß führen würde.

Diesem nicht-naturalen, weder durch äußeren noch durch den inneren Sinn gegebenen, sondern nicht-sinnlich zugänglichen Prozeß lassen sich – so Rohs – folgende positive Bestimmungen zusprechen. Es sei ein *Prozeß des Durchlaufens eines Jetzt oder nunc*, das offen für alles ist, was gegenwärtig sein kann, das ferner als offenes Zentrum (von woher alles erschlossen wird) nach vorn auf Zukünftiges und zurück auf Vergangenes bezogen ist. Der Inhalt des nunc wechsele ständig, aber *das nunc selbst sei strikt oder numerisch identisch*. Der Prozeß des zeitlichen Werdens sei interpersonal invariant, „er hat nichts Privates an sich, es gibt nicht mein oder dein zeitliches Werden, wie meine oder deine Zahnschmerzen... Es wird wie eine überindividuelle und mir selbst vollständig entzogene, unbeinflußbare Wirklichkeit erfahren" (45).

Die für diese Konzeption zentrale und tragende These lautet nun, daß dieser „Prozeß der Kern eines jeden spezifisch subjektiven Prozesses, jeder Spontaneität und jeder Handlung ist... Körper (im Feld) könnten sich auch dann bewegen, wenn nicht die Zeit verflösse... Denken dagegen würde es nicht geben, wenn nicht die Zeit verflösse, es ist nunc-zentrisch. Erst recht gilt das vom Handeln: Handeln kann nur jemand, der von einer Zukunft weiß, die gegenwärtig werden wird" (14). Zustimmend zitiert Rohs seinen Lehrer Bröcker: „Zeit ist gewissermaßen die Substanz, aus der der Mensch gemacht ist" (12). Subjektivität ist nunc-zentrisch.

Mit alledem sind wir schon auf der anderen Seite der Brücke angekommen und stehen mitten in der *Theorie der Subjektivität* (45ff.). Es ist nur diese Theorie, für die Rohs die Bezeichnung „tranzendentalphilosophisch" reserviert, die Theorie des Feldes ist nicht transzendentalphilosophisch. Die Theorie der Subjektivität ist eine explizit nicht-naturalistische Theorie, die mit der der Physik nahestehenden Feldtheorie verbunden wird. Den entscheidenden Punkt, an dem das Prädikat „transzendentalphilosophisch" hängt, sieht Rohs darin, daß zum Subjekt wesentlich Nichtsinnliches, Intelligibles gehört. In der Bemerkung von Kant, daß der Mensch „sich selbst freilich eines Theils Phänomen, anderen Theils aber, nämlich in Ansehung gewisser Vermögen, ein bloß intelligibeler Gegenstand" ist (*KrV* B, 574), sieht er den einen Grundpfeiler der Kantischen Philosophie, der „gleich wesentlich" sei wie der andere, nämlich der berühmte Satz über das „Ich denke" (85).

Dieses Moment des Intelligiblen wird nun zeittheoretisch so rekonstruiert, daß gezeigt wird: Die Anschauung des zeitlichen Werdens ist die fundamentale Bedingung für das Zentrum von Subjektivität, für das *Selbstbewußtsein*. Rohs legt dar: Das zeitliche Werden sei als nicht-sinnlicher Prozeß weder durch den äußeren Sinn noch durch den inneren Sinn gegeben. Es bleibe nur die Möglichkeit, es als *apriorische Anschauungsform* gegeben sein zu lassen, was durch die Konsequenzen, die sich daraus ergeben, gestützt werde, vor allem aber durch den Hinweis darauf, daß modale Zeitbestimmungen („gegenwärtig") primär zur copula selbst (damit zur Form eines *jeden* Sachverhalts) gehören und nicht als normale Eigenschaften (als Materie eines Sachverhalts) gegeben sind (50).

Das Selbstbewußtsein wird mit Kant (und Fichte) insofern als zentral, als notwendige Bedingung für alle Erkenntnis, propositionale Einstellungen, für jede Intentionalität angesehen, weil Kant Recht habe mit seinem Argument: „Das ‚Ich denke', muß alle meine Vorstellungen begleiten können; denn sonst würde etwas in mir vorgestellt werden, was gar nicht gedacht werden könnte, welches eben so viel heißt als: die Vorstellung würde entweder unmöglich, oder wenigstens für mich nichts sein" (*KrV* B, 131).

Das zeitliche Werden als Anschauungsform des Selbstbewußtseins erweist sich zugleich als Voraussetzung für die bei Fichte (und Kant) entscheidende Struktur des „Sich-Setzens", der „unmittelbaren Vereinigung des Seins und des Sehens", die Rohs unter dem Stichwort „esse est referri" analysiert und die er für die Möglichkeit der „direkten" oder „perfekten" Referenz (76) mit „Ich" verantwortlich macht. Das „esse" in dem „esse est referri" müsse präsentisch sein, das „esse" sei „vergegenwärtigt werden", was nur für ein nunczentrisches Subjekt möglich sei.

Das Selbstbewußtsein, dessen Strukturen von Rohs besonders eindringlich analysiert werden, hat mit zwei Aspekten des Ich zu tun, dem *sinnlichen* oder phänomenalen und dem nichtsinnlichen oder *intelligiblen*. Für den phänomenalen Aspekt sei der „innere Sinn" oder die „Materie des Selbstbewußtseins" zuständig (92), für den intelligiblen Aspekt die Anschauungsform, die Rohs mit der transzendentalen Apperzeption identifiziert, über die die Gegenwart, von der aus jeweils „gerechnet" wird, immer mitgegeben sei. Transzendentale Apperzeption qua Anschauung des zeitlichen Werdens sei die entscheidende Bedingung für die Invarianzen, an denen die Möglichkeit von Erkenntnis hänge. Über den nichtsinnlichen Prozeß des zeitlichen Werdens, der selbst keine Folge von Ereignissen sein könne, lasse sich zunächst verstehen, wie das „Begleiten" durch das „Ich denke" gedacht werden kann, das stehende und bleibende Ich werde über das numerisch identische nunc verständlich (101).

Wenn der nichtsinnliche Prozeß des zeitlichen Werdens als Kern von nunczentrischer Subjektivität aufgefaßt wird, werde aber zugleich auch verständlich, wie das Ich interpersonal und intertemporal invariante nichtsinnliche „Gedanken" fassen kann, d.h. mit etwas zu tun haben kann, das (anders als bloße Vorstellungen vor der Synthesis) wahrheitsfähig ist und als solches die Welt überhaupt erst aufschließen kann. Hier (108ff.) verbindet Rohs Kants *Synthesislehre* mit Freges antipsychologistischer Lehre von den „Gedanken". Die Synthesislehre wird mit Frege interpretiert als Lehre von der Bildung von nichtsinnlichen „Sinnen", von Gedanken, die allererst die „Außenwelt aufschließen" und „aus der Innenwelt hinausführen". Diese Ergänzung der Kantischen Lehre durch Frege soll allerdings nicht zum Platonismus führen, deshalb fügt Rohs noch die These vom „Nichtsinnlichkeitsmonopol der transzendentalen Apperzeption" hinzu: „Nichtsinnliches gibt es ausschließlich durch das Selbstbewußtsein" (149).

Die Theorie der Zeit, insbesondere des zeitlichen Werdens, erweist ihre Bedeutung auch in der *Handlungstheorie* (211ff.), in der es mit ihrer Hilfe gelingt, das Spezifische von Handlungen (als Ereignissen, bei denen ein intentionales Moment im Spiel ist) und Handlungserklärungen sehr erhellend zu berücksichtigen. – Zu Handlungen gehören Motive, die in Handlungserklärungen als Ursachen von Handlungen angesetzt werden. Nun können aber Motive nicht den Charakter von naturkausalen Ursachen haben, nämlich den von lokalisierbaren und datierbaren Ereignissen bzw. von bestimmten Gebieten im Feld. Als solche würden sie eine bestimmte Raum-Zeit-Stelle einnehmen und zu verschiedenen Phasen derselben Handlung verschiedene zeitliche Abstände haben. „Aber ein Motiv muß gegenwärtig sein, um Motiv für die aktuelle Handlungsphase sein zu können. Wer aufgrund von Gründen handelt, muß diese Gründe genau dann haben, wenn er handelt" (218). D.h., Motive müssen Handlungen über ein „Ich will" in demselben Sinne begleiten können, wie das „Ich denke" Vorstellungen begleiten können muß, was auf das zeitliche Werden zurückführt. Das Verhältnis Handlung – Motive müsse dieselbe diachronische Identität in Anspruch nehmen wie die transzendentale Apperzeption. Zugleich könne damit gezeigt werden, daß Handlungserklärungen nicht über stetige Differentialgleichungen erfolgen können. „Die spezifische diachronische Identität hat zur Folge, daß die Geschehnisse zu zwei Zeitpunkten durch eine im Nichtsinnlichen fundierte Relation verbunden sein müssen, die es nicht ohne Selbstbewußtsein gibt" (222).

Zum Schluß dieser Übersicht ein kurzer Blick auf die Behandlung des *Leib-Seele-Problems* (240ff.). Es geht um die Kompatibilität der beiden Sphären dieser dualistischen Konzeption, und diese muß sowohl Individuen, Eigenschaften und Kausalitäten betreffen. Rohs macht den Vorschlag, die Kompatibilität mit Spinoza herzustellen. Demnach gebe es „an sich nur ein Individuum, die absolute Substanz" (244), dazu komme aber nun der Dualismus zweier universaler Attribute: Natur-Geist, der verankert (topologische und modale Bestimmungen seien nicht reduzierbar aufeinander und fordern einander zugleich) und zugleich überbrückt werde durch das für beide Seiten grundlegende Phänomen der Zeit. „Die Physik wird dadurch nicht lokal außer Kraft gesetzt, sondern universal ergänzt" (242). Dieser Dualismus der Attribute wird gefaßt als Dualismus von Entitäten und Begriffen, die letztlich auf zwei Typen von Referenzen zurückgehen (nur mit Bezug auf eine Art der Referenz könne von Individuen die Rede sein), nämlich die direkte Referenz („esse est referri"), zuständig für die Ontologie des zeitlichen Werdens, und die normale Referenz auf Gebiete des Feldes. Die Theorie wird im Grunde monistisch, wenn behauptet wird: „Der (von Rohs vertretene; W.K.) transzendentale Idealismus erlaubt den Schluß, daß der Dualismus der Entitäten letztlich nichts anderes ist als der Dualismus der Referenzweisen" (242).

Das eigentliche Kompatibilitätsproblem stellt sich natürlich mit Bezug auf *Kausalität*, auf die Vereinbarkeit von Kausalität aus Freiheit, bei der propositionale Strukturen kausal wirksam werden, und der Naturkausalität. Das Problem müsse eine Lösung haben, weil die Möglichkeit von Erfahrung Freiheit voraussetze. Wir können also nur von einer naturkausal verfaßten Welt wissen, wenn in dieser Welt auch Freiheit möglich ist. Aber, wie ist der Zusammenhang von Kausalität der Natur und von Freiheit zu denken? Nun könne man hier – so Rohs – kein anschauliches Modell dafür erwarten, wie das intelligible Ich Elementarteilchen kausal beeinflußt, es könne nur um die Vereinbarkeit gewisser für die Physik fundamentaler Grundsätze mit denen der Freiheit gehen (228). Naturkausalität im strengen Sinne sei an Gesetze gebunden, in denen Anfangszustände mit Endzuständen verknüpft werden können. Entscheidende Bedingung sei die Bestimmtheit der Zustände, die verknüpft werden sollen. Wenn die nicht gegeben sei, können die Gesetze nicht angewendet werden. „Was die Aussöhnung des Widerspruchs in einem Rahmen, wie er durch die klassische Physik definiert wird, unmöglich macht, ist ja, daß jedes Ereignis als solches durch sein bloßes Vorkommen zu einem Zeitpunkt absolut definite Eigenschaften haben und durchgängig bestimmt sein soll... In einer solchen Welt kann für nunczentrische Subjekte kein Platz sein. Ihre Anwesenheit bringt aber dann keinen Widerspruch mehr mit sich, wenn zuvor indefinite Zustände erst durch ihr Geschehen als gegenwärtig definiert werden" (234). Rohs behauptet nun, daß genau diese Struktur von den Grundannahmen der Quantenmechanik – er beruft sich dabei insbesondere auf die nichtontische, epistemische Formulierung derselben bei Scheibe (1964) – vorgesehen sei, womit der Widerspruch wegfalle.

Soweit der Überblick, der vor allem dazu dienen sollte, das Gewicht der behandelten Themen und Probleme zu verdeutlichen, klarzumachen, wie groß der Umfang des Traktierten ist, wie weit die Ansprüche reichen, wie mutig die schwierigsten Probleme angepackt werden und wie erstaunlich fruchtbar der Ansatz bei der Zeittheorie ist.

3. Unsere Aufgabe ist jetzt, das Vorgehen unseres Autors genauer anzusehen. Wir wollen die Konzeption von Rohs als eine Form von Transzendentalphilosophie vorstellen und analysieren, in der das eine der bei Kant in Spannung miteinander stehende Momente, das der theoretischen Neugierde, klar in Führung geht, und wir wollen zeigen, welche Konsequenzen das hat. Nun läßt sich das Intendierte nur erreichen, wenn man das Verfahren betrachtet im Hinblick auf einen Gegenstand, bei dem auch die Alternative dazu, der erkenntniskritische Zugriff möglich ist, bei dem also das erkenntniskritische Moment, die praktische Absicht in Führung gehen könnte, nämlich bei der Untersuchung der Vernunft selbst oder der Erkenntnis. Als das einschlägige Zentrum in der klassischen Transzendentalphilosophie gilt – wie gesagt – die transzendentale Deduktion. Daher sehen wir uns am besten Rohs' separat erschienene Auseinandersetzung mit der Kantischen transzendentalen Deduktion (Rohs 1988) – eine sehr ausführliche und eindringliche Arbeit sowohl zu dem Kantischen Text wie auch zu dem sachlichen Problem selbst – etwas genauer an.

Im ersten Teil dieses Textes geht es darum, genau zu bestimmen, was eigentlich das Problem der transzendentalen Deduktion ist. Es gebe zwar dazu die offiziellen Thesen von Kant: „Objektivität der Kategorien", aber im Text selbst sei von keiner einzelnen Kategorie die Rede, ja es gebe gute Gründe für die These, daß die Kantische Kategorientafel ganz überflüssig sei (so z.B. Strawson, dem sich Rohs anschließt), so daß auch das sachliche Recht des offiziell deklarierten Problems fraglich sei. Andererseits handle es sich dennoch um einen höchst bedeutenden Text. Was also soll hier gezeigt werden? Rohs behauptet, daß es letztlich um ein *doppeltes Invarianzproblem* gehe, das

Kant freilich – vor Frege – nur sehr schwer habe präzise fassen können, nämlich um die Fragen: a) wie Subjekte „in privaten, momentanen Vorstellungen intertemporal und interpersonal invariante *Gedanken*" fassen können und b) „ob solchen Gedanken in intertemporal und interpersonal invarianter Weise ein *Wahrheits*wert zugeschrieben werden kann" (Rohs 1988, 152).

Im zweiten Teil wird untersucht: Wie werden diese Fragen beantwortet, bzw. wie können sie beantwortet werden? Was ist die Begründungsstruktur? Durch Synthesis von Vorstellungen allein könne es zur Invarianz noch nicht kommen, es müsse schon eine „qualifizierte" Synthesis sein (Rohs 1988, 155ff.). Kants Idee von apriorischer Synthesis durch die transzendentale Apperzeption wird näher analysiert. Es werden zwei Verwendungsweisen von „a priori" unterschieden, eine „metasprachliche" und eine „objektsprachliche" (Rohs 1988, 160f.). Bei der letzteren könne „a priori" mit Frege durch den Ausdruck „nichtsinnlich" übersetzt werden. Wir haben oben schon gehört, daß Rohs die dualistische Verfaßtheit von Subjektivität: „sinnlich" – „nichtsinnlich", bei Kant für entscheidend hält. Er behauptet dann, daß „sich die Invarianz von Gedanken allein auf der Grundlage der kantischen Theorie von Subjektivität verstehen läßt. Unsere Kompetenz dafür, Gedanken fassen zu können, beruht darauf, daß Subjektivität in sich zweistufig verfaßt ist und deswegen qualifizierte Synthesis möglich ist" (Rohs 1988, 166). Entscheidend dabei sei die Schicht des Nichtsinnlichen. Das *nichtsinnliche Moment von Subjektivität könne* nun – und hier liegt der eigentliche Punkt der Erklärung der Möglichkeit des „Fassens von Gedanken" – durch die Theorie der Zeit *als ontologisch völlig gleichartig zu den Gedanken* (in Opposition zu den privaten, momentanen Vorstellungen) analysiert werden. Zum „stehenden und bleibenden Selbst" gehöre eine exotische (sonst in der Welt nicht vorkommende) „intertemporale Identität von der Art, wie sie Gedanken haben, die ja auch keine Folgen von irgendwelchen Ereignissen sind und dennoch zu zwei Zeitpunkten dieselben sein können" (Rohs 1988, 165).

Entscheidend ist hier die Opposition zwischen Gleichartigkeit und numerischer Identität. „Gedanken sind für verschiedene Zeitpunkte und verschiedene Personen wirklich numerisch identisch. Dies halte ich für den entscheidenden Grund, warum ihre Invarianz nicht durch etwas Sinnliches erklärt werden kann" (Rohs 1988, 166). Damit ist die erste Frage im wesentlichen beantwortet.

Die Antwort auf die zweite Frage nach der Möglichkeit, Gedanken Wahrheitswerte zuzuschreiben, bzw. atomare empirische Sätze in Anschauung zu fundieren, wird im vierten Teil auf ganz ähnliche Weise beantwortet. Das Problem ist: Anschauungen sind privat-momentane Erlebnisse. Wie kann etwas dieser Art Geltungsansprüche überhaupt stützen? Wie können psychische Ereignisse Folgen in der Sphäre der Geltung haben? Rohs beantwortet die Frage, indem er ausgeht von Kants Bemerkung: „Zum Erkenntnisse gehören nämlich zwei Stücke: erstlich der Begriff, dadurch überhaupt ein Gegenstand gedacht wird (die Kategorie), und zweitens die Anschauung, dadurch er gegeben wird; denn könnte dem Begriffe eine korrespondierende

Anschauung gar nicht gegeben werden, so wäre er ein Gedanke der Form nach, aber ohne allen Gegenstand und durch ihn gar keine Erkenntnis von irgend einem Dinge möglich" (*KrV* B, 146). Das Entscheidende geschieht dann durch die Übersetzung dieser Bemerkung – im Rekurs auf uns schon bekannte Überlegungen – in folgende These: „Empirische Erkenntnis besteht in zu Gedanken transformierten Sinnesdaten. Man braucht in der Tat „zwei Stücke" für solche Erkenntnisse: Sinnesdaten und Gedanken. Die intertemporale und interpersonale Invarianz geht dabei auf das Konto der „Gedanken"; aber Gedanken müssen, um objektiv gültig zu sein, außerdem Sinnesdaten als ihre Basis haben" (Rohs 1988, 180). Soweit Rohs zur transzendentalen Deduktion, und soweit das Beispiel, an dem das Verfahren des Verfassers deutlich werden soll.

4. Wie kann man nun dies Verfahren charakterisieren? Der entscheidende Punkt liegt bei beiden Fragen ganz ähnlich. Bei der ersten wird aus dem Problem der Möglichkeit von Erfahrung das Problem der Möglichkeit von Gedanken (oder Sinnen) bzw. der Möglichkeit des Habens oder „Fassens" von Gedanken oder Sinnen. Gedanken (Sinne) aber sind äußerst unwahrscheinliche, exotische Entitäten, die wegen ihrer besonderen zeitlichen Verfassung – sie haben nicht die übliche diachrone Identität von äußeren Gegenständen (Raum-Zeit-Gebiete, die durch bestimmte Relationen zusammengefaßt werden) – mit empirischen Entitäten überhaupt nicht zusammenpassen und insbesondere daraus auch nicht verständlich gemacht werden können. Sie können allerdings in ihrer Existenz und Rolle begreiflich gemacht werden, wenn sich etwas ontologisch Gleichartiges, etwas, das dieselbe unwahrscheinliche und exotische Struktur aufweist, auffinden ließe. Dies aber läßt sich auffinden, nämlich in der „transzendentalen Apperzeption", im „stehenden und bleibenden Selbst", dem dann ja auch bei Rohs das Nichtsinnlichkeitsmonopol zugesprochen wird.

Die zweite Frage, die Frage nach der Möglichkeit der Fundierung empirischer Sätze in Anschauung, erhält wesentlich die Form: Wie können Ereignisse aus Poppers Welt II Wirkungen in Poppers Welt III nach sich ziehen, d.h. Geltungsansprüche legitimieren? Dabei geht es wieder um die exotische, ontologische Verfassung von Sinnen bzw. Gedanken, die nicht affiziert werden können durch solches, das ontologisch zu ihnen völlig ungleichartig ist. Die Auflösung des Problems besteht in der Erklärung, daß Anschauungen, subjektive Modifikationen des Gemüts, d.h. psychische Ereignisse, durch die transzendentale Apperzeption selbst in Sinne (Gedanken), d.h. ontologisch Gleichartiges, transformiert werden.

Beide Fälle können nach meiner Auffassung am besten als „ontologische Erklärungen" (Explanationen) charakterisiert werden. Erklärt werden sollen Wirkungen oder Beziehungen, die unverständlich sind wegen der exotischen ontologischen Verfassung der relevanten Entitäten, die eben darum mit nichts sonst zusammenzupassen scheinen. Die Erklärung besteht darin, daß passende Entitäten aufgefunden werden und dazu in Beziehung gesetzt werden. Die

Erklärung ist ganz analog zu einer Erklärung in der Chemie, wo ebenfalls sehr spezielle, unwahrscheinliche Effekte durch das Auffinden ausgefallener, seltener Substanzen, die daran beteiligt sind, verständlich gemacht werden. Wie in den „Wahlverwandtschaften" haben wir eine Art höherer Chemie vor uns, und das ist ganz ohne Spott gemeint.

Die Frage, wie *Erfahrung* möglich ist, ist das Zentrum dieser Konzeption. Aber auch an anderen wesentlichen Stellen wird dieses Verfahren der ontologischen Erklärung eingesetzt, beim *Leib-Seele-Problem*, beim Problem des *Handelns*, bei der *Freiheitsantinomie* und vor allem generell bei der Überbrückung der Kluft zwischen Feld und Ich durch die Zeit. Daher meine ich, daß es nicht übertrieben ist, in diesem Verfahren das für diese Konzeption entscheidende und charakteristischste Verfahren zu sehen.

Ontologische Erklärungen in diesem Sinne haben folgende Merkmale. Zwar geht es bei diesen Erklärungen mindestens auch immer um solches, das verstehbar ist, also um Handlungen, Gedanken, „ich" etc. Das Verfahren zielt aber gerade nicht auf die Seite dieser Entitäten, die verstehbar, normativ rekonstruierbar ist: bestimmte Handlungssätze, bestimmte Gedanken, sondern vielmehr auf den Aspekt, der nur erklärbar ist im Sinne dieser höheren Chemie, die besondere ontologische Verfassung dieser Entitäten. Jemand, der in diesem Sinne ontologische Erklärungen gibt, redet daher nicht aus der Aktor- oder Teilnehmerperspektive über eigene oder fremde Handlungen, also über solches, das er *versteht*, das er von innen *normativ rekonstruiert*, derart, daß er essentialistisch, um richtig zu verstehen, an genau die Begriffe anknüpft, diese zu treffen sucht, die in seiner Sache selbst schon vorhanden oder involviert sind. Er bezieht sich nicht auf das Handlungswissen, das das Ich jeweils haben muß, um Handeln zu können, Gedanken zu haben, zu fassen etc. Er redet vielmehr aus der Perspektive eines theoretischen Betrachters von außen, aus der Perspektive des unbeteiligten Theoretikers. Er versucht, von außen zu erklären, und ist in dem Sinne frei bei der Wahl seiner Begriffe, als er nicht an Begriffe gebunden ist, die schon in der Sache selbst stecken und die er treffen müßte. Kurz, er verhält sich zu seinem Gegenstand wie ein erklärender Naturwissenschaftler, der – auf essentialistische Ansprüche explizit verzichtend – seinen Gegenstandsbereich systematisch immer besser erschließt, indem er riskante, fallible Theorien im Hinblick auf beobachtete Phänomene entwirft, diese sich an der Realität und aneinander holistisch abschleifen läßt, sie damit einem langfristigen Meliorationsprozeß unterwirft und so Forschung in the long run betreibt. Er steht damit ganz anders zu seinem Thema als ein Erkenntnis*kritiker* in unserem Sinne, der vor allem an schneller, vollständiger und sicherer Erledigung seiner Aufgabe der Grundlegung interessiert sein muß, der seine Arbeit nicht als Forschung in the long run betrachtet, die Kritik und Korrektur der eigenen Vorschläge daher nicht vertrauensvoll der Nachwelt überlassen kann, weil seine Arbeit ja Bemühungen in the long run als wirkliche Forschungsprozesse in der richtigen Richtung, mit den richtigen Kriterien und Verfahren allererst auf die Bahn bringen und legitimieren soll.

Natürlich besteht die Rohssche Konzeption nicht ausschließlich in solchen ontologischen Erklärungen aus einer Außenperspektive. Das wäre bei einem Ansatz, bei dem die Erkenntnistheorie ein Zentrum bildet, auch kaum möglich. So wird in vielen Teilen dieser Philosophie aus der zur theoretischen Außenperspektive komplementären Binnenperspektive des Beteiligten, des erkennenden Subjekt selbst geredet (so z.B. in den Abschnitten über das Selbstbewußtsein, die Reflexivitätsbedingung, die erste Person, die Urteilsformen, Wahrheit, Wahrnehmungsurteile, Erfahrungsurteile). Hier wird angeknüpft an das Handlungswissen des erkennenden Subjekts selbst, und dieses wird rekonstruiert. Wichtig aber ist für unsere Frage zweierlei: 1. Es wird von dieser Perspektive immer wieder ganz unbefangen in die Außenperspektive gewechselt, es wird ja ständig die Beziehung zwischen dem, was das analysierte Subjekt von sich weiß und wissen muß, und der ontologischen Theorie, insbesondere der Zeittheorie, hergestellt (z.B. immer dann, wenn auf die besondere Rolle des Präsens hingewiesen wird). D.h., die Grenze, die für den Erkenntniskritiker entscheidend ist, an deren Beachtung für ihn die Möglichkeit der Erfüllung der Bedingungen für sinnvolle Erkenntniskritik hängt, die Grenze zwischen Innen- und Außenperspektive, die wird hier überhaupt nicht beachtet, die wird als ganz irrelevant angesehen. Es handelt sich daher um eine Philosophie, die letztlich aus einer theoretischen Außenperspektive vorgetragen wird. 2. An dem Verfahren der ontologischen Erklärung hängen die entscheidenden und auch die eindrucksvollsten Punkte der Konzeption. Hier ergeben sich die wichtigsten Konvergenzen. Ontologische Erklärung ist also für diese Philosophie das charakteristischste und am meisten bezeichnende Verfahren.

III

Wir kommen jetzt zu einer kurzen Darstellung der transzendentalpragmatischen Position. Auch hier handelt es sich um einen Versuch, die Idee der Transzendentalphilosophie zur Geltung zu bringen. Dennoch finden sich kaum Ähnlichkeiten mit der Rohsschen Position. Es ist eine Konzeption von ganz anderem Zuschnitt.

1. Der Hauptgrund für die Differenzen liegt in der absolut zentralen Rolle des vernunft*kritischen* Motivs in dieser Konzeption. Daß dieses Motiv so dominant wird, geht auf eine sowohl gegenüber Rohs wie auch gegenüber Kant veränderte Einschätzung der *Ausgangssituation* für die Philosophie zurück. Die Transzendentalpragmatik sieht sich in einer Situation, in der es zunächst *überhaupt nichts* gibt, das wirklich Vertrauen verdiente. Was wir an inhaltlichen Überzeugungen haben und worüber wir verfügen, das sind allenfalls vernünftige, aber fehlbare Vermutungen. Wissen dagegen ist etwas, zu dem wir bloß unterwegs sind. Und dies „Unterwegssein" ist auch nicht mehr der gradlinige, kontinuierliche „sichere Gang der Wissenschaften", der evidente Fortschritt, den Kant der Philosophie als Vorbild empfiehlt. Unsere Vermutungen gelten

als auf Dauer abhängig von historisch-kontigenten, sprachlichen und begrifflichen Voraussetzungen, von Paradigmata, deren Beziehungen zur Sache und zueinander sich nicht definitiv aufklären lassen. Im Zeichen eines fallibilistischen, hermeneutisch-linguistischen Historismus kann daher genaugenommen nicht einmal mehr sichergestellt werden, daß unser Unterwegssein als Theoretiker Unterwegssein in die richtige Richtung ist, daß der Fallibilismus letztlich ein Meliorismus ist.

Diese skeptische Diagnose bezieht sich nicht nur auf die „weichen" hermeneutischen Geisteswissenschaften. Seit Kuhn trifft sie auch die „harten" Naturwissenschaften. Besonders einleuchtend aber ist sie mit Bezug auf die Philosophie, die ja in ganz besonderem Maße auf (hochstufige, theoretische) Begriffe, die der geschichtlichen Sprache entstammen, angewiesen ist und die zugleich auf das mögliche Korrektiv einer unmittelbaren Anschauung ihres Gegenstandes weitgehend verzichten muß. – Zu erinnern ist dabei daran, daß die Philosophie – 200 Jahre nach Kant – kaum noch in Form materialer Metaphysik, überwiegend dagegen in der Gestalt formaler Vernunftkritik auftritt. Die skeptische Diagnose gilt also jetzt auch und gerade Unternehmen des Typs, denen Kant noch – ohne viel methodologisches Federlesen – Vertrauen zu schenken bereit war, denen er zutraute, sein Mißtrauen gegenüber der materialen Philosophie zur Ruhe zu bringen. – Verschärft wird die Situation überdies durch ein deutliches Bewußtsein davon, daß die Philosophie, anders als die Wissenschaften, dieses Problem nicht an eine Metadisziplin delegieren und inzwischen in Ruhe an ihren Fragen weiterarbeiten kann. Zur Philosophie gibt es keine externen Fragen. Philosophie ist ihre eigene Metadisziplin.

Die Ausgangssituation, mit der die Transzendentalpragmatik rechnet, ist also ziemlich beunruhigend. Sie läßt, mindestens nach der Auffassung der Transzendentalpragmatik, wenig Freiheit, mit Bezug auf die attraktivsten und interessantesten Themen wählerisch zu sein. Vordringlich muß es vielmehr darum gehen, überhaupt den Sinn von theoretischen Bemühungen um irgendwelche Themen allererst sicherzustellen, überhaupt irgendwo sicheren Boden zu gewinnen, derart daß sinnvolles (Weiter-) Arbeiten, insbesondere in der Philosophie, möglich ist, und das heißt: Es müssen mindestens bestimmte Standards und Verfahren als sinnvoll ausgezeichnet werden.

Weil dies in einer Situation zu geschehen hat, in der nirgendwo (auch in keiner Metadisziplin) fester Halt in Sicht ist, haben wir mit dem Problem des berühmten Lügenbarons zu tun. Nach Auffassung der Kritischen Rationalisten ist es bekanntlich deshalb nicht lösbar, weil es in das notorische Trilemma verwickelt ist. Diese zunächst sehr plausible Auffassung der Kritischen Rationalisten hat jedoch folgende – schwer akzeptable – Konsequenz. Wenn das Problem unauflöslich ist, wenn sich nichts als sicher auszeichnen läßt (auch kein Minimum an Standards und Verfahren für rationales Vorgehen), dann bleibt der Philosophie nur ein ehrlicher Ausweg, nämlich der, den Rorty vorschlägt: Verzicht auf Geltungsansprüche, Verzicht auf alle Verbindlichkeit und Eingliederung der Philosophie in die Gattung der schönen Literatur.

Das Problem, auf das die Transzendentalpragmatik durch die Ausgangssituation geführt wird, ist das *Grundproblem einer radikalen Vernunftkritik*, einer Vernunftkritik, die zunächst nichts als gesichert, als gültig voraussetzen kann. Es überrascht nicht, daß radikale Vernunftkritik in diesem Sinne sich an dem Muster der cartesianischen Zweifelsmeditation orientiert.

2. Die Transzendentalpragmatik wird nun wesentlich dadurch geprägt, daß sie dieses Problem als das Hauptproblem versteht und es zum alles bestimmenden Zentrum der Konzeption macht. Sie formuliert es in der vorsichtigst möglichen Form, nämlich als die Frage, wie sinnvolles, bloßes Unterwegssein (des Theoretikers) möglich ist, und sie ordnet de facto fast alle ihre Bemühungen der Auflösung dieser Frage unter. Das gilt sowohl für die theoretische wie auch für die praktische Philosophie.

In der *theoretischen Philosophie* ist der für den ganzen Ansatz zentrale Komplex der *reflexiven Letztbegründung*, das transzendentalpragmatische Pendant zur Kantischen transzendentalen Deduktion, ganz eindeutig diesem Problem zugeordnet. Reflexive Letztbegründung ist ja zunächst nichts anderes als der Versuch, das Problem, *überhaupt* etwas Sicheres zu gewinnen, zu lösen. Als reflexiver Nachweis der Unhintergehbarkeit der Argumentationssituation, bzw. der Unhintergehbarkeit der Situation, des Systems und der Grundelemente der Geltungskonstitution überhaupt (Aussagen, Geltungsansprüche, Prüfung, Verfahren zur Einlösung der Geltungsansprüche) ist sie darüber hinaus der Versuch, etwas *relevantes* Sicheres zu gewinnen, relevant für das Problem des sinnvollen Unterwegsseins, für die Richtung und die Arbeit im Sinne des Fortschritts.

Dem Problem weiter wesentlich zugeordnet ist der Komplex *Sprachphilosophie/Apriori der Kommunikation* mit den zentralen Thesen: Vernunft ist an die Voraussetzung einer Kommunikationsgemeinschaft gebunden, sie realisiert sich nicht schon in einem Privatus allein; Sprache, und damit auch Vernunft, ist wesentlich reflexiv verfaßt. Reflexivität (Doppelstruktur) ist wesentliches Merkmal der grundlegenden Einheit der Rede, des Sprechaktes. Hier geht es um grundlegende Strukturmerkmale der Vernunft, die in reflexiven Argumenten als unhintergehbar ausgezeichnet und zur Basis für alle anderen Vernunftleistungen, zur Voraussetzung also für sinnvolles Unterwegssein, gemacht werden. – Ganz Entsprechendes gilt von dem Komplex *Rationalitätstheorie*, der um die Grundunterscheidung zwischen instrumenteller/zweckrationaler und kommunikativer Vernunft zentriert ist, und schließlich von der *transzendentalpragmatischen Epistemologie*, deren Mitte die Explikation der Differenz und des Zusammenhangs zwischen Erkenntnis in der Subjekt-Objekt-Relation und Erkenntnis in der Subjekt-Subjekt-Relation ist. Thema der Epistemologie sind ja gerade die verschiedenen Verfahren und Standards, auf die sinnvolles theoretisches Unterwegssein angewiesen ist.

Ganz analog sind die Verhältnisse in der *praktischen Philosophie*. Auch hier ist das Zentrum der Versuch der Letztbegründung des Moralprinzips, d.h. der Versuch, eine sichere Basis oder einen festen Halt zu gewinnen. Und auch hier besteht der feste Halt wieder nur in Verfahren und Standards für das rechte, d.h. sinnvolle bloße Unterwegssein in Richtung auf das moralisch Richtige. Was begründet wird, das diskursethische Moralprinzip, verweist auf den Diskurs, und der ist ja nichts anderes als ein im Prinzip offenes, unendliches Verfahren zur Bestimmung des moralisch Richtigen, ein bloßes Unterwegssein, das nur aus pragmatischen Gründen immer wieder zum Halten gebracht wird.

Selbst der *Anwendungsteil der Diskursethik* (Teil B) ist klar auf das erkenntniskritische Grundproblem bezogen. Denn auch in ihm geht es im wesentlichen um Regeln für das rechte Unterwegssein unter Bedingungen der bloß realen Kommunikationsgemeinschaft, d.h. für das Unterwegssein unter nicht idealen Diskursbedingungen.

3. Wir haben die Ausgangssituation der Transzendentalpragmatik sowie das sich daraus ergebende Zentralproblem vorgeführt und gezeigt, daß von diesem Zentralproblem der ganze Ansatz auch inhaltlich dominiert bzw. geprägt wird. Jetzt wollen wir uns die *Verfahrensweise* eines Unternehmens, das um das vernunftkritische Grundproblem: „Wie ist sinnvolles Unterwegssein möglich?" zentriert ist, genauer ansehen. Das genannte Grundproblem kann in folgende drei Fragen zerlegt werden:
– (i) Wie ist überhaupt Sicherheit, ein fester Halt möglich?
– (ii) Wie kann Sicherheit etabliert werden, die für das vernunft- bzw. erkenntniskritische Grundproblem relevant ist?
– (iii) Wie kann man mit solcher Sicherheit radikale Erkenntnis- bzw. Vernunftkritik betreiben, wie kann man damit sinnvolles Unterwegssein in Wissenschaft und Philosophie ermöglichen?

Zu (i): Die erste Frage: „Wie ist überhaupt Sicherheit möglich?" wird bekanntlich in der Transzendentalpragmatik durch *strikt reflexive Letztbegründungsargumente* beantwortet: In einer Situation, in der nichts als schon sicher gegeben ist, kann durch das übliche Verfahren: Begründung durch Ableitung, ersichtlich Sicherheit nicht etabliert werden. Begründung durch Ableitung taugt nur zum Transport von Sicherheit, die man an einer Stelle schon hat, an eine andere Stelle, wo man sie benötigt. Wenn keine Sicherheit verfügbar ist, kann sie auch nicht transportiert werden. – Sie kann dann aber auch nicht allererst erzeugt werden. Denn wenn weder das Material, aus dem sie erzeugt werden soll, noch das Verfahren, mit dessen Hilfe sie erzeugt werden soll, schon vorweg als vertrauenswürdig gelten, dann auch nicht das Produkt. Wenn es nicht schon Sicherheit gibt, kann es auch nicht zu Sicherheit kommen. Es folgt: Wenn überhaupt, dann kann die gesuchte Sicherheit nur *aufgedeckt* oder *offengelegt* werden als solches, das immer schon da war, aber übersehen oder mißdeutet wurde. – Nun geht es hier – im Rahmen radikaler Vernunftkritik – nicht um relative, sondern um absolute Sicherheit, d.h. um Sicherheit nicht nur vor realen, sondern auch vor bloß möglichen Zweifeln oder Einwänden (wie sie z.B. von den Fallibilisten oder den hermeneutisch-linguistischen Historisten vorgebracht werden). Ob etwas vor allen, auch vor allen bloß möglichen Zweifeln und Einwänden sicher ist, kann jedoch positiv nur entschieden werden bei solchem, das sozusagen *strukturell oder notwendig sicher* ist vor möglichen Zweifeln oder Einwänden, weil es grundsätzlich außerhalb der Reichweite von Zweifel und Kritik liegt. Was bloß kontingenterweise vor allen Einwänden sicher ist, kann in endlicher Zeit nicht definitiv als solches ausgezeichnet werden, kann also hier keine Rolle spielen.

Die Frage ist jetzt: Gibt es etwas, auf das die beiden Bedingungen: Strukturell sicher vor möglichen Einwänden, aufdeckbar als immer schon gegeben, zutreffen? Die Transzendentalpragmatik behauptet das von den *Bedingungen der Möglichkeit sinnvollen Zweifelns, sinnvoller Kritik*: Dasjenige, was ein Zweifelnder qua Zweifelnder, ein Kritisierender qua Kritiker in Anspruch nehmen, unterstellen, anerkennen muß, um sinnvoll zweifeln bzw kritisieren zu können, die im Rücken von Zweifel und Kritik liegenden Präsuppositionen sinnvollen Zweifelns bzw. sinnvoller Kritik, das muß vor jedem Zweifel und jeder Kritik sicher sein, weil jeder Zweifel und jede Kritik, die sich darauf richten würde, sich unmittelbar selbst zerstören und d.h. kraftlos machen würde. Wer an etwas zweifelt, etwa daran, daß x sich wirklich so verhält, wie ursprünglich prätendiert wurde, der muß z.B. unterstellen, daß es ihn selbst, den Zweifelnden, gibt, seine Aktivität des Zweifelns, das aktuell Bezweifelte, er muß unterstellen, daß es einen Unterschied zwischen sicher und unsicher gibt, daß es so etwas wie Gründe oder Anlässe für Zweifel gibt etc. Jemand, der vorgibt zu zweifeln, zugleich aber erkennen läßt, daß er diese Voraussetzungen nicht mitmacht, von dem würden wir sagen, er zweifelt gar nicht wirklich. Es folgt: Wer zweifelt hat immer schon mit seinem Zweifel unterstellt, daß er sozusagen im Rücken des Zweifels ein ganzes Geflecht von Voraussetzungen, eine ganze Situation mit den und den Grundzügen und Grundelementen als Voraussetzung für seine hochstufige Aktivität etabliert hat. – Dasselbe gilt ersichtlich für die Kritik. Ja, man kann noch weiter generalisieren: Was als Voraussetzung sinnvoller *Argumentation* vom Argumentierenden unterstellt werden muß, Unterstellungen, die sich auf die immer schon vom Argumentierenden eigens etablierte Argumentationssituation beziehen, das ist vor jedem (Gegen-) Argument sicher, das kann nicht rational bestritten werden.

Dies Wissen, das sozusagen im Rücken des Zweifels und der Argumentation liegt, kann in sogenannten *reflexiven Letztbegründungsargumenten*, d.h. in sich selbst definitiv widerlegenden Versuchen, es zu bestreiten, verfügbar gemacht, d.h. aufgedeckt und zugleich als unhintergehbar ausgezeichnet werden. (Ein Beispiel: Daß wir die Idee von Wahrheit, und zwar als unhintergehbar, immer schon anerkannt haben, zeigt sich in dem vergeblichen Versuch, sie zu bestreiten. Die Aussage: „Es gibt keine Wahrheit", scheitert daran, daß der Anspruch auf Wahrheit, der zu ihr selbst erhoben wird und erhoben werden muß [„ich behaupte als wahr..."] mit dem Inhalt des Behaupteten kollidiert. Sie scheitert *definitiv* daran, weil Zweifel an der falsifizierenden Instanz: „Ich behaupte als wahr...", nämlich: „vielleicht wird gar nicht als wahr behauptet", das Problem [ob es Wahrheit gibt] entfallen lassen würden, zur Lösung des Problems daher nichts beitragen können). – Zu wiederholen und eigens hervorzuheben ist die ungewöhnliche Stärke des Anspruchs: Wenn die Präsuppositionen sinnvoller Argumentation vor *jedem* Zweifel sicher sind, dann auch vor den virtuellen Zweifeln der Fallibilisten und Historisten, die auf die Paradigmaabhängigkeit jeder Vernunftleistung zu verweisen pflegen.

Nun wissen wir von den Präsuppositionen sinnvoller Argumentation in der Regeln durch *Theorien der Argumentation*, philosophische oder linguistische. Wenn auch die Präsuppositionen sinnvoller Argumentation selbst nicht sinnvoll bestritten werden können, so doch Theorien der Argumentation, diese sind durchaus nicht absolut sicher. Kann man diese Präsuppositionen und Unterstellungen, die ein sinnvoll Argumentierender machen muß, auch ohne Rekurs auf bestreitbare Argumentationstheorien ins Spiel bringen? Man kann es, jedenfalls in gewissen Grenzen. Man kann sich an das Handlungswissen des Argumentierenden vom Argumentieren halten (der Akteur muß von seiner Tätigkeit wissen, sonst kann sie nicht als Argumentieren zählen, Unterstellungen, Präsuppositionen müssen vom Aktor „gemacht", d.h. gewußt werden) und auf diese Weise die Unterstellungen und Präsuppositionen als sie selbst, als aktuell vom Argumentierenden „gemachte, unterstellte" ins Spiel bringen. – Der entscheidende Zug in diesem Spiel ist der schon erwähnte Versuch des Argumentierenden, explizit diese Unterstellungen zu bestreiten, d.h. *strikt* reflexiv einen performativen Widerspruch (zwischen dem Handlungswissen selbst und einem mit Hilfe des Handlungswissens ins Spiel gebrachten Satz) herzustellen, durch den die Präsuppositionen zugleich eigens in Besitz genommen, aufgedeckt und verfügbar gemacht werden und als unhintergehbar, als sinnvoll nicht bestreitbar, sichtbar werden. – Soviel zur ersten Frage und zum transzendentalpragmatischen strikt reflexiven Letztbegründungsargument.

Zu (ii): Ist das damit Gewonnene überhaupt relevant für das Unternehmen radikaler Erkenntniskritik? Dazu gehört auch die Frage: Ist das so Erreichbare hinreichend? – Es ist wichtig zu sehen, daß die Suche nach Sicherheit hier zunächst nur Suche nach Sicherheit *überhaupt* sein kann. Inhaltliche Auszeichnung von gewünschten Kandidaten würde auf das untaugliche Verfahren: „Durchtesten von Kandidaten" führen, das gegen bloß mögliche Zweifel nichts ausrichtet. Insofern kann die reflexive Letztbegründung nicht gezielt auf vorweg ausgezeichnete materiale Inhalte ausgerichtet werden. Möglich ist nur die Auszeichnung des Verfahrens, und das Verfahren führt dann von sich aus auf die Inhalte, nämlich das Wissen des Argumentierenden von seiner Tätigkeit und deren notwendigen Voraussetzungen. Mit diesen Inhalten muß man sich dann zufrieden geben.

Umso erfreulicher ist es, daß die so begründbaren materialen Gehalte genau zu dem Projekt radikaler Erkenntniskritik mit der Grundfrage „Wie ist sinnvolles Unterwegssein möglich?" passen. Das, was wir zur Beantwortung dieser Frage unbedingt brauchen, sind vor allem sichere Anhaltspunkte bezüglich der *Ziele* und der *Verfahren*, insbesondere der Verfahren, die Korrektur der Wegrichtung unterwegs erlauben. Der argumentative Diskurs ist der Ort der Geltungskonstitution, der Ort, an dem das Recht von Geltungansprüchen geprüft und geklärt wird. Zum Handlungswissen eines kompetenten Argumentierenden muß daher ersichtlich Wissen über mögliche Ziele theoretischer Bemühungen (Wahrheit, Richtigkeit), über Erfolgskriterien (Evidenz, Kohärenz, Konsens), über Verfahren zur Erreichung solcher Ziele (Entwurf von Vorschlägen, Prüfung, Kritik, Korrektur, Begründung etc.) gehören. Wer von Zielen theoretischer Bemühungen, Erfolgskriterien und Verfahren gar nichts weiß, der kann nicht am Diskurs teilnehmen, und wer als Argumentierender sich dieses Wissen bestreiten will, der verwickelt sich unmittelbar in performative Widersprüche. – Im nachhinein erscheint es außerdem außerordentlich einleuchtend, daß die argumentative Konfrontation zwischen expliziten Thesen über Voraussetzungen sinnvollen theoretischen Handelns und dem Handlungswissen vom dabei aktuell in Anspruch genommenen bzw. Vorausgesetzten zur Auszeichnung mindestens von solchem führen muß, was *Voraussetzung von Lernprozessen überhaupt* ist und insofern bei jeder theoretischen Bemühung im Spiel sein muß.

Es bleibt das Problem: Ist das, was über diese reflexiven Letztbegründungsargumente begründet werden kann, *ausreichend* als Basis einer philosophischen Erkenntniskritik, die ihren Namen verdient? Liefern diese Argumente genügend Gehalt? Auf den ersten Blick scheint es enttäuschend wenig zu sein, was sich als Voraussetzung sinnvollen Zweifels aufdecken läßt. Mit Descartes: Dubito ergo sum. Sum res cogitans. Ich zweifle, also bin ich. Ich bin eine denkende Sache. Und das scheint schon alles zu sein, was sich als sicher daraus gewinnen läßt, woraus die bekannten Probleme des französischen Philosophen herrühren. – Auf den zweiten Blick wird freilich sichtbar, daß hier weit mehr zu holen ist. Wer Aussagen anzweifelt, kritisiert, gegen sie argumentiert, muß dabei sehr komplexe Kompetenzen mobilisieren: Er muß Aussagen *verstehen*, er muß sie *beurteilen*, und er muß selbst Äußerungen und Argumente *produzieren* können. Damit er das kann, muß er Wissen von *Regeln* (Sprach- und Argumentationsregeln), von den involvierten *Entitäten* (Personen, Handlungen, Äußerungen, Gegenstände von Äußerungen, Argumente, Geltungsansprüche etc), von *Verfahren* (der Geltungsprüfung, -sicherung, von Begründung, Widerlegung, Korrektur etc), von *Standards* (Wahrheit, Richtigkeit), von *Kriterien* (Evidenz, Kohärenz, Konsistenz etc.) haben und etwas damit anfangen können, d.h., er muß auch über die Beziehungen, die zwischen den verschiedenen Bereichen seines Wissens bestehen können, Wissen haben. Es ist also durchaus nicht nichts, was hier aufgeboten werden kann, sondern ein sehr umfangreiches Corpus von Wissen.

Zu (iii): Wie kann durch solche Letztbegründungsargumente sinnvolle Vernunftkritik, sinnvolles Unterwegssein ermöglicht werden? Das Problem ist dies: Philosophische Vernunftkritik ist der Idee nach ein komplexes systematisches Unternehmen, das notwendig aus vielen Teilen besteht, die nacheinander erarbeitet werden und dann zueinander passen müssen. D.h., philosophische Vernunftkrititk ist unvermeidlich auch ein Prozeß systematischer philosophischer Forschung, der als solcher holistisch und fallibilistisch verfaßt ist, dessen Einzelresultate zunächst vorläufig sind, die einander wechselseitig korrigieren bzw. abschleifen müssen, um am Ende zueinander zu passen.

Andererseits gilt: Reflexive Letztbegründungsargumente, die Argumente, durch die die für Vernunftkritik sinnkritisch notwendige Sicherheit erzeugt werden soll, sind so gebaut, daß sie zu punktuellen, kontextlosen und von einander unabhängigen Einsichten führen: x ist unhintergehbar, y ist unhintergehbar. Sie haben nur als voneinander unabhängige und isolierte den Charakter von Letztbegründungsargumenten. Sie dürfen nicht systematisch holistisch miteinander und mit anderen abgeglichen und so modifiziert werden, weil dann der Skeptiker zu Recht auf fallible theoretische Momente im Spiel hinweisen könnte.

Daraus ergeben sich folgende Fragen: Wie passen Letztbegründungsargumente und Vernunftkritik als systematisches Unternehmen zusammen? Wie kann Vernunftkritik überhaupt als systematische Forschung betrieben werden? Wie kann Philosophie, die qua Forschung selbst bloß unterwegs ist, ihrerseits sinnvolles Unterwegssein in Philosophie und Wissenschaft ermöglichen, kontrollieren und sichern?

Letztbegründungsargumente und Vernunftkritik qua systematische Forschung passen zusammen, wenn man innerhalb der Philosophie zwei Teile, Philosophie I und Philosophie II, unterscheidet, trennt und in bestimmter Weise aufeinander bezieht. Unter Philosophie I soll hier der letztbegründete infallible Teil der Transzendentalpragmatik verstanden werden. Er besteht im wesentlichen aus einer Darstellung der Konzeption strikt reflexiver Letztbegründung sowie aus einer Sammlung von inhaltlichen reflexiven Argumenten. Unter Philosophie II verstehen wir den nicht letztbegründeten holistisch und fallibilistisch verfaßten Teil der Transzendentalpragmatik, bestehend aus rekonstruktiven Unternehmungen, funktionalen Erklärungen etc. Dies ist der Teil, der für progressive systematische philosophische Forschung vorgesehen ist, ein Teil, der z.B. eine umfassende Theorie von Subjektivität, von Kommunikation, von Erkenntnis in der Subjekt-Objekt- und Erkenntnis in der Subjekt-Subjekt-Relation enthalten würde. – Der entscheidende Punkt an dieser architektonischen Konzeption ist, daß 1. die reflexiven Letztbegründungsargumente explizit isoliert und aus dem holistisch verfaßten Prozeß progressiver Erforschung von Subjektivitäts- bzw. Kommunikationsstrukturen herausgenommen worden sind. Zugleich aber kann 2. Philosophie I als *Anfang* von Philosophie II, d.h. als (prominenter) *Teil* von Philosophie II, in der ja systematisch möglichst alle Argumentationsvoraussetzung progressiv erforscht werden, angesehen werden. Insofern Philosophie I ein solcher Teil von Philosophie II sein soll, muß Philosophie II zu Philosophie I passen, was aber nur so erreicht werden kann, daß Philosophie II im Sinne von Philosophie I korrigiert, d.h. passend gemacht wird. Der Abschleifungsprozeß kann nur in *eine* Richtung gehen. Schließlich – 3. – kann und muß Philosophie I insofern, als sie Ziele, Standards, Verfahren theoretischer Bemühungen überhaupt definitiv auszeichnet, zugleich als normativ relevante

*Meta*disziplin für Philosophie II qua theoretische Bemühung um progressive Erforschung von Subjektivitätsstrukturen gelten.

Reflexivität ist also nicht nur ein zentrales Charakteristikum des wichtigsten Argumenttyps der Transzendentalpragmatik. Sie ist auch charakteristisch für die Struktur der transzendentalpragmatischen Philosophie insgesamt. Daß Philosophie I sowohl Anfang wie auch Metadisziplin zu Philosophie II ist, ist der entscheidende Punkt der Architektonik. Erreicht wird damit – wie mit dem ebenfalls auf die Reflexivität des Ganzen verweisenden sogenannten „Selbsteinholungsprinzip" – für das Ganze, was zunächst nur für den Letztbegründungsteil behauptet wurde, nämlich daß sich bestimmte Fragen und Einwände gegen die Transzendentalpragmatik nicht mehr sinnvoll vorbringen lassen. Das wird dadurch erreicht, daß die Philosophie nicht nur theoretische Untersuchung der Vernunft und ihrer Voraussetzungen ist, sondern auch in einer bestimmten, nämlich reflexiven Form durchgeführt wird.

Über diese Konstruktion läßt sich verständlich machen, wie Philosophie sowohl als grundlegende, grenzziehende Vernunftkritik vorweg auftreten wie auch zugleich den Status progressiver, bloß unterwegsseiender systematischer Forschung haben kann. In Philosophie I sind die für die Aufgaben der Vernunftkritik entscheidenden Fragen der Ziele und grundlegenden Verfahren definitiv vorweg erledigt. Insofern als Philosophie I aber nur der Anfang des systematischen Forschungsprojekts ist, das Philosophie II darstellt, ist die Philosophie zugleich Forschungsprozeß und insofern bloß unterwegs. Freilich immer schon so, daß Philosophie II zu Philosophie I passend gemacht ist. Zugleich ist sie unterwegs in einer Richtung und mit Hilfe von Verfahren, die von Philosophie I als normativer Metadisziplin definitiv vorgegeben sind und die verhindern, daß dies Unterwegssein als bloßes Umherirren verstanden werden kann. – Schließlich wird damit auch einsichtig, wie Philosophie – obwohl in gewissem Sinn selbst bloß unterwegs – gleichwohl in der Lage ist, qua Vernunftkritik und Wissenschaftstheorie dafür aufzukommen, daß bloßes Unterwegssein sowohl in Philosophie wie auch in den Wissenschaften als sinnvoll begriffen werden kann.

IV

Wir haben drei Konzeptionen vorgestellt und vor allem auf die Form, die das Unternehmen Transzendentalphilosophie jeweils annahm, geachtet. Es wurde deutlich, daß sich die Konzeptionen hinsichtlich der Frage: „Wie ist die Idee der Transzendentalphilosophie am besten zu realisieren?" beträchtlich unterscheiden. Wir sollten jetzt auf die eingangs gestellte Frage: „Was ist die angemessenste oder vernünftigste Art, das Projekt der Transzendentalphilosophie durchzuführen?" zurückkommen. Sehen wir dazu noch einmal kurz zurück.

Kant begründet die Idee der Transzendentalphilosophie und führt sie in denkbar eindrucksvoller und wirkungsmächtiger Weise durch. Dabei stehen die – im Vorigen von uns vor allem beachteten – Interessen des Erkenntnis-/Vernunftkritikers bzw. des Theoretikers der Erkenntnis/Vernunft ungefähr im Gleichgewicht. Es geht um eine tief angelegte *Theorie* der Vernunft, die jedoch eindeutig im Dienste des erkenntnis*kritischen* Motivs steht. Beide Interessen aber lassen sich ersichtlich noch radikalisieren, können noch energischer verfolgt werden. Und genau das geschieht in den beiden anderen Konzeptionen, wobei freilich die Balance zwischen ihnen verloren geht.

Rohs setzt ganz klar auf das *theoretische* Interesse. Sein Hauptproblem ist: „Wie kann es im Universum überhaupt „hell" sein, derart, daß das Universum erkannt und daß in ihm gehandelt werden kann?" Dies ist ersichtlich ein zentrales, fundamentales, jede Anstrengung lohnendes Problem. Die Frage wird beantwortet mit einer groß angelegten, umfassenden und tiefen metaphysischen Theorie, die den internen Zusammenhang zwischen Ich, Zeit, Feld, Gedanken und (Handlungs-)Motiven klar zu machen versucht und die im ganzen beträchtliche Plausibilität für sich hat. Mit der Einführung der Zeittheorie und der Fregeschen Unterscheidung zwischen Vorstellungen und Gedanken wird die schon „etwas tief angelegte" Kantische Theorie noch bedeutend tiefergelegt. Diese Theorie schließt eine Theorie der Möglichkeit ihrer selbst, eine Theorie der Reflexion, ein und ist insofern nicht irreflexiv.

Hinter dem hier dominierenden Interesse des Theoretikers daran, wie es sich in Wirklichkeit mit all diesen fundamentalen Entitäten verhält, wie es in Wirklichkeit ist, tritt das Interesse des Vernunftkritikers daran, wie es sein sollte, deutlich zurück. Zwar handelt die Theorie wesentlich von dem, was traditionell „Bedingungen der Möglichkeit" von Erkenntnis heißt und zu dem – quasi als Kehrseite – die Idee von Grenzen zwischen Sinn und Unsinn gehört. Aber die hier thematisierten Bedingungen der Möglichkeit sind so fundamental, daß sie die Differenz zwischen Sinn und Unsinn noch gar nicht betreffen, zur Grenzziehung daher nicht verwendet werden können. Ähnliches gilt von der Theorie der Reflexion. Auch sie ist so grundsätzlich gefaßt, daß sie nur die Möglichkeit von Gedanken und des Fassens von Gedanken überhaupt betrifft, nicht dagegen schon die Unterscheidung zwischen sinnvollen und sinnlosen. Und daher kann auch sie für die erkenntniskritischen Probleme im engeren Sinne nichts hergeben. – Kurz: Das ganze umfassende Projekt wird durchgeführt aus der Position und Einstellung eines wissenschaftlichen Theoretikers, der sich an die üblichen Standards der Wissenschaftlichkeit hält, darüber hinaus aber methodologischen Fragen oder gar Fragen grundsätzlicher reflexiver Selbstvergewisserung, eben erkenntniskritischen Fragen im engeren Sinne, keine besondere Aufmerksamkeit schenkt. Das erkenntniskritische Motiv fehlt hier völlig.

Die *Transzendentalpragmatik* ist die polar dazu entgegengesetzte Position. Klares Zentrum der Konzeption ist die Frage: „Wie ist sinnvolles Unterwegssein in Philosophie und Wissenschaft möglich?", eine Frage, die beantwortet werden soll im Rahmen einer radikalen Vernunft- und Erkenntniskritik, die dem Skeptiker bis zum Schluß Rede und Antwort stehen können soll. Zwar kann diese Frage nur beantwortet werden auf der Basis philosophischer Untersuchungen, insofern ist unvermeidlich auch theoretisches Interesse an Vernunftstrukturen und -voraussetzungen im Spiel: Es muß theoretisches Wissen über materiale Gehalte systematisch erarbeitet werden. Aber diese theoretischen Bemühungen stehen erstens eindeutig im Dienste des erkenntniskritischen Motivs. Sie gehen zweitens zunächst auch nur so weit, wie – durch reflexive Argumente gestützte – rekonstruktive Verfahren reichen. Das heißt, hier wird schon vorhandenes (Handlungs-)Wissen ausgebeutet, das zwar als Voraussetzung für alle Vernunftleistungen basal ist, das aber gleichwohl nicht notwendig den Charakter einer tiefen, tiefliegende Zusammenhänge ans Licht ziehenden – etwa funktionale Erklärungen ermöglichenden – Theorie hat.

Von der vernunftkritischen Zentralfrage ist in der Transzendentalpragmatik alles Wesentliche geprägt: Das dominierende *Verfahren*, reflexive Argumente, bzw. durch reflexive Argumente gestützte rekonstruktive Verfahren, die *Architektonik* des Ganzen, deren Pointe ebenfalls die Unterstützung der Reflexivität – aus der ja die Hauptwaffen gegen den Skeptiker stammen – ist, und die *Auswahl* der vornehmlich bearbeiteten Gehalte, die vor allem auch von der Möglichkeit, die wichtigsten Verfahren der Transzendentalpragmatik einzusetzen, bestimmt ist. Für große, umfassende quasi explanative philosophische Theorien ist zwar ein Platz in Philosophie II eigens freigehalten. Aber hier liegt bisher nicht der Schwerpunkt der Transzendentalpragmatik.

Die Frage ist jetzt: „Welche ist die angemessene, die richtige Form von Transzendentaphilosophie?" Wir untersuchen dies am besten anhand der Rohsschen Konzeption. Angesichts dieses Ansatzes nimmt unsere Frage zunächst die folgende Form an: „Kann man Transzendentalphilosophie umstandslos nach dem einfachsten Muster für theoretische Unternehmungen, nämlich dem einer Realwissenschaft, betreiben, d.h. wesentlich aus der Einstellung und Position eines an seine Sache selbstvergessen hingegebenen Theoretikers, der nur an Wahrheit über seine Sache interessiert ist und der seine Bemühung zudem begreift als Teil eines langfristigen fallibilistisch und holistisch verfaßten Forschungsprozesses?"

Gegen diese Möglichkeit scheint mir folgendes zu sprechen: (a) Man kann es sicher *nicht umstandslos* tun. Dazu liegen zuviele Einwände dagegen, ja sogar Alternativkonzeptionen dazu vor wie z.B. Philosophie als Therapie (Wittgenstein), als Kritik (Kritische Theorie/Hermeneutische Philosophie), als „bildendes Gespräch" (Rorty). – Es ist weder legitim, diese Bedenken und Vorschläge einfach zu ignorieren, noch statthaft, auf die dahinterstehende These von der kaum zu kontrollierenden Bedingtheit aller theoretischen Bemühungen durch die historisch gewachsenen Sprachen und davon abhängige Begrifflichkeiten mit keinem Wort einzugehen. In einer Disziplin wie der Philosophie, in der die Anschauung der Dinge, über die gehandelt wird, so wenig selbständiges Gewicht hat bzw. selbst so extrem durch die jeweils in Anspruch genommene Sprache geprägt ist, muß dieser Punkt, der die Basisidee dieser Konzeption, die Idee langfristigen Fortschritts, in Frage stellt, sehr ernst genommen werden. – Man kann also nicht umstandslos so verfahren, man muß sich mit den Gegenargumenten auseinandersetzen und mit ihnen fertigwerden.

(b) Aber man kann Transzendentalphilosophie nicht nur nicht umstandslos, sondern genaugenommen *überhaupt nicht* legitim als selbstvergessener Theoretiker durchführen. – Es ist unmöglich – wir haben das schon erwähnt –, bei einer umfassenden Untersuchung vernünftiger Subjektivität konsequent in der Einstellung des selbstvergessenen Theoretikers zu verharren. Das ergibt sich einmal aus folgender Überlegung. Ob etwas wirklich vernünftige Subjektivität ist bzw. die Struktur von vernünftiger Subjektivität hat (wie z.B. eine in unserem Sinne sinnvolle, d.h. wahrheitsfähige Proposition), das ist etwas, das sich nicht schon durch bloßes, distanziertes Betrachten und Beschreiben von außen ergibt, bei dem der Theoretiker von seiner eigenen subjektiven Praxis absieht. Es gehört auch eine *Bewertung* dazu, und dazu muß der Theoretiker seine Standards – und zwar diejenigen, die er faktisch aktuell als Theoretiker mit Bezug auf seine eigene Tätigkeit selbst verwendet – mitbringen, ins Spiel mit hineinnehmen und seinen „Gegenstand" mit diesen Standards vergleichen. Er darf also von sich selbst, seiner subjektiven Praxis gerade nicht absehen. Dieser Punkt wird leicht übersehen, wenn man sich – wie Rohs – auf die fundamentalsten Vernunftstrukturen und entsprechenden Unterscheidungen beschränkt (Gedanken versus Vorstellungen), Unterscheidungen, für die ontologische (nicht-evaluative) Begriffe auszureichen scheinen. Wenn aber – wie in Wirklichkeit doch der Fall – diese Standards ins Spiel kommen müssen und bei einem so grundsätzlichen Unternehmen natürlich auch explizit thematisiert und geprüft werden müssen, dann heißt das nichts anderes, als daß eine konsequente Untersuchung von vernünftiger Subjektivität notwendig auf die reflexive Thematisierung dessen führt, was wir qua Untersuchende aktuell immer schon – und zwar auf der Seite des Handlungswissens von unserer theoretischen Tätigkeit – in Anspruch nehmen.

Übergänge dieser Art, nämlich von der Untersuchung des thematischen Gegenstandes (Vernunft, Sprache, Gedanken, propositionale Strukturen, Geltungsansprüche, Verfahren zu deren Einlösung etc.) zur reflexiven Thematisierung des jeweils aktuell bei der Untersuchung in Anspruch Genommenen (Vernunft, Sprache, Gedanken, propositionale Strukturen, Geltungsansprüche, Verfahren zu deren Einlösung etc.) liegen überall nahe. Immer kann der Theoretiker bemerken, daß der jeweilige Gegenstand seiner Untersuchung auch noch auf andere Weise für ihn da ist, und das heißt, daß sich da Evidenzen, die für seine Untersuchung relevant sein könnten, die er daher nicht ohne weiteres übergehen kann, ergeben könnten.

Umgekehrt gilt auch, daß ein Erkenntnistheoretiker, der sich – etwa aus methodologischen Gründen – klar macht, was er aktuell tut, was er dabei unterstellt, wonach er sich in seinem Handeln richtet, wodurch sein Handeln bedingt ist, wodurch es erschwert wird etc., damit unvermeidlich zu Thesen kommt, die einmal genauso aussehen, als entstammten sie seinem theoretischen Projekt, und zwar als theoretische Resultate seiner Bemühung um die Sache, nicht als Überlegungen auf der Ebene der Selbstverständigung über Verfahrensweisen, und die zum anderen sehr wohl nützliche neue Gesichtspunkte für seine theoretischen Bemühungen beisteuern könnten und daher nicht einfach beiseite geschoben werden können. Umgekehrt gilt also auch, daß die reflexive Selbstverständigung des Theoretikers in die thematische Theorie zurückführt.

Der generelle und für das Ganze entscheidende Punkt, der sich damit auf verschiedene Weisen zeigt, ist der, daß Transzendentalphilosophie, wenn sie als theoretische Untersuchung der Vernunft verstanden und aus der Einstellung und Position des selbstvergessenen Theoretikers durchgeführt wird, darum nicht konsequent durchgehalten werden kann, weil dem Theoretiker auf Dauer folgendes nicht verborgen bleiben kann und darf: (i) Der Gegenstand der Untersuchung, Vernunft, kommt hier nicht nur einmal in dem Unternehmen vor, sondern zweimal. Er spielt eine doppelte Rolle: als Gegenstand der Untersuchung und als die Instanz, die die Untersuchung durchführt, bzw. als dasjenige, was bei der Untersuchung als subjektive Praxis in Anspruch genommen wird. (ii) Es ist nicht nur der Gegenstand, der zweimal vorkommt, sondern sogar *Wissen* von diesem Gegenstand bzw. Überzeugungen über diesen Gegenstand, nämlich einmal als Überzeugungen, die eigens erworben, vermehrt, geprüft, korrigiert werden sollen, zum anderen als Überzeugungen (vom Erkennen, Reden, Kritisieren, Korrigieren), die dazu schon vorausgesetzt und in Anspruch genommen werden müssen, nämlich als *Handlungswissen* des Theoretikers von seinem Tun. Dabei gilt: Die Überzeugung, die als Handlungswissen faktisch wirksam wird, kann sich von ihrem Pendant auf der Ebene des thematischen Wissens, von Resultaten und Zwischenresultaten des Forschungsprozesses, beträchtlich unterscheiden, worin gerade die Möglichkeit performativer Selbstwidersprüche begründet liegt. Daher stellt sich der Philosophie die Aufgabe, die Verhältnisse konsistent zu machen.

(c) Es kommen nun noch zwei Faktoren verschärfend hinzu, die unbedingt berücksichtigt werden müssen. (i) Es gibt keine Metadisziplin zur Philosophie, an die der Philosoph Fragen der Methodologie und der Selbstreflexion bzw. des Selbstverständnisses weiterreichen könnte. D.h., wenn zwischen theoretischem Wissen und Handlungswissen bzw. propositionalem und performativem Wissen sich Differenzen oder Inkonsistenzen zeigen, dann kann man sie weder legitim ignorieren und auf sich beruhen lassen noch die Aufgabe, hier Ordnung zu schaffen, delegieren. Es gibt keine andere Disziplin, die zuständig wäre, und außerdem steht bei alledem ja immer derselbe thematische Gegenstandsbereich in Frage: Vernunft, Sprache, Gedanken etc. Versuche, zu ignorieren oder zu delegieren müssen daher gelten als Versuche, relevante Ausschnitte des zu bearbeitenden Themas und möglicherweise wichtige einschlägige Evidenzen illegitim auszublenden. – In diesem Sachverhalt spiegelt sich die traditionelle Verpflichtung der Philosophie – insbesondere in der vernunftkritischen Tradition – zur Nichtnaivität, bzw. der Gedanke, daß Vernunftkritik nur als radikale sinnvoll ist.

(ii) Es gibt zwischen den beiden – aufeinander verweisenden – Typen des Wissens von Vernunft, Sprache, Gedanken etc., den explizit zu erwerbenden und zu verbessernden theoretischen Überzeugungen einerseits und dem dabei vorausgesetzten Handlungswissen von denselben Gegenständen andererseits, wichtige systematische Unterschiede, mit denen die Transzendentalphilosophie irgendwie fertigwerden muß. Ein besonders relevanter Unterschied ist z.B. der, daß der Theoretiker seinem einschlägigen Handlungswissen aus sinnkritischen Gründen *vertrauen* muß, seinen theoretischen Überzeugungen, den Resultaten und Zwischenresultaten seiner Bemühung dagegen aus methodischen Gründen langfristig *mißtrauen* sollte, wobei gilt: Die Basis für das methodische Mißtrauen des Theoretikers in seine Resultate ist das Vertrauen in sein diesbezügliches Handlungswissen von Standards und Verfahren der Prüfung etc.

Aus dem zuletzt Gesagten folgt z.B., daß der Transzendentalphilosoph sein Unternehmen nicht einfach und umstandslos als holistisch und fallibilistisch verfaßten Forschungsprozeß verstehen kann, was Rohs explizit tut. Transzendentalphilosophie kann nicht als Prozeß verstanden werden, in dem auf Dauer *alle* Überzeugungen ausnahmslos als bloß vorläufig angesehen und behandelt werden. Für die Überzeugungen, die diesen Prozeß als *Lern*prozeß, als Prozeß des allmählichen Erwerbs von *Wissen* und nicht nur von Illusionen auszeichnen, kann das nicht gelten, weil das in Absurditäten führen würde. – Es folgt damit natürlich zugleich, daß der Transzendentalphilosoph seinen Gegenstand, Vernunft, so beschreiben muß, daß Vernunft zum einen tatsächlich zum Erwerb von so etwas wie Wissen fähig ist und zum anderen immer schon als im Besitz von Wissen gedacht ist.

Aus alledem ergibt sich: Eine Realwissenschaft wie die Physik, bei der der Theoretiker sich konzentriert und beschränkt auf die Untersuchung des vor ihm liegenden Gegenstandsbereichs, den er in einem holistisch und fallibilistisch verfaßten unbegrenzten Forschungsprozeß progressiv zu erschließen versucht, wobei er seiner eigenen aktuellen subjektiven Praxis, den Verfahren und Standards, die er verwendet, abgeblendet ist, eine solche Wissenschaft ist *kein geeignetes Muster* für die Transzendentalphilosophie. Wenn man sich als Transzendentalphilosoph zunächst dennoch an dieser einfachst möglichen einstufigen Form eines theoretischen Unternehmens orientiert, dann wird man – und zwar durch einen doppelten Impetus – über diese Form der Philosophie hinausgetrieben in Richtung auf eine komplexere Form philosophischer Tätigkeit: quasi horizontal über die Idee der Vollständigkeit der Gesichtspunkte und Perspektiven; quasi vertikal durch methodologische Probleme, durch das Bewußtsein, daß hinter der Philosophie keine Metadisziplin mehr wartet. Eine angemessene, alle heranzuziehenden Evidenzen über den Gegenstand auch tatsächlich berücksichtigende, zugleich nicht-naive, nicht vorkritische theoretische Untersuchung von Vernunft ist nur als *in sich reflexives zweistufiges Unternehmen* möglich, in dem strikt reflexiv theoretisches (zu erwerbendes und zu vertiefendes) Wissen von Vernunft einerseits und Handlungswissen des Theoretikers von seiner aktuellen vernünftigen (theoretischen) Praxis andererseits explizit zusammen berücksichtigt und explizit in Beziehung zueinander gesetzt werden.

Wenn dies jedoch geschieht und dabei die Differenz hinsichtlich Fallibilität und Infallibilität zwischen Handlungswissen und theoretischem Wissen berücksichtigt wird, dann ändert sich die Form des Unternehmens noch in einer zweiten Hinsicht: Transzendentalphilosophie ist dann nicht nur kein einstufiges Unternehmen, sie kann auch nicht umstandslos als holistisch-fallibilistischer Forschungsprozeß in the long run verstanden werden.

Eine philosophische Theorie der Vernunft tendiert also von sich aus in Richtung auf eine wesentlich reflexiv verfaßte Vernunftkritik, und zwar eine radikale Vernunftkritik, und die Form, die sich als allein vernünftig hier abzeichnet, ist etwa die, die wir bei der Transzendentalpragmatik kennengelernt haben. – Damit sind wir bei der *These*, die hier vertreten werden soll. Die Transzendentalpragmatik ist eine Philosophie, die die Frage nach der Form der Philosophie besonders ernst nimmt. Sie tut das, weil sie das Problem der internen Konsistenz des eigenen Vorgehens, der „Selbsteinholung" für vorrangig hält. Die Frage: „Kann ich, was ich behaupten will, ohne Selbstwiderspruch vertreten?" bzw. „Von welcher Position her muß die These vertreten werden, damit der Behauptende sich nicht selbst widerspricht?" geht in der Transzendentalpragmatik jedem einzelnen Spielzug voraus. Ihr oben skizzierter Lösungsversuch scheint mir der plausibelste unter den heute vorliegenden zu sein. Ich denke, daß nur er in die Lage versetzt, mit den Gesichtspunkten, die im Vorigen eine Rolle spielten, angemessen fertigzuwerden:

– daß die Transzendentalphilosophie einerseits klar den Charakter *theoretischer Forschung* hat, die auf Dauer bloß unterwegs, gebunden an kontingente historische Sprachen, fallible Vermutungen prozessiert;

– daß die Transzendentalphilosophie andererseits ebenso klar den Charakter einer *Vernunft- bzw. Erkenntniskritik-vorweg* hat, als solche schon jetzt in der Lage sein muß, definitive Auskünfte mindestens über Richtung, Vorgehen und Verfahren sinnvoller Forschungsprozesse zu geben.

Die Transzendentalpragmatik kann damit fertigwerden, weil sie das Faktum, daß sowohl ihr Gegenstand, Vernunft, wie auch Wissen von diesem Gegenstand notwendig zweimal in dem Unternehmen Transzendentalphilosophie vorkommen muß, auf der Seite des Gegenstandsbereichs und auf der Seite der subjektiven Praxis des Philosophen, anerkennt und – wie ich denke – angemessen ausbeutet.

Die Rohssche Konzeption, die dieses Faktum fast vollständig ignoriert, hat darum den für eine Transzendentalphilosophie paradoxen Charakter einer im kantischen Sinne „dogmatischen", vorkritischen, naiven Philosophie. Das ist ein empfindlicher Mangel, der den inhaltlich so umfassenden und eindrucksvollen Entwurf letztlich doch nur zu einer Vorarbeit zu einer ihren eigenen Abschlußproblemen nicht ausweichenden Transzendentalphilosophie herunterstuft.

Wenn der Rohsschen Konzeption die ihr eigentlich gemäße Form gegeben würde, dann würden die sie auszeichnenden materialen ontologischen Theorien vor allem im Rahmen von Philosophie II bearbeitet werden. Die wichtigsten sie tragenden Einsichten jedoch, die Evidenzen etwa über die modalen

Zeitbestimmungen, daß die Zeit verfließt, daß das nunc numerische Identität hat, Evidenzen ferner über die Differenz von Vorstellungen und Gedanken, bzw. über die Rolle von Motiven bei Handlungen, die würden sicher zusammen mit anderen – aus der Transzendentalpragmatik bekannten – Einsichten über das System der Geltungskonstitution als strikt reflexive Argumente gefaßt auch in Philosophie I vorkommen.

Literatur

Apel, Karl-Otto (1973): *Transformation der Philosophie*, 2 Bde., Frankfurt (Main).
Apel, Karl-Otto (1974): „Zur Idee einer transzendentalphilosophischen Sprachpragmatik", in *Aspekte und Probleme der Sprachphilosophie*, hg. von J. Simon, Freiburg/München, 283-326.
Apel, Karl-Otto (1987): „Fallibilismus, Konsenstheorie der Wahrheit und Letztbegründung", in *Philosophie und Begründung*, hg. vom Forum für Philosophie Bad Homburg, Frankfurt (Main).
Apel, Karl-Otto (1988): *Diskurs und Verantwortung*, Frankfurt (Main).
Bieri, Peter (Hg.) (1987): *Analytische Philosophie der Erkenntnis*, Frankfurt (Main).
Böhler, Dietrich (1985): *Rekonstruktive Pragmatik*, Frankfurt (Main).
Bröcker, Walter (1970): *Kant über Metaphysik und Erfahrung*, Frankfurt (Main).
Hoppe, Hansgeorg (1983): *Synthesis bei Kant. Das Problem der Verbindung von Vorstellungen und ihrer Gegenstandsbeziehung in der ‚Kritik der reinen Vernunft'*; Berlin/New York.
Kant, Immanuel (1781): *Kritik der reinen Vernunft* (1. Auflage), in Kant (1900ff.), Bde. 3 und 4. (Stellenangaben nach der Seitenzählung der Originalausgabe A.)
Kant, Immanuel (1783): Prolegomena zu einer jeden künftigen Metaphysik, die als Wissenschaft wird auftreten können, in Kant (1900ff.), Bd. 4.
Kant, Immanuel (1787): *Kritik der reinen Vernunft* (2. Auflage), in Kant (1900ff.), Bd. 3. (Stellenangaben nach der Seitenzählung der Originalausgabe B.)
Kant, Immanuel (1900ff.), *Kants gesammelte Schriften*, hg. v. der Preußischen Akademie der Wissenschaften, Berlin.
Kuhlmann, Wolfgang (1984): *Reflexive Letztbegründung. Untersuchungen zur Transzendentalpragmatik*, Freiburg/München.
Kuhlmann, Wolfgang (1992a): *Kant und die Transzendentalpragmatik*, Würzburg.
Kuhlmann, Wolfgang (1992b): *Sprachphilosophie – Hermeneutik – Ethik*, Würzburg.

Rohs, Peter (1988): "Die transzendentale Deduktion als Lösung von Invarianzproblemen", in *Kants transzendentale Deduktion und die Möglichkeit von Transzendentalphilosophie*, hg. vom Forum für Philosophie Bad Homburg, Frankfurt (Main).

Rohs, Peter (1996): *Feld–Zeit–Ich. Entwurf einer feldtheoretischen Transzendentalphilosophie*, Frankfurt (Main).

Scheibe, Erhard (1964): *Die kontingenten Aussagen in der Physik*, Frankfurt (Main).

Volker Gerhardt

Kein Fenster zum Feld

Die Rolle des Selbstbewußtseins in der transzendentalen Feldtheorie

Systematisches Philosophieren steht heute nicht sonderlich hoch im Kurs. Was damit über den Zustand der Gegenwartsphilosophie gesagt ist, braucht man niemandem zu erklären, wenn er nur weiß, daß die Philosophie aus dem Impuls zu systematischem Wissen lebt. Ihr Alltagsgeschäft, das in der Aufmerksamkeit gegenüber dem Leben, in der Prüfung vorliegender Theorien und Argumente sowie in der historischen Aufarbeitung ihrer eigenen Geschichte besteht, wird von der Erwartung getragen, daß in allem Scharfsinn gegenüber einzelnen Fragen immer auch der *Horizont des Ganzen* begriffliche Beachtung findet. Auf dieses Ganze, ob man es nun „Sein" oder „Wirklichkeit", „Welt", „Macht" oder „Chaos" nennt, läßt sich begrifflich aber nur zugehen, wenn man darauf eingestellt ist, die Vielfalt, die es allemal enthält, *systematisch* zu ordnen. Selbst eine Philosophie, die sich ganz auf den Weg zur Weisheit konzentrieren wollte, könnte vom Anspruch eines systematisch ausgreifenden Wissens nicht absehen.

Doch wie man weiß, hat sich die universitäre Betriebsamkeit der Philosophie von diesem Ursprungsmotiv des Denkens weit entfernt. Zwar ist es bei den großen Denkern der Moderne – Descartes, Spinoza, Kant, Hegel, Schopenhauer oder Whitehead – unverändert wirksam. Heute aber ist man durch die explosionsartige Vermehrung des Wissens derart eingeschüchtert, daß man Systeme oder auch nur Synthesen für unmöglich hält.

Das ist eine legitime skeptische Position, solange sie sich nicht durch den Zusatz rechtfertigt, *früher* sei das alles noch ganz anders gewesen: Bis ins 17., 18., ja bis ins 19. Jahrhundert hinein habe man noch systematisch philosophieren können; die Menge des Wißbaren sei damals noch überschaubar gewesen. In unserem Jahrhundert dagegen sei das Wissen in eine Vielzahl von Disziplinen zerfallen. Da könne es keine Universalgelehrten mehr geben[1] und also auch keine einheitsstiftende Theoriebildung.

Wer so argumentiert, weiß offenbar nicht, daß bislang mit der Menge des Wissens immer auch die Kapazitäten für den Umgang damit gewachsen sind. Auf das vermehrte Wissen hat man heute einen ungleich besseren Zugriff; seine Verfügbarkeit muß älteren Generationen geradezu phantastisch erscheinen. Außerdem sollte man sich hüten, vorausliegende Epochen zu verharmlosen, so als sei bis in unser Jahrhundert hinein alles noch leicht und übersichtlich gewesen. Mit dem Unrecht, daß man den Alten auf diese Weise antut

---

[1] Üblicherweise wird auf Leibniz als den letzten „Universalgelehrten" verwiesen; neuerdings wird aber auch Ernst Cassirer als der „letzte universal Gebildete" genannt (und zwar von Jürgen Habermas (1997, 12). Die Urteile stehen also alles andere als fest.

(denn sie hatten es ungleich schwerer als wir), verstellt man sich selbst die Lösung der heute anstehenden Fragen.

Der Gegenwart ist allemal besser gedient, wenn man sie im *Kontinuum mit ihrer Vorgeschichte* beläßt. Nachteile hat das nur für die Voreiligen, für die selbsternannten Revolutionäre, Avantgardisten und Paradigmenwechsler, die einen *turning point* nach dem anderen herbeireden. Der Philosophie aber kann es nur günstig sein, wenn sie ihrem ursprünglichen Impuls nach Einheit und Ordnung des menschlichen Wissens verbunden bleibt. Also tut sie gut daran, ihrem systematischen Anspruch zu folgen, ohne den sie nicht bliebe, was sie ist.

Peter Rohs denkt in dieser Kontinuität mit zwei großen philosophischen Systemen und zielt zugleich ins Zentrum aktueller wissenschaftlicher Theoriebildung. Vom Zweifel an der Möglichkeit systematischen Philosophierens ist er so wenig angekränkelt wie von der Überheblichkeit jener, die sich schon deshalb im Recht glauben, weil sie später leben. Rohs nimmt seine Sache direkt in Angriff, als hätte er von den modernen Zweifeln an der Möglichkeit systematischen Philosophierens nie etwas gehört. Ohne Umschweife geht er auf „alles Wirkliche" (10)[2] zu, als brauchte man es nur richtig zu begreifen, um sagen zu können, was es ist. Das ist die Einstellung, die aus echter Neugierde stammt. Man sucht das *Wissen* und damit zugleich die *Ordnung*, die letztlich auch die Sicherheit des *Handelns* und die Gewißheit eines *Glaubens* verbürgen können soll.

Das mag man naiv nennen. Ich empfinde es als klar, kühn und kraftvoll. Denn die modernen Zweifel an der Systematisierbarkeit unseres Wissens sind Folge eines schwach gewordenen Denkens.[3] Umso weniger darf man hoffen, dagegen etwas mit Argumenten auszurichten, zumal ein Argument bereits die Ordnung und die Nützlichkeit des Wissens voraussetzt, die ein schwach denkendes Gegenüber hartnäckig in Abrede stellt. Besser ist, *direkt* zu zeigen, daß es auch anders geht. Am besten ist, einfach vorzuführen, wie sich systematisches Denken gegenwärtig vollzieht. Und das geschieht im Buch von Peter Rohs auf eine bewundernswert zupackende, gleichermaßen ausdrucksstarke wie zielstrebige Weise. Es spricht nicht für die philosophisch angeblich so aufmerksamen Feuilletons der Gegenwart, daß ihnen das philosophische Ereignis, das dieses Buch zweifellos ist, entgeht. Peter Rohs teilt hier das Schicksal mit einem anderen höchst beachtlichen systematischen Denker der Gegenwart, nämlich Gerold Prauss, obgleich er es seinen Lesern viel einfacher macht, einen Zugang zu finden.

Vielleicht aber hat Peter Rohs es sich mit dem Zugang zu seinem großen Thema dann doch ein wenig zu leicht gemacht. Das betrifft natürlich nicht die Möglichkeit systematischen Philosophierens heute. Hier kann man, wie ge-

---

[2] Seitenzahlen ohne weitere Angaben beziehen sich hier und im folgenden auf Rohs 1996.
[3] Man braucht heute noch nicht einmal zu befürchten, damit etwas Nachteiliges zu sagen. Das „schwache Denken" ist inzwischen zu einer Selbstauszeichnung der Philosophie avanciert. Hier hatten die vorausliegenden Jahrhunderte unserer Epoche auch sachlich eindeutig etwas voraus.

sagt, nichts anderes tun, als einfach anzufangen. Aber es gibt Probleme, die sich aus der Anlage seines Systementwurfs selbst ergeben: Kann man sich einem „temporalen Dualismus"(12) überhaupt auf *einem* Wege nähern? Und wenn man es gleichwohl versucht: Muß man nicht Gründe nennen, warum der *eine* Weg zu *beiden* Seiten führt? Und: Läßt sich eine philosophische Feldtheorie entwickeln, wenn man das „Feld" so betritt, als sei es ein Terrain, auf dem man sich wie auf einem Gelände unserer physikalischen Welt bewegen kann? Wenn ja: Wie kommt man vom „Feld" dann noch zum „Ich"?

Natürlich liegt der Reiz des Zugangs zur Feldtheorie über das Feld, das vor unseren Füßen liegt, in seiner *lebensweltlichen Selbstverständlichkeit*. Die Welt ist das „Feld", in dem alles seinen erkennbaren Ort einnimmt. Man braucht daher nur loszugehen und findet (unter der Anleitung eines kundigen Führers) alles an seinem Platz in einer letztlich überschaubaren Ordnung. Wer wollte der Einladung zur philosophischen Erkundung des Feldes, auf dem sich alles findet, widerstehen? Zwar orientiert sich der Autor vornehmlich an den physikalischen Daten des Feldes und schenkt den sinnlich-anschaulichen Qualitäten des jeweiligen Umfeldes nur wenig Aufmerksamkeit. Gleichwohl ist es verlockend, einfach von dem auszugehen, was sich dem direkten Zugriff des Wissens bietet.

Doch die Enttäuschung folgt auf dem Fuße, wenn nämlich offenkundig wird, daß man sich im feldtheoretischen Feld gar nicht bewegen kann wie zwischen Wald und Flur. Stets hat man eine „Brücke" (36) nötig, um überhaupt hineinzukommen – und das nicht einmal, sondern *jedesmal*, bei jedem Schritt, bei jeder Wahrnehmung und jeder Erkenntnis im Feld. Das muß der Bewegung zwangsläufig etwas Künstliches geben. Und wenn man dann später erfährt, der Blick auf das Feld erfolge durch „so etwas wie ein Fenster" (239), verliert man die Lust, überhaupt noch einen Schritt zu tun. Denn man kommt offenbar, bei aller Bewegung, gar nicht wirklich auf das Feld hinaus, sondern verbleibt bei aller Rührigkeit unvermeidlich im eigenen Haus. Wenn überhaupt, so kann man es nur auf die Gefahr der Selbstvergessenheit verlassen. Denn man kann von draußen, vom Feld, nicht durch das Fenster ins Innere des Hauses sehen (239). Darüber hinaus müßte man gewärtig sein, daß man von außen gar kein Haus mehr sieht, weil das Ich, um dessentwillen vom Haus gesprochen wird, strenggenommen gar nicht zum Feld gehört. Allerdings soll es durch das „Jetzt" „in das Feld integriert" sein (13). Dort aber – sozusagen bloß aus der Perspektive des Feldes, bloß von außen – bleibt es unsichtbar.

Natürlich sind das alles nur metaphorische Wendungen. Hätte Peter Rohs statt „Fenster": „Brille" und statt „Brücke" einfach: „Schritt" gesagt, könnte man sich gleichwohl direkt und ungehindert im Feld bewegen. Doch das sachliche Problem, das die von ihm verwendete Metaphorik anzeigt, wäre dennoch nicht ausgeräumt: Wie kommen wir zu einer Theorie, die am Realismus der äußeren Natur festhält, ohne alles in ihn aufzulösen, der unaufgelöste Rest aber eben das ist, wovon wir notwendiger Weise auszugehen haben? Und von der anderen Seite her gefragt: Wie läßt sich die kategoriale

Eigenständigkeit des Selbstbewußtseins behaupten, ohne alles in das Wissen des Ichs hineinzuziehen, so daß von der empirischen Welt nur die in ihrer Existenz womöglich erst noch zu beweisende sogenannte „Außenwelt" übrigbliebe?

Man sieht: Es geht um ein Problem, das spätestens seit Descartes wohl vertraut ist und das bis vor Kant durch den Rückgang auf die Einheit verbürgende Macht Gottes lösbar schien. Es geht also um *die Vereinbarkeit von Realismus und Idealismus*. Die „feldtheoretische Transzendentalphilosophie" möchte eine Theorie der Natur als eines in sich zusammenhängenden Feldes sein. Insofern ist sie durch und durch realistisch. Aber sie weigert sich mit guten Gründen, die Präsenz des Selbstbewußtseins (eines jeden denkenden Wesens) auf diese Realität zu reduzieren. Deshalb besteht sie auf der ontologischen Eigenständigkeit des „mentalen Geschehens", das aus der Perspektive seines „spezifisch subjektiven Prozesses" alles nur unter der Bedingung seiner „Spontaneität" begreifen kann (14). Also kann die durch dieses Bewußtsein geleistete Erkenntnis nur idealen Charakter haben. Folglich stehen sich die *Realität* des Feldes und die *Idealität* des Bewußtseins in einer ausdrücklich „dualistisch" genannten Konzeption gegenüber.

Damit sind alle Probleme wieder präsent, die offenbar auch Kants „Widerlegung des Idealismus" nicht aus der Welt schaffen konnte. Rohs nimmt ihnen zwar eine gewisse Schärfe, die sie bei Kant gewonnen haben, weil er den Leistungen des Bewußtseins keine weltkonstitutive Funktion mehr zuerkennt. Aber das Problem der Vermittlung, der *realen Verknüpfung* von Ich und Welt (bzw. Feld) besteht unverändert fort. Denn wir müssen uns fragen, wie wir denn von der *Realität* des Feldes *wissen können*, wenn alles Wissen eine Funktion des vom Feld prinzipiell unterschiedenen *Selbstbewußtseins* ist.

Die Terminologie der Feldtheorie erlaubt, das Problem mit metaphysischer Radikalität zu benennen: Wenn das „Subjekt" sich selbst als das „Jenseits" der „physikalisch beschriebenen Natur" begreift (18), dann bleibt völlig offen, wie es zu seinem *Diesseits* gelangt. Die „Kluft" zwischen Natur und Geist, von der immer wieder die Rede ist (11)[4], ist abgrundtief, auch wenn an einer Stelle behauptet wird, man könne – eben aus jenem „Fenster" – wenigstens von einer Seite auf die andere Seite sehen (239). Wodurch aber kann man sicher sein, daß die drüben (oder draußen) gesehene Natur, auch die *wirkliche* Natur ist, wie es die Feldtheorie unterstellt?

Nun hat Peter Rohs allerdings einen ingeniösen Einfall, der ihn glauben läßt, er habe die alten Probleme des Übergangs zwischen physischem „Außen" und mentalem „Innen" auf zwingende Weise gelöst. Er meint ein Medium gefunden zu haben, das gleichermaßen „außen" wie „innen" ist, das dem *Feld* seine *Ordnung* und dem *Ich* seinen *Ausgangspunkt* gibt. Dieses Medium ist die *Zeit*. Der Dreiklang des Titels *Feld–Zeit–Ich* gibt ja schon vor, was zwischen den kategorial getrennten Bereichen des Feldes und des Ich vermitteln soll.

---

[4]Weitere Stellen: 12, 17, 36, 239, 259 u. 266.

Die Zeit ist unbestritten eine elementare Ordnungsgröße des Feldes. Jedes Ereignis ist – in Relation zu anderen Ereignissen – zeitlich bestimmt. Es ist *früher* oder *später* als sie oder *gleichzeitig* mit ihnen. Anders können Ereignisse einfach nicht zueinander liegen. Also gehört die zeitliche Ordnung zu den notwendigen Bedingungen natürlicher Tatsachen und somit auch zu den notwendigen Strukturmomenten des Feldes. Diese Ordnung wird durch die *Topologie* der Zeitpunkte beschrieben; deshalb ist auch vom *topologischen* Zeitbegriff die Rede (30). Zusammen mit dem zur *Zeitmessung* erforderlichen *metrischen* Zeitbegriff (34) kommt er nur in der *physikalischen* Naturbeschreibung zur Anwendung.

Die Zeit ist aber auch der unverzichtbare *Modus* des Selbstbewußtseins: Es muß (sich) *gegenwärtig* sein, um überhaupt zu sein. Was immer die Leistung des Selbstbewußtseins im Wahrnehmen und Erkennen sein mag: In jedem Fall ist es *präsentisch* verfaßt. Es ist auf die *Gegenwart* bezogen und kann sich in dieser ihm notwendig zugehörigen *Aktualität* auf etwas beziehen, das ihm als *früher*, *später* oder *gleichzeitig* bewußt ist. So erlebt es sich aktuell *zwischen Vergangenheit und Zukunft*, also in einer zeitlichen Ordnung, die bleibt, wenn auch der Zeitpunkt des bewußten Erlebens unaufhaltsam in die Richtung rückt, die eben noch *Zukunft* war und alles soeben noch *aktuell* Bewußte unabänderlich zur *Vergangenheit* macht. Mit Blick auf die präsentische Verfassung des Ich spricht Peter Rohs von der „nunczentrischen" Verfassung des Selbstbewußtseins (14; 43). Das soll sagen: Jedes Selbst *ist* nur im erlebten *Jetzt* des Augenblicks.

Zur Bezeichnung der eigentümlichen Bewegung der Zeit, die das Ich im unablässigen Übergang von einer Gegenwart in die nächste vollzieht (bei der es Vergangenes „hinter sich" und unverbrauchte Zukunft „vor sich" hat), übernimmt der Autor einen wenig glücklichen Ausdruck von Peter Bieri, der vom „zeitlichen Werden" gesprochen hatte (Bieri 1972, 66). Ein organisches „Werden" war damit aber nicht gemeint, obgleich gerade dies philosophisch überaus bemerkenswert wäre.[5] Man kann das „Werden" hier bestenfalls als ein Kürzel für das begreifen, was Dichter (wie Goethe) und Denker (wie Nietzsche) als „Werden *und* Vergehen" umschrieben haben. Gemeint ist der „Strom" der Zeit, ihr phänomenologisch so schwer erfaßbares „Fließen", bei dem wir schon nicht sicher sind, ob wir mit ihm aus der Vergangenheit in die Zukunft treiben oder ob es uns aus der Zukunft entgegenströmt.[6] Doch wie

---

[5] Schon Helmuth Plessner (1928) ist dem organischen Konnex der Zeiterfahrung nachgegangen und hat die „Zeithaftigkeit des lebendigen Seins" anschaulich beschrieben. Plessners Versuch, die „positionale Raum-Zeitunion" gegen das physikalische Raum-Zeit-Kontinuum abzugrenzen, könnte in eine Parallele zum Systementwurf von Peter Rohs gebracht werden. Der anthropologische Ansatz Plessners, auch wenn er mit einer apriorischen Wesensontologie des lebendigen Seins belastet ist, bietet Chancen zu einer Verknüpfung der meßbaren physikalischen mit der bewußt erlebten Zeit. Die Parallele zu Rohs empfiehlt sich auch mit Blick auf seine erhellenden Überlegungen zum *Verhältnis von Körper und Geist* (240ff.) sowie auf das exzellente Kapitel über *Naturteleologie* (251 ff).
[6] Ein nicht organisches „Werden" ist nur auf das zur Gegenwart-Kommen des Künftigen, also lediglich auf den „Fluß" der Zeit bezogen. „Werden" ist dann nur die ins Futur gesetzte Form von „sein". Damit drückt es lediglich eine von Vergangenheit und Gegen-

dem auch sei: Der *Fluß der Zeit* findet nur im *nunczentrisch* verfaßten *Bewußtsein* statt. Damit ist der *modale* Zeitbegriff umschrieben, der – in Abgrenzung zum *topologischen* und *metrischen* Zeitbegriff – seine Anwendung nur in bezug auf Bewußtseinsakte findet.

Die Zeit ist somit notwendig in beidem – im *Feld* wie im bewußten *Selbst* –, wenn auch jeweils auf andere Weise: Sie ist im *Feld* **bloß** *topologisch* (und *metrisch*) gegeben, im *Ich* dagegen **bloß** *modal* präsent. Und beide sind nicht auf einander rückführbar. Peter Rohs sieht eben darin die Gewähr, daß die Zeit die „ontologische Brückenfunktion" zwischen den Gebieten des Naturbegriffs und des Subjektbegriffs übernehmen kann (36).

Das ist wahrhaftig eine vielversprechende Konstruktion! Die *Realität* empirischer Naturerfahrung wäre mit der *Idealität* rein kognitiver Leistungen in *einem* Medium verknüpft, das für beide Seiten, wenn nicht konstitutiv, so doch wenigstens unerläßlich ist. Hier hätte man den lang gesuchten Übergang zwischen Stoff, Natur oder Außenwelt auf der einen und begrifflicher Form, Vernunft oder selbstbewußter Innenwelt auf der anderen Seite. Und man könnte dem Autor nebenbei auch konzedieren, daß er mit seinem sympathischen Vorhaben zwei so ernsthafte, tiefe und doch im Ansatz so unvereinbar erscheinende Denker wie Spinoza und Kant tatsächlich miteinander versöhnt hätte.

Doch so gern man (allein schon aus dem Verlangen nach einer nicht nur *erlebten*, sondern endlich auch systematisch *gewußten* Einheit von Mensch und Welt) zustimmen möchte: Der Vorschlag von Peter Rohs kann in der vorliegenden Form nicht überzeugen. Sein gewitzter, kenntnisreich an physikalische und philosophische Zeittheorien anknüpfender und letztlich auch metaphysisch wahrhaft tiefsinniger Vorschlag, die *Zeit* als Brücke über die Schlucht zwischen Sein und Bewußtsein zu nutzen, ist in der vorliegenden Form kaum mehr als eine Idee. Denn es wird nicht gezeigt, daß die auf beiden Seiten gut verankerten Brückenköpfe der Zeit auch tatsächlich *einen geschlossenen Bogen* tragen. Außerdem bleibt völlig offen, wie man über diese Brücke *von der einen auf die andere Seite* gelangen kann. Der „temporale Dualismus" der Zeit legt vielmehr die Befürchtung nahe, daß die Brücke sich gar nicht schließt und ihr philosophischer Effekt einzig darin liegt, daß man von ihren beiden offenen Enden nur noch besser in den an dieser Stelle tatsächlich unüberwindlichen Abgrund blicken kann.

Als unbefangener Leser könnte man sich freilich diese Befürchtung einfach dadurch nehmen, daß man den „temporalen Dualismus" selbst in Frage stellt. Zwar leuchtet ein, daß wir das *aktuelle Zeiterleben,* die *Gegenwärtigkeit* eines Eindrucks nicht vom erlebenden Selbst abtrennen können. Der Augenblick der Zeit ist an das in ihm allererst zu Bewußtsein kommende Ich gebunden – und umgekehrt. Also verweisen „Nunczentrizität" und Selbstbewußtsein notwendig aufeinander. Außer Frage steht auch, daß man aus der so gegen-

---

wart unterschiedene *andere* Zeit aus. Dadurch steht der Ausdruck „zeitliches Werden" in Gefahr tautologisch zu sein.

wärtigen *Gleichzeitigkeit* durch den eigentümlichen „Fluß" der Zeit unvermeidlich zu einer *Reihe* fortlaufender Zeitpunkte gelangt. Das ist die sogenannte „A-Reihe" des bewußtseinsabhängigen Zeitkontinuums des *modalen* Zeitbegriffs. Aber haben Rohs und seine Gewährsmänner, Bieri und Gale, tatsächlich zeigen können, daß die „B-Reihe" des rein *topologischen* Zeitbegriffs unabhängig von der „A-Reihe" ist?

Ein derartiger Nachweis könnte doch nur gelingen, wenn man eine solche rein physikalische Zeitreihe entweder *ohne einen Beobachter* zu fassen suchte, oder aber einen *Beobachter* hätte, *der selbst nicht über Selbstbewußtsein verfügt*. Im ersten Fall wüßten wir *von der Reihe* nichts, und im zweiten Fall erführen wir *von dem Beobachter* nichts. In jedem Fall aber wüßten wir nicht, daß es sich bei der in ihrer geometrischen oder arithmetischen Ordnung erfaßten Topologie der Punkte $t_1, t_2, ... t_n$ tatsächlich um *Zeit*punkte handelt. Dann mag es zwar die sogenannte „B-Reihe" geben. Aber wir wissen nichts von ihrem *spezifisch zeitlichen Charakter*. Folglich hat sie auch nichts mit unserem Zeitverständnis zu tun. Das aber ist an das *Bewußtsein der Gegenwärtigkeit* gebunden, das wir nicht haben könnten, wenn jeder Augenblick ewig währte. Der Augenblick muß vergehen, wenn er überhaupt *als Augenblick* soll erfahren werden können.

Damit wird offenkundig, daß der Zeitbegriff auch in seiner *topologischen* und *metrischen* Fassung *das Bewußtsein der Gegenwärtigkeit* voraussetzt. Denn anders läßt sich kein „früher" oder „später" – und somit auch keine längere oder kürzere zeitliche Dauer – aussagen. Man könnte also feststellen, daß es den „temporalen Dualismus" gar nicht gibt. Was es jedoch gibt, sind *unterschiedliche Formen des Umgangs mit der Zeit*, die sich in ihrem *topologischen* und *metrischen* Begriff niederschlagen, stets aber auf den allemal benötigten *Modus der Gegenwärtigkeit* gegründet sind. Damit wäre zumindest die „Brücke" zwischen physikalischer und bewußt erlebter Zeit geschlagen, und die „Kluft" zwischen Ich und Feld wäre wenigstens an der für den Autor entscheidenden Stelle überwunden.

Doch diesen Weg, der sich ihm auch durch seine kundige Darstellung der unreduzierbaren Eigenständigkeit des Selbstbewußtseins in den späteren Partien des Buches anbietet, kann und möchte Peter Rohs nicht gehen. Letztlich, wenn auch mit Modifikationen, wäre es der Weg Kants, auf dem man zwar viele wertvolle Einsichten Spinozas einholen, aber keinen Schritt zurück zum Spinozismus tun kann.

So ist es immerhin verständlich, daß Peter Rohs sich zu einem anderen Vorgehen entschließt: Es ist eine Annäherung aus *zwei* Richtungen – zum einen über das physikalisch beschreibbare *Feld* und zum anderen über das *Selbstbewußtsein*. Jedes Verfahren müßte jeweils vom *einen* zum *anderen* führen: Der Zugang über das *Feld* müßte bis zu der Stelle offen sein, an der das *Selbstbewußtsein* integriert werden könnte; die Analyse des *Selbstbewußtseins* müßte kenntlich machen, inwiefern es mit seinen Leistungen in eben dieses *Feld* gehörte. Sollte die „Kluft" sich wirklich schließen lassen, müßten beide Wege – *zu ein und demselben Ende* führen.

Das aber tun sie bei Peter Rohs offenkundig nicht! Der rasch und mehr behauptend als begründend durchmessene Weg *durch das Feld* – das ist der erste Zugang – kommt lediglich bis zur *Möglichkeit des Selbst*. Die ontologischen Prämissen des Feldes schließen nicht aus, daß es auch eine ganz anders verfaßte Seinsweise gibt, die zwar nicht zu den Ereignissen im Feld gehören kann, aber auch nicht im Widerspruch zu ihnen stehen muß (43). Das sind die modalen Vollzugsformen des Selbstbewußtseins. Mit Blick auf eine Naturauffassung, die lange Zeit überhaupt keinen Platz für die Phänomene des Bewußtseins hatte und sie deshalb für bloßen Schein (im Klartext: für nichtig) erklärte, ist das vielleicht ein Fortschritt. Doch angesichts der Tatsache, daß uns nichts *näher* und nichts *gewisser* ist, als *unser Bewußtsein*, ist das ein Ergebnis von erbarmungswürdiger Dürftigkeit. In der bedrängenden Realität unseres bewußten Daseins werden wir darüber belehrt, daß wir „möglich" sind! Und als könnte dies ein Trost sein, wird uns noch versichert, daß „Subjekte" „nicht in jeder beliebig beschaffenen Natur" möglich sind (43).

Einen solchen Ertrag kann man nur historisch entschuldigen. Systematisch ist er belanglos – und führt vor allem nicht zu dem Ziel, das Peter Rohs erreichen möchte. Also verfehlt sein System die *Einheit*, die es braucht, um uns *mit Gründen* darzutun, woran wir ernsthaft niemals zweifeln: Daß nämlich Körper und Geist zusammengehören und daß die Welt, nach deren innerer und äußerer Einheit wir fragen, eine Welt mit wirklich lebenden Menschen ist, die nicht nur „ich sagen", sondern auch „ich tun" können.[7] Mit einem Wort: *Der Weg über das Feld kommt an das Ich nicht heran.* Man gelangt über ihn nicht zu der *einen* Welt, in der wir leben. Ja, mehr noch: Die systematische Kohärenz der Wirklichkeit gerät vom physischen Feld her gesehen noch nicht einmal in den Blick. Also bleibt auch das Feld als „‚allbefassendes' Ganzes" (29) leer, von dem wir annehmen sollen, daß es das Ich irgendwie enthält.[8]

Zum Glück führt der *zweite* Weg ein ganzes Stück näher an das Ziel heran: Die ungleich gründlicher angelegte Untersuchung unserer begrifflichen Leistungen zeigt vor allem, daß die intelligiblen Akte keine Privatphänomene sind. Die Gedanken werden aus ihrer Quarantäne im psychischen Binnenraum des Ich befreit. Die Selbstisolation der Begriffe im jeweiligen Ich ist eine Prämisse des neuzeitlichen Skeptizismus. Sie wird auch im cartesischen Zweifel unterstellt. Wer sie übernimmt, kommt nur mit Gottes Hilfe aus der Sphä-

---

[7] Vgl. Nietzsche 1883, 39. – Nietzsches Pointe besteht an dieser Stelle allerdings darin, daß er die Handlungskompetenz, die zum „Ich tun" befähigt, nicht dem Bewußtsein, sondern dem Leib zuspricht. Gleichwohl bleibt es der Mensch, der etwas „tut".
[8] Es trägt nicht gerade zur Klarheit der transzendentalen Feldtheorie bei, daß ausgerechnet der Umfang des Hauptbegriffs, des Feldes, zweifelhaft bleibt: Zum einen gibt es das eindeutig bloß *physisch* erschließbare Feld, das nur aus „Ereignissen" besteht (29) und somit auch keinen Platz für die modalen Zeitbestimmungen hat (30). Das „zeitliche Werden" ist „weder ein Gebiet des Feldes noch eine Eigenschaft eines Gebietes noch eine Relation zwischen Gebieten (oder Ereignissen)" (34). Zum anderen aber besteht die spinozistische Pointe dieser Theorie in der grundlegenden Einheit von allem, für die der „transzendentale" Feldbegriff steht. Hier also hätten wir von einem *metaphysischen* Feldbegriff auszugehen. Die beiden Konzeptionen des Feldes sind Ausdruck der Schwierigkeit des Zugangs zum Feld, die ich mit Blick auf das Selbstbewußtsein aufzuzeigen versuche.

re seiner eigenen Innerlichkeit heraus. Jeder eigene Versuch, den Übergang zur gemeinsam erfahrenen Außenwelt herzustellen, kann nur *von innen her* unternommen werden und muß notwendig auch *innen* ansetzen. Aber da jedes Außen, das man auf diese Weise erreicht, Gewißheit nur beanspruchen kann, sofern es vor der Instanz des innen liegenden Selbstbewußtseins bestehen kann, gerät es selbst wieder unter den Verdacht, ein bloßes Binnenphänomen zu sein. Alles führt somit zum vermeintlich absoluten Ausgangspunkt im eingeschlossenen Innenraum des Ich zurück. Der Idealismus Berkeleys und der Solipsismus Stirners ziehen nur die unvermeidliche Konsequenz aus dem Zweifel Descartes'.

Auch Kants „transzendentaler Idealismus" wirkt streckenweise so, als sei er in der Klausur des Ich, also im bloß subjektiven Intérieur des Einzelwesens verfaßt. Der Sprachgebrauch, wie etwa die Rede von den „Vermögen", legt in der Tat eine psychologische oder rein internalistische Deutung nahe. Doch die *allgemeine Verbindlichkeit* der Leistungen des Verstandes, die vom „Ich denke" begleitet werden, spricht dagegen. Die „transzendentale" Leistung des Bewußtseins soll ja gerade die immer schon vollzogene Überschreitung eines rein subjektiven Geltungsraums anzeigen. Die „Widerlegung des Idealismus" ist daher auch kein schlüssiger von innen nach außen führender Beweis, sondern nur die Offenlegung der Tatsache, daß selbst ein subjektiver Bewußtseinsinhalt niemals bloß ein Binnenphänomen ist, sondern aus sich heraus stets schon auf etwas Äußeres bezogen ist.[9] Es ist somit ein Selbstmißverständnis des Bewußtseins, wenn es glaubt, es könne sich in die *chambre separé* reiner Innerlichkeit zurückziehen. Folglich gibt es auch keine metaphysische Schranke zwischen dem bloßem Ich und der ihr angeblich als äußere Wirklichkeit gleichsam fremd gegenüberstehenden Welt.

Vielleicht würde Peter Rohs sich mißverstanden fühlen, wenn man ihm dieses Verständnis eines niemals bloß im Inneren eines Individuums eingeschlossenen Bewußtseins unterstellte. Aber man kann sagen, daß seine Analyse der mit dem Selbstbewußtsein unmittelbar verknüpften epistemischen Leistungen dieser Auffassung weit entgegenkommt. Mit eindringlicher Klarheit arbeitet er die konstitutive *Intersubjektivität des Denkens* heraus. Zwar wird nicht deutlich, warum ausgerechnet das „zeitliche Werden" der „*Ursprung* einer jeden Intersubjektivität" sein soll (46).[10] Aber die enge Verbindung zwischen „Gegenwärtigsein" und der nur begrifflich zu fassenden „Sachverhaltsstruktur" (50) ist nicht zu bestreiten. Denn jede Aussage eines Sachverhalts schließt das „es ist" ein, das die Präsenz dessen, wovon die Rede ist, voraussetzt.

Für den Objektivitätscharakter des Selbstbewußtseins spricht vor allem die vom Autor vorbildlich durchgeführte Unterscheidung zwischen „Vor-

---

[9] Kant bleibt daher auch von Heideggers sensationslüsternem Vorwurf des „Skandals" unberührt. Kant hat das Dasein der Außenwelt nicht ernsthaft bezweifelt; deshalb braucht er es sich auch nicht eigens zu beweisen. Er *widerlegt* nur einflußreiche idealistische Theorien, die einen derartigen Zweifel etabliert haben.
[10] Hervorhebung von mir; V.G.

stellungen" als „psychischen Repräsentationen" und „Gedanken" als bloßen „Propositionen" (112). Hier folgt er Frege bis in die Terminologie hinein[11] und grenzt den nichtsinnlichen „Sinn" auch für die allgemeinen Prädikationen („Begriffe") und für die singulären Termini scharf von allen psychischen Begleiterscheinungen des Denkens ab. Ausdrücklich wird der „psychische Modus" intellektueller Akte von ihrem „Anspruch auf Wahrheit" unterschieden (115), und es ist allein dieser Anspruch, der die Erkenntnisleistungen des Selbstbewußtseins trägt. Von daher wendet sich Rohs zu Recht gegen jeden „Phänomenalismus" gedanklicher Akte, was nichts anderes heißt, als daß Gedanken und Begriffe „nicht zu den Innenwelten einzelner Personen gehören" (116). Nur so ist die „Invarianz" von Gedanken gegenüber einzelnen Personen und ihren – von Rohs apostrophierten – „Innenwelten" zu erklären (110).

Dieses folgenschwere Ergebnis wird im Fortgang der Analyse vielfältig gestützt und ergänzt: Da ist die strikte Verknüpfung von Selbstbewußtsein und (der auf etwas ausgerichteten) *Intentionalität* (123) in Verbindung mit der vorgängigen *Pluralität* der „Subjekte, Iche, Sprachen" (126); da ist das mehrfach herausgestellte „Nichtsinnlichkeitsmonopol" der transzendentalen Apperzeption (149/151), das ja nichts anderes als das *Monopol für Allgemeingültigkeit* überhaupt bedeutet. Man erkennt die universalistische Bürde, die das Ich offenbar mühelos trägt. Und da ist schließlich die souveräne Kritik all jener Mißverständnisse, die den angeblichen *Monologismus* des transzendentalen Subjekts durch ein „Sprachapriori" beheben wollen: „Wenn es gar keine Mitteilung gäbe, weil jeder in seiner Innenwelt eingeschlossen wäre, gäbe es auch keine Mißverständnisse. Das ontologische Problem des Verstehens besteht also in der Existenz des gemeinsamen Kampfplatzes, das epistemische darin, den Kontrahenten auf ihm auch wirklich zu treffen" (110).

Man sieht also, wie weit dieser *zweite* Weg den Autor trägt: Die Analyse des Selbstbewußtseins führt nicht allein auf die *Allgemeinheit, Wahrheit* und *Sachhaltigkeit* der Welt, sondern sogar auf ihre *Vielfalt* und *Gegensätzlichkeit*, ja auf ihre *widerständige Wirklichkeit!* Man gelangt also nicht bloß zum Brückenkopf des „zeitlichen Werdens", um von dort aus – über die „Kluft" hinweg – auf das gegenüberliegende Fundament der „topologischen" Zeit zu blicken. Man ist vielmehr immer schon über die „Kluft" hinweg und steht mitten im „Feld". Alle Handlungen des Selbstbewußtseins sind, wie Peter Rohs sehr wohl weiß, Modifikationen im Feld. Also wirkt es überaus künstlich, das eine vom ande-

---

[11] Was leider beim Terminus des „Sinns" zu Mißverständnissen führt, weil Rohs in seiner Kant-Interpretation dann doch wieder dem üblichen Wortverständnis folgt. – Schwierigkeiten bereitet auch, daß der Autor an einer durch seine Analyse längst überholten Sprachregelung festhält, die das „Ich" oder das „Subjekt" ohne Einschränkung mit der *Subjektivität* verknüpft (vgl. 43). Der Begriff der Subjektivität bezieht seine Bedeutung aus der Opposition gegen die Objektivität. Wenn es aber richtig ist, daß sich das Ich überhaupt erst in Begleitung sachhaltiger Gedanken (also zumindest in der Ausrichtung auf Objektivität) einstellt, kann man es nicht schlechthin mit Subjektivität identifizieren. Es müssen vielmehr (wie Rohs dies beispielsweise bei den Wahrnehmungsurteilen versucht) die Restriktionen genannt werden, unter denen es, wie ich sagen würde, zum *Vorbehalt* der Subjektivität kommt.

ren so abzutrennen, wie er es versucht, ohne sie abschließend in einer wirklich nachweisbaren (oder wenigstens plausiblen) systematischen Verbindung zu präsentieren..

Der zuletzt zitierte Satz, in dem vom „gemeinsamen Kampfplatz" der „Kontrahenten", die sich „wirklich" treffen (110), die Rede ist, hat den Vorzug, sogar anschaulich zu machen, wie weit die Analyse des Selbstbewußtseins aus der bloßen Idealität des Denkens heraus und in die Realität der Welt hineinführt. Allein über das Selbstbewußtsein gelangt man bis zu der *Wirklichkeit*, in der Menschen Verständigungsprobleme haben. Die Menschen gehen also keineswegs bloß in Gedanken aus sich heraus, sondern „treffen" bereits im notwendig sprachbezogenen (wenn auch nicht sprachabhängigen) Denken „wirklich" auf andere Menschen in ihrer empirischen Existenz. Und der „gemeinsame Kampfplatz", auf dem sie sich mit ihren Verständigungsproblemen „wirklich" begegnen: Wo anders soll dieser „Kampfplatz" liegen als auf dem „Feld"?

Also haben wir doch nicht bloß das „Fenster" zum Feld! Das Fenster ist mindestens eine „Tür". Es kann auch keine Rede davon sein, daß der Blick nur in *eine* Richtung geht, wenn denn „Verstehen" möglich sein soll. Wir *sind* im „Feld", wann immer wir uns verständigen. Und dies geschieht in jedem Nachdenken über einen Sachverhalt, der – aus der Logik unseres Wissens heraus – niemals bloß auf uns selbst bezogen sein kann.

Zu diesem Ergebnis kommen wir ohne jeden Umweg über das „Feld", sondern *allein über die Analyse unserer selbst*. Die Einheit von Welt und Ich erschließt sich bereits über das Ich. Denn es zeigt sich, daß sich das Ich nie so weit von der Welt isolieren kann, um wirklich zum Problem für deren Einheit zu werden. So kommt Peter Rohs auf dem zweiten Weg ganz allein dorthin, wohin der erste Weg (über das „Feld") ihn niemals führen kann.

Welche Konsequenz dies für seine „transzendentale Feldtheorie" hat, vermag ich nicht zu sagen. Deutlich ist nur, daß auch diese Theorie, selbst wenn sie eine „Feldtheorie" bleiben sollte, Kant wesentlich stärker verpflichtet ist als Spinoza. Und wenn sie die nicht geringen Schwierigkeiten beheben will, die uns Kants Transzendentalphilosophie hinterlassen hat, braucht sie vielleicht nur den Umstand ernstzunehmen, daß Selbstbewußtsein niemals bloß eine Verfassung rein intelligibler Wesen, sondern stets ein Ausdruck des Selbstverhältnisses leibhaftiger Wesen ist, die ohne Bewußtsein eben das nicht bewältigen können, was sie als *ihr Problem* erkennen. Man braucht das Selbstbewußtsein nur *im Leben* zu belassen, dann bewegt man sich bei seiner Analyse auch im Feld. Und warum sollte für das Feld, für seine Ereignisse wie seine Gesetze, nicht dasselbe gelten, was Peter Rohs so treffend über das Leben sagt? Im Kern, so heißt es, sei unser Verständnis des Lebens „eine Extrapolation aus der Selbsterfahrung heraus. Wir verwenden gewisse Begriffe, die in der Erfahrung des Selbstbewußtseins verankert sind, zur Deutung des Lebens überhaupt" (253). Bei der Deutung des Feldes, so meine ich, ist es nicht anders.

Das, so scheint mir, ist auch die Ansicht Kants, der in seinen späten Notizen immer wieder den Vergleich mit Spinoza sucht und dabei die Eigenart seines Ansatzes mit äußerster Schärfe akzentuiert: „Wir können keine Gegenstände weder in uns noch ausser uns befindlich erkennen als nur so daß wir die *actus* des Erkennens nach gewissen Gesetzen in uns selbst hineinlegen. Der Geist des Menschen ist Spinozens Gott (was das Formale der Gegenstände betrifft) und der Transscendentale Idealism ist Realism in absoluter Bedeutung" (Kant 1936, 99).

Literatur

Bieri, Peter (1972): *Zeit und Zeiterfahrung*, Frankfurt (Main).
Habermas, Jürgen (1997): *Vom sinnlichen Eindruck zum symbolischen Ausdruck*, Frankfurt (Main).
Kant, Immanuel (1936): *Opus postumum*, in *Kants gesammelte Schriften*, hg. von der Preußischen Akademie der Wissenschaften, Berlin, Bd. 21 (1. Hälfte).
Nietzsche, Friedrich (1883): *Also sprach Zarathustra*, 1. Teil: Von den Verächtern des Lebens, in *Kritische Studienausgabe*, Bd. 4, Berlin/New York ²1988.
Plessner, Helmuth (1928): „Die Stufen des Organischen und der Mensch", in Plessner, H., *Gesammelte Schriften*, Bd. 4, Frankfurt (Main) 1981, 231-245.
Rohs, Peter (1996): *Feld–Zeit–Ich. Entwurf einer feldtheoretischen Transzendentalphilosophie*, Frankfurt (Main).

Michael Esfeld

Feldmetaphysik und Philosophie der Physik

1. Einleitung

Die Feldmetaphysik ist der naturphilosophische Teil der feldtheoretischen Transzendentalphilosophie von Peter Rohs. Rohs konzipiert diesen Teil als eine Philosophie, die der heutigen Physik gerecht werden soll (vgl. 10-11; 23-24).[1] Das Ziel meines Beitrags ist, diesen Anspruch zu untersuchen. Dazu rufe ich zunächst die zentrale These der Feldmetaphysik in Erinnerung. Ich plädiere dafür, die Feldmetaphysik als einen naturphilosophischen Holismus aufzufassen, weil die Materie mit der Raum–Zeit identifiziert wird (Abschnitt 2). Ich diskutiere dann die direkte Anwendung dieses Holismus auf die Philosophie der allgemeinen Relativitätstheorie. Dabei führe ich aus, daß das Programm gescheitert ist, auf der Grundlage der allgemeinen Relativitätstheorie die gesamte Physik so zu rekonstruieren, daß keine materiellen Entitäten zusätzlich zur Raum–Zeit anerkannt werden müssen (Abschnitt 3). Schließlich gehe ich auf das Verhältnis zwischen der Feldmetaphysik und der Philosophie der Quantentheorie ein (Abschnitt 4). Meine These ist die folgende: Die Feldmetaphysik kann nicht direkt auf die heutige Physik bezogen werden. Der Holismus, den die Feldmetaphysik enthält, kann aber dazu beitragen, die philosophische Relevanz der Quantentheorie einzuschätzen.

2. Die Feldmetaphysik

Der Begriff »Feldmetaphysik« stammt von Jonathan Bennett. Bennett charakterisiert mit diesem Begriff die Philosophie der ausgedehnten Welt, die er Spinoza zuschreibt.[2] Die Pointe der Feldmetaphysik ist, den Raum oder die Raum–Zeit nicht als eine Art Behälter anzusehen, in dem materielle Entitäten wie Partikel und Felder existieren, sondern die Materie mit dem Raum oder der Raum–Zeit zu identifizieren.[3] Es gibt keine materiellen Entitäten zusätzlich zu Raum und Zeit. Das Materielle sind vielmehr die Weisen (modi), wie der Raum oder die Raum–Zeit in Gebieten existiert. Infolgedessen sind Aussagen über Materielles, in denen Partikeln oder Feldern in Raum und Zeit Eigenschaften zugesprochen werden, auf Aussagen zu reduzieren, in denen Gebieten des Raumes oder der Raum–Zeit Eigenschaften zugesprochen werden. Alle Aussagen über Materielles können folglich von einer fundamentalen Theorie des Raumes oder der Raum–Zeit aus rekonstruiert werden.

An die Stelle dessen, was Spinoza ausgedehnte Substanz, körperliche Substanz oder Materie nennt und was Bennett als den Raum interpretiert, setzt Peter Rohs gemäß dem heutigen Stand der Physik die Raum–Zeit der allge-

---

[1] Seitenzahlen ohne weitere Angaben beziehen sich hier und im folgenden auf Rohs 1996.
[2] Bennett 1988, Kap. 4. Sein wichtigster Bezugspunkt in Spinozas Text ist *Ethik*, Buch 1, propositio 15, scholium.
[3] Siehe Rohs 1996, Kap. 2.

meinen Relativitätstheorie. Rohs charakterisiert die Feldmetaphysik folgendermaßen:

> Das „Feld", das das „wirkliche Wesen" ist, ist also die vierdimensionale Union von Raum und Zeit. Die „Modi" an diesem Wesen sind nicht (wie bei Spinoza) räumliche, sondern raumzeitliche Gebiete ... Raumzeitgebiete, die sich in irgendeinem Zustand befinden, werden als Ereignisse bezeichnet ... Ereignisse sind die elementaren Individuen ... Jede Individuierung von Gebieten setzt aber begrifflich das ganze Feld voraus ... Dies gilt ebenso für die einheitliche Raumzeit: sie ist aus begrifflichen Gründen kein Aggregat ihrer Gebiete, der Ereignisse, sondern diese „können nur in ihr gedacht werden" ... Kants Bedenken gegen die zwei „ewigen und unendlichen vor sich bestehenden Undinge (Raum und Zeit)", „welche da sind (ohne daß doch etwas Wirkliches ist)" (*KrV* B 56), dürften auf der Ansicht beruhen, daß dann, wenn Raum und Zeit „wirkliche Wesen" sind, überdies für das „Wirkliche" im Sinne materieller Gegenstände eine zweite Substanz erforderlich wäre. Dort, wo sich ein materieller Gegenstand befindet, müßten dann zwei verschiedene Substanzen das Gebiet einnehmen: der Raum und die Materie. Die Annahme einer solchen zweiten Substanz ist jedoch unnötig. Der Raum ist also nicht ein Behälter für von ihm selbst unterschiedene materielle Substanzen. Es ist überflüssig, eine solche Substanz zwischen das Gebiet und die Eigenschaften einzusetzen ... Eigentlich materielle Dinge werden ebenfalls im Sinne dieses Modells interpretiert: es handelt sich um Gebiete, die sich in bestimmten Zuständen befinden. Die Raumzeit ist also die „Welt", das allbefassende Ganze der Wirklichkeit. In ihr können Gebiete abgegrenzt werden, die aber als Gebiete keine ontologische Selbständigkeit haben; diesen Gebieten können außerdem Eigenschaften zugesprochen werden (24-26).

Der materielle Bereich besteht also nur aus der Raum–Zeit, deren Gebiete physikalische Eigenschaften haben. Die Raum–Zeit ist nicht nur eine Substanz im Sinne eines Seienden, dessen Existenz unabhängig von der Existenz von anderem Seienden ist; sie ist sogar die einzige physikalische Substanz. Es wird mithin eine Theorie einer absoluten Raum–Zeit vertreten.

Ist »*Feld*metaphysik« oder »*feld*theoretische Transzendentalphilosophie« eine angemessene Bezeichnung für diese Position? Man kann diese Begriffswahl verteidigen, indem man sich die gesamte Materie als ein einziges Feld vorstellt. Dieses Feld zeigt diejenige Struktur der Raum–Zeit an, aufgrund derer alle Aussagen über physikalische Entitäten von einer Theorie der Raum–Zeit aus rekonstruiert werden können. Dieses Feld erstreckt sich nicht nur über die gesamte Raum–Zeit, sondern es ist auch identisch mit ihr. Eine leere Raum–Zeit ohne Feld gibt es folglich nicht (25-26). Rohs spricht daher häufig nur von dem Feld und meint damit die gesamte raum–zeitlich ausgedehnte Welt.[4]

In dem Zitat oben nimmt Peter Rohs nur auf Gebiete der Raum–Zeit Bezug. Er legt sich somit nicht darauf fest, ob es auch Punkte der Raum–Zeit gibt. Die Gebiete sind, ebenso wie die Raum–Zeit selbst, vierdimensional. Gebiete sind nicht unbedingt in klar abgegrenzter Weise vorgegeben. Rohs zufolge ist das Abgrenzen von Individuen davon abhängig, wie wir uns das Feld zur Erscheinung bringen (27-28).

---

[4] Rohs 1996, besonders Kapitel 2: „Das Feld".

Damit wird ein Relativismus behauptet, der jedoch harmlos ist: Selbst wenn das Abgrenzen von Gebieten von Setzungen von Beobachtern abhängig ist, folgt nicht, daß die physikalischen Eigenschaften, welche die Gebiete der Raum–Zeit haben, von den Konzeptionen abhängig sind, die wir uns bilden. Die Eigenschaften können unabhängig von unseren Konzeptionen vorhanden sein. Wenn wir zum Beispiel annehmen, daß der Übergang zwischen Berg und Tal kontinuierlich ist, dann ist keine eindeutige Grenze zwischen Berg und Tal vorgegeben. Dessenungeachtet kann jedoch ein großer Teil der Eigenschaften, die wir Berg und Tal zuschreiben, in diesen Raumgebieten unabhängig von diesen Beschreibungen vorhanden sein. Das gleiche kann zumindest für die basalen physikalischen Eigenschaften gelten, die Raum–Zeitgebiete gemäß der Feldmetaphysik haben. Zum Beispiel ist die Masseverteilung im Universum offenbar unabhängig davon, wie wir Grenzen zwischen Gebieten der Raum–Zeit ziehen.

Peter Rohs scheint im weiteren Verlauf seines Buches jedoch einen weitaus stärkeren Relativismus zu vertreten. Manche seiner Aussagen können so verstanden werden, daß die Spezifikation der Raum–Zeit in bezug auf Eigenschaften, die in ihr vorhanden sind, von den Gedanken abhängt, die wir uns über diese Eigenschaften bilden. Beispielsweise schreibt er in dem Kapitel über Wahrheit (Kap. 14), „daß das, was einen Gedanken wahr macht, nicht unabhängig von ihm spezifiziert sein kann" (142). Eine solche Aussage folgt nicht aus der Feldmetaphysik als naturphilosophischer Position allein.

Ich möchte vorschlagen, die Feldmetaphysik als einen naturphilosophischen Holismus zu betrachten. Die Teile der Natur sind gemäß dieser Konzeption die Gebiete der Raum–Zeit. Am Ende des langen Zitats oben heißt es, daß die Gebiete der Raum–Zeit keine ontologische Selbständigkeit hätten. Das kann man so erläutern: Es kann nicht nur ein Gebiet geben, wenn die Raum–Zeit ein Kontinuum ist. Ein Gebiet der Raum–Zeit kann nicht existieren, ohne daß viele andere Gebiete der Raum–Zeit existieren, welche das gesamte Kontinuum der Raum–Zeit umfassen. Ich möchte hierfür den Begriff »ontologische Abhängigkeit« verwenden.[5] Alles, was ein Gebiet der Raum–Zeit ist, ist ontologisch abhängig davon, daß es weitere Gebiete der Raum–Zeit gibt, welche die gesamte Raum–Zeit umfassen.

Es mag trivial erscheinen, daß es ein Gebiet der Raum–Zeit nur geben kann, wenn es viele andere Gebiete gibt, welche die gesamte Raum–Zeit umfassen. Zu einer interessanten und gehaltvollen Naturphilosophie wird diese Position jedoch dann, wenn man die Materie mit der Raum–Zeit identifiziert. Denn nun gilt: Da dasjenige, was physikalische Eigenschaften hat, ausschließlich die Gebiete der Raum–Zeit sind, kann es nicht nur eine Entität geben, die physikalische Eigenschaften hat. Wenn es etwas Materielles gibt, dann gibt es auch vieles andere Materielle, das die gesamte Materie umfaßt. Deshalb ist die Feldmetaphysik ein naturphilosophischer Holismus. Ich schlage vor, von

---
[5] Siehe zur ontologischen Abhängigkeit Simons 1987, Kapitel 8.3.

„Holismus der Materie als Holismus der Raum–Zeit" oder kurz „Holismus der Raum–Zeit" zu sprechen.

Feldmetaphysik: Holismus der Materie als Holismus der Raum–Zeit
Materie und Raum–Zeit sind ein und dieselbe Sache. Es gibt keine materiellen Entitäten zusätzlich zur Raum–Zeit. Die Teile der Materie sind identisch mit den Gebieten der Raum–Zeit. Alle physikalischen Eigenschaften sind Eigenschaften von Gebieten der Raum–Zeit. Es kann nicht nur ein Gebiet der Raum–Zeit geben. Jedes Gebiet der Raum–Zeit ist ontologisch abhängig davon, daß es andere Gebiete der Raum–Zeit gibt, welche die gesamte Raum–Zeit umfassen. Folglich kann es jeden Teil der Materie nur geben, wenn es viele andere Teile der Materie gibt, die das Ganze der Materie umfassen.

3. Die Feldmetaphysik und die Philosophie der allgemeinen Relativitätstheorie
Wenn man die Feldmetaphysik als Philosophie der heutigen Physik vertreten will, dann muß man sich auf die spezielle und die allgemeine Relativitätstheorie beziehen. Peter Rohs ändert die Konzeption, die Bennett Spinoza zuschreibt, dahingehend ab, die Materie nicht mit dem Raum, sondern mit der Raum–Zeit zu identifizieren. Diese Änderung begründet er damit, wie Raum und Zeit in der speziellen und der allgemeinen Relativitätstheorie behandelt werden (10, 23-24). Wenn man diese physikalischen Theorien akzeptiert, dann kann man in der Philosophie von Raum und Zeit die Zeit nicht mehr als eine vom Raum getrennte Entität behandeln. Gemäß der speziellen und der allgemeinen Relativitätstheorie sind Raum und Zeit eine Entität, die Raum–Zeit. Soweit besteht allgemein Konsens. Die weiterreichenden philosophischen Thesen, die auf der Basis der Relativitätsphysik vorgeschlagen werden, können in drei Stufen unterschieden werden:
1) Existenz ist zeitlos.
2) Physikalische Entitäten haben zeitliche Teile ebenso wie räumliche Teile.
3) Die Materie ist identisch mit der Raum–Zeit.
Die ersten beiden Stufen werden schon auf der Basis der speziellen Relativitätstheorie vorgeschlagen. In meiner Erörterung dieser Thesen beschränke ich mich auf die spezielle Relativitätstheorie. Die dritte Stufe ist hingegen an die allgemeine Relativitätstheorie gebunden.

Die *erste Stufe* hat die stärksten Argumente auf ihrer Seite im Vergleich mit den Argumenten für die anderen beiden Stufen, die sich auf die Relativitätsphysik stützen. Die These, daß nur das, was gegenwärtig ist, wirklich ist oder existiert, wird durch die Vereinigung von Raum und Zeit in der Raum–Zeit der Relativitätstheorie einem gewichtigen Einwand ausgesetzt: Es gibt keine universelle Gegenwart. Invariant gegenüber Bezugssystemen ist nur der raumzeitliche Abstand zwischen zwei Punkten der Raum–Zeit. Der räumliche ebenso wie der zeitliche Abstand zwischen zwei Punkten sind relativ auf Bezugssysteme. Daher kann man argumentieren, daß Existenz ebensowenig relativ auf eine bestimmte Zeit ist wie sie relativ auf einen bestimmten Ort ist. Was wirklich ist oder existiert, ist die gesamte Raum–Zeit einschließlich alles dessen, was es in ihr gibt. Diese Konzeption wird häufig mit dem Begriff »Block-Universum« bezeichnet. Zu beachten ist, daß diese Konzeption als solche völlig offen läßt, was der Inhalt des Block-Universums ist (vgl. Mellor 1981, 128-132). Die Feldmetaphysik impliziert eine Konzeption der materiellen Welt als Block-Universum: Das, was wirklich ist, ist die Raum–Zeit als ganze. Denn Gebiete und deren Eigenschaften gibt es ja nur, wenn es die gesamte Raum–Zeit gibt.

Die *zweite Stufe* läuft auf die These hinaus, daß die Raum–Zeit oder das Block-Universum nur Ereignisse, aber keine Dinge enthält. Ich möchte die Fachbegriffe »*occurent*« und »*continuant*« gebrauchen.[6] Ein *continuant* ist etwas, das räumliche, aber keine zeitlichen Teile hat, weil es als ganzes eine bestimmte Zeit lang existiert. Alles, was sowohl zeitliche als auch räumliche Teile hat, ist hingegen ein *occurent*. Prozesse, Phasen von Prozessen, Ereignisse etc. sind occurents. In unserer Alltagsontologie nehmen wir an, daß es sowohl *continuants* als auch *occurents* gibt. Der Ausbruch eines Vulkans zum Beispiel ist ein Prozeß, der sowohl zeitliche Teile (Phasen) als auch räumliche Teile hat. Ein Vulkanausbruch kann zunächst milde und dann heftig sein. Er erstreckt sich über eine gewisse Zeit, ohne als ganzer in irgendeinem Teil dieser Zeit zu existieren. Der Vulkan hingegen hat nur räumliche Teile, aber keine zeitlichen Teile. Er existiert als ganzer eine bestimmte Zeit lang.

Auf der Grundlage der speziellen und der allgemeinen Relativitätstheorie vertreten prominente Philosophen wie Bertrand Russell und Willard van Orman Quine eine Ontologie, gemäß der es nur *occurents*, aber keine *continuants* gibt (z.B. Russell 1969, Kap. 14; Quine 1960, § 36). Quine beispielsweise schreibt in „Word and Object":

> ... the treating of time on a par with space is no novelty to natural science ... Physical objects, conceived thus four-dimensionally in space-time, are not to be distinguished from events or, in the concrete sense of the term, processes. Each comprises simply the content, however heterogenous, of some portion of space-time, however disconnected and gerrymandered (Quine 1960, 171).

Quine und Russell identifizieren aber nicht den Inhalt von Gebieten der Raum–Zeit mit Eigenschaften dieser Gebiete. Sie sehen physikalische Objekte als Prozesse in der Raum–Zeit an, aber nicht als Eigenschaften von Gebieten der Raum–Zeit.

Peter Rohs vertritt auf der Grundlage der Feldmetaphysik eine Ontologie von *occurents*. Wie ich oben zitiert habe, sagt er: „Raumzeitgebiete, die sich in irgendeinem Zustand befinden, werden als Ereignisse bezeichnet" (24). Im weiteren Verlauf seines Buches zitiert er Russell und Quine zustimmend in bezug auf Folgendes: Unsere Alltagsaussagen über etwas, das eine diachrone

---

[6] Siehe zu dieser Terminologie Broad 1933, 141–166, besonders 141–148.

Identität hat, sind auf der Grundlage von Aussagen über Ereignisse zu rekonstruieren (95).

Ist eine Ontologie von *occurents* eine philosophische Konsequenz, die wir aus der Relativitätsphysik ziehen sollten? Folgendes ist zu beachten: Obwohl gemäß dieser Physik Raum und Zeit nicht separate Entitäten sind, behandelt die Relativitätstheorie die Zeit keineswegs genauso wie den Raum.[7] Gemäß der speziellen Relativitätstheorie gibt es zwischen allen Punkten der Raum–Zeit einen Abstand, der entweder raumartig oder zeitartig oder null unabhängig von Bezugssystemen ist. Zwischen raumartigem und zeitartigem Abstand besteht ein objektiver Unterschied: Relationen kausaler Abhängigkeit gibt es nur zwischen Ereignissen an Punkten mit zeitartigem Abstand. Solche Relationen bestehen also nur zwischen Ereignissen an Punkten, die in dem rückwärtsgerichteten oder dem vorwärtsgerichteten Lichtkegel eines gegebenen Punktes liegen. Relativ auf ein Bezugssystem ist nur die dreidimensionale räumliche und die eindimensionale zeitliche Ausdehnung zwischen Ereignissen an Punkten, welche absolut entweder durch einen raumartigen oder einen zeitartigen Abstand voneinander getrennt sind. Ein Bezugssystem ist nicht ein Beobachter im Sinne eines Subjekts, sondern ein Körper oder ein System von Körpern außerhalb der Entitäten an den beiden betrachteten Punkten. Diese Körper haben selbst eine relative räumliche Ausdehnung und eine relative zeitliche Ausdehnung. Das begründet aber offenbar ebensowenig eine Beobachterabhängigkeit von räumlicher und zeitlicher Ausdehnung wie die Tatsache, daß Bewegung und Ruhe eines Körpers relativ auf andere Körper sind, die selbst in relativer Bewegung und Ruhe sind, eine Beobachterabhängigkeit von Bewegung und Ruhe begründet.[8] Rohs schreibt hingegen:

> Die erste [Ebene des Zur-Erscheinung-Bringens des Wirklichen] besteht in der Zerlegung des vierdimensionalen Feldes in den dreidimensionalen Raum und die eindimensionale Zeit. Die Relativitätstheorie hat gezeigt, daß diese Zerlegung stets relativ auf einen Beobachter ist. Sie ist eine Weise, wie ein Beobachter sich das Feld zur Erscheinung bringt (27; vgl. 51-52).

Der Verweis auf die Relativitätstheorie reicht nicht hin, um diese Aussage zu begründen. Die Relativitätsphysik impliziert weder, daß räumliche und zeitliche Ausdehnung relativ auf Subjekte sind, noch behandelt sie die Zeit genauso wie den Raum.

Viele Philosophen bestreiten, daß die Relativitätsphysik eine Anpassung unserer Ontologie in dem Sinne erfordert, daß wir nur *occurents*, aber keine *continuants* anerkennen.[9] In den herkömmlichen Darstellungen der Relativitätsphysik ist nicht nur von *occurents*, sondern auch von *continuants* die Rede. Nur ein *continuant* wie ein Partikel, aber nicht ein *occurent* wie ein Prozeß oder ein Ereignis kann in Ruhe oder Bewegung sein, und nur ein *continuant* kann

---
[7] Vgl. zum folgenden die Argumentation von Mellor 1981, 66–72.
[8] Vgl. Redhead 1995, 23–26. Siehe auch Stein 1968, besonders 12.
[9] Siehe zum Beispiel Geach 1972, Kapitel 10.2; Mellor 1981, 127–132; Hacker 1982; Simons 1987, Kapitel 3.4.

beschleunigt werden. Das, was durch eine Weltlinie beschrieben wird, ist ein *continuant* wie ein Partikel, obwohl die Punkte auf einer solchen Linie auf Ereignisse referieren. Eine Ontologie von *occurents* im Gegensatz zu *continuants* ist sicher eine Option, die man wählen kann. Aber die Relativitätsphysik legt uns nicht auf eine solche Ontologie fest.

Die zweite Stufe, eine Ontologie von *occurents*, reicht noch nicht hin, um zur Feldmetaphysik zu gelangen. Dazu müssen wir die *occurents* in der Raum–Zeit mit Eigenschaften *von* Punkten oder Gebieten der Raum–Zeit identifizieren. Nur die *dritte Stufe* ist auf die Feldmetaphysik im Sinne eines Holismus der Materie als Holismus der Raum–Zeit festgelegt. Diese Stufe kann nicht direkt auf der Grundlage der allgemeinen Relativitätstheorie behauptet werden. Die allgemeine Relativitätstheorie ist nur eine Theorie der Materie, insofern Materie der Gravitation unterworfen ist. Gemäß der allgemeinen Relativitätstheorie ist die Gravitation (das Gravitationsfeld) identisch mit der Krümmung der Raum–Zeit. Die allgemeine Relativitätstheorie behandelt aber nicht den Elektromagnetismus und die Elementarteilchen. Die dritte Stufe ist daher an eine Physik gebunden, die das elektromagnetische Feld einschließlich Ladungen ebenso wie Elementarteilchen auf Eigenschaften von Punkten oder Gebieten der Raum–Zeit zurückführen kann. Das heißt: Die dritte Stufe ist von einer Physik abhängig, die keine Ontologie materieller Entitäten zusätzlich zur Raum–Zeit benötigt.

Auf den ersten Blick kann es scheinen, daß physikalische Feldtheorien automatisch der Feldmetaphysik entsprechen. Physikalische Feldtheorien werden häufig so beschrieben, daß die Eigenschaften des betreffenden Feldes von Punkten der Raum–Zeit prädiziert werden. Es könnte somit scheinen, daß die Eigenschaften des betreffenden Feldes Eigenschaften von Punkten der Raum–Zeit sind. Eine physikalische Feldtheorie besagt jedoch lediglich, daß das betreffende Feld die betreffenden Eigenschaften *an* Raum–Zeit-Punkten hat, nicht jedoch, daß es sich dabei um Eigenschaften *von* Raum–Zeit-Punkten handelt. Daher kann der Holismus der Raum–Zeit nicht alleine auf physikalische Feldtheorien gestützt werden. Es bedarf weiterer Argumente, um zu zeigen, daß diese Theorien nicht eine Ontologie materieller Entitäten wie Felder zusätzlich zur Raum–Zeit erfordern (vgl. Graves 1971, 316-317). Paul Teller weißt darauf hin, daß physikalische Felder als selbständige Entitäten betrachtet werden können. Sie bedürfen ebensowenig einer substantiellen Raum–Zeit als Träger wie sie eines substantiellen Äthers als Träger bedürfen. Wenn uns physikalische Feldtheorien gegeben sind, haben wir ebenso die Option, umgekehrt mit Feldern zu starten und eine relationale Theorie der Raum–Zeit auf der Basis einer Ontologie von Feldern aufzubauen (Teller 1987, 430-431; 1991, 382).

Es gibt ein physikalisches Programm, das eine Fortentwicklung der allgemeinen Relativitätstheorie ist und das sich zum Ziel setzt, die Physik auf der Grundlage einer Ontologie zu rekonstruieren, die keine Bezugnahme auf materielle Entitäten zusätzlich zur Raum–Zeit benötigt. Dieses Programm ist die *Geometrodynamik*, die von John Wheeler vor rund vierzig Jahren ins Leben gerufen wurde. Während in der allgemeinen Relativitätstheorie nur die Theorie der Gravitation als eine geometrische Beschreibung der Raum–Zeit durchgeführt werden kann, soll in der Geometrodynamik die Theorie des Elektromagnetismus und die Elementarteilchenphysik auf der Basis einer geometrischen Beschreibung der leeren, gekrümmten Raum–Zeit rekonstruiert werden.[10] Mit leerer Raum–Zeit ist in diesem Zusammenhang eine Raum–Zeit gemeint, die nicht zusätzliche, materielle Entitäten enthält. Wheeler schreibt:

> Is space-time only an arena within which fields and particles move about as „physical" and „foreign" entities? Or is the four-dimensional continuum all there is? Is curved empty geometry a kind of magic building material out of which everything in the physical world is made: (1) slow curvature in one region of space describes a gravitational field; (2) a rippled geometry with a different type of curvature somewhere else describes an electromagnetic field; (3) a knotted-up region of high curvature describes a concentration of charge and mass-energy that moves like a particle? Are fields and particles foreign entities immersed *in* geometry, or are they nothing *but* geometry? (Wheeler 1962b, 361).

Die Theorie der Raum–Zeit, die physikalische Eigenschaften behandelt, besteht folglich in einer Beschreibung der geometrischen Eigenschaften der Raum–Zeit wie ihrer Krümmung. John Graves charakterisiert die Geometrodynamik treffend in diesen Worten:

> Its basic goal remains the identification of matter with space, which in turn means that all the phenomena traditionally associated with matter and considered conceptually different from space must somehow be incorporated into the natural Riemannian structure of space-time, rather than being imported from outside as 'foreign' entities ... We no longer have any irreducible matter or other entities different in kind from space-time; this space-time is not a passive arena ... It is not a collection of things, but a single thing—that only thing that is really real. One could call it by such names as pure substance, or being as such (Graves 1971, 312, 314).

Die Geometrodynamik ist folglich ein Programm, die Physik auf einer Ontologie der Raum–Zeit aufzubauen, die keine Bezugnahme auf materielle Entitäten zusätzlich zur Raum–Zeit benötigt.

Wheelers Geometrodynamik ließ sich in der anvisierten Form nicht durchführen. Sie ist in erster Linie an folgenden drei Problemen gescheitert:

- das *Anfangswertproblem*: Gegenbeispiele aus dem Bereich des Elektromagnetismus zeigen, daß es physikalisch verschiedene Ausgangssituationen gibt, deren Unterschiede in der geometrischen Beschreibung der Geometrodynamik nicht erfaßt werden (vgl. Misner 1974, 12-14).
- das *Problem der Singularitäten*: Die Geometrodynamik ist ein Programm einer Feldtheorie, die Singularitäten vermeidet (vgl. Wheeler (1962a), besonders 25-31, 45-66). Dieser Anspruch wurde nicht eingelöst. Singularitäten konn-

---

[10] Siehe Wheeler 1962a, besonders XI–XII, 8–87, 129–130, 225–236. Für einen Überblick siehe Wheeler 1962b. Siehe ferner Graves 1971, Kapitel 4–5, besonders 236, 312–318.

ten nicht umgangen werden. Singularitäten haben zur Konsequenz, daß materielle Entitäten wie Partikel zusätzlich zu dem betreffenden Feld, das mit der Raum–Zeit identifiziert wird, anerkannt werden müssen. Denn die Feldgleichungen sind an den Punkten nicht anwendbar, an denen Singularitäten auftreten (vgl. Stachel 1974, 33-39).

• das *Problem der Elementarteilchen*: Fermionen, also Elementarteilchen mit Spin 1/2 wie Elektronen, konnten von der Geometrodynamik überhaupt nicht behandelt werden.

Die ersten beiden Probleme betreffen schon die klassische Geometrodynamik, das heißt den Versuch, die Theorie der Gravitation mit der Theorie des Elektromagnetismus auf der Basis einer Ontologie der Raum–Zeit ohne zusätzliche materielle Entitäten zu vereinigen. Das dritte Problem betrifft die Quanten-Geometrodynamik. Das ist der Versuch, eine Theorie der Elementarsysteme, die von der Quantenphysik behandelt werden, in diese Vereinigung einzubeziehen. Vor allem aufgrund des dritten Problems hat Wheeler 1973 die Geometrodynamik im Sinne eines Programms, das die Materie als identisch mit der Raum–Zeit erweisen soll, zurückgezogen (vgl. Misner, Thorne & Wheeler 1973, § 44.3-4, inbesondere 1205).

Die Feldmetaphysik ist keine bloße philosophische Spekulation. Sie hat insbesondere die Implikation, daß die Physik mit einer Ontologie der Raum–Zeit ohne zusätzliche materielle Entitäten auskommt. Eine solche Physik ist weder vorhanden noch als absehbare Weiterentwicklung der gegenwärtigen Physik zu erwarten. Sollen wir angesichts dessen eine Ontologie akzeptieren, gemäß der die Raum–Zeit und die Materie verschiedene Entitäten sind, die sich gegenseitig beeinflussen (die Materie krümmt die Raum–Zeit, und die gekrümmte Raum–Zeit beeinflußt die Bahn materieller Entitäten)? In diesem Falle wären wir mit dem Problem konfrontiert, das Peter Rohs in dem langen Zitat oben als Einwand von Kant gegen Newtons Theorie von Raum und Zeit anführt (26): Was könnte der ontologische Status einer Raum–Zeit sein als einer Entität, die zusätzlich zur Materie existiert? Dieses philosophische Problem kann jedoch nicht als ein Grund dafür gelten, die Feldmetaphysik entgegen den Konsequenzen der zeitgenössischen Physik zu akzeptieren. Schließlich gibt es noch andere philosophische Optionen, die Kants Einwand gegen Newton vermeiden. Ich denke in erster Linie an eine relationale Theorie der Raum–Zeit. Wheeler selbst erwog eine solche Theorie, als er die Geometrodynamik zurückzog (Misner, Thorne & Wheeler 1973, § 44.4). Und ich habe oben schon darauf hingewiesen, daß physikalische Feldtheorien uns keineswegs auf eine Ontologie einer substantiellen Raum–Zeit festlegen. *Die gegenwärtige Physik benötigt eine Ontologie materieller Entitäten, die nicht auf eine Ontologie, die nur die Raum–Zeit anerkennt, reduziert werden kann.* Es ist aber zumindest offen, ob umgekehrt die gegenwärtige Physik nicht allein mit einer Ontologie materieller Entitäten auskommt, ohne daß die Raum–Zeit als eine Entität zusätzlich zu Materiellem eingeführt werden muß.

Meine Schlußfolgerung aus diesem Streifzug in die Philosophie der allgemeinen Relativitätstheorie ist: Die Naturphilosophie, die von Spinoza aus als

Feldmetaphysik entwickelt werden kann, kann nicht direkt als eine Philosophie der gegenwärtigen Physik eingesetzt werden. Wir kommen nicht mit einer Ontologie aus, die lediglich die Raum–Zeit anerkennt. Der Holismus, den die Feldmetaphysik enthält, kann aber vielleicht dabei helfen, die philosophische Relevanz der anderen großen Theorie der Physik unseres Jahrhunderts einzuschätzen – der Quantentheorie.

4. Die Feldmetaphysik und die Philosophie der Quantentheorie

Peter Rohs weist an mehreren Stellen in seinem Buch auf den Holismus der Quantentheorie hin und sieht in diesem Holismus eine Bestätigung der Feldmetaphysik (10, 24, 195, 237). Was hat es mit diesem Holismus auf sich? Um das zu verstehen, benötigen wir ein Minimum an Terminologie aus der Quantentheorie. Diejenigen Eigenschaften quantentheoretischer Systeme, deren Werte zeitabhängig sind, werden als *Observable* bezeichnet. Observable sind zum Beispiel Ort, Impuls, Energie und der Wert des Spindrehimpulses in einer gegebenen Richtung. Die quantentheoretische Beschreibung des *Zustands* eines Systems zu einem Zeitpunkt enthält Wahrscheinlichkeitsverteilungen für die Werte aller zeitabhängigen Eigenschaften dieses Systems zu diesem Zeitpunkt. Wenn der Zustand ein sogenannter Eigenzustand einer Observablen ist, dann und nur dann hat das System einen definiten numerischen Wert dieser Observablen. Die physikalischen Systeme auf der fundamentalen Ebene des materiellen Bereichs werden am besten als *Elementarsysteme* bezeichnet. Es handelt sich weder um Teilchen noch um Wellen. Elektronen, Photonen, aber auch Protonen, Neutronen und deren Konstituenten sind Elementarsysteme. Der Schlüssel zum Holismus der Quantentheorie ist ein Prinzip der Überlagerung verschiedener Zustände, das als *Superpositionsprinzip* bekannt ist. Dieses Prinzip bezieht sich nicht nur auf die Zustände eines Systems, sondern kann auch die Zustände mehrerer Systeme umfassen.

Betrachten wir den einfachsten Fall! Der Spindrehimpuls in alle drei Raumrichtungen ist eine spezifisch quantentheoretische Observable. Diese Observable ist mathematisch einfach zu handhaben, weil es im Falle von Elementarsystemen wie Photonen, Elektronen, Protonen, Neutronen nur je zwei mögliche Werte in jeder Raumrichtung gibt. Bezeichnen wir diese Werte mit »plus« und »minus« (»spin up« und »spin down«). Betrachten wir nun ein Gesamtsystem, das aus zwei Elementarsystemen besteht, die von einer Quelle emittiert werden. Nach der Emission entfernen sich die beiden Teilsysteme in entgegengesetzter Richtung voneinander. Quantentheoretisch wird der Spin-Zustand des Gesamtsystems nichtsdestoweniger als eine Superposition von zwei Produktzuständen beschrieben: Es handelt sich um eine Superposition des Produktzustands „erstes Teilsystem Spin plus und zweites Teilsystem Spin minus" mit dem Produktzustand „erstes Teilsystem Spin minus und zweites Teilsystem Spin plus". Das heißt: das eine System hat keinen Spin-Zustand getrennt von dem anderen System. Keines der beiden Systeme ist in einem Zustand mit entweder Spin plus oder Spin minus. Nur beide Systeme zusammen sind in einem definiten Spin-Zustand, in dem die zeitabhängige

Observable des Gesamtspin den Wert null hat. Aus diesem Grund spricht man von *Nichtseparabilität* oder *Verschränkung* der Zustände der beiden Systeme. Der Begriff »Verschränkung« geht auf Schrödinger zurück. Schrödinger sagt: „Das Ganze ist in einem bestimmten Zustand, die Teile für sich genommen nicht" (Schrödinger 1935, 827).

Die Diskussion um die Verschränkung der Zustände quantentheoretischer Systeme begann 1935 mit einer Arbeit von Einstein, Podolsky und Rosen (Einstein, Podolsky & Rosen 1935). Einstein und seine Mitarbeiter betrachten zwei Systeme, die von einer Quelle emittiert werden und deren Zustände in bezug auf Ort und Impuls verschränkt sind. Keines der beiden Systeme ist in einem Zustand, in dem es einen Ort oder einen Impuls getrennt von dem anderen System hat. Nur beide Systeme zusammen sind in einem Zustand, in dem es einen Abstand zwischen ihnen mit einem definiten numerischen Wert gibt, der sich in der Zeit ändert, und einen Gesamtimpuls, der den definiten numerischen Wert null hat. Ich übergehe hierbei die mathematischen Schwierigkeiten, die sich daraus ergeben, daß Ort und Impuls ein kontinuierliches Spektrum von Werten haben.

Das Spin-Beispiel und das Beispiel von Einstein, Podolsky und Rosen sind Beispiele für etwas, das man maximale Verschränkung nennen kann. In bezug auf die Eigenschaften, die von der Verschränkung betroffen sind, kann man nichts über das eine System aussagen, das verschieden ist von dem, was man über das andere System aussagen kann (vgl. French & Redhead 1988). Das heißt: Das eine System hat nicht nur keinen Ort im Unterschied zu dem anderen System. Selbst die Wahrscheinlichkeitsverteilung für den Wert des Ortes des einen Systems ist identisch mit der Wahrscheinlichkeitsverteilung für den Wert des Ortes des anderen Systems. Dasselbe gilt für Impuls und Spin in jeder Richtung. Wenn wir aber eine Messung einer Observablen des einen Systems machen, dann können wir aufgrund des Ergebnisses dieser Messung das Ergebnis einer Messung der gleichen Observablen des anderen Systems mit Sicherheit voraussagen.

Zustandsverschränkungen müssen nicht maximal sein. Es gibt Grade der Zustandsverschränkung. Solange jedoch die Zustände zweier Systeme verschränkt sind, hat sozusagen der Zustand des einen Systems an dem Zustand des anderen Systems teil. Die Wahrscheinlichkeitsverteilungen von Observablen des einen Systems überschneiden sich mit den Wahrscheinlichkeitsverteilungen von Observablen des anderen Systems. Erst dann, wenn eine Zustandsreduktion eingetreten ist, so daß in dem Spin-Beispiel das eine System Spin plus und das andere System Spin minus hat, können wir von einem Zustand sprechen, den das eine System getrennt von dem anderen hat. Auch in diesem Fall kann man noch sagen, daß das eine System Spin plus relativ darauf hat, daß das andere System Spin minus hat. Man kann also Spin plus und Spin minus als relationale Eigenschaften betrachten. Es sind aber relationale Eigenschaften, wie Vater zu sein und Sohn zu sein relationale Eigenschaften sind. Solange hingegen noch eine Zustandsverschränkung besteht, ist sozusagen der Vater immer auch ein bißchen Sohn und der Sohn ein bißchen Vater. Hieran wird deutlich, daß es bei Zustandsverschränkungen nicht um relationale versus nicht-relationale Eigenschaften geht. Es geht darum, daß einem System überhaupt nicht Eigenschaften zugesprochen werden können getrennt von den Eigenschaften, die einem anderen System zugesprochen werden – seien diese Eigenschaften nicht-relational oder relational.

Wenn wir in bezug auf die genannten Beispiele von Holismus sprechen, dann gehen wir zwei Festlegungen in der Interpretation der Quantentheorie ein:
1) Die Quantentheorie ist vollständig. Die Zustandsbeschreibung, die diese Theorie gibt, ist eine maximale Spezifikation des Zustandes der betrachteten Systeme.
2) Die quantentheoretische Zustandsbeschreibung referiert auf einen Zustand der betrachteten Systeme, der unabhängig von dieser Beschreibung existiert. Wir akzeptieren somit eine ontologische Interpretation der Quantentheorie.

Der erste Punkt wendet sich gegen eine Ignoranzinterpretation der Quantentheorie. Eine solche Interpretation besagt: In einem Fall wie dem oben skizzierten Spin-Beispiel mangelt es uns an Wissen darüber, ob das erste System Spin plus und das zweite System Spin minus hat oder ob das erste System Spin minus und das zweite Teilsystem Spin plus hat. In Wirklichkeit ist aber einer dieser beiden unverschränkten Zustände realisiert. Die Diskussion darum, daß es uns unbekannte, sogenannte verborgene Parameter geben könnte, die in der Quantentheorie nicht berücksichtigt sind, hat jedoch gezeigt, daß allein für die Annahme der Existenz unbekannter Parameter ein enormer philosophischer Preis gezahlt werden müßte.[11]

Der zweite Punkt ist gegen eine instrumentelle Interpretation der Quantentheorie und auch gegen die Kopenhagener Deutung gerichtet.[12] Eine instrumentelle Interpretation einer physikalischen Theorie kann man natürlich aus generellen philosophischen Gründen immer wählen. Es gibt aber immanent von der Quantentheorie aus keine Gründe dafür, im Falle der Quantentheorie (im Unterschied etwa zur allgemeinen Relativitätstheorie oder zur klassischen Mechanik) eine instrumentelle Interpretation einer ontologischen Interpretation vorzuziehen. Die Quantentheorie nötigt uns keineswegs dazu, den Realismus aufzugeben. Was sie erfordert, ist eine Änderung einiger unserer Annahmen über die Beschaffenheit der Realität, die aus der Alltagsontologie und der klassischen Physik stammen. Eine ontologische Interpretation der

---

[11] Zu den Resultaten dieser Diskussion vergleiche zum Beispiel Redhead 1987.
[12] Es kann eingewendet werden, daß Bohr, der ja offensichtlich nicht eine ontologische Interpretation der Quantentheorie vertritt, von der experimentellen Anordnung einschließlich Meßgerät und untersuchtem System als einem Ganzen spricht, in dem eine separate Behandlung einzelner Komponenten nicht möglich ist (zum Beispiel Bohr 1985, 38–39, 49–51, 71–72, 81, 99). Ob das wirklich ein Fall von Holismus in einem gehaltvollen Sinne ist, erweist sich jedoch an dem Grund, den man für eine solche Behauptung gibt. Meine Antwort auf diesen Einwand liefe darauf hinaus, daß man ein Argument für Holismus im begründeten Unterschied zu Wissensmangel oder Instrumentalismus bzw. Relativismus nur mit einer ontologischen Interpretation aufbauen kann.

Quantentheorie ist nicht an eine Änderung der Logik gebunden.[13] Eine solche Interpretation ist auch nicht festgelegt auf einen metaphysischen Realismus, die Suche nach einem göttlichen Standpunkt oder ein metaphysisches Verständnis des Konzepts der Wahrheit von Aussagen im Sinne einer Korrespondenztheorie der Wahrheit. In einer ontologischen Interpretation geht es schlicht und einfach darum, was die Quantentheorie als ganze genommen über die fundamentale Ebene der Natur aussagt.

Wenn wir in den oben skizzierten Beispielen von Zustandsverschränkungen in bezug auf Spin oder Ort und Impuls zweier Systeme akzeptieren, daß die quantentheoretische Beschreibung den Zustand angibt, in dem sich diese beiden Systeme befinden, dann gehen wir eine ontologische Festlegung ein, die weiter reicht als die Behandlung solcher Fälle. Wir sind dazu verpflichtet, eine objektive Verschränkung der Zustände mehrerer Systeme anzuerkennen, wann immer die Quantentheorie in ihrem Geltungsbereich die Zustände mehrerer Systeme so beschreibt, daß sie verschränkt sind. Der Geltungsbereich der Quantentheorie umfaßt auf jeden Fall die fundamentale Ebene der Natur, das heißt die Ebene physikalischer Elementarsysteme. Die Zustandsverschränkungen betreffen nicht nur Elementarsysteme derselben Art. Wann immer wir ein Ganzes betrachten, das aus mehreren Elementarsystemen welcher Art auch immer besteht, sagt uns die Quantentheorie, daß die Zustände dieser Elementarsysteme miteinander verschränkt sind. Nur in extremen Ausnahmefällen hat jedes der Teile einen Zustand, der nicht mit den Zuständen der anderen Teile verschränkt ist. Diese Überlegung trifft auf alle *Elementarsysteme* zu. Die Zustandsverschränkungen müssen nicht maximal sein. Aber sie umfassen alle Elementarsysteme. *Gemäß der Quantentheorie ist der Zustand jedes Elementarsystems mit den Zuständen vieler anderer Elementarsysteme verschränkt, welche den gesamten materiellen Bereich umfassen.*

Um diese Schlußfolgerung zu etablieren, müssen wir nicht auf Kausalrelationen wie zum Beispiel Interaktion in der Vergangenheit Bezug nehmen. Wenn wir die Quantentheorie als gültig für die fundamentale Ebene der Natur betrachten, dann ist diese Schlußfolgerung automatisch durch die Struktur der Quantentheorie gegeben.[14] Die Zustandsverschränkungen sind keine Kausalrelationen. Wenn sie Kausalrelationen wären, dann würde es sich um eine Fernwirkung durch eine neue, bisher unbekannte Kraft handeln.[15] Denn die Zustandsverschränkungen sind unabhängig von dem räumlichen oder raum-zeitlichen Abstand zwischen den Systemen, deren Zustände verschränkt sind. Soweit es um Verschränkung geht, hat ein System ja nicht einmal Eigenschaften, die von den Eigenschaften der Systeme, mit denen sein Zustand verschränkt ist, getrennt sind. Eine Kausalrelation zwischen zwei

---

[13] Vgl. zum Beispiel die ontologische Interpretation, die Bunge 1985, Kap.2, Sektionen 4–6, besonders 190, vorschlägt.
[14] Siehe Scheibe 1991, 228. Siehe zu dieser Schlußfolgerung ferner zum Beispiel Primas 1983, Kapitel 3.7, 5.6; Kanitscheider 1993, 5, 112–115; Redhead 1995, 51, 61–62, 86–87.
[15] Bei den verborgenen Parametern, die Bohm & Hiley (1993) einführen, handelt es sich um eine solche Kraft. Deshalb ist es unangemessen, in bezug auf Bohms Theorie von Holismus zu sprechen.

oder mehr Systemen setzt hingegen voraus, daß diesen Systemen separat Eigenschaften zugesprochen werden können. Man kann daher vertreten, daß die Zustandsverschränkung eine Relation zwischen Systemen ist, die mindestens ebenso fundamental ist wie Kausalrelationen zwischen diesen Systemen.

Wir können mithin das, was die Quantentheorie über die Natur sagt, nicht so rekonstruieren, daß wir mit Elementarsystemen starten, von denen jedes einen Zustand getrennt von den Zuständen der anderen Systeme hat, und dann annehmen, daß deren Zustände im Laufe der Zeit durch kausale Interaktionen verschränkt werden. Es gibt in der Quantentheorie keine Berechtigung dafür, mit Elementarsystemen zu starten, von denen jedes separat einen Zustand hat. Wir können den Holismus der Quantentheorie so charakterisieren:

Quantentheoretischer Holismus
Der Zustand jedes Elementarsystems ist mit den Zuständen vieler anderer Elementarsysteme verschränkt, die den gesamten materiellen Bereich umfassen. Folglich hat ein Elementarsystem basale physikalische Eigenschaften wie Ort, Impuls und Spin nicht getrennt von diesen Eigenschaften anderer Elementarsysteme, sondern nur zusammen mit anderen Elementarsystemen. Der gesamte materielle Bereich kann daher auf der fundamentalen Ebene als ein holistisches System betrachtet werden.

In meinen bisherigen Ausführungen bin ich auf Messungen nicht eingegangen. Der quantentheoretische Holismus kann unabhängig davon begründet werden, welche Position man zu dem Meßproblem einnimmt. Selbst wenn man die auf den ersten Blick rein idealistische Option wählt, daß die definiten numerischen Werte gemessener Observablen und mit ihnen der gesamte Bereich unserer Alltagserfahrung, der mit den Mitteln der klassischen Physik beschrieben werden kann, nur relativ auf das Bewußtsein von Beobachtern bestehen, so ist damit folgende ontologische These verbunden: Die Quantentheorie mitsamt dem Superpositionsprinzip hat universale Gültigkeit. Die klassische Welt besteht gerade deshalb nur relativ auf das Bewußtsein von Beobachtern, weil in Wirklichkeit die Zustände aller Systeme in der Welt – und nicht nur die Zustände von Elementarsystemen – miteinander verschränkt sind (siehe Lockwood 1989, Kapitel 12-13). Man vertritt in diesem Fall also einen quantentheoretischen Holismus, der alle physikalischen Systeme umfaßt.

Wenn man hingegen annimmt, daß durch einen Meßeingriff eine Zustandsreduktion herbeigeführt wird, dann kann man den quantentheoretischen Holismus einsetzen, um die Korrelationen zwischen Meßergebnissen von Observablen mehrerer Systeme, deren Zustände vor der Messung verschränkt sind, zu erklären. In dem oben genannten Spin-Beispiel gilt: Wenn das Ergebnis der Messung des Spin an dem einen System gegeben ist, dann kann man das Ergebnis einer Messung des Spin in derselben Richtung an dem anderen

System mit Sicherheit voraussagen. Ist das Ergebnis der Messung an dem einen System zum Beispiel Spin plus, so weiß man, daß das Ergebnis der Messung derselben Observablen an dem anderen System Spin minus sein wird. Wie der Prozeß einer Zustandsreduktion abläuft, ist nicht befriedigend geklärt. Damit ist auch die Frage nach Indeterminismus in der Quantentheorie nicht befriedigend geklärt. Nichtsdestoweniger ist die Zustandsverschränkung vor der Messung der Grund dafür, daß dann, wenn eine Zustandsreduktion stattfindet, die Meßergebnisse von beiden Systemen miteinander korreliert sind.

Was ist nun das Verhältnis zwischen dem quantentheoretischen Holismus und dem Holismus, der in der Feldmetaphysik enthalten ist? Der Holismus der Feldmetaphysik betrifft automatisch die Existenz aller materiellen Entitäten, weil diese mit Gebieten der Raum–Zeit identifiziert werden und es nicht nur ein Gebiet der Raum–Zeit geben kann. Der Holismus der Quantentheorie hingegen bezieht sich nicht auf die Existenz physikalischer Systeme als solcher. Er bezieht sich auf deren Zustand und damit auf spezifische Eigenschaften wie Ort, Impuls und den Wert des Spin in einer gegebenen Richtung. Darüber hinaus haben physikalische Systeme aber auch Eigenschaften wie Ruhemasse und Ladung, die von den Zustandsverschränkungen nicht betroffen sind. Der quantentheoretische Holismus bezieht sich somit eo ipso auf eine bestimmte Struktur, die unabhängig von Beobachtern charakteristisch für den Aufbau der materiellen Welt auf der fundamentalen Ebene ist. Er hat nichts zu tun mit einem strukturlosen Ganzen, über das man keine Aussagen machen kann.

Peter Rohs sieht in dem Holismus der Quantentheorie deshalb eine Bestätigung der Feldmetaphysik, weil durch diesen Holismus der Begriff des individuellen Objekts physikalisch fragwürdig werde (24). In der Feldmetaphysik wird der Begriff des individuellen Objekts in folgender Hinsicht fragwürdig: Punkte oder Gebiete der Raum–Zeit sind keine individuellen Substanzen wie die Atome des klassischen Atomismus. Wir haben es in der Feldmetaphysik nicht mit individuellen Objekten im Sinne individueller Substanzen zu tun. Nichtsdestoweniger sind die Punkte und Gebiete der Raum–Zeit aber Individuen in dem Sinne, daß jedem Punkt oder Gebiet der Raum–Zeit für sich Eigenschaften zugesprochen werden. Die Feldtheorie der Raum–Zeit ist eine *lokale* und eine *separable* Theorie in folgendem Sinne: Alle physikalischen Eigenschaften sind an Punkten oder in Gebieten der Raum–Zeit lokalisiert, die beliebig klein sein können. Diese Eigenschaften können relational sein. Das ändert jedoch nichts daran, daß jedem Gebiet der Raum–Zeit separat Eigenschaften zugesprochen werden. Die Verbindungen zwischen den physikalischen Eigenschaften verschiedener Gebiete der Raum–Zeit sind ausschließlich Kausalrelationen, die sich mit einer endlichen Geschwindigkeit, der Lichtgeschwindigkeit, ausbreiten.

Die Quantentheorie ist hingegen eine *nicht-separable* und *nicht-lokale* Theorie. Nicht-lokal ist sie zumindest in dem Sinne, daß quantentheoretische Systeme und deren Eigenschaften von extremen Ausnahmefällen abgesehen nicht in beliebig kleinen Raumgebieten lokalisiert sind. Die Quantentheorie ist eine nicht-separable Theorie, weil ein quantentheoretisches System in der Regel nicht einen Zustand getrennt von anderen solchen Systemen hat. Die Quantentheorie unterminiert die Individualität physikalischer Objekte also gerade an dem Punkt, den der Holismus der Raum–Zeit unangetastet läßt: Quantensystemen können die Eigenschaften, auf die sich der Zustand bezieht, in der Regel nicht separat zugesprochen werden.

In den Beispielen, anhand derer ich oben den Holismus der Quantentheorie eingeführt habe, sind jeweils zwei Elementarsysteme in bezug auf die Eigenschaften, auf die sich die Verschränkung ihrer Zustände bezieht, ununterscheidbar. Ferner führen die Eigenschaften, die von der Verschränkung unbetroffen sind, nicht unbedingt zu Unterscheidbarkeit. Wir können uns leicht Fälle denken, in denen die Zustände zweier oder mehrerer Elementarsysteme der gleichen Art so verschränkt sind, daß diese Elementarsysteme ununterscheidbar sind; denn alle Elementarsysteme der gleichen Art haben die gleichen Werte von zustandsunabhängigen Eigenschaften wie Ruhemasse und Ladung. Man kann die Elementarsysteme der Quantentheorie nichtsdestoweniger als Individuen betrachten. Denn in jedem konkreten Fall von Zustandsverschränkungen, der in der Quantentheorie behandelt wird, ist eine bestimmte Anzahl von Elementarsystemen vorgegeben, von denen eine Verschränkung der Zustände prädiziert wird. Man muß dann aber einräumen, daß diese Individuen in einigen Fällen ununterscheidbar sind (vgl. French & Redhead 1988).

In der Quantenfeldtheorie gibt es im Unterschied zur herkömmlichen Quantentheorie Zustände, die eine Superposition aus Zuständen mit verschiedenen Anzahlen von Elementarsystemen sind. Wenn man nicht einmal mehr eine definite Anzahl von Elementarsystemen hat, dann macht es offenbar keinen Sinn mehr, Elementarsysteme als Individuen anzusehen (vgl. Redhead 1983; 1988; Stöckler 1988). Elementarsysteme werden in der Quantenfeldtheorie als Anregungen von Quantenfeldern dargestellt. Sie sind sogenannte Feldquanten. Für jede Art von Elementarsystemen gibt es nach der Quantenfeldtheorie je ein Feld. Diese Felder interagieren miteinander. Man darf sich aber durch den Namen »Felder« nicht irreleiten lassen: Die Quantenfelder sind aufgrund der Zustandsverschränkungen fundamental verschieden von klassischen Feldern.

Versuchen wir den Punkt, um den es bei dem Holismus der Quantentheorie im Unterschied zu dem Holismus, der in der Feldtheorie enthalten ist, geht, abschließend noch einmal deutlich zu machen. Dazu ist es vielleicht hilfreich, die These zu betrachten, die David Lewis »Humesche Supervenienz« nennt. Er formuliert diese These folgendermaßen:

> We have geometry: a system of external relations of spatio-temporal distance between points. Maybe points of spacetime itself, maybe point-sized bits of matter or aether or fields, maybe both. And at those points we have local qualities: perfectly natural intrinsic properties which need nothing bigger than a point at which to be instantiated. For short: we have an arrangement of quali-

ties. And that is all. There is no difference without difference in the arrangement of qualities. All else supervenes on that (Lewis 1986, IX-X).

Die Pointe der Humeschen Supervenienz ist, daß alles, was es in der Welt gibt, fixiert ist durch die Verteilung basaler, nicht-relationaler Eigenschaften an Punkten der Raum–Zeit. Lewis' Humesche Supervenienz läßt es zu, die physikalischen Eigenschaften als Eigenschaften von Punkten der Raum–Zeit zu betrachten. In diesem Fall kommen wir der These der Feldmetaphysik, daß die Materie mit der Raum–Zeit identisch ist, zumindest nahe. Die Feldmetaphysik ist kompatibel mit Humescher Supervenienz in bezug auf alle materiellen Eigenschaften.

Der quantentheoretische Holismus widerspricht jedoch Lewis' Humescher Supervenienz.[16] Quantensysteme sind in der Regel nicht in einem beliebig kleinen Gebiet lokalisiert. Damit sind natürlich auch ihre zeitunabhängigen Eigenschaften wie Ruhemasse und Ladung, die immer einen definiten numerischen Wert haben, nicht in einem beliebig kleinen Gebiet lokalisiert. Vor allem erstrecken sich die Verschränkungen der Zustände quantentheoretischer Systeme über den gesamten materiellen Bereich auf der fundamentalen Ebene. Daher gibt es in der Quantentheorie keine Grundlage, auf der eine Supervenienzthese wie Lewis' Humesche Supervenienz formuliert werden könnte, gemäß der alles durch lokale Eigenschaften an Punkten fixiert ist.

Gerade im Anschluß an die Quantenfeldtheorie kann man etwas vertreten, das man eine Metaphysik von Feldern nennen kann. Aber der quantentheoretische Holismus kann nicht einfach in den Holismus, der in der Feldmetaphysik enthalten ist, integriert werden. Denn das entsprechende Programm, die Quanten-Geometrodynamik, ist gescheitert. Der Holismus, der von Spinoza aus als Feldmetaphysik entwickelt werden kann, ist dazu geeignet zu zeigen, daß mit der Quantentheorie und ihrem Holismus nicht einfach die gesamte neuzeitliche Naturphilosophie obsolet wird. Der Holismus der Feldmetaphysik kann dazu dienen, die philosophisch relevanten Punkte, die der Quantentheorie eigentümlich sind, deutlich zu machen. Aber um eine Naturphilosophie zu erreichen, die der Quantentheorie gerecht wird, müssen wir, so meine abschließende These, noch weitaus tiefgreifendere Änderungen ins Auge fassen, als in einer von Spinoza ausgehenden Feldmetaphysik den Raum durch die Raum–Zeit zu ersetzen.

Literatur

Bennett, Jonathan (1988): *A Study of Spinoza's "Ethics"*, Indianapolis. Second printing of the first edition 1984.
Bohm, David & Hiley, Basil (1993): *The Undivided Universe. An Ontological Interpretation of Quantum Theory*, London.

---

[16] Siehe Teller 1986; Healey 1991, insbesondere 405-406.

Bohr, Niels (1985): *Atomphysik und menschliche Erkenntnis*, Neuausgabe, Braunschweig.

Broad, C. D. (1933): *An Examination of McTaggart's Philosophy*, Vol. 1, Cambridge.

Bunge, Mario (1985): *Treatise on Basic Philosophy, Volume 7, Epistemology & Methodology III: Philosophy of Science and Technology, Part I: Formal and Physical Sciences*, Dordrecht.

Einstein, Albert, Podolsky, Boris & Rosen, Nathan (1935): „Can Quantum-Mechanical Description of Physical Reality be Considered Complete?", in *Physical Review 47*, 777–780.

French, Steven & Redhead, Michael L. G. (1988): „Quantum Physics and the Identity of Indiscernibles", in *British Journal for the Philosophy of Science 39*, 233–246.

Geach, P.T. (1972): *Logic Matters*, Oxford.

Graves, John C. (1971): *The Conceptual Foundations of Contemporary Relativity Theory*, Cambridge (Mass.).

Hacker, P.M.S. (1982): „Events and Objects in Space and Time", in *Mind 91*, 1–19.

Healey, Richard A. (1991): „Holism and Nonseparability", in *Journal of Philosophy 88*, 393–421.

Kanitscheider, Bernulf (1993): *Von der mechanistischen Welt zum kreativen Universum*, Darmstadt.

Lewis, David (1986): *Philosophical Papers*, Vol. 2, New York.

Lockwood, Michael (1989): *Mind, Brain and the Quantum. The Compound 'I'*, Oxford.

Mellor, D. Hugh (1981): *Real Time*, Cambridge.

Misner, Charles W. (1974): „Some Topics for Philosophical Inquiry Concerning the Theories of Mathematical Geometrodynamics and of Physical Geometrodynamics", in: *PSA 1972. Proceedings of the 1972 Biennial Meeting of the Philosophy of Science Association*, hg. von K. F. Schaffner & R. S. Cohen (= Boston Studies in the Philosophy of Science, Volume XX), Dordrecht, 7–29.

Misner, Charles W., Thorne, Kip S. & Wheeler, John A. (1973): *Gravitation*, San Francisco.

Primas, Hans (1983): *Chemistry, Quantum Mechanics and Reductionism*, Berlin. Second edition. First edition 1981.

Quine, Willard van Orman (1960): *Word and Object*, Cambridge (Mass.).

Redhead, Michael L. G. (1983): „Quantum Field Theory for Philosophers", in *Proceedings of the 1982 Biennial Meeting of the Philosophy of Science Association*, Volume 2, hg. von P. D. Asquith & T. Nickles, East Lansing, 57–99.

Redhead, Michael L. G. (1987): *Incompleteness, Nonlocality, and Realism. A Prolegomenon to the Philosophy of Quantum Mechanics*, Oxford.

Redhead, Michael L. G. (1988): „A Philosopher Looks at Quantum Field Theory", in *Philosophical Foundations of Quantum Field Theory*, hg. von H. R. Brown & R. Harré, Oxford, 9–23.

Redhead, Michael L.G. (1995): *From Physics to Metaphysics. The Tarner Lectures*, Cambridge.
Rohs, Peter (1996): *Feld–Zeit–Ich. Entwurf einer feldtheoretischen Transzendentalphilosophie*, Frankfurt (Main).
Russell, Bertrand (1969): *The ABC of Relativity*, hg. von Felix Pirani, London. First edition 1925.
Scheibe, Erhard (1991): „Substances, Physical Systems, and Quantum Mechanics", in *Advances in Scientific Philosophy. Essays in Honour of Paul Weingartner*, hg. von G. Schurz & G. J. W. Dorn, Amsterdam, 215–229.
Schrödinger, Erwin (1935): „Die gegenwärtige Situation in der Quantenmechanik", in *Naturwissenschaften 23*, 807–812, 823–828, 844–849.
Simons, Peter M. (1987): *Parts. A Study in Ontology*, Oxford.
Stachel, John (1974): „The Rise and Fall of Geometrodynamics", in *PSA 1972. Proceedings of the 1972 Biennial Meeting of the Philosophy of Science Association*, hg. von K. F. Schaffner & R. S. Cohen (= Boston Studies in the Philosophy of Science. Volume XX), Dordrecht, 31–54.
Stein, Howard (1968): „On Einstein–Minkowski Space–Time", in *Journal of Philosophy 65*, 5–23.
Stöckler, Manfred (1988): „Individualität, Identität, Ununterscheidbarkeit. Überlegungen zum Gegenstandsbegriff in der Quantenfeldtheorie", in *Conceptus 22*, 5–29.
Teller, Paul (1986): „Relational Holism and Quantum Mechanics", in *British Journal for the Philosophy of Science 37*, 71–81.
Teller, Paul (1987): „Space–Time as a Physical Quantity", in *Kelvin's Baltimore Lectures and Modern Theoretical Physics*, hg. von R. Kargon & P. Achinstein, Cambridge (Mass), 425–447.
Teller, Paul (1991): „Substance, Relations, and Arguments about the Nature of Space-Time", in *Philosophical Review 100*, 363–397.
Wheeler, John A. (1962a): *Geometrodynamics*, New York.
Wheeler, John A. (1962b): „Curved Empty Space as the Building Material of the Physical World: an Assessment", in *Logic, Methodology and Philosophy of Science. Proceedings of the 1960 International Congress*, hg. von E. Nagel, P. Suppes & A. Tarski, Stanford, 361–374.

Georg Meggle

Selbstbewußte Reflexionen

Peter Rohs und ich haben, wie wir zum Glück schon vor längerer Zeit bemerkten, eine Reihe gemeinsamer Interessen. Dazu gehört auch das Interesse an der Formulierung und Rechtfertigung einer Kommunikations-, Bedeutungs- und Sprachtheorie, die die folgenden drei Bedingungen erfüllt: Die zu entwickelnden kommunikativen, semantischen und sprachlichen Begriffe sollen, erstens, nicht etwas Nicht-weiter-Reduzierbares sein. Sie sollen, zweitens, nicht Bedingung der Möglichkeit von Gedanken oder Sinnen i. S. Freges sein. Vielmehr sollen sie sich, drittens, erst von Gedanken her in adäquater, insbesondere in nicht-zirkulärer Weise erklären lassen. Kurz: Wir schwören gemeinsam auf den *Primat von Gedanken*.

Unsere Motive für dieses gemeinsame Forschungsinteresse sind verschieden. Einem eingefleischten Kantianer wie Rohs muß der in der Analytischen Philosophie lange Zeit verkündete Primat der Sprache gegenüber dem Denken schon immer ein Dorn im Auge gewesen sein. Für mich hingegen, der mit Kant und anderen historischen Größen (vielleicht von Fichte mal abgesehen) bisher kaum etwas am Hut hatte, war es hingegen schlicht reizvoll auszuprobieren, wie weit man mit den wenigen handlungstheoretischen Begriffen, die mir klar zu sein schienen, wirklich kommen kann. Und so traf es sich bestens, daß aus der Sicht von Rohs mein eigener (die Vorarbeiten von Grice, Schiffer und Bennett fortführender) kommunikationstheoretischer Ansatz sich geradezu als ideale Basis für Kants – und so auch Rohs' – philosophische Sicht der Dinge zu empfehlen schien.

Das hinderte ihn, ich meine Peter Rohs, nicht, mir bei meiner Theorienkonstruktion kritisch auf die Finger zu schauen. Was es da aus seiner Sicht zu vermerken gab, das hat er 1992 in seinem Aufsatz *Gedanken und Bedeutungen* schriftlich gesagt, wobei ich das Glück hatte, darauf im gleichen Forum-Band (*Intentionalität und Verstehen*) replizieren zu können. Was Rohs von dieser Erwiderung hält, das weiß ich bis heute nicht genau.[1] Und so liegt es nahe, ihn bei dieser Gelegenheit mit dem gleichen Thema nochmal zu packen. Das tue ich in TEIL I.

In TEIL II kehre ich den Spieß um. Dort sehe ich mir mit kritischem Blick an, wie er mit den Instrumenten umgeht, mit denen auch ich hantiere. Dabei konzentriere ich mich auf die Kapitel 5 & 6 von *Feld–Zeit–Ich* (also auf *Das Selbstbewußtsein* und *Die Reflexivitätsbedingung*). Dort wird mit einer Reihe von epistemologischen Prinzipien operiert. Ich komme in einigen Punkten mit dem gleichen Instrumentarium zu anderen Resultaten. So glaube ich jeden-

---

[1] „Heute" war der 31. Mai 96, das Gesagte gilt aber schwarz auf weiß auch noch heute. Das „heutige" PR-Symposion in Rothenberge bei Münster war eine feine Sache – wofür neben allen anderen Mitschuldigen zuvörderst dem Hauptverantwortlichen, Marcus Willaschek, gedankt sei. Wem die *Selbstbewußten Reflexionen* zugeeignet sind, versteht sich von selbst: *Peter.*

falls. Ob dem wirklich so ist und was das heißt, auch das würd' ich gern wissen.

TEIL I: Unsere Kommunikation (über Gedanken und Bedeutungen)

Die Kommunikations-Theorie *(kurz:* K-Theorie*), um die es hier geht, ist kurz und bündig diese: Kommunikationsversuche sind ein spezieller Fall* instrumentellen *Handelns, eines Handelns also, mit dem der Akteur bestimmte Ziele bzw. Zwecke zu erreichen beabsichtigt. Bei Informationshandlungen besteht das primäre kommunikative Ziel darin, daß der Adressat H etwas glaubt; bei Aufforderungshandlungen darin, daß er etwas tut. Solcherart Ziele können auch anders erreicht werden; nicht jedes instrumentelle Handeln ist kommunikativ. Die* differentia specifica *liegt darin, daß wir bei einem kommunikativen Handeln unsere Ziele nicht irgendwie erreichen* wollen, *sondern offen: Kommunikationsversuche müssen, um erfolgreich zu sein, zuerst einmal (als solche) verstanden werden.*

Das ist der *Einstieg*. Dieser dürfte nicht besonders kontrovers sein. (Jedenfalls nicht zwischen uns.) Und wir könnten auch, um jeden Zweifel auszuschalten, schlicht und einfach erklären: Uns interessiert eben nur solches kommunikatives Handeln, auf das diese Charakterisierung zutrifft – und damit basta.[2]

An diesem Einstieg hängt einiges, vor allem die ganze *Handlungstheoretische Semantik*. Denn deren *Grundidee* ist, daß (a) Sprache etwas ist, was sich durch Rekurs auf Nicht-Sprachliches erläutern läßt, (b) primär der Kommunikation dient, und daß (c) sich von daher eine Erklärung dessen, was alles zur Sprache (und so auch zur sprachlichen Bedeutung von Ausdrücken) gehört, am ehesten über eine Bestimmung der für eine Sprache charakteristischen Kommunikations-Konventionen gewinnen lassen wird – was freilich nur dann klappen kann, wenn (x) sich diese Konventionen selbst auch ohne Bezug auf sprachliche Bedeutung erklären lassen, was seinerseits nur geht, wenn (y) ein derartiger Bezug nicht schon vom kommunikativen Handeln als solchem, insbesondere also (z) auch nicht bereits von den ein kommunikatives Handeln definierenden Ausgangsbegriffen vorausgesetzt wird.

Zum Glück brauche ich hier aber auf all das, was am obigen Einstieg mehr oder weniger hängt, nicht einzugehen. Denn der Hauptadressat dieser Sätze schluckt dies von (a) bis (z).[3] Seine Gründe dafür sind von den meini-

---

[2] Ich für meinen Teil wäre zu einem solchen Immunisierungsschritt, falls nötig, ohne allzu große Bedenken bereit. Wozu über Intuitionen überhaupt streiten? Aber ich glaube, daß dieser Schritt gar nicht nötig ist: Die obige Charakterisierung deckt sich mit dem, was wir alle auch sonst unter „Kommunikationsversuchen" verstehen. Jedenfalls mit den ganz klaren Fällen.
[3] Ja, mehr als das. Peter ist einer der wenigen, die mit mir gegen den Rest der antiinstrumentalistischen Welt zu Felde ziehen. Ich verdanke ihm übrigens den Hinweis auf eine der größten Schwächen des Gegners, deren Formulierung er ausgerechnet bei dessen Kronzeugen M. Black ausmachen konnte: Es ist undenkbar, daß es die als Sprechen

gen weitgehend unabhängig – und von diesen zudem (jedenfalls prima facie) so weit entfernt, daß ich mir darüber, ob ich sie teile, kein Urteil erlauben möchte. Die Handlungstheoretische Semantik hat, wie ich lese (Rohs 1990, 142), sogar eine transzendentalphilosophische Verankerung; und diese sogar mit Notwendigkeit; und daher scheint (nach 122) diese Semantik die beste „semantische Ergänzung von Transzendentalphilosophie" darzustellen. Was könnte ich mir – von Peter Rohs! – Schöneres wünschen?

I.1 Ein starker Einstieg. Zurück zum Einstieg. *Irgendwelche Probleme?* Jede Menge, sobald wir uns nur fragen, was dieser wirklich besagt. Wer einen Kommunikationsversuch startet, so heißt es dort, sei jemand, der mit dem, was er *tut*, eo ipso etwas zu bewirken *beabsichtigt*, jemand, der *verstanden* werden *will*, jemand, der etwas *glaubt*, und jemand, der, was er tun will, *offen* tun will. Was soll das im einzelnen heißen?

Was es heißen *soll*, habe ich in den *Grundbegriffen der Kommunikation* expressis verbis gesagt. Dem gegenüber verweist Rohs (1990) darauf, was diese Terme *tatsächlich bedeuten* – und bedeuten müßten, wenn ich auf eine *Analyse*, also auf eine möglichst feinfühlige Annäherung an den normalen Sprachgebrauch, abzielen würde. Diese Hinweise sind richtig; aber sie taugen nicht als Einwände gegen *Explikationen*. Die von mir als Basisterme gewählten Begriffe

G(X,A) für einen *starken rationalen Glauben* von X, daß A,
P(X,A) für ein *starkes rationales Wollen* von X, daß A

und damit alle mit diesen definierten übrigen Kommunikations-relevanten Begriffe sind *in deskriptiver Hinsicht zu stark*. Es ist somit kein Wunder, daß Rohs die Prosaumschreibungen meiner formalen Explikationen für „intuitiv plausibler" hält (Rohs 1990, 130). Ich auch. Aber diese Prosa ist kein Ersatz für meine formale Lyrik. Nur mit dieser ergibt sich ein logischer Reim. Und ein solcher ist nötig, jedenfalls dann, wenn man die früheren Ungereimtheiten hinter sich lassen möchte. Ich belege das gleich (mehrfach).

I.2 Kommunikative Offenheit und deren Folgen. Kommen wir sofort zum *wichtigsten Punkt* – und zwar dem der K-Theorie selbst und unseres Dissenses. Ein Kommunikationsversuch (kurz: KV) will und muß *offen* sein. Das sagen alle. Aber *wie offen?* Genau das war in der K-Theorie lange Zeit *die* offene Frage.

Mit Hilfe des (wieder zu starken und hier gegenüber den *Grundbegriffen* noch weiter vereinfachten) Zwischenschritts

---

bezeichnete Art von Verhalten überhaupt gäbe, wenn es kein „vorsprachliches Denken" gäbe. So Rohs 1990, 138. Ebenso nützlich ist sein Hinweis (Rohs 1990, 147), daß auch Dummett trotz seines Sprach-Priorismus zum Zwecke einer Erklärung des Sprachentstehens nicht ohne die dafür eigens eingeführten „Protogedanken" auskommt.

D1: $\quad$ I(X,f,A') $=_{Def.}$ T(X,f) & P(X,A') & G(X,T'(X,f) ≡ A')
X intendiert (beabsichtigt) damit, daß er f tut, zu bewirken, daß (zu einem von t – dem Zeitpunkt, zu dem X f tut – aus betrachtet späteren Zeitpunkt t') A, gdw. X f tut, X will, daß A', und X glaubt, daß erst auf sein f-Tun hin gilt, daß A'.

läßt sich die Einstiegs-Antwort von Grice, das sogenannte *Gricesche Grund–Modell*, so präzisieren – wobei W für ein Wissen steht (mit W(X,A) $=_{Def.}$ G(X,A) & A)):

(GGM) $\quad$ KV(S,H,f,r) ↔ I(S,f,T'(H,r)) &
$\qquad\qquad$ G(S,T'(H,r)) ≡ W'(H,I(S,f,T'(H,r))))
f-Tun von S ist ein an H gerichteter KV des Inhalts, daß H r tun soll, gdw. (i) S mit f-Tun zu erreichen beabsichtigt, daß H r tut, und (ii) S glaubt, daß er das genau dann erreichen wird, wenn H weiß bzw. erkennt, daß S diese Absicht hat.

Von Grices eigenen Worten ist das weit entfernt. Der auffallendste Unterschied: Während (GGM) nur zwei Bedingungen aufführt, nennt Grice selbst ausdrücklich eine dritte: I(S,f,G'(H,I(S,f,T'(H,r)))) – welche unnötig ist, da sie aus den beiden übrigen nachweislich folgt. (Was für den Nachweis wohl nötig ist? Das war von den oben angekündigten Belegen der erste.) Grice hat das übersehen. Was kein Wunder ist, da er mangels Logik schon die Bedingungen seines eigenen Vorschlags nicht mehr durchschaute (Beleg Nr. 2).

Wenn S bei H etwas zu erreichen beabsichtigt, so kann er das versteckt oder offen tun. Letzteres ist genau dann der Fall, wenn S auch will, daß H erkennt, daß S diese Absicht hat. Nennen wir diese simple Offenheit, um sie von stärkeren Offenheiten zu unterscheiden, kurz eine *Offenheit 1. Stufe*. Dann ist unsere obige offene Frage so zu reformulieren: Wieviel-stufig muß *kommunikative Offenheit* sein?

Ich gebe zu: Ohne den obigen minimalen „Logik"-Exkurs hätten wir diese Frage nicht so deutlich gestellt. (Zumindest aus meiner Sicht: Beleg Nr. 3.) Und in diesem Fall hätten wir uns eine Menge Arbeit und Diskussionslast erspart. Oder um mit Rohs zu reden: Wer gewisse Fragen nicht stellt, braucht auch nicht die entsprechenden Antworten! (Vgl. Rohs 1990, 148.)

Zu spät. Rohs' Problem ist jetzt das folgende: Wer die für Kommunikation (im uns hier interessierenden Sinne!) gültige Meggelsche Reflexivitäts-Bedingung

(K-RB) $\quad$ KV(S,H,f,r) → I(S,f,W'(H,KV(S,H,f,r)))
$\qquad\qquad$ Kommunikationsversuche zielen darauf ab, als solche verstanden (erkannt) zu werden.

unterschreibt, unterschreibt damit (Beleg Nr.4 – und ab jetzt unterlasse ich die Benennung aller weiteren Belege) eo ipso auch:

(K-RB*)   KV(S,H,f,r) → I*(S,f,T'(H,r))
Kommunikationsversuche sind, was ihr primäres kommunikatives Ziel angeht, *absolut offen*.

– wobei I*(S,f,T'(H,r)) so zu verstehen ist, daß außer der Absicht (0) I(S,f,T'(H,r)) auch die der *Offenheit 1. Stufe* entsprechende Absicht (1) I(S,f,W'(H,(0))) gegeben sein soll, zudem die der *Offenheit 2. Stufe* entsprechende Absicht (2) I(S,f,W'(H,(1))) usw. – was (rekursiv über die allgemeine *Offenheit n+1-ter Stufe* – (n+1) I(S,f,W'(H,(n))) – leicht explizit definierbar ist) letztlich die *absolute I*-Offenheit* ergibt.

Rohs' Problem (und nicht nur seines) ist: *Absolute Offenheit von Kommunikation mag ja formal zwingend sein; sie ist jedoch faktisch unmöglich!* Kein Mensch ist, beschränkt wie wir alle nun einmal sind, zu einer derart starken (unendliche Intentions-Iterationen involvierenden) Offenheit fähig.

I.3 Mein erstes Problem mit Rohs' Problem ist: Ich weiß nicht, welchen Schluß er mir mit diesem Einwand nahelegen möchte. Was ging aus seiner Sicht schief? Wo genau liegt (ihm zufolge) mein Fehler?

Einen *logischen Fehler* unterstellt Rohs mir nicht. (Nicht hier jedenfalls.) Das Problem ergäbe sich (auch) für ihn nicht, wenn er nicht sähe, daß sich die in der Forderung der absoluten Offenheit involvierten Intentions-Unendlichkeitkeiten *tatsächlich* aus meinen Reflexivitätsprinzipien ergeben (Rohs 1990, 131).

I.4 Auch die für die Akzeptanz der so gefolgerten absoluten Offenheitsforderung nötige *Reflexivitäts-Prämisse* (K-RB) wird von ihm, so scheint mir, unterschrieben. Denn: „Nichts scheint einleuchtender als der Satz: Jeder Kommunikationsversuch zielt darauf ab, vom Adressaten verstanden zu werden" (Rohs 1990, 132)[4]. Und ich glaube auch nicht, daß er gegen das in den Ableitungen verwendete (KANT)-Prinzip etwas einzuwenden hat.

(KANT)   P(X,A) & G(X,A ⊃ B) → P(X,B)
„Wer den Zweck will, der will (sofern die Vernunft auf seine Handlungen entscheidenden Einfluß hat) auch das dazu [seiner Meinung nach] unentbehrliche notwendige Mittel," (Kant 1785, 417).

I.5 Und so wird er wohl auch nichts gegen das für die inkriminierten Folgerungen wesentliche Prinzip

T.I10:   A ⊃ B ⊢ G(X,B ⊃ T(X,f)) ⊃ (I(X,f,A) ⊃ I(X,f,B))
Wer (mit dem, was er tut) etwas herbeizuführen beabsichtigt, der beabsichtigt auch, die dazu logisch notwendigen Bedin-

---

[4] Bis zur nächsten Seitenangabe stehen alle weiteren Zitate auf der eben zitierten.

gungen herbeizuführen – falls er glaubt, daß für diese sein Tun überhaupt nötig ist.

einzuwenden haben, welches seinerseits auf die für den rationalen Glauben postulierte Regel RG rekurriert.

RG: $\quad$ A $\vdash$ G(X,A)
Logische Wahrheiten sind Bestandteil des Glaubens von X.

Oder etwa doch? Hier bin ich mir nicht mehr so sicher. Denn, und da hat Rohs ganz recht: „Meggle notiert keine Allquantoren für Sachverhalte, interpretiert die freien Variablen [oben: A und B] aber entsprechend." Und solche „streng gültigen" All-Sätze scheint Rohs nicht zu mögen. Hat er also doch etwas gegen (KANT)?

In *ROHS (1990)* jedenfalls hackt er auf dem sich aus RG und dem (uns in *Teil II* unten genauer beschäftigenden) Iterationsprinzip

G4: $\quad$ G(X,A) $\supset$ G(X,G(X,A))

direkt ergebenden ersten Unendlichkeits-Theorem

G*: $\quad$ G(X,A) $\supset$ G*(X,A)

herum, demzufolge, wie er diese Symbol-Lyrik – in der G*(X,A) für die unendliche Kette G(X,A) & G(X,G(X,A)) & ... & G(X, ...G(X,A) ...) usw. steht – „in Prosa" völlig treffend selbst reformuliert, gelten soll:

> „Wenn [wie G4 sagt] für *alle* Sachverhalte, die man glaubt, gilt, daß man glaubt, daß man sie glaubt, dann glaubt [wegen RG], wer einen Sachverhalt glaubt, [in Übereinstimmung mit G*] unendlich viele."

Na und? (Auf „eine unendliche Menge von Glaubensannahmen zu einem Zeitpunkt" legt uns RG alleine schon fest.) Rohs hingegen meint: „Die naheliegendste Folgerung aus diesem [G*]-Befund scheint zu sein, daß das Prinzip als wirklicher, expliziter All-Satz nicht gültig ist" (a.a.O.). *Scheint* es nur so? Oder ist es tatsächlich der Fall?

I.6 Zu Zeiten des Aufsatzes „Gedanken und Bedeutungen" hielt Rohs G* und ähnlich starke Sachen tatsächlich für *falsch*. Seine Begründung: „Es sollen ja nicht lediglich Begriffe im logischen Raum konstruiert werden (der für vieles Platz hat), sondern es sollen Aussagen über wirkliche Personen und ihre wirklichen Annahmen gemacht werden" (Rohs 1990, 133).

Jein. Ja, es stimmt, daß nicht irgendwelche (logisch möglichen) Begriffe definiert werden sollen, sondern die, die uns interessieren; und diese auch so, daß dabei die Seiten herausgehoben werden, die für die betreffenden Begriffe am charakteristischsten sind. Beides gilt, so denke ich, für meine K-Explikationen. (Warum sonst würden wir beide und andere uns so ausführlich und zäh auf diese einlassen?) *Nein* jedoch, was den zweiten Teil von Rohs' These angeht: Es stimmt nicht, daß meine Explikationen auf „Aussagen über wirkliche Personen" abzielen. Ihr Zweck ist ein anderer.

Schon von den einfachsten der obigen symbolischen Aussagen wären, wenn sie als „Aussagen über wirkliche Personen und ihre wirklichen Annahmen" mißverstanden würden, die meisten falsch. Aber das macht nichts. Die Regel *RG* zum Beispiel ist so, daß es nie und nimmer jemanden geben wird, der diese Regel wirklich erfüllt. Kein Mensch wird je ein perfekter Logiker sein. Aber solches zu behaupten ist auch nicht der Zweck von RG. RG erklärt im Verbund mit den anderen Prinzipien lediglich, was unter einer (in Hinsicht ihres Glaubenshaushalts) völlig *rationalen Person* zu verstehen wäre – auch wenn keiner von uns eine solche ist. Aber das brauche ich Rohs selbst gewiß nicht eigens zu erklären. Ich frage mich jedoch wirklich, was hinter seinem so anders klingenden Einwand (wonach G* *falsch* sei) steckt.

I.7 Vielleicht ja nicht bei ihm, aber bei manchem anderen *falsch*-Sympathisanten, so eine Vorstellung wie diese: Jedes Denken eines Gedankens (und analog dazu: Jede Entwicklung einer Absicht) erfordert einen Aufwand, mag dieser auch noch so gering sein – etwa „genau ein Ion Kalzium (Kalium oder was auch immer)"[5]. Dann folgt schon allein daraus, daß selbst die größten Kalzium-Resourcen nicht unerschöpflich sind, daß es auf der Welt nie *unendlich viele* (gedachte) Gedanken geben kann. Geschweige denn unendlich viele bei einer einzigen Person – und das auch noch zu ein und demselben Zeitpunkt. Und das zeigt wiederum, daß es „eine unendliche Menge intentionaler Akte (zu ein und demselben Zeitpunkt!) schlechterdings nicht geben kann" (Rohs 1990, 131).

Das ist so simpel wie schlüssig. Aber: Muß, wer zum Beispiel das obige Iterations-Prinzip G4 (plus RG) vertritt, auf dieses (nochmal: schlüssige!) Argument hin wirklich klein beigeben – und seine Prämisse G4 (oder RG) dadurch als widerlegt ansehen? Nein. Man kann ohne Widerspruch G4 vertreten und zugleich die Auffassung, daß G(X,G(X,A)) *kein* zu G(X,A) hinzukommender *neuer* Gedanke ist – vielmehr ohnehin schon in diesem enthalten. Man könnte das Kalzium-Argument sogar umkehren: G(X,G(X,A)) *kann* wegen G4 (und G*) *kein* zu G(X,A) hinzukommender *neuer* Gedanke sein, denn sonst könnte es wegen mangelnder Kalzium-Unendlichkeit *keinen einzigen* (gedachten) Gedanken geben. *Das* ist aber (wie dieser soeben gedachte Gedanke selbst) falsch. Also: Mach Dir, was G4 und ähnliche Fälle angeht, keine Sorgen wegen des zu großen Kalzium-Verbrauchs. Auch nicht (um das

---

[5] Dies war jetzt ein Zitat aus Castañeda (1991, 414), der dieses Beispiel genau zu dem hier verhandelten Zweck gegen mich (und andere Iterationisten) vorgebracht hat.

andere, von Castañeda, a.a.O., vorgebrachte Einwandsbeispiel zu erwähnen) wegen mangelnder Zeit. G(X,G(X,A)) kostet nicht mehr Zeit als G(X,A).

I.8 Da Rohs die Gesetze der epistemischen Logik bestens kennt, habe ich mit I.7 bei ihm vermutlich offene Türen eingerannt. (Ja? Immerhin: Castañeda blockierte.) Was G4 angeht – geschenkt, so könnte ein gutes Argument lauten; schließlich wissen wir ja, daß außer G4 auch dessen Umkehrung G4.1 und so außer G* auch die Umkehrung G*.1 gelten

G4.1:   G(X,G(X,A)) ⊃ G(X,A)
G*.1:   G*(X,A) ⊃ G(X,A)

– womit sich das Kalzium/Zeit-Problem schon auf der logischen Ebene erledigt. Ein G(X,G(X,A))-usw.-bis-hin-zu-G*(X,A)-artiger-Glaube ist nichts anderes als ein G(X,A)-Glaube selbst.

Aber, so könnte Rohs erwidern, diese zuletzt behandelten Iterationen sind ganz andere als die, die uns bei Deinen K-theoretischen Theoremen zu schaffen machen. Nehmen wir, um den Unterschied zu verdeutlichen, nur die nächstliegende Parallele. Aus dem Reflexivitätsprinzip für Kommunikation folgt, für eine beliebige *Kommunikations-Notwendige Bedingung* KNB, daß außer (α) stets auch (β) gilt – und somit letztlich auch (ω), wobei GG({X,Y},A) $=_{Def.}$ (1.Stufe) G(X,A) & G(Y,A) & (2.Stufe) G(X,G(Y,A)) & G(Y,G(X,A)) & (3.Stufe) G(X,G(Y,G(X,A))) & G(Y,G(X,G(Y,A))) usw. [6]

(α)   G(S,G'(H,KNB))
(β)   G(S,G'(H,G(S,G'(H,KNB))))
(ω)   G(S,GG'({X,Y},KNB))

Nun gelten, anders als beim Glauben nur *einer* Person, beim Gemeinsamen Glauben die dem Prinzip G4 bzw. dessen Umkehrung entsprechenden Prinzipien nicht. Weder folgt (β) aus (α), noch (α) aus (β); (α) und (β) sind logisch unabhängig voneinander.

Ich (G.M.) weiß.

Rohs könnte wiederholen: Ich sehe, daß (aufgrund Deiner Reflexivitätsbedingung etc.) im angegebenen formalen Rahmen letztlich als eine weitere KNB die Bedingung (ω) zwingend ist; aber ich bleibe dabei: so etwas wie (ω) ist in unserer Welt für jeden von uns „schlechthin unmöglich".

---

[6] Das „usw." ist wieder leicht rekursiv zu erfassen. Und da wir auf solche Definitionen gleich noch kommen, tun wirs jetzt fix für Populationen *P* generell, wobei es im Text nur um den Spezialfall *P* = {S,H} geht: (a) $GG_1(P,A) =_{Def.} \forall x(x \varepsilon P \supset G(x,A))$; (b) $GG_{n+1}(P,A) =_{Def.} GG_1(P,GG_n(P,A))$; (c) GG(P,A) $=_{Def.}$ Für alle n:$GG_n(P,A)$. Und gleich noch etwas: Gemeinsames Wissen (n-ter Stufe oder ganz generell) ist: Zutreffender Gemeinsamer Glaube, also insbesondere: GW(P,A) $=_{Def.}$ GG(P,A) & A.

Seine Begründung wäre vermutlich wieder: Ein Gemeinsamer Glaube der GG-Art involviert „unendliche Armeen von psychischen Entitäten"! (Rohs 1990, 134)

I.9 Gemeinsamer Glaube ist ein generelles, nicht nur in Kommunikations-Kontexten einschlägiges Phänomen. Daher ist es mir ganz recht, daß wir unseren Dissens jetzt zwischenzeitlich auf diesem allgemeineren Felde austragen.

Ich sehe die Dinge so:

(KONSENS)   Peter ist contra (ω), ich pro. Das weiß nicht nur ich; das weiß auch Peter (=Gemeinsames Wissen 1.Stufe, kurz GW_1). Daß wir das beide wissen, wissen wir beide (GW_2)- und wir wissen, daß wir das wissen (GW_3). Und wir wissen, daß wir wissen, daß wir das wissen (GW_4). Und wenn uns jetzt jemand fragen würde, ob wir auch das wissen – klar, daß wir auch das übereinstimmend bejahen würden (GW_5).

Soweit unser *Konsens*. Ich würde jetzt an diesen (KONSENS) einfach ein „usw." dranhängen. Peter Rohs wohl auch – aber er würde betonen, daß das nicht endlos so weitergehen kann, sich vielmehr nur „auf eine zwar nicht genau bestimmbare, aber jedenfalls endliche (und recht kleine) Menge von [solchen] Sachverhalten beziehen" soll (Rohs 1990, 133).

Wo genau liegt unser Dissens? Meint Rohs etwa, ich hätte mit solchen Prosasätzen wie

(GP)   Ich weiß, daß Peter weiß, daß ich weiß, daß Peter weiß, daß ich weiß, daß Peter weiß, daß ich weiß, daß Peter weiß, daß ich weiß, daß Peter weiß, daß ich weiß, daß Peter weiß, daß ich weiß, daß Peter weiß, daß ich weiß, daß Peter weiß, daß ... ich weiß, daß Peter[7] ... contra (ω) ist.

keine Probleme? Dann läge er falsch. Natürlich schalte auch ich irgendwo ab. Meist schon knapp vor dem Sprung in die 3. Zeile, mal früher, mal später, je nachdem, wie ich in Form bin. Meint er, ich würde solche Sätze, obwohl sie ab der 3. oder 4. Zeile *garantiert* kein Mensch mehr versteht, trotzdem für sinnvoll halten? Auch damit läge er falsch.

I.10 Zumindest, falls *sinnvoll* hier soviel heißen soll wie: spielen in *unserer* Kommunikation möglicherweise eine informative Rolle. Es ist, so wie *wir* gebaut sind, offenbar *empirisch* ausgeschlossen, daß wir mit einer wörtlich

---
[7] Wie oft habe ich jetzt mit der Maus auf das Feld EINFÜGEN geklickt? Egal. Aber wenn wir in (GP) die Rollen tauschten (=PG), so wären wir jedenfalls mit (GP) & (PG) genau auf der der Klickzahl+1 entsprechenden Stufe unseres Gemeinsamen Wissens.

gemeinten Äußerung von (GP) genau das zu verstehen geben können, was dieser Satz, wörtlich gemeint, ausdrücken würde. Keiner von uns kann ihn so verstehen; und da wir das wissen, kann keiner von uns erwarten, von einem von uns so verstanden zu werden. (Eine (GP) Äußerung könnte aber eine *indirekt* informative Rolle spielen: Ich könnte auf diese verquere Weise etwa zu verstehen geben wollen, daß es zwischen Peter Rohs und mir Gemeinsames Wissen ist, daß Peter Rohs ein (ω)-Gegner ist – oder war.) *Unsere Beschränktheit* bewirkt aber nicht, daß (GP) *an sich* ein prinzipiell sinnloser Satz ist. Ich kann mir vorstellen, *daß* es Wesen gibt, die besser drauf sind als wir, auch intellektuell. Daran ist sicher meine katholische Erziehung mit schuld. Daß wir gegenüber einigen anderen Wesen auch geistig schlechter dran sind, diese Idee wurde mir schon mit in die Wiege gelegt. Und daher „weiß" ich zum Beispiel: Zumindest die deutschsprachigen Erzengel würden (GP) verstehen und daher auch benutzen können. Dies sollte für den Nachweis, daß (GP) nicht prinzipiell sinnlos ist, reichen. Und warum sollten sich Erzengel nicht wieder nochmal besser gebaute Erz-Erzengel vorstellen können usw.?[8] Ach ja, das *usw.* ist ja gerade das Peter-Problem. Und leider scheint Peter Rohs im Unterschied zu mir, nicht auch nur an die *Möglichkeit* von Erzengeln zu glauben. Oder doch? (Das würde mich echt interessieren! Wenn ja, so hätte das gewiß auch für die von ihm von mir geforderten Möglichkeits-Nachweise Folgen. *Mit* Erzengeln wären die nämlich um einiges leichter!)

I.11 Erz-Erz-usw.-Engel beiseite. Könnte es nicht sein, daß es Sachverhalte gibt, die auch dann existieren, wenn es keine Beschreibungen von ihnen gibt? Kein Zweifel. Und könnte es nicht sein, daß es auch Sachverhalte gibt, die auch dann existieren, wenn es zwar korrekte Beschreibungen von ihnen gibt, wir diese aber (kraft unserer Beschränktheit) nicht verstehen? Warum nicht? Und schon kehren die Engel zurück. Ich kann mir denken, daß es viele Sachverhalte gibt, deren korrekte Beschreibungen, auch mit den Mitteln *unserer* Sprache, *wir* nicht, wohl aber Erzengel, verstünden. Und warum sollten das nicht Sachverhalte über uns selbst sein? Und warum nicht auch ein Sachverhalt von der Art (GP)?

Grundsätzlicher: Ich denke, daß (GP) einen (für *uns* zwar nicht per Sprache zugänglichen oder kommunikativ verwendbaren, trotzdem aber einen) *möglichen Gedanken*, also einen Gedanken ausdrückt. (*Mögliche Gedanken* ist, sofern damit Gedankeninhalte gemeint sind, redundant.) Stimmt Rohs dem zu? Wenn die Gedanken, wie er betont, tatsächlich (was meine bisherige Argumentation nicht mal vorausgesetzt hat) sprachunabhängig sein sollen, dann müßte es möglich sein, daß der durch (GP) ausgedrückte Gedanke, selbst wenn er *uns* in seiner sprachlichen Form *unzugänglich* sein sollte, trotzdem *wahr* ist. Ich glaube, m.a.W.: Gerade jemand wie Rohs dürfte an dem Gedanken, daß Gedanken wahr sein können, auch wenn den sprachlichen Ausdruck

---

[8] Natürlich ist eine katholische Erziehung hier, selbst bei einer Tagung im Münsterland, keine notwendige Voraussetzung. Ein entsprechender Glaube an die Überlegenheit irgendwelcher Denkmaschinen täte es auch.

dieses Gedankens niemand (von uns) verstehen könnte, nichts a priori Absonderliches finden. Gedanken müssen von uns nicht gedacht werden, damit es sie gibt; und sie müssen von uns nicht für wahr gehalten werden, um wahr zu sein. Das sind doch alles Dinge, die wir gemeinsam – und wie oft haben wir nicht schon den Verdacht gehabt: wir fast alleine! – unterschreiben würden, nicht wahr? Ergo: Warum hat er dann was gegen (GP)? Oder hat er gar nicht?

I.12 Zurück zu unserem KONSENS von I.9 oben. Dieser Konsens war ein klarer Fall von *gemeinsamem Wissen*. Daran hatten Peter Rohs und ich keinen Zweifel, jedenfalls nicht, *ehe* wir die ganze Sache thematisierten. Jeder von uns *hatte* das im gemeinsamen Wissens-KONSENS enthaltene Wissen. (Ein implizites Wissen, versteht sich!) Soweit unser Konsens.

Nur durch die explizit aufgeworfene Frage, *wieviel (gemeinsames) Wissen* in diesem gemeinsamen Wissen steckt, tauchen überhaupt Probleme auf. Erstens: Jeder von uns beiden hat mit der bloßen *Artikulierung* unseres KONSENSes Probleme. Zweitens: Jeder von uns beiden empfindet die Tatsache, daß wir in den KONSENS genau 5 Stufen reingesteckt haben, als willkürlich. Hätte es mich nicht so gejuckt, hätte ich vielleicht bloß 3 oder 4 reingetan; hätte ich von vornherein gewußt, daß Rohs sich nicht so schnell abschrecken läßt, hätte ich gleich die 6. dazugetan. Drittens: Jeder von uns weiß, daß wir keine genaue Grenze dafür angeben können, was (d.h.: welche Stufen) noch in unserem gemeinsamen Wissen drinsteckt. Viertens: Wir beide wissen, daß, wenn wir weitere Stufen nicht nur formulieren, sondern auch noch verstehen *könnten*, wir diese auch ohne weiteres als noch dazugehörig ansehen würden.

Wenn dem so ist und wir inzwischen (beide?) wissen, daß von Beschreibungs-Unverständlichkeit nicht auf die Nicht-Existenz des Beschriebenen geschlossen werden kann – warum das gemeinsam formulierte *usw.* nicht auch über diese paar weiteren Stufen laufen lassen? Was spricht dagegen? Und warum dann nicht noch ein paar mehr?

I.13 Nennen wir diesen so erweiterten gemeinsamen Wissens/Konsens-Bereich kurz KONSENS*. Worüber besteht jetzt noch Dissens?

Falls KONSENS* vorliegt, wir uns also darüber einig sind, daß zu einem gemeinsamen Wissen/Glauben Dinge gehören können, die, wenn wir sie auszubuchstabieren hätten, unsere schwachen *Rekapitulations*kapazitäten übersteigen würden – warum dann diesen KONSENS* nicht auch auf meine K-Theorie übertragen?

Das wäre sogar zwingend – wie ich soeben mit großer Freude entdeckte.[9] Denn ich hätte, um in der K-Theorie sagen zu können, was ich der kommunikativen Reflexivitätsbedingung zufolge sagen mußte, die Rede von der *absoluten Offenheit* (und damit von den Rohs und andere irritierenden unendlichen

---

[9] Soeben ist der 30. September. Schon daran sieht man, daß ich einiges aus diesem Beitrag in Rothenberge nicht gesagt haben kann.

Iterationen) der kommunikativen Intentionen auch vermeiden und stattdessen „einfacher" von einem *intendierten Gemeinsamen Wissen* sprechen können. Es gilt nämlich der (hiermit in der ganzen K-Theorie, soweit ich weiß, erstmals formulierte) Satz:

(I*-GW)   I*(S,H,f,r) ↔ I(S,f,GW'({S,H},I(S,f,T'(H,r))))
S beabsichtigt mit f-Tun absolut offen zu bewirken, daß H r tut gdw. S mit f-Tun zu erreichen beabsichtigt, daß es zwischen ihm und H Gemeinsames Wissen ist, daß S mit f-Tun zu erreichen beabsichtigt, daß H r tut.

Was Gemeinsames Wissen ist, scheint mir (auch wenn ich es nicht in Prosa ausbuchstabieren kann) strukturell und so auch „intuitiv" unserem Durchblick sehr viel zugänglicher zu sein als die entsprechenden unendlichen Intentions-Iterationen. Und ich glaube nicht, daß das nur mir so geht. Laß uns also unseren Dissens anhand dessen klären, wo unser KONSENS* aufhört.

I.14 Als neue Explizitdefinition, die diesen „Intuitions"-Vorteil ausnutzt, könnten wir für Kommunikationsversuche anstelle der bisherigen Definition (GM) ab heute auch die soeben entdeckte Äquivalenz (GM*) verwenden, wobei ich, um die Parallelen weiter deutlich zu machen, unseren am Griceschen Grundmodell orientierten (zu schwachen) starken Einstieg (GGM) noch einmal erwähne:

[(GGM)]¹⁰   KV(S,H,f,r) ↔ I(S,f,T'(H,r)) &
            G(S,T'(H,r) ≡ '(H,I(S,f,T'(H,r))))

(GM)   KV(S,H,f,r) =_Def. I(S,f,T'(H,r)) &
            G(S,T'(H,r) ≡ **W'(H,I*(S,f,H,r)))**

(GM*)   KV(S,H,f,r) ↔ I(S,f,T'(H,r)) &
            G(S,T'(H,r) ≡ **GW'({S,H},I(S,f,T'(H,r))))**
            f-Tun von S ist ein an den H gerichteter Kommunikationsversuch des Inhalts, daß H r tun soll, gdw.(i) S mit f-Tun zu erreichen beabsichtigt, daß H r tut, und (ii) S glaubt, daß er das erst und gerade dann erreichen wird, wenn es zwischen ihnen *Gemeinsames Wissen* ist, daß er diese Absicht hat.

I.15 Worin die Schwäche von (GGM) bestand, das konnte bisher durch die *Differenz zwischen einfacher und absolut offener Absicht* (zwischen I vs. I*) ausgedrückt werden. Jetzt können wir, da (GGM) seinerseits äquivalent ist mit

---

[10] Die []-Klammern sollen hier und i.f. an die Ungültigkeit dieser Sätze erinnern. Auch die „richtigen" Bestimmungen wären freilich nur dann richtig, wenn die eingebetteten Intentionen I* bzw. I ihrerseits Gricesche M-Intentionen wären. Über diese Feinheiten sehe ich aber hier hinweg.

[(GGM.1)] $KV(S,H,f,r) \leftrightarrow I(S,f,T'(H,r))$ &
              $G(S,T'(H,r)) \equiv \mathbf{GW_1'}(\{S,H\},I(S,f,T'(H,r))))$

dasselbe auch so ausdrücken: Die Differenz zwischen Grice und Meggle entspricht genau der *Differenz zwischen Gemeinsamem Wissen 1. Stufe und Gemeinsamem Wissen*. Grice war also, wenn man die Formulierungen (GGM.1) vs. (GM*) zugrunde legt, von der „Wahrheit" nur minimal entfernt. Genau um den winzigen Index$_1$. Vergiß ihn – und Du liegst richtig!

I.16 Warum erscheint uns diese Neuformulierung mittels des Gemeinsamen Wissens als intuitiv eingängiger als alle bisherigen? Ein Grund dafür dürfte dieser sein:

Jetzt schließt sich unser K-Verständnis „auf einen Schlag" direkter an den Normalfall an, in dem es für die betreffende S-Handlung bereits eine Kommunikations-Konvention gibt. Denn: Daß es eine solche Konvention bereits gibt, impliziert, daß es in der betreffenden Gruppe schon *vor* dem Vollzug der betreffenden Handlung Gemeinsames Wissen war, daß, wer (aus der Gruppe und unter den einschlägigen Umständen) f tut, mit diesem Tun zu erreichen beabsichtigt, daß sein Adressat H seinerseits das und das tut. Damit zwischen S und H auf Ss f-Tun hin dann das entsprechende Gemeinsame Wissen darüber vorliegt, was S in der vorliegenden Situation mit seinem Tun zu erreichen beabsichtigt, dafür sind also nur noch zwei Dinge nötig: Erstens, daß H erkennt, daß S f getan hat; und, zweitens, daß H unterstellt, daß die vorliegende Situation passend ist, d.h. unter die betreffende Konvention fällt – und das reicht dann für das intendierte Gemeinsame Wissen. Kurz: Das für einen Kommunikationserfolg notwendige Gemeinsame Wissen stellt (auch aus der Sicht von S) in diesen Normalfällen einfach eine Aktualisierung bereits vorhandenen Gemeinsamen Wissens dar.

I.17 Zurück zu unserem „Hauptproblem". Worin *kann* es jetzt nur noch liegen? Höchstens hierin: *Gibt es ein über unseren KONSENS* hinausgehendes Gemeinsames Wissen?*

Nun, woher sollte *ich* das wissen? Oder woher sollte Peter Rohs es wissen? Oder irgendwer von uns Irdischen sonst? (Aber vergessen wir nicht: Die Position „Wenn *wir's* nicht mal wissen, wer denn sonst?" ist nach Obigem falsch! Wir können ein über-KONSENS*uelles implizites gemeinsames Wissen haben, auch ohne explizit davon zu wissen. Irgendwelche Über- oder Unterirdische Besserwisser könnten es explizit wissen. Und wenn uns diese davon wahrheitsgemäß berichten würden, dann könnten es auch wir selber, wenn wir's denn glauben, explizit wissen – auch wenn wir trotzdem weiterhin nicht imstande wären, dieses Wissen expressis verbis für uns selber verständlich in Prosa zu gießen.)

Unser Dissens scheint also letztlich darin zu liegen: Rohs ist vorsichtig; ich bin es nicht. Ich lege mich auf die Existenz von Dingen fest, von denen wir allenfalls implizit, aus empirischen Gründen aber mit Sicherheit nichts mehr expressis-verbis-explizit wissen können; Rohs nicht.

Auch das trifft den Punkt nicht ganz. Denn falls Rohs oben, wie ich hoffe, sich bis zum KONSENS* hat verleiten lassen – so hat auch er sich damit auf einiges *nur implizit Wißbare* festgelegt.

Letzter Versuch: Ich habe mich auf die Existenz *unendlich vieler* solcher Dinge festgelegt; Rohs nicht.

I.18 Aber wo steht, daß ich es tue? Rohs, so vermute ich, unterstellt mir: an vielen Stellen. Z.B. schon – vgl. oben I.8 – in der strittigen Forderung (ω) G(S,GG'({X,Y},KNB))) und jetzt wieder in der Neuentdeckung (GM*).

Doch damit, so scheint es, sind wir wieder dort, wo wir – pardon: wo ich – mit der Suche nach dem eigentlichen Inhalt unseres Dissenses angefangen hatte(n). Nein, nicht genau dort. „Mein" Peter (also Peter Rohs bereits so modifiziert, wie ich es jetzt gerne hätte) würde nämlich nicht mehr mit einem „Aber (ω) ist in unserer Welt *empirisch* unmöglich" reagieren. (Wir sprechen ja nicht mehr von Satz-Verständnissen, sondern von implizit Wißbarem). Sein „unmöglich" würde sich jetzt „nur" mehr auf die Art meines „einigermaßen sorglos[en]„ (Rohs 1990, 133) Vorgehens beziehen und auf so etwas hinauslaufen wie: Für einen Analytischen Philosophen ist es *unmöglich=unschicklich, Dinge zu postulieren, ohne daß es gute Gründe dafür gibt.*

Mit *diesem* Vorwurf könnte ich gut leben. Denn aus zwei Gründen träfe er mich nicht.

I.19 Grund eins: Ich hätte nicht nur irgendwelche Gründe für meine Postulate, sondern sogar einen Grund, von dem Rohs selbst zugestanden hat, daß es einen besseren an dieser Stelle kaum geben dürfte: Ich erinnere an sein „Nichts [ist] einleuchtender als der Satz: *Jeder Kommunikationsversuch zielt darauf ab, vom Adressaten verstanden zu werden*" (Rohs 1990, 132).[11] Und es ist allein dieser Satz, der (ω) etc. motiviert.

Genauer genommen ist es nicht *dieser* Prosa-Satz, sondern dessen (uns schon oben begegnete) starke Lyrik-Variante

(K-RB)   KV(S,H,f,r) → I(S,f,W'(H,KV(S,H,f,r)))

plus der bei ihrer Formulierung vorausgesetzten diversen (insbesondere epistemischen und voluntativen) Logiken. *Falls* ich also mit der vorgelegten K-Theorie überhaupt etwas postuliere, so mit den besten Gründen.

I.20 Grund zwei. Ich postuliere mit der (aus diesen besten Gründen resultierenden) K-Theorie keine unendlich vielen *Dinge für uns.*

---

11 — wobei ich jetzt sein (wie ich mir zu wissen einbilde: ohnehin nicht ernstgemeintes) „scheint" einfach mal unterschlage. Kursivierung von mir.

Nochmal zurück zu den Anfängen! Genau wie kommt es zu den von Rohs und anderen so argwöhnisch beäugten Unendlichkeiten (egal, ob der in der absoluten Offenheit oder der im intendierten Gemeinsamen Wissen)? Was ist deren Quelle?

Nach Rohs' Meinung sind es die in die K-Theorie an mehreren Stellen (z.B. zur Definition der absoluten Offenheit, des Gemeinsamen Wissens und Glaubens, etc.) eingebauten *rekursiven Definitionen*. Diese machen in der Tat die in den entsprechenden Begriffen involvierten Unendlichkeiten explizit. Daher Rohs' impliziter Rat (vgl. Rohs 1990, 131f.): Bau doch die K-Theorie *ohne* solche Definitionen auf – und wir sind das Problem los!

Tja, wenn das man so ginge! Die Folge wäre, daß ich auf explizite Definierbarkeit von Begriffen des kommunikativen Handelns verzichten müßte – jedenfalls auf solche Explikationen, deren Adäquatheit (Erfüllung der Reflexivitätsbedingung) sich beweisen läßt. Ein sehr hoher Preis! Vielleicht kein zu hoher für jemanden, der wie Rohs zu glauben scheint, daß „an dem intuitiven Gehalt dieser Begriffe etwas ist, das sich gegen die definitorischen Reduktionen sperrt" (Rohs 1990, 134). Für mich aber, der ich diesen Glauben nicht teilen *will*, ist dieser Preis schlicht zu hoch.

Die inkriminierten rekursiven K-theoretischen Definitionen sind jedoch nur die Spitze des Eisbergs. Sie drücken die diversen Unendlichkeiten lediglich aus; notwendig sind diese ohnehin. Aus der Reflexivitätsbedingung (K-RB)

(K-RB) $KV(S,H,f,r) \rightarrow I(S,f,W'(H,KV(S,H,f,r)))$

folgen sowohl (K-RB*) als auch (K-RB**) *direkt*:

(K-RB*) $KV(S,H,f,r) \rightarrow I^*(S,f,T'(H,r))$
(K-RB**) $KV(S,H,f,r) \rightarrow I(S,f,GW'(\{S,H\},I(S,f,T'(H,r))))$

ABER: Diese direkten Folgerungen folgen nur unter bestimmten Voraussetzungen. Meine K-Theorie beruht auf den Gesetzen einer Reihe spezieller Logiken, insbesondere auf den Gesetzen des (starken) *rationalen Glaubens*. Die *stärkste Voraussetzung* ist

RG: $A \vdash G(X,A)$

i.e. die Voraussetzung der (zumindest impliziten) *logischen Allwissenheit*. Und wenn wir eines wissen, so dies: Daß keiner von uns ebendiese Voraussetzung erfüllt. ALSO: Die Unendlichkeiten wurden postuliert *für* entsprechend absolut *rationale Kommunikatoren*. Wir sind keine solchen. ALSO: Die rationalistischen Unendlichkeiten sind *nichts für uns*.

Ich verlange in der K-Theorie also nichts *für uns* Unmögliches. Denn die K-Sätze als solche *verlangen* von uns gar nichts. (Jedenfalls nichts, was wir nicht ohnehin tun: Beim Kommunizieren verstanden werden wollen, zum

Beispiel.) Genausowenig wie die Sätze der epistemischen Logik von uns etwas verlangen. Sie sagen uns nur, welchen Regeln wir zu folgen *hätten*, wenn wir ideale rationale Personen (Glaubende, Kommunizierende) sein möchten. (Und wenn wir von anderen verstanden werden möchten, möchten wir, daß uns diese möglichst weitgehend als solche ansehen.) Bzw., realistischer: welchen Idealen wir uns im selbigen Falle anzunähern hätten.

I.21 Wo ist unser Problem? Die Einstiegs-Frage war: Wie *offen* darf, soll und muß kommunikatives Handeln sein? Die heute dazu eingeführte Hilfsfrage ist: Wie *weit* darf, soll und muß das beim kommunikativen Handeln intendierte gemeinsame Wissen gehen?

Die Antwort, die wir beide (beidemal) akzeptieren können, ist diese: *Möglichst* offen und weit. Was das *für uns* im einzelnen heißt, das hängt *von unseren* (prinzipiellen/individuellen/situativen) Möglichkeiten ab.

Möglichst offen und weit – das ist natürlich ein *unscharfer Begriff*. Und so könnte man vielleicht sagen: Unser Problem ist nur dadurch entstanden, daß einer von uns den „Fehler" gemacht hat, einem solchen Begriff mit scharfen Begriffen zu Leibe zu rücken. Aber war es wirklich ein Fehler? (In der Unschärfe dieses für eine „realistischere" Analyse unseres kommunikativen Handelns unumgänglichen Begriffs sehe ich das wirkliche Problem, nicht in einer angeblichen (reduktiven) Undefinierbarkeit dieses Handelns.)

I.22 Schon in I.1 oben hieß es: Wer die (zwischen Rohs und mir unstrittige) kommunikative Reflexivitätsbedingung unterschreibt, unterschreibt damit *eo ipso* auch schon die Forderung der absoluten Offenheit von Kommunikation, jetzt also (äquivalent damit) auch die Forderung eines intendierten Gemeinsamen Wissens – unterschreibt also damit *eo ipso* auch Unendliches.

Wirklich? Nicht notwendigerweise. Mit logischer Notwendigkeit tut er das nur, wenn bei der ersten Unterschrift auch die entsprechenden Logiken schon akzeptiert worden sind. (Das habe ich bisher immer unterstellt.) Und was ist mit diesen? Muß man sie schlucken? Nein. Auch sie sind lediglich Werkzeuge, deren Vor- und Nachteile es vor, während und nach ihrem Gebrauch sorgfältig abzuwägen gilt. Und? War das gewählte Werkzeug ein zu starker Hammer? Hätten wir besser eine der zahlreichen im Handel erhältlichen schwächeren Glaubenslogiken ansetzen sollen? Eine, in der etwa, um den größten Stein des Anstoßes zu benennen, logische Allwissenheit nicht mehr verlangt ist?

Warum nicht? Dann wären wir (wie ich jetzt ohne längeres Nachrechnen nur vermuten kann) die ganzen Unendlichkeiten (zumindest aber den Zwang zu solchen) schlagartig los – und damit hätten wir viel Zeit für andere Dinge gewonnen. Letzteres gilt für *meinen* Part sicher nicht. Die von mir eingesetzte epistemische Logik ist zwar die stärkste; dafür aber auch bei weitem die am leichtesten handhabbare. Und das ist bei der ersten Beackerung eines so riesigen Feldes kein zu verachtender Faktor. (Dieser rein pragmatische Grund war mitgemeint, als in I.19 oben von den *besten* Gründen die Rede war.) Wer Zweifel hat, versuche einmal selbst, ohne logische Allwissenheit eine die Reflexivitätsbedingung beweisbar erfüllende (nicht-zirkuläre) Explikation auf die Reihe zu bringen. Viel Spaß![12]

Und warum sollte ich vor den mit diesem Instrument eingekauften Unendlichkeiten Angst haben – wenn jetzt klar ist, daß diese *für uns* kein allzu großes Problem darstellen? Auch für uns nicht, nicht wahr, Peter? Zumindest jetzt nicht mehr. Zwischen uns also letztlich doch: KONSENS***???

1.24 Noch ein paar Nachträge. In meiner fixen Replik im Anhang von (1990) hatte ich viel aus Rohs' mir gegenüber erhobenen Forderungen nach Beweisen für die *Möglichkeit* der von meinen Definiens-Ausdrücken bezeichneten Sachverhalte (z.B. dem der absolute Offenheit etc.) gemacht. Heute bin ich der Ansicht, daß sich dies nach Obigem erübrigt. Richtig? Wenn nicht, werden dann wenigstens meine früheren (schon damals nicht ganz ernst gemeinten) Brückenprinzipien-Vorschläge akzeptiert? Speziell das dort formulierte Peter-Prinzip?

1.25 Rohs meint (1990, 141), ich scheine „geneigt zu sein, Gedanken (Propositionen) über mögliche Welten einzuführen"; und das würde er selbst für „in verschiedenen Hinsichten ganz unbefriedigend" halten. In der Tat habe ich jedoch die Neigung, Propositionen (Gedanken i.S. von Gedankeninhalten) einfach mit Sachverhalten (möglichen Tatsachen) zu *identifizieren* und mir letztere als die Menge derjenigen möglichen Welten vorzustellen, in denen die betreffenden Tatsachen gegeben wären. (Den Sachverhalt, daß der Mond eine Riesenkugel Vanilleeis ist, also mit der Menge der möglichen Welten, in denen das so ist.) „Unbefriedigend" ist das nach Rohs u.a. deshalb, weil „es offenbar so [ist], daß es mögliche Welten gibt, weil Menschen Gedanken fassen können [...]; nicht aber können Menschen Gedanken fassen, weil es mögliche Welten gibt."

Einspruch! Unsere Welt ist eine mögliche. Es hat sie aber auch schon gegeben, bevor irgendeiner von uns Menschen auf die Idee kommen konnte, einen Gedanken zu fassen. Und auch wenn es keine Dinos auf dieser Erde gegeben hätte, unsere Welt also in dieser Hinsicht eine andere wäre als sie ist, so würden wir immer noch sagen, daß auch diese andere mögliche Welt nicht von unserer Existenz abhänge, also auch nicht von unseren Gedanken-Faß-Kapazitäten. Hingegen ist richtig: Der Bereich dessen, was *wir* als mögliche Welten *ansehen* (können), hängt von eben diesen Faß-Kapazitäten ab – und somit (weil zwar nicht alles, was wir denken können, sprachabhängig ist, aber fraglos das meiste) auch von unseren Sprachen, und zwar den natürlichen wie den künstlichen. Und ich sehe auch nicht, wie meine vorige Rede von der

---

[12] Was einem den Spaß ziemlich bald verderben dürfte: Sei KNB wieder eine für ein kommunikatives Handeln notwendige Bedingung. Wie auch immer KV weiter expliziert werden mag, es gilt m.a.W.: KV → KNB. Aber daraus kann nun bei Abwesenheit von RG nicht mehr auf G(S,KV ⊃ KNB) geschlossen werden, dito nicht mehr auf G'(H,KV ⊃ KNB) – und so auch nicht mehr auf G(S,G'(H,KV ⊃ KNB)). Sollten diese Sätze wahr sein, so jetzt nur noch als empirisches Faktum – abhängig von vielem.

möglichen Erden-Welt-ohne-Dinos mich, wie Rohs (Rohs 1990, 142) unterstellt, automatisch in die Fänge der Theologen treiben sollte. Ich rede ja im Unterschied zu Leibniz nicht von *der* Menge aller möglichen Welten insgesamt, sondern nur von der Menge der möglichen Welten mit Vanilleeismonden etc. Aber das ist jetzt ein zu weites Feld.

1.26 Ich weiß nicht genau, was Rohs (Rohs 1990, 140) dagegen hat, daß ich (mit Wolfgang Lenzen u.a.) den Begriff des starken Glaubens (des voll und ganz Überzeugtseins im Unterschied zum bloßen für mehr oder weniger Wahrscheinlichhaltens) durch Rekurs auf das für maximal Wahrscheinlichhalten bestimme. Etwa weil er meint, letzteres könne „ja nur explizit geschehen"? Das wäre falsch. Auch eine von Rohs zu Zwecken einer K-Theorie zurecht geforderte „Theorie des impliziten" Glaubens kann maximale subjektive Wahrscheinlichkeiten inkorporieren. In *Feld–Zeit–Ich* (68)[13] stellt Rohs dem die Auffassung von Glauben als „Fürwahrhalten" gegenüber. Ich sehe darin aber keinen Gegensatz. Ich kann etwas auch mehr-oder-weniger-fürwahr-halten (nicht zu verwechseln mit: dafürhalten, daß es mehr-oder-weniger-wahr ist). Und es ist nur dieses mehr-oder-weniger, was ich letztlich brauche. Daß, davon ausgehend, das „theoretisch blank geputzte ‚Für-maximal-wahrscheinlich-Halten' der rationalen Entscheidungstheorie" (Rohs 1990, 140) – aber nicht nur dieser – gewinnbar ist, ist erfreulich, für mich aber keine Bedingung sine qua non.

Nach *Feld–Zeit–Ich* ist die Wahrscheinlichkeitsauffassung des Glaubens deshalb „sehr unplausibel" (68), weil sie „das Verfügen über Wahrscheinlichkeitsbegriffe zu einer notwendigen Bedingung dafür, etwas zu glauben" macht. Diese Unplausibilität hängt aber sicher nur an dem, was „über einen Begriff verfügen" generell und so auch hier heißen soll. Mir zufolge nicht mehr als: die entsprechenden Unterscheidungen machen können. Und im hier zur Debatte stehenden Fall kann entsprechendes jeder, der etwas mehr oder weniger für wahrscheinlich halten (= mehr oder weniger dafürhalten, daß es wahr ist) kann. Über einen Begriff verfügen – das ist also nichts Anspruchsvolles. Jeder Regenwurm kann zwischen Hell und Dunkel unterscheiden, verfügt also über diese beiden Begriffe. (Nicht sprachlich natürlich.) Wenn Rohs dieser Erklärung von Begriffs-Verfügungen zustimmt, wo liegt dann das Problem? Richtig ist allerdings, daß wir (im Unterschied etwa zum Entscheidungstheoretiker) so gut wie keine quantitativen Für-wahr-Haltensgrade ansetzen, von den Werten 0 und 1 abgesehen.

1.27 „Für unglücklich" hält Rohs (1990, 142) meine „Gegenüberstellung" von intentionalistischer vs. realistischer Semantik. Dieses Unglück läßt sich leicht aus der Welt schaffen. Vielleicht habe ich mich zu diesem Punkt nicht glücklich ausgedrückt. Und so erkläre ich denn hiermit: Was ich hatte sagen wollen

---

[13] Seitenzahlen ohne weitere Angaben beziehen sich hier und im folgenden auf Rohs 1996.

oder hätte sagen sollen, läuft auf genau das hinaus, was Rohs a.a.O. klar sieht: „Es geht nicht so sehr um eine Alternative, sondern eher um eine zusätzliche Leistung." In der intentionalistischen Semantik „wird die Zuordnungsfunktion der realistischen Semantik handlungstheoretisch rekonstruiert". So ist es.

I.28 Die „schlechthin unbedingte Invarianz" von Gedanken (gegenüber Personen, Zeitpunkten und Sprachen) wird von Rohs in (1990) wie in (1996) stark betont, fast pathetisch. Dazu, Teil I abschließend, kurz dies:
Invariant sind Gedanken, so läßt sich Rohs' These formulieren, insofern, als sie nicht mit Notwendigkeit an bestimmten Substraten (Personen, Personen zu bestimmten Zeitpunkten, Sprachen) hängen. Mit der von uns beiden geschätzten Präzision ausgedrückt: Es gelten die folgenden drei Prinzipien – wobei $\Box$ für den Notwendigkeitsoperator, t^* für einen Zeitindex und $B(L,Z,A)$ für den Sachverhalt stehen, daß in der Sprache L der Ausdruck Z die Bedeutung A hat (d.h., da wir hier nur sogenannte vollständige Ausdrücke betrachten: den Gedanken A ausdrückt):

(IV.1) $\quad \neg\Box(G(X,A) \supset \forall x(G(x,A) \supset x=X))$
M.a.W.: Es ist möglich, daß *auch ein anderer* dasselbe glaubt wie ich$_X$.

(IV.2) $\quad \neg\Box(G_t(X,A) \supset \forall t^*(G_{t^*}(X,A) \supset t^*=t))$
Es ist möglich, daß ich *auch ein andermal* dasselbe glaube wie jetzt$_t$.

(IV.3) $\quad \neg\Box(B(L,Z,A) \supset \forall xy(B(x,y,A) \supset x=L \ \& \ y=Z))$
Es ist möglich, daß der gleiche Gedanke (wie in L durch Z) *auch in einer anderen Sprache* und/oder *durch einen anderen Ausdruck* ausgedrückt wird.

Was demgegenüber (Stärkeres) unter „unbedingter" bzw. gar „schlechthin unbedingter Invarianz" zu verstehen sein soll, verstehe ich bisher nicht. Von Sprachen heißt es bei ihm, daß auch sie invariant seien, aber nur bedingt. Was, wie Rohs' Erläuterungen zeigen, hier aber nur gemeint ist, ist folgender Zusatz zu (IV.3), nämlich – wobei $B(L,R,Z,A)$ jetzt für „In L bedeutet während des Zeitraums R der Ausdruck Z den Sachverhalt A" steht:

(IV.3.1) $\quad \neg\Box(B(L,R,Z,A) \supset \forall x(B(L,x,Z,A)))$
Es ist möglich, daß sich $B(L,Z,A)$ im Verlauf der Zeit ändert.

Sprachen ändern sich in der Tat. Aber das gilt auch für Personen, speziell für Personen als Glaubenssubstrate. Die für sie analog zu eben formulierten Aussagen wären:

(IV.1.1) $\neg\Box(G(X,A) \supset \forall x(G(x,A)))$
Möglicherweise glauben andere was anderes.

(IV.2.1) $\neg\Box(G_t(X,A) \supset \forall t^*(G_{t^*}(x,A)))$
Möglicherweise ändern sich unsere Überzeugungen mit der Zeit.

Das ist zwar sicher richtig, aber deshalb vom bedingten Invariantsein unserer (gehabten!) Überzeugungen zu reden, kann hier, finde ich, nur irreführend sein. Gedanken (als die Inhalte unserer Gedanken) *sind* (wie in IV.1-IV.3 erklärt) invariant. Was gibt es dazu *mehr* zu sagen? Diese These ist stark genug. Gedanken (im hier relevanten Inhaltssinne) sind unveränderlich, Sprachen (und Personen etc.) nicht. Weiteres „schlechthin Unbedingtes" bringt nichts Neues hinzu.

I.29 Ebenso großen Wert legt Peter Rohs auf den Gedanken, daß es *sprachunabhängige Gedanken* geben *muß*, wenn denn eine K-Theorie in meinem Sinne überhaupt erst ins Rollen kommen soll. Hinter diesem Gedanken können sich zwei Varianten verstecken. Die erste wäre (IV.3) von soeben. Sprachunabhängigkeit eines Gedankens hieße dann also nur, daß der Gedanke nicht mit Notwendigkeit an einer *bestimmten* Sprache hängt; eine andere täte es (möglichererweise) auch. Die zweite Variante ist stärker: Sie besagt, daß man den Gedanken selbst dann haben kann, wenn man selber noch über keine einzige Sprache verfügt. So ist die These bei Rohs gemeint. Und diese These muß, so meint er, auch von mir vertreten werden.

Ich vertrete sie in der Tat, möchte aber doch noch einmal darauf hinweisen, daß diese These noch nicht für die allgemeine K-Theorie selbst, vielmehr erst für deren (zirkelfreie) Anwendung zum Zwecke der Fundierung einer Semantik nötig ist. Selbst wenn Kommunikation (bzw. schon die dazu nötigen Voraussetzungen, wie zum Beispiel Glauben und Wollen) nicht sprachunabhängig wären – an den (allgemeinen) K-theoretischen Explikationen wäre allein deshalb noch kein Jota zu ändern. Ganz anders, versteht sich, wenn sprachliche Bedeutung auf kommunikativer Basis erst erklärt werden soll. Aber das ist nun wieder eines der Dinge, bezüglich deren zwischen Peter Rohs und mir völliger Konsens besteht.

Teil II: Reflexionen über unser Selbstbewußtsein

Mit den Kapiteln 5 und 6 aus *Feld–Zeit–Ich* (*Selbstbewußtsein* & *Die Reflexivitätsbedingung*) habe ich nur wenige Probleme. Diese lassen sich am besten unter Verwendung derjenigen Prinzipien benennen, auf die sich Rohs bei der Formulierung seiner dort vertretenen Thesen stützt. Es sind Prinzipien der epistemischen Logik, speziell Prinzipien für den sogenannten starken rationalen

Glauben sowie Prinzipien für ein Wissen – ergänzt um zum Teil parallele Prinzipien für ein rationales Wollen.

II.1   *a) Axiome bzw. Regeln*:

	Für G(a, A)	*Parallel für W(a, A)*	*Parallel für P(a, A)*
RG:	A ⊢ G(a,A)	ja	ja
G1:	G(a,A ⊃ B) ⊃ (G(a,A) ⊃ G(a,B))	ja	ja
G2:	G(a,A) ⊃ ¬G(a,¬A)	ja	ja
G4:	G(a,A) ⊃ G(a,G(a,A))	ja	nein
G5:	¬ G(a,A) ⊃ G(a,¬ G(a,A))	nein	nein

Einem rational Glaubenden sind alle analytischen (insbes. also auch alle logischen) Wahrheiten bekannt (=RG). Er glaubt konsequent, d.h. er glaubt auch all das, wovon er glaubt, daß es eine Konsequenz dessen ist, was er glaubt (=G1). Sein Glaube ist widerspruchsfrei (=G2). Und er weiß auch, ob er etwas glaubt oder nicht (= G4 und G5). Und all dies gilt nicht nur für den Glauben, sondern auch für ein Wissen (im Sinne einer zutreffenden Überzeugung) – mit einer Ausnahme. Es gilt zwar: Wenn wir etwas nicht glauben, so wissen wir das (=G5); aber wenn wir etwas *nicht* wissen, so können wir trotzdem (fälschlicherweise) glauben, daß wir es wissen – in welchem Fall wir also *nicht* wissen, daß das vermeintliche Wissen keines ist. Und die gleichen Prinzipien gelten – mit Ausnahme von G4 und G5 – entsprechend auch für ein rationales Wollen. (Sei Gn eines der obigen G-Prinzipien, so schreiben wir für das parallele W- bzw. P-Prinzip i.f. kurz Wn bzw. Pn.)

b) Speziell-Rohs-relevante Prinzipien.
Widerspruchsfreiheit und Konsequentialität und vollständige Information über Analytisches brauchen uns i.f. nicht zu interessieren. Über diese Dinge gibt es zwischen Rohs und mir, so glaube ich, nicht viel zu diskutieren. Konzentrieren wir uns auf den Rest, d.h. auf G4 und G5, wobei es i.f. von Nutzen sein wird, über diese beiden Prinzipien hinaus auch die folgenden zu unterscheiden, die wir gleich in der für mentale (kurz: Ψ $=_{Def.}$ G- wie P- umfassende) Zustände generell gültigen Formulierung angeben:[14]

(1)   Ψ(a,p) ⊃ W(a,Ψ(a,p))
(2)   ¬ Ψ(a,p) ⊃ W(a,¬ Ψ(a,p))
(3)   G(a,Ψ(a,p)) ⊃ Ψ(a,p)
(4)   G(a,¬ Ψ(a,p)) ⊃ ¬ Ψ(a,p)

---

[14] Die Prinzipien (1) bis (7) folgen – unter Voraussetzung der Definition W(X,A) $=_{Def.}$ G(X,A) & A – direkt aus den obigen Regeln und Axiomen. Dabei beschränken wir uns i.f. der Einfachheit wegen auch bei den voluntativen mentalen Zuständen wieder auf deren stärksten: den des Wollens (im Unterschied zu den allgemeineren eines unterschiedlich starken Präferierens). Ich denke nicht, daß diese Entscheidung irgendeine unserer strittigen Fragen berührt.

(5) $\Psi(a,p) \equiv G(a,\Psi(a,p))$
(5.1) $\Psi(a,p) \equiv W(a,\Psi(a,p))$

(6) $\neg \Psi(a,p) \equiv G(a,\neg \Psi(a,p))$
(6.1) $\neg \Psi(a,p) \equiv W(a,\neg \Psi(a,p))$

(5*)[15] $G(a,p) \equiv G^*(a,p)$
(5.1*) $\Psi(a,p) \equiv W^*(a,\Psi(a,p))$

(6*) $\neg \Psi(a,p) \equiv G^*(a,\neg \Psi(a,p))$
(6.1*) $\neg \Psi(a,p) \equiv W^*(a,\neg \Psi(a,p))$

(7) $G(a,p) \equiv G(a,W(a,p))$

c) Relevante Begriffe.
D1: a ist bzgl. M-Sachverhalten informiert $=_{Def.}$ Für alle $p \varepsilon M$: $p \supset W(a,p)$
D1.1: a ist bzgl. M voll informiert $=_{Def.}$
      Für alle $p \varepsilon M$: $(p \supset W(a,p)) \land (\neg p \supset W(a,\neg p))$
D2: a ist bzgl. M irrtumsfrei $=_{Def.}$ Für alle $p \varepsilon M$: $G(a,p) \supset p$
D2.1: a ist bzgl. M völlig irrtumsfrei $=_{Def.}$
      Für alle $p \varepsilon M$: $(G(a,p) \supset p) \land (G(a,\neg p) \supset \neg p)$
D3: $M_{[a]}$ strikt subjektiv $=_{Def.}$ Für alle $p \varepsilon M$: $p_{[a]} \Leftrightarrow G(a,p)$
D4: $M_{[\pi]}$ strikt intersubjektiv $=_{Def.}$ Für alle $p \varepsilon M$: $p_{[\pi]} \Leftrightarrow GG(\pi,p)$
D5: a's Wissen bzgl. M perfekt $=_{Def.}$ Für alle $p \varepsilon M$: $G(a,W(a,p)) \supset W(a,p)$

Aufgrund dieser Definitionen gelten die folgenden Theoreme:

T1: Ist a bzgl. M voll informiert, dann auch völlig irrtumsfrei.
T2. a's Wissen bzgl. M ist perfekt gdw. a bzgl. M irrtumsfrei.
T3: Ist $M_{[a]}$ strikt subjektiv, dann ist a bzgl. M voll informiert – und somit auch völlig irrtumsfrei.

Wer etwas glaubt oder will, ist also (wegen (1) und (2)) bezüglich seiner eigenen Glaubens- und Wollenszustände voll informiert – was auch schon aus der (durch (5) und (6) ausgedrückten) strikten Subjektivität seiner Ψ-Zustände folgt – und daher (wegen T1) bezüglich dieser Zustände auch völlig irrtumsfrei. A fortiori ist (wegen T2) sein Wissen bezüglich dieser Zustände auch ein perfektes.[16]

---

[15] Die folgenden *-Begriffe drücken wieder Unendlichkeiten aus, wobei $G_1(a,A) =_{Def.} G(a,A)$, $G_{n+1}(a,A) =_{Def.} G_1(a,G_n(a,A))$ und dann $G^*(a,A) =_{Def.}$ Für alle n (n≥1): $G_n(a,A)$. Entsprechend für $W^*(a,A)$.
[16] Zurecht weist Peter darauf hin, daß, um wirklich ein Wissen um ein *eigenes* Ψ-en (Glauben oder Wollen) auszudrücken, die obigen Prinzipien in einer ganz bestimmten

II.2 Rohs' Selbstbewußtsein

[Text partially obscured by folded page corner:] ...-Thesen in den Kapiteln 5 und 6 von *Feld–Zeit–Ich* sind nicht [...] als Anwendungen der obigen Glaubens/Wissens-Prinzipien a[ls] Selbstbewußtsein als eine spezielle Art des Wissens. So scheint es z[u] bei erster Betrachtung. Ein zweiter Blick zeigt, daß diese Interpreta[tion] Ergänzung bedarf. Denn das Selbstbewußtsein wird bei Rohs nic[ht] [b]estimmt als ein Spezialfall von Wissen" (54); Selbstbewußtsein ist [...] zugleich ein *genereller* Aspekt von Wissen schlechthin, etwas, was s[o]cheinbar) stärker: Rohs' *Selbstbewußtsein* ist eine *notwendige Bedingung* [de]s Glaubens.[17] Glaubenszuschreibungen sind ihm zufolge immer schon für [...]eibungen von Selbstbewußtsein.

Das folgt bereits aus seiner Selbsbewußtseins-Definition (54). Stehe Ψ (wie schon oben) für „ein Prädikat für einen aktuellen mentalen Zustand" des etwas Glaubens oder des etwas Wollens, so ist die angesetzte „Standardform" für eine Zuschreibung von Selbstbewußtsein diese: „ich weiß, daß ich [im Zustand] Ψ bin".[18] Mit anderen Worten:

D0: $\quad$ SB(a) $=_{\text{Def.}}$ Vp(W(a,Ψ(a,p)))
 $\quad$ a hat (zum Zeitpunkt t) Selbstbewußtsein gdw. es irgendeinen Sachverhalt p gibt derart, daß a (zu t) weiß, daß er (zu t) glaubt oder will, daß p.[19]

Das besagt aber wegen (5.1) dasselbe wie:

T4: $\quad$ SB(a) $\equiv$ VpΨ(a,p)
 $\quad$ a hat Selbstbewußtsein gdw. a etwas glaubt oder will.

Und dies besagt aufgrund von (5) nichts weiter als:

T5: $\quad$ SB(a) $\equiv$ VpG(a,p)
 $\quad$ a hat (zu t) Selbstbewußtsein gdw. a (zu t) etwas glaubt.

Weise gelesen werden müssen – nämlich so, daß „die zugeschriebene, vom epistemischen Subjekt selbst vollzogene Referenz die mit ‚ich'„ ist (66). Das sei i.f. stets vorausgesetzt – weshalb ich an der bisherigen Schreibweise (z.B. also an G(a,G(a,A))) nichts zu ändern brauche. Des weiteren unterschreibe ich Peters Forderung, daß der im Selbstbewußtsein gewußte Sachverhalt ein präsentischer sein muß (s. z.B. 69).

[17] „Scheinbar" deshalb, weil, erstens, nach (5.1) jedes Glauben mit einem Wissen (um das betreffende Glauben) zusammenfällt, jede für W(a,G(a,A)) notwendige Bedingung somit auch eine solche Bedingung für G(a,A) selbst ist, und, zweitens, Selbstbewußtsein (auch bei Peter) etwas strikt Subjektives ist, das ihm entsprechende Wissen also bereits durch den betreffenden Glauben gegeben ist.

[18] Die Klammerergänzung ist von mir.

[19] Man beachte, daß (wie insbesondere T5 unten zeigt) aus dieser Definition *nicht* folgt, daß mein *heutiges* Wissen darüber, daß ich *gestern* glaubte, daß p, *kein* Selbstbewußtsein involviert.

Nach diesen Vorklärungen lassen sich meine Fragen, Probleme, Einwände und Ergänzungsvorschläge leicht und rasch auf den Punkt bringen.

II.3 Das Selbstbewußtsein als ein „Spezialfall von Wissen" ist nach *Feld–Zeit–Ich* „von universaler Bedeutung für alles Wissen" (53). Das ist richtig. Aber ebenso richtig ist, daß das Selbstbewußtsein von gleicher Bedeutung für alles *Glauben* ist, dito für alles *Wollen*. Außer dem (mit dem Selbstbewußtsein aufgrund von (1) bereits bei jedem Glauben und Wollen gegebenen) *Wissen um das eigene Glauben und Wollen* braucht kein weiteres Wissen vorzuliegen, damit ein Selbstbewußtsein vorliegt.

Genau das macht die Rede vom Selbstbewußtsein als einem *speziellen* Fall von Wissen – „ich weiß manches über andere Dinge in der Welt, einiges aber auch über mich selbst" (a.a.O.) – irreführend. Denn das klingt so, als wäre ein Wissen „über mich selbst" und ein Wissen um Außenweltdinge auch unabhängig voneinander möglich – während nach D0 zu meinem Wissen, daß Peter Rohs ein feiner Kerl ist, in Wirklichkeit überhaupt nichts hinzukommen muß, damit ich nicht nur über Peter Rohs Bescheid weiß, sondern auch noch „über mich selbst". Nach D0 ist mein Selbstbewußtsein schon in meinem Wissen über Peter Rohs enthalten.

II.4 Ist die von Rohs vorgeschlagene Selbstbewußtseins-Definition überhaupt philosophisch interessant? Ist sie nicht (a) viel zu weit und zugleich (b) viel zu eng?

Ad (a): Viele Hunde, Katzen und andere Viecher wissen ganz genau, daß sie, wenn ihr Herrchen bzw. Frauchen gewisse Vorkost-Schmatzgeräusche von sich gibt, daraufhin gleich was zu fressen bekommen. Also haben all diese Viecher (via T5, d.h. wegen D0) auch ein Selbstbewußtsein. Auch Rohs' Absicht zufolge? Oder ist D0 auf solche Viecher gar nicht anwendbar, weil diesen die hier vorausgesetzte „ich"-Referenz fehlt?

Ad (b): Die in II.1 angegebenen Prinzipien gelten für den rationalen Glauben. Ist der in D0 verwendet Glauben ein solcher, so hat niemand von uns Selbstbewußtsein. Denn die rationalen Glaubensprinzipien werden von keinem von uns erfüllt.

Auf das letztere Argument hin konterte Peter Rohs in Rothenberge mit der Unterscheidung zwischen zwei Arten von Glaubens/Wollens-Prinzipien, nämlich zwischen den Prinzipien, die nur für eine rationale Person gelten (würden), einerseits, und denen, die (für uns alle – und somit nicht per Rationalitätsforderung, sondern) schon empirisch gelten, andererseits. Leider habe ich seine damalige Zuordnung nicht mehr parat. Daß das von ihm für das Selbstbewußtsein als wesentlich erachtete Reflexivitätsprinizip

(1G) $\quad G(a,p) \supset W(a,G(a,p))$

zur empirischen Klasse gehören sollte, das weiß ich noch. Aber auch (2G) und (3G)?

(2G) $\neg G(a,p) \supset W(a,\neg G(a,p(A))$
(3G) $G(a,G(a,p)) \supset G(a,p)$

Das Reflexivitäts-Prinzip alleine würde freilich für die Äquivalenzen von D0, T4 und T5 hinreichen. Gilt dieses Prinzip empirisch, so wäre mein auf unerfüllte Rationalitätsforderungen abhebender Einwand in der Tat erledigt. Selbstbewußtsein gäbe es dann tatsächlich. Denn irgendetwas glauben wir sicher. Bliebe mein Einwand ad (a). Soll (auch nur) das Reflexivitätsprinzip wirklich für alle Glaubens-Subjekte gelten oder nur für solche mit „ich"-Referenz-Kompetenz?

II.5 Ich bin kein Experte für das, was in der Philosophie unter *Selbstbewußtsein* läuft. Ich weiß nur, daß das mit dem normalen Selbstbewußtsein (von Herrn Maier im Unterschied zu dem von Herrn Müller) kaum etwas und mit solchen Dingen wie Selbstsicherheit und selbstbewußtem Auftreten gar nichts zu tun hat. Aber ist das, was Philosophen üblicherweise unter Selbstbewußtsein verstehen, wirklich so schwach wie das von Rohs formulierte, wonach es ein Selbstbewußtsein auch ohne Bewußtsein geben kann? Der in T5 geforderte Glaube kann auch ein impliziter sein, d.h. einer, von dessen Vorliegen das Subjekt zwar laut Reflexivitätsbedingung wissen muß, das geforderte Wissen dann aber ebenfalls nur ein implizites zu sein braucht. Daß sich das Subjekt selbst seines impliziten Glaubens und Wissens auch noch bewußt zu sein hat, das wird von keinem der obigen Prinzipien gefordert. Auch nicht von Rohs. *Soll* also wirklich gelten, daß *Selbstbewußtsein kein spezieller Fall von Bewußtsein* ist?

II.6 Zu dem (perfekten) Wissen von den eigenen Überzeugungen gehöre, so heißt es in *Feld–Zeit–Ich* (70), „auch das Wissen, daß man von ihnen weiß, das Wissen also von der Wahrheit der Reflexivitätsbedingung". Etwas langsamer: Wenn $W(a,G(a,p))$, so wegen der Reflexivitätsbedingung

(RB.G) $G(a,p) \equiv W(a,G(a,p))$

in der Tat direkt auch $W(a,W(a,G(a,p)))$. Dabei war aber die Regel

(RW) $A \vdash W(a,A)$

bzw. deren hier relevante Spezifizierung

(RW:RB.G)   (RB.G) $\vdash W(a,(RB.G))$

schon vorausgesetzt. Daher irritiert mich an der zitierten Stelle das dortige „also". Das Wissen um die Reflexivitätsbedingung ist der *Grund* dafür, daß das Wissen um die eigenen Überzeugungen schon das Wissen um dieses Wissen enthält – der Grund, nicht eine Folge.

II.7 Ein paar kleinere Probleme habe ich auch mit Rohs' „Verstehens"-Gebrauch. Um es dogmatisch zu formulieren: Daß ich einen Sachverhalt A *verstehe*, heißt, daß ich, erstens, weiß, daß A zutrifft, und, zweitens, auch warum. (Will man das Verstehen von einem Erklären abgrenzen, spezifiziere man das Wissen-warum zu einem Wissen um warum-Gründe.) Gemessen an diesem Verständnis von „Verstehen" sind meine Problemchen diese:

(a) „Vom Verstehen von Selbstbewußtsein möchte" Rohs laut *Feld–Zeit–Ich* „dann sprechen, wenn ein anderer weiß, was Inhalt des Selbstbewußtseins ist. Sei also ‚a weiß, daß er F ist' ein Fall von Selbstbewußtsein. Wenn dann b weiß, daß a weiß, daß er F ist, hat er dies Selbstbewußtsein verstanden" (58). Nach meinem Verständnis von „Verstehen" fehlt hier die Wissen-warum-Komponente.

(b) Soll, wie es die obige Charakterisierung zumindest nahelegt, „vom Verstehen von Selbstbewußtsein" nur aus der Perspektive eines Dritten geredet werden? Warum soll ich nicht selber mein Selbstbewußtsein verstehen können?

(c) In *Feld–Zeit–Ich* findet sich des öfteren (z.B. a.a.O.) die Rede von einem „erfolgreichen Verstehen". Das ist doppelt gemoppelt.

(d) Ein „Wissen, daß jemand eine Referenz mit ‚ich' vollzieht" wird a.a.O. "bezeichnet als ‚jemanden als selbstbewußt verstehen'". Jemanden oder etwas *als* etwas Verstehen muß aber kein Wissen sein, es ist oft nur ein *Glauben*, der falsch ist.

(e) A.a.O. ist auch vom „Verstehen von kommunikativen Absichten" die Rede, wo nach meinem (wirklich nur dogmatischen?) Verstehens-Verständnis ein bloßes *Erkennen* dieser Absichten (ohne Wissen, warum der Kommunizierende sie hat) zutreffender wäre.

(f) Wenn ein Verstehen von Selbstbewußtsein über die Kenntnis von dessen Inhalt läuft, so müßte schon geklärt sein, was alles zu diesem Inhalt gehören soll. Das ist aber leider nicht klar. Ist der Inhalt die logische Summe alles (zum betreffenden Zeitpunkt) Geglaubten? Dann verstehe ich heute Peter Rohs' Selbstbewußtsein am Mittag des 11.Januar 1936 nur dann, wenn ich heute weiß, was Rohs zu diesem Zeitpunkt alles geglaubt hat. Wie umfassend muß unser Wissen von jemands Glaubensannahmen sein, um sein Selbstbewußtsein zu verstehen?

(g) „Jedes Verstehen" involviert nach *Feld–Zeit–Ich* (a.a.O.) "ein Verstehen von Selbstbewußtsein. Um z.B. eine kommunikative Absicht zu verstehen, muß ich auch das Selbstbewußtsein desjenigen, der sie hat, verstehen." Das ist falsch, wenn zum Verstehen des Selbstbewußtseins von a das Wissen um alles, was a glaubt, gehören soll. Es kann sein, daß man zwar den betreffenden Kommunikationsversuch (als solchen) voll und ganz versteht, trotzdem aber die damit vollzogene intentionale Handlung (nicht ganz, also) nur partiell versteht. Richtig wäre aber zum Beispiel die Behauptung: Wer einen Kommunikationsversuch versteht, versteht den Betreffenden eo ipso als ein Subjekt (als jemanden mit Selbstbewußtsein). War nur das gemeint?

II.8 Perfektes Wissen spielt in Rohs' Argumenten eine wichtige Rolle. Damit ist, siehe T2 von II.1 oben, nichts anderes als Irrtumsfreiheit (i.S.von D2) gemeint. Zwei für Rohs' Ich-Philosophie zentrale Thesen sind (59): (P1) Es gibt perfektes Wissen: Das Wissen im Selbstbewußtsein ist ein solches. Und (P2): Nur das Wissen im Selbstbewußtsein selbst ist perfektes Wissen.

(P1) ist richtig. Das folgt schon aus der strikten Ψ-Subjektivität. Wir sind über unsere eigenen Ψs voll informiert und daher bezüglich dieser (völlig) irrtumsfrei. Aber strikte Subjektivität ist nicht die einzige Quelle für Irrtumsfreiheit. Wie die zu D3 (Definition der strikten Subjektivität) exakt parallele strikte-Intersubjektivitäts-Definition

D4: $M_{[\pi]}$ strikt intersubjektiv $=_{Def.}$ Für alle pϵM: $p_{[\pi]} \Leftrightarrow GG(\pi,p)$

zeigt, ist Irrtumsfreiheit auch bei strikter Intersubjektivät garantiert. Freilich: Das irrtumsfreie Glaubenssubjekt ist dort kein Individuum, vielmehr eine Gruppe. Und es ist klar, daß Rohs nur an Individuen und deren Selbstbewußtsein denken wollte. Aber warum sollten nicht auch Gruppen ein Selbstbewußtsein haben dürfen? Wenn ja, dann ließe sich nach allen meinen bisherigen Erfahrungen fast alles, was sich über das Selbstbewußtsein von Individuen sagen läßt, auf das von Gruppen übertragen.[20]

Falsch ist jedenfalls die Behauptung: „Das gemeinsame Wissen selbst kann aber nie perfektes Wissen sein" (63). (Ich unterstelle hier, daß die betreffende Gruppe über die zur „ich"-Referenz parallele „wir"-Referenz verfügt, und daß zudem Präsentisches Gemeinsamer-Wissens-Gegenstand ist.)

„Schon das Verstehen einer einzelnen kommunikativen Absicht" sei, so a.a.O., „ein Wissen, das kein perfektes sein kann." Doch, es ist ein solches sogar per definitionem, wenn der Verstehende der Kommunizierende selbst ist. Denn auch kommunikative Absichten sind etwas strikt Subjektives.

II.9 Beschränken wir uns mit Rohs auf die Betrachtung von Einzelwesen. Auch dann hat seine These, wonach es *nur* im Selbstbewußtsein perfektes Wissen (Irrtumsfreiheit) geben kann, eine starke Konsequenz. Nämlich die, daß es kein allwissendes Wesen geben kann – also (sofern Allwissenheit eine essentielle Gotteseigenschaft sein soll) auch keinen Gott.

Warum nicht? Weil aus Allwissenheit (vollständiger Informiertheit bezüglich aller Bereiche) Irrtumsfreiheit folgt.

So wollte ich jedenfalls noch gestern (30. Mai) Peter Rohs ein weiteres Kritik-Strickchen drehen – bis ich während unseres gemeinsamen Symposium-Spaziergangs plötzlich merkte, daß ich mit dieser Bemerkung nur Wasser auf Rohs' Mühlen gießen würde. Er ist Spinozist. Und einen solchen trifft dieser Einwand nicht. Denn für Spinozas Gott ist *alles (und so auch alles Gewußte) Teil seines Selbstbewußtseins.*

---

[20] Über ein paar von den eben erwähnten Erfahrungen habe ich in Meggle 1993 berichtet.

Aus Rohs' These vom Selbstbewußtsein als alleiniger Quelle perfekten Wissens folgt also, daß es, wenn es einen (allwissenden) Gott gibt, dieser ein spinozistischer sein muß. Ob der Entdeckung dieses perfekt inszenierten Zusammenhangs zwischen Peter Rohs' *Ich* und Spinozas *Gott*, wodurch mein avisierter Einwand zu einer starken Verteidigung mutierte, ist meine Reaktion auch heute (30. Oktober) noch diese: Ich bin vor Ver- und Bewunderung sprachlos...

***

Wir Menschen seien, so meint Peter Rohs (1990, 141), „haltlose heraklitische Flüsse im Strom der Zeit". Wirklich? Daß wir uns ständig verändern und im allgemeinen Zeitstrom dahintreiben, uns oft auch dahintreiben lassen – mag sein. Aber daß wir, falls wir überhaupt danach verlangen, nirgendwo Halt finden? Nein. Es gibt klare Gegenbeispiele.

Literatur

Bennett, J. (1976): *Linguistic Behaviour*, Cambridge. Dt. *Sprachverhalten*, Frankfurt (Main), 1982.
Castañeda, H.-N. (1991): „Reflexivität in der Kommunikation. Kommentar zu Georg Meggle", in *Dimensionen des Selbst*, hg. von B. Kienzle/H. Pape, Frankfurt (Main), 410-115.
Dummett, M.(1988): *Ursprünge der analytischen Philosophie*, Frankfurt (Main).
Kant, I. (1785), *Grundlegung zur Metaphysik der Sitten*, in *Kants gesammelte Schriften*, hg. v. der Preußischen Akademie der Wissenschaften, Berlin 1900ff., Bd. 4.
Kutschera, F. von (1982): *Grundfragen der Erkenntnistheorie*, Berlin / New York.
Lenzen, W. (1980): *Glauben, Wissen und Wahrscheinlichkeit*, Wien / New York.
Meggle, G. (1981): *Grundbegriffe der Kommunikation*, ²1996, Berlin / New York.
Meggle, G. (1984ff.): *Handlungstheoretische Semantik*, Ms.
Meggle, G. (1990): „Intentionalistische Semantik. Ein paar grundsätzliche Mißverständnisse und Klärungen. (Mit einem Anhang: Replik auf Peter Rohs)", in *Intentionalität und Verstehen*, hg. vom Forum für Philosophie Bad Homburg, Frankfurt (Main), 109-126.
Meggle, G. (1991): *Kommunikation und Reflexivität*, in *Dimensionen des Selbst*, hg. von B. Kienzle & H. Pape, Frankfurt (Main), 380-409.
Meggle, G. (1993): „Gemeinsamer Glaube und Gemeinsames Wissen", in *Tractatus physico-philosophici*, hg. von W. Lenzen, Osnabrücker Philosophische Schriften, 145-151; auch in *Neue Realitäten - Herausforderung der Philosophie*, hg. von der AGPD, Berlin 1993, 761-767.

Rohs, P. (1990): "Gedanken und Bedeutungen. Zu Georg Meggles Theorie der Kommunikation", in *Intentionalität und Verstehen*, hg. vom Forum für Philosophie Bad Homburg„Frankfurt (Main), 127-152.

Rohs, P. (1996): *Feld–Zeit–Ich. Entwurf einer feldtheoretischen Transzendentalphilosophie*, Frankfurt (Main).

Schiffer, S. (1972): *Meaning*, ²1988, Oxford.

Christoph Jäger

Selbstreferenz im Cogito

I

Oft erfreut es einen Autor, wenn er an inhaltlichen Angelpunkten seiner Theorien in konstruktiver Absicht kritisiert wird. Hinsichtlich des transzendentalphilosophischen Entwurfs, den Peter Rohs in *Feld–Zeit–Ich*[1] vorlegt, bleibt mir jedoch nur der bescheidene Versuch, einige Hinweise im Zusammenhang mit den dort durchgeführten Selbstbewußtseinsanalysen ein wenig weiter zu verfolgen, als es in jenem Werk geschieht. Ich schreibe diesen Text im Rückblick auf zehn Jahre, in denen ich viel von Peter Rohs lernen durfte.

Rohs schlägt in seinem Buch im Rahmen der Thesen über Selbstbewußtsein an verschiedenen Stellen Brücken zu Descartes. (i) Schon im ersten Kapitel ist von einer „cartesischen Asymmetrie" die Rede: „Descartes", so Rohs, „konnte bezweifeln, daß er ein Gehirn hat, aber nicht, daß er denkt" (17).[2] (ii) Im siebten Kapitel wird (74) das „cartesische Phänomen" erwähnt, daß die Bezugnahme eines Subjekts in der ersten Person die Existenz des Referenzobjektes garantiere, (iii) und im selben Kontext (74f.) spricht Rohs – wiederum unter Verweis auf „cartesische Überlegungen" – ein Phänomen an, das er als „Immunität [der Bezugnahme in der ersten Person] gegen Fehlreferenz" beschreibt. Im Falle einer solchen Bezugnahme könne man sich nicht mit jemand anderem verwechseln.[3] In diesen Äußerungen klingt ein Thema an, daß ich im folgenden etwas vertiefen möchte: die Rolle der ersten Person im Cogito.

Häufig wird dem Modus der Selbstreferenz in diesem Zusammenhang keine besondere Bedeutung beigemessen. Hintikka etwa schreibt in einem berühmten Aufsatz über die cartesische Reflexion:

> „Descartes's formulations in the *Meditationes* and elsewhere suggest that his result may be expressed by saying that it was impossible for him to deny his existence. One way in which Descartes could have tried to (but did not) deny this would have been to say, ,Descartes does not exist.'" (Hintikka 1962, 116.)

Ich werde versuchen, die Rohsschen Anspielungen gegen derartige Stimmen zu verteidigen und zu begründen, warum diese verfehlt sind. Andere einflußreiche Exegeten, wie beispielsweise Bernard Williams, bemerken zwar:

---

[1] Dieses jüngst erschienene Werk (Rohs 1996a) war der Hauptgegenstand der diesem Band zugrundeliegenden Konferenz im Mai 1996 in Rothenberge, auf der eine frühere Version dieses Textes vorgetragen wurde. Ich danke den Teilnehmern der Diskussion für kritische Anmerkungen sowie dem Organisator der Tagung Marcus Willaschek für die Einladung und eine auch äußerlich gelungene Veranstaltung.
[2] Seitenzahlen ohne weitere Angaben beziehen sich hier und im folgenden auf Rohs 1996a.
[3] Vgl. hierzu auch die in einigen Punkten etwas ausführlichere Erörterung in Rohs 1996b.

> „A peculiarity of the first person is involved in the *cogito*. As it can be expressed with reference to the English language: with regard to ‚I' [...] the mere fact that it is used in genuine thought is enough to guarantee that it does not miss its mark" (Williams 1978, 93).

Bisweilen finden sich in diesem Zusammenhang auch Verweise auf eine „unfehlbare Referenz", auf eine „Immunität gegen referentiellen Irrtum" (vgl. Röd 1995, 198, Fußnote 74; Bieri 1981, 201) oder, wie bei Rohs, auf eine „Immunität gegen Fehlreferenz". Doch all *diese* Beschreibungen treffen auf mindestens drei verschiedene Phänomene zu.

Erstens ist die Referenz im Ego-Modus bei bestimmten Prädikationen, wie ich in Anlehnung an eine von Sydney Shoemaker vorgeschlagene Terminologie sagen werde, *immun gegen Fehlidentifikation*. Der singuläre Term „*a*" in einer *Aussage* der Form „*a* ist *F*" heiße immun gegen Fehlidentifikation, wenn diese Aussage relativ zum Ausdruck „*a*" immun ist gegen *Irrtum* durch Fehlidentifikation. Letzteres gilt aber laut Shoemaker genau dann, wenn folgendes nicht möglich ist: Der Sprecher weiß von einem bestimmten Gegenstand, daß dieser die Eigenschaft *F* hat, behauptet jedoch genau deshalb irrtümlicherweise „*a* ist *F*", weil er irrtümlicherweise glaubt, „*a*" beziehe sich auf jenen Gegenstand (vgl. Shoemaker 1968, 557).

Zweitens ist die erste Person, wie ich mit einer terminologischen Anleihe bei Peter Strawson sagen möchte, immun gegen *inkorrekte Referenz* (Strawson 1994, 210), wobei eine Bezugnahme genau dann „inkorrekt" heiße, wenn die vom Sprecher beabsichtigte nicht mit der konventional festgelegten, ‚objektiven' Referenz des verwendeten Terms übereinstimmt. Ein solcher Fall liegt beispielsweise dann vor, wenn man sich mit einem Namen auf jemanden zu beziehen glaubt, der in Wahrheit anders heißt. Der Fehler der inkorrekten Referenz, dies wird oft übersehen, ist nicht derselbe wie der der Fehlidentifikation, denn es gibt Fehlidentifikationen, bei denen gleichwohl keine Kluft zwischen beabsichtigter und faktischer Referenz besteht. Man denke an ein bekanntes Beispiel Wittgensteins: Die Aussage „Mein Arm ist gebrochen" kann unter Umständen deshalb falsch sein, weil der Sprecher zwar von jemandem weiß, daß dessen Arm gebrochen ist, aber irrtümlicherweise glaubt, es handele sich um ihn selbst. Obwohl er dann auf sich referieren will und dies tatsächlich auch tut, liegt dennoch ein Irrtum durch Fehlidentifikation vor.

Beide Arten von Irrtum sind schließlich drittens von *leerer Referenz* zu unterscheiden, die vorliegt, wenn es das, worauf der Sprecher sich beziehen will, in Wahrheit gar nicht gibt. Viele Aussagen der Form ‚Dies ist *F*' etwa sind zwar immun gegen Irrtum durch Fehlidentifikation relativ zum singulären Term, einfach weil sie überhaupt nicht (in dem hier zur Disposition stehenden Sinne) auf einer Identifikation beruhen; trotzdem können die Bezugnahmen hier leer sein. Macbeth glaubt: „This is a dagger!", doch es existiert kein Designatum. Auf der anderen Seite kann eine Bezugnahme offenkundig auch dann inkorrekt sein, wenn sie nicht ins Leere stößt.

Im Rekurs auf diese Eigenschaften der Selbstreferenz in der ersten Person ergibt sich nun, daß im Cogito zwei Themen miteinander verquickt sind, die nicht ohne weiteres zusammengehören: (a) die Selbstvergewisserung eines Subjekts hinsichtlich seiner Existenz und (b) der epistemisch in bestimmter Weise ausgezeichnete Zugang eines Subjekts zu seinen gegenwärtigen mentalen Zuständen und Tätigkeiten. Beginnen wir mit einigen allgemeineren Bemerkungen zu (b). Bei Rohs heißt es, daß der Gedanke, daß er *denkt*, für Descartes – im Gegensatz zu anderen Gedanken – *unbezweifelbar* gewesen sei. Offensichtlich ist dies als ein Hinweis auf jene allgemeine epistemologische These zu verstehen, daß der Gedanke „cogito" für jeden Denker unbezweifelbar oder, wie es an diversen Stellen bei Descartes auch heißt, *absolut gewiß* sei. In diesem Zusammenhang ist zunächst daran zu erinnern, daß Descartes „cogitatio" und „pensée" in einem weiten Sinne definiert, der, wie es etwa in den *Principia philosophiae* heißt, alles einschließt, „was derart in uns geschieht, daß wir uns seiner unmittelbar aus uns selbst bewußt sind".[4] Gemeint ist offenbar die Klasse all jener Zustände und Tätigkeiten, die man allgemein als ‚mental' bezeichnet.

Was genau bedeutet aber bei Descartes die Rede von „Unbezweifelbarkeit" und „Gewißheit"? Der Begriff der Gewißheit läßt sich zunächst subjektiv verstehen. Ein Gedanke (ein Satz, eine Proposition) ist für ein Subjekt genau dann gewiß, wenn dieses nicht nur in einem schwachen Sinne glaubt – vermutet, für nicht unwahrscheinlich hält etc. –, daß er wahr ist, sondern von dessen Wahrheit überzeugt ist. Eine doxastische Einstellung ist eine Überzeugung, wenn die Wahrheit des geglaubten Inhalts für maximal wahrscheinlich gehalten wird. Aber am Cogito interessiert weniger, aus welchen psychologischen Beweggründen heraus Descartes davon überzeugt ist, daß er denkt und existiert, ob dies für ihn *subjektiv gewiß* ist oder nicht, sondern die Frage, mit welchem Recht ein beliebiger Denker sein jeweiliges „Ich denke" als gewiß betrachten darf; ob etwas – und, wenn ja, was – cogito-Gedanken *objektiv gewiß* macht.

Wann eine subjektive Gewißheit als berechtigt auszuzeichnen ist, ist nicht nach allgemeinen Kriterien entscheidbar. Generell gilt, daß jemand dann und nur dann mit Recht von einem Sachverhalt überzeugt ist, wenn es keine guten Gründe gibt, an dessen Wahrheit zu zweifeln. Der Gedanke hat dann die Eigenschaft der *normativen Unbezweifelbarkeit*.[5] Was gute Gründe sind, hängt freilich prinzipiell vom Kontext ab. Nicht in jeder Situation wird man die Wahrheit des geglaubten Inhalts fordern. Zweifellos die besten Gründe für eine Überzeugung liegen jedoch dann vor, wenn deren Falschheit logisch ausgeschlossen ist. Sie genießt dann das epistemische Privileg der *Infallibilität*. Descartes hat, wie an verschiedenen Stellen seiner Texte deutlich wird, diese

---

[4] Descartes 1897-1910 (im folgenden „AT"), Bd. VIII, 8. Zu der hier genannten Stelle vgl. auch die nahezu wörtliche Parallele im Anhang zu den Erwiderungen auf die zweiten Einwände gegen die *Meditationen*, AT VII, 160.
[5] Zu diesem Begriff vgl. Alston 1971, 254.

starke Form von objektiver Gewißheit im Sinn. In der *Zweiten Meditation* etwa sagt er:

> „Offenbar sehe ich nun das Licht, höre das Geräusch, fühle die Wärme; [doch] dies ist falsch, denn ich schlafe. Aber sicherlich scheint es mir, als ob ich sähe, hörte, Wärme fühlte. Dies *kann nicht falsch sein*" (AT VII, 29, meine Hvbg.).

Die Überzeugung eines Subjekts S, daß p – im folgenden kurz: $Ü(S,p)$ – ist infallibel, wenn sie ihre Wahrheit – p – (strikt) impliziert. Das aber heißt nichts anderes, als daß sie infallibel ist, wenn sie ein Wissen des epistemischen Subjekts, daß p – kurz: $W(S,p)$ – impliziert. Bei Zugrundelegung eines weiten Wissensbegriffs, nach dem $W(S,p)$ bereits definiert ist durch $Ü(S,p) \land p$, ist dies trivial. Denn da $Ü(S,p)$ sich selbst impliziert, gilt, wenn außerdem $Ü(S,p) \to p$ gelten soll, $Ü(S,p) \to Ü(S,p) \land p$, also $Ü(S,p) \to W(S,p)$. Doch auch für einen engeren Wissensbegriff mit einer Begründungs- oder Rechtfertigungsbedingung kann man diese Deutung des epistemischen Begriffs der „Infallibilität" aufrechterhalten.[6] Denn wenn eine Überzeugung logisch ihre Wahrheit impliziert, ist sie *eo ipso* auch gerechtfertigt (vgl. Alston 1971, 261). Der genannte erste Hinweis auf eine ‚cartesische Asymmetrie' in *Feld–Zeit–Ich* läuft also darauf hinaus, daß für beliebige selbstbewußte Subjekte S und deren Denkzustände Ψ gelten soll: Wenn S davon überzeugt ist, sich im Zustand Ψ zu befinden, so weiß S dies auch.[7]

II

Betrachtet man die cartesische Reflexion nun genauer, dann drängt sich zunächst eine Frage auf, die neuerlich Andreas Kemmerling betont hat. „Cogito" lautet bekanntlich der Vordersatz. Doch dies sei nicht der Ausdruck eines vollständigen Gedankens. Gedacht werde immer etwas, so daß man sich bei einer Rekonstruktion der Überlegung zunächst fragen müsse, wie das „Ich denke" zu ergänzen sei. Die Frage laute:

> „Was denkt der Denker [darüber hinaus, daß er denkt, C. J.], wenn er denkt, daß er denkt?" (Kemmerling 1996, 80.)

Kemmerling gelangt von dieser Frage aus zu einer „reflexiven Deutung des Cogito": Der Denker habe einen Gedanken, der sich auf sich selbst beziehe. Die Überlegung verläuft, grob gesagt, wie folgt: „Ich denke" besagt dasselbe

---

[6] Zur Unterscheidung entsprechender Wissensbegriffe vgl. Kutschera 1982, Kap. 1.
[7] Man beachte, daß diese These insofern nicht sehr anspruchsvoll ist, als sie nicht besagt, daß ein Subjekt hinsichtlich seiner mentalen Zustände überhaupt Überzeugungen hat. Sie besagt nur, daß, wenn solche Überzeugungen bestehen, auch ein entsprechendes Wissen vorliegt. Bezüglich propositionaler Einstellungen vertritt Rohs (65f.) im Anschluß an Kant und Fichte auch eine stärkere Behauptung, die man als These der *Immunität gegen Ignoranz* eines Subjekts hinsichtlich seiner Einstellungen bezeichnen könnte. Dieses Thema werde ich hier nicht diskutieren, obwohl sich gewisse Ergebnisse der folgenden Abschnitte über die erste Person auf diese und andere Thesen über den epistemischen Status von Selbstzuschreibungen mentaler Eigenschaften übertragen lassen.

wie „Es gibt einen Gedanken, den ich (jetzt) habe". Wann ist diese Aussage wahr? Zum einen dann, wenn der Denker irgendeinen weiteren, einen anderen Gedanken außer dem, daß er denkt, hat – zum Beispiel daß die Sonne scheint, daß es keinen Himmel und keine Erde gibt oder daß er existiert. Zum anderen aber wird die Aussage auch durch das Haben dieses Gedankens selbst, des bloßen Gedankens „Ich habe einen Gedanken" wahr. Kemmerling wählt diese zweite Variante und sucht durch sie die Existenzvergewisserung des Denkers verständlich zu machen.

Dabei räumt er allerdings ein, daß sein Vorschlag exegetisch durchaus fragwürdig sei (Kemmerling 1996, 77, 99). Es scheint, daß dieser Vorbehalt nur zu berechtigt ist. Geht doch aus vielen Passagen bei Descartes hervor, daß aller weitere Inhalt des Denkens für die Überlegung *nicht* von Belang ist. An jener berühmten Stelle der *Meditationen* sagt Descartes – nachdem es hieß: „Imo certo ego eram, *si quid mihi persuasi*" (AT VII, 25, meine Hvbg.) –, daß er, sooft er denke oder ausspreche „ego sum, ego existo", dies notwendig wahr sei (ebd.). Im *Discours* schreibt er, daß ihm aufgefallen sei, daß während er zu denken versucht habe, *alles sei falsch*, doch notwendig er, der *dies* gedacht habe, etwas sei (AT VI, 32, meine Hvbg.). Der Gedanke, der hier das fragliche Relatum des Denkens ist, besagt, daß alles (bisher unhinterfragt Akzeptierte) falsch ist. Weiterhin schreibt Descartes in den *Prinzipien* (AT VIII, 7), nachdem er konstatiert hat, daß wir leicht annehmen könnten, daß es keinen Gott, keinen Himmel, keine Körper gebe, ja, daß wir selbst weder Hände noch Füße hätten, wir freilich nicht glauben könnten, daß wir, die wir *solches* dächten, nichts seien. Demnach sei der Satz „cogito, ergo sum" die allererste Erkenntnis usw. Hier ist nicht von dem einen Gedanken die Rede, daß alle bisherigen Annahmen falsch seien, sondern von diversen, auf spezifische solcher Annahmen bezogenen Gedanken. Kurzum, Descartes nennt eine ganze Reihe unterschiedlicher Dinge, die der Denker denkt, wenn er denkt, daß er denkt: „Ich überzeuge mich von etwas", „Ich existiere", „Alles ist falsch", „Es gibt keinen Gott", „Es gibt keinen Himmel" usf.; doch an keiner der zitierten Stellen – noch, wenn ich recht sehe, irgendwo sonst – ist von einem Gedanken die Rede, der sich auf sich selbst bezieht. Wenige Abschnitte nach der soeben zitierten Passage der *Prinzipien* erklärt Descartes sogar explizit (AT VIII, 9), daß der spezielle Inhalt der betreffenden *cogitationes* für sein Argument irrelevant sei: Es sei beispielsweise möglich, daß er, Descartes, denke, die Erde zu berühren, obgleich es gar keine Erde gebe, aber nicht, daß er (sein Geist), der dies denke, nicht existiere; und dasselbe gelte *in bezug auf alle anderen Dinge, die wir dächten*: daß wir, die wir dächten, existierten (meine Hvbg.).

Dies zeigt, daß es alles andere als ein Versehen ist, daß in Descartes' berühmtem Diktum nur das unvollständige „cogito" auftaucht: Wie man es komplettiert, soll für die Überlegung keine Rolle spielen. Wittgenstein soll einmal in einer Oxforder Diskussion bemerkt haben, daß, falls jemand, den Blick gen Himmel gewendet, zu ihm sagte: „Ich denke, es wird regnen; also bin ich", er den Sprecher nicht verstünde (vgl. Coope u.a. 1971, 21). Mit Descartes ließe sich hinzufügen: Die Unverständlichkeit dieser Aussage beruht jedoch nicht darauf, *was* der Sprecher ihr zufolge denkt, sondern darauf, daß er *irrelevanterweise anführt*, was er denkt.[8]

III

Damit zurück zur Rolle der ersten Person. Das „Ich denke" soll (objektiv) gewiß sein, und worin auch immer die Einsicht des Cartesischen Denkers genau bestehen mag, das „sum" soll seine Gewißheit von der Gewißheit des „cogito" erhalten.[9] Wir haben festgestellt, daß Descartes das, was der Denker darüber hinaus denkt, daß er einen Gedanken hat, offenbar als unerheblich für das Argument ansieht. Somit stehen nur noch zwei Momente zur Debatte: die prädikative und die singuläre Komponente des Gedankens. Betrachten wir zunächst die letztere. Angenommen, Descartes dächte (*de dicto*[10]), daß Descartes oder der Autor der *Regulae ad directionem ingenii* denke. Dürften ihm, qua methodischem Zweifler, diese Gedanken „absolut gewiß" sein? Wären die entsprechenden Überzeugungen infallibel? Offenbar nicht. Denn die betreffenden singulären Bezugnahmen sind zunächst nicht immun gegen inkorrekte Referenz: gegen einen Irrtum, der darin besteht, daß sich die subjektiv beabsichtigte Bezugnahme nicht mit der objektiv korrekten Zuordnung eines Referenzobjektes deckt. Im Rahmen des cartesischen Gedankenexperiments gesprochen: Der *genius malignus* könnte Descartes darüber täuschen, daß dessen Name tatsächlich der seinige ist oder jene Kennzeichnung auf ihn zutrifft. Der Gedanke, der sich (auf Deutsch) mit den Worten „Descartes denkt (jetzt)" ausdrücken läßt, ist – auch in einer Situation, in der Descartes tatsächlich denkt – unter anderem möglicherweise deshalb falsch, weil es natürlich sehr wohl möglich ist, daß jemand anders „Descartes" heißt, der zur betreffenden Zeit nicht denkt. Und genau deshalb hätte Descartes – anders als Hintikka behauptet – seine absolute Gewißheit, die mit Infallibilität identifiziert wird, *nicht* ebensogut mit dem Satz „Descartes cogitat" ausdrücken können.[11] Analoges gilt für definite Kennzeichnungen. Allgemein kann der Den-

---

[8] Dieses Ergebnis würde offenbar auch Röd unterschreiben, wenn er (1995, 81) sagt, „Ich denke" sei eine elliptische Wendung, die vervollständigt lauten müsse: „Ich denke etwas."
[9] In den *Prinzipien* schreibt Descartes, daß die Konklusion nicht absolut gewiß sei, wenn er sage „Ich sehe oder laufe, also bin ich", sofern er dies so verstehe, daß „Sehen" und „Laufen" sich hier auf körperliche Tätigkeiten bezögen. Denn es könne sein, daß er, wie es oft im Schlaf geschehe, dächte zu sehen, obwohl er seine Augen nicht öffne, oder dächte zu laufen, ohne seinen Ort zu verändern (AT VIII, 8). Da man sich darin täuschen kann, ob man sieht oder läuft, und daher, so scheint Descartes offenbar sagen zu wollen, die Wahrheit einer Selbstzuschreibung solcher Tätigkeiten für den Denker – der dies als informierter Skeptiker ja weiß – nicht absolut gewiß ist, kann dieser aus solchen Attributionen auch nicht mit Gewißheit auf die eigene Existenz schließen.
[10] Dies sei hier so verstanden, daß ein Subjekt einen Gedanken *p* genau dann *de dicto* denkt, wenn es einer Äußerung von *p* oder einer entsprechenden Übersetzung in seine Sprache zustimmen würde.
[11] Man beachte, daß diese Überlegung keineswegs der Annahme zuwiderläuft, daß Eigennamen starre Designatoren sind. Denn dies besagt nichts weiter, als daß Eigennamen im Gegensatz zu definiten Kennzeichnungen auch im Skopus von Modaloperatoren stets ihren faktischen Bezug behalten: In dem Satz „Descartes hätte etwas anderes als Philo-

ker, im Banne des allmächtigen Betrügers, sich in bezug auf Namen oder nichtindexikalische Individuenausdrücke nie völlig sicher sein, ob sie tatsächlich ihn bezeichnen, und bereits deshalb dürfen entsprechende Gedanken in der dritten Person für ihn nicht absolut gewiß sein.

Bei einer Referenz im Ego-Modus hingegen können subjektiv intendierte und objektiv vollzogene Bezugnahme nicht auseinanderfallen. Es ist nicht möglich, daß eine entsprechende Aussage aufgrund inkorrekter Referenz falsch ist. Die (nichtmimetische) Bezugnahme in der ersten Person singular läßt grundsätzlich keinen Spielraum für referentielle Intentionen des Denkers oder Sprechers. Der böse Dämon, so könnte man in Anlehnung an einen berühmten Satz der *Meditationen* formulieren, mag den Denker täuschen so viel er will, niemals wird er es doch zuwege bringen, daß dieser sich *in der ersten Person* nicht auf sich selbst bezieht. Wir halten fest: Eine notwendige Bedingung für die (objektive) Gewißheit der Prämisse[12] des Cogito ist die Immunität ihrer singulären Komponente gegen inkorrekte Referenz, und eine Pointe ihrer Formulierung im Ego-Modus liegt darin, daß sie, im Gegensatz zu anderen Kandidaten in der dritten Person, diese Bedingung erfüllt.

Nun ist das, worauf ein Denker oder Sprecher sich im Ego-Modus bezieht, nichts anderes als er oder sie selbst. Und da jemand, wenn er eine Referenz vollzieht, auch existiert, ist die Bezugnahme in der ersten Person auch immun gegen leere Referenz: dagegen, daß es das, worauf der Sprecher sich beziehen will, in Wahrheit gar nicht gibt. Auch dies ist offenbar notwendig für die absolute (objektive) Gewißheit eines Gedankens wie „Ich denke". Denn eine Überzeugung der Form „*a* ist *F*" kann nicht als gut gerechtfertigt gelten, wenn sie möglicherweise deshalb nicht wahr ist, weil die Referenz ins Leere stößt. Auch Immunität gegen leere Referenz ist eine notwendige Bedingung für normative Gewißheit. Hier liegt ein entscheidender Unterschied zwischen Prädikationen in der ersten Person und beispielsweise Wahrnehmungsaussagen der Form „Dies ist *F*". Letztere sind schon deshalb niemals in jenem von Descartes eingeforderten anspruchsvollen Sinne absolut gewiß, weil hier die singuläre Bezugnahme stets leer sein kann.

IV

Im Rückgriff auf diese Eigenschaften der Selbstreferenz in der ersten Person läßt sich nun ein entscheidender Punkt in der cartesischen Überlegung rekonstruieren. Bislang ging es nur um den ersten Teil des Arguments. Wir haben gesehen, daß die Rolle der ersten Person im Vordersatz des Cogito darin besteht, zugleich zwei Bedingungen für die Gewißheit dieses Satzes zu erfüllen: die singuläre Bezugnahme ist immun sowohl gegen inkorrekte als auch gegen

---

soph werden können" reden wir über niemand anderen als unseren Descartes. Aber das besagt natürlich nicht, daß nicht jemand anders als Descartes „Descartes" hätte heißen können.

[12] Wenn ich hier von „Prämisse" spreche, so ist dies – ebenso wie an den Stellen, an denen von einem „Argument", einem „Schluß" etc. die Rede ist – in einem Sinne zu verstehen, der nichts über die kontroverse Frage präjudizieren soll, ob die cartesische Überlegung tatsächlich als eine inferentielle zu verstehen ist.

leere Referenz. Nun gibt es neben dem Gewißheitspostulat offiziell noch eine andere Bedingung: Der Denker soll aus dem „Ich denke" auf seine Existenz schließen können. Doch diese Bedingung erweist sich nunmehr offenbar als redundant. Denn wenn die Prämisse des Cogito nur dann gewiß ist, wenn sie immun ist gegen inkorrekte und gegen leere Referenz, dann kann der Denker immer dann, wenn jener Gedanke gewiß ist, schließen, daß er, der Denker, existiert. Wenn er sich mit seiner Bezugnahme in der ersten Person weder einer inkorrekten noch einer leeren Referenz schuldig machen kann, kann er mit ihr nur auf sich selbst als auf etwas Existierendes referieren.

An dieser Stelle drängt sich freilich folgende Frage auf. Der bis hierher skizzierten Interpretation zufolge legitimiert bereits die Tatsache, daß die singuläre Komponente der Prämisse des Cogito immun ist gegen inkorrekte Referenz, zusammen mit der token-reflexiven Regel, daß ein Sprecher oder Denker sich in der ersten Person auf sich selbst bezieht, dessen Schluß auf seine Existenz. Man mag versucht sein, hierin eine erschöpfende Beschreibung der Funktion der ersten Person im Cogito zu erblicken. So heißt es etwa bei Peter Bieri:

> „Wenn ‚ich' sich auf die Person bezieht, die diesen Ausdruck gebrauchte, so gibt es immer etwas, auf das sich der Ausdruck bezieht: die Person, die ihn gebraucht. Der Gebrauch von ‚ich' ist immun gegen referentiellen Irrtum. [Fußnote:] Darauf beruht die Gewißheit des ‚Cogito, ergo sum': Wenn ich ‚Ich denke' denke, so kann ich mich nicht darin täuschen, daß es denjenigen gibt, auf den sich ‚ich' bezieht: mich" (Bieri 1981, 201, 207).

Doch wenn dies das letzte Wort wäre, dann könnte offenbar die Prädikation einer beliebigen Eigenschaft als Vordersatz des Cogito dienen, sofern sie nur in der ersten Person erfolgte. Bereits die Formulierung *irgendeines* Satzes im Ego-Modus würde den Übergang zum „ergo sum" legitimieren, denn generell gibt es in diesem Falle die Person, die die Referenz vollzieht. Warum sagt Descartes „Ich *denke*'?

Diese Frage hat eine klassische Vorläuferin. Schon Gassendi hält Descartes vor, daß dieser denselben Schluß auch aus jeder beliebigen anderen Betätigung seiner selbst hätte ziehen können, da, was immer in irgendeiner Weise wirke, auch existiere. Descartes bestreitet dies mit der Begründung, daß er sich überhaupt keiner seiner Betätigungen gewiß sei – natürlich mit jener metaphysischen Gewißheit, von der allein die Rede sei – mit Ausnahme allein des Denkens (vgl. AT VII, 352, 359). Doch vor dem Hintergrund des Gesagten erhellt, daß der Vordersatz gar nicht ‚als ganzer' gewiß sein muß, um den Übergang auf das „existo" zu rechtfertigen.

Ich hatte die Erörterung des Cogito anhand eines Rekonstruktionsvorschlags von Kemmerling begonnen, für den zunächst eine exegetische Schwierigkeit aufgezeigt wurde: Kemmerlings Ausgangsfrage ist, wie der vollständige Gedanke des Denkers lautet, wenn dieser denkt, daß er denke. Doch bei Descartes wird an vielen Stellen deutlich, daß jeder weitergehende Inhalt der betreffenden *cogitatio* für seine Überlegung außer acht gelassen werden kann. Dies ist zwar für die systematische Dimension von Kemmerlings Vorschlag irrelevant; doch es ergab sich nunmehr außerdem, daß Descartes gut daran tat zu erklären, daß für die Selbstvergewisserung des Denkers hinsichtlich seiner Existenz kein über das „Ich denke" hinausgehender Inhalt von Belang ist. Ja, für diesen Teil der cartesischen Reflexion ist es noch nicht einmal notwendig, daß die zugeschriebene Eigenschaft überhaupt die des Denkens ist. Worin, so bleibt zu fragen, mag deren Rolle dann bestehen?

V

Ein wesentliches Ziel, das Descartes mit dem Cogito verfolgt, liegt darin, bestimmte Überzeugungen als epistemisch privilegiert auszuzeichnen. Und hier spielt, wie wir nun sehen werden, die dritte der eingangs genannten Eigenschaften der Referenz in der ersten Person eine entscheidende Rolle. Shoemaker entwickelt seine Ausführungen über die Immunität gegen Irrtum durch Fehlidentifikation von Aussagen in der ersten Person im Anschluß an Hinweise Wittgensteins. Dieser unterscheidet in seinem *Blauen Buch* einen „als-Subjekt-" und einen „als-Objekt-Gebrauch" des Pronomens der ersten Person singular:

„There are two different cases in the use of the word ‚I' (or ‚my') which I might call ‚the use as object' and ‚the use as subject'. Examples of the first kind of use are these: ‚My arm is broken', ‚I have grown six inches', ‚I have a bump on my forehead', ‚The wind blows my hair about'. Examples of the second kind are: ‚I see so and so', ‚I hear so and so', ‚I try to lift my arm', ‚I think it will rain', ‚I have a toothache'. One can point to the difference between these two categories by saying: The cases of the first category involve the recognition of a particular person, and there is in these cases the possibility of an error, or as I should rather put it: The possibility of an error has been provided for. [...] It is possible that, say in an accident, I should feel a pain in my arm, see a broken arm at my side, and think it is mine, when really it is my neighbour's. And I could, looking into a mirror, mistake a bump on his forehead for one of mine. On the other hand there is no question of recognizing a person when I say I have toothache. To ask ‚are you sure that it's *you* who have pains?' would be nonsensical" (Wittgenstein 1969, 66f.).

Die Rede ist hier von Verwendungen von „I" und „my", doch Wittgensteins These läßt sich generell auf Bezugnahmen im Ego-Modus anwenden. Die Unterscheidung läßt sich allgemeiner fassen als eine zwischen subjektiver und objektiver *Referenz*.[13]

---

[13] Es soll nicht unterschlagen werden, daß Wittgenstein im Anschluß an die zitierte Passage behauptet, Aussagen in der ersten Person singular seien überhaupt keine Aussagen *über* jemanden. Elizabeth Anscombe bringt dies in einem vieldiskutierten Aufsatz zum Thema auf die Formel: „‚I' is neither a name nor another kind of expression whose logical role is to make a reference, *at all*" (Anscombe 1975, 154). Doch diese These ist sehr unplausibel. Auch Aussagen und Überzeugungen der Form „Dies ist F" etwa sind in der Regel epistemisch ebenso ‚unvermittelt' wie Selbstreferenz in der ersten Person. Wenn jemand einen roten Gegenstand vor sich sieht und aufgrund seiner visuellen Wahrnehmung behauptet: „Dies ist rot", so ist kein vorgängiges Wissen der Form „*a* ist rot, und dies ist *a*" involviert, woraus dann erst *erschlossen* würde: „Dies ist rot". Doch will man deshalb behaupten, auch für Demonstrativa wie „dies" gebe es keine Referenzobjekte und sie fungierten nicht als referentielle Ter-

Die Parallele zwischen den Eigenschaften, die in Wittgensteins Beispielen der subjektiven Referenz zugeschrieben werden, und jenen, die Descartes unter „Denken" subsumiert, ist unübersehbar. Den oben bereits zitierten Satz aus den *Prinzipien,* dem zufolge Denken alles umfassen soll, dessen wir uns unmittelbar bewußt sind, erläutert Descartes damit, daß beispielsweise nicht bloß das Einsehen, Wollen, Einbilden, sondern auch das Wahrnehmen zum Denken gehöre (AT VIII, 8). Selbstzuschreibungen solcher Zustände in der ersten Person sind aber, wenn Wittgenstein recht hat, im Gegensatz zu solchen nichtmentaler Eigenschaften auch dadurch ausgezeichnet, daß hier ein Irrtum durch Fehlidentifikation ausgeschlossen ist. Es ist nicht möglich, daß die entsprechende Überzeugung eines Denkers falsch ist, weil er von jemandem weiß, daß er denkt, dies aber irrtümlicherweise sich selbst zuschreibt.

Es scheint, als ob sich im Lichte der Unterscheidung subjektiver und objektiver Referenz in der ersten Person Descartes' Wahl des „Ich *denke*" gegenüber Selbstzuschreibungen nichtmentaler Eigenschaften rechtfertigen ließe – wenn auch nicht in bezug auf die Rolle als Prämisse für den Schluß auf die Existenz des Denkers, so doch in bezug auf das Thema privilegierter Zugang. Nur in den Sätzen, für die „cogito" steht, handelt es sich um ‚subjektive' Bezugnahmen in der ersten Person, und daher kommen nur die mit diesen Sätzen kundgegebenen Überzeugungen für den epistemischen Status absoluter Gewißheit in Frage.

Doch spricht nicht gerade die breite Bedeutung von „cogitare" bei Descartes gegen diese Interpretation? Shoemaker betont, daß es Wittgenstein – anders als es sich vielleicht *prima vista* darstellt – nicht um die kontroverse Dichotomie zwischen schlechthin irrtumsunanfälligen und nichtirrtumsanfälligen Aussagen (statements) gehe, sondern um die Abgrenzung einer Klasse von Aussagen, bei denen ein Irrtum bestimmter Art, eben ein Irrtum durch Fehlidentifikation ausgeschlossen sei. Und nicht jede assertorische Äußerung, die immun sei gegen Irrtum durch Fehlidentifikation, sei auch schlechthin irrtumsunanfällig. Eine Wahrnehmungsaussage der Form „Ich sehe ein *X*" etwa sei zwar immun gegen Irrtum durch Fehlidentifikation (relativ zum singulären Term), könne jedoch falsch sein, weil kein *X* oder gar nichts wahrgenommen werde (Shoemaker 1968, 557).

Doch dieser Hinweis gibt lediglich dazu Anlaß, die Beschreibung des Phänomens der Immunität gegen Irrtum durch Fehlidentifikation zu präzisieren. Die fragliche These besagt, daß eine Person zu ihren *Bewußtseinszuständen,* zu denen auch Wahrnehmungen gerechnet werden sollen, einen privilegierten Zugang besitze. Wenn man indessen mit Shoemaker behauptet, eine *Aussage* der Form „Ich sehe (ein) so-und-so" könne falsch sein, dann versteht man diese nicht als bloße Kundgabe des zugrundeliegenden Bewußtseinszustandes. Vielmehr wird sie dann als Kundgabe der Überzeugung des Subjekts interpretiert, daß es sich (a) in einem bestimmten perzeptiven Zustand befindet und (b) *dieser Zustand veridisch ist,* wobei die mögliche Falschheit der Aussage dann auf der möglichen Falschheit von (b) beruht. Nun ist dies aber nur eine Lesart solcher Wahrnehmungsaussagen, wäh-

---

me? Analoge Überlegungen lassen sich in bezug auf ebenfalls meistens ‚subjektiv' verwendete temporale und lokale Indikatoren wie „jetzt" und „hier" anstellen.

rend man ihnen in einem anderen, phänomenalistischen Sinne sehr wohl Irrtumsimmunität zusprechen kann. Besagt die Aussage einer Person „Ich sehe (ein) so und so" lediglich, daß sie ein bestimmtes perzeptives Erlebnis hat – daß sie sich in einem Zustand des, mit Chisholm zu reden, „being appeared to in a certain way" befindet (vgl. z.B. Chisholm 1989, 41) –, dann ist die Aussage nicht nur gefeit gegen Irrtum durch Fehlidentifikation hinsichtlich ihrer singulären Komponente, sondern schlechthin irrtumsunanfällig.[14]

Wittgenstein hat sich im Kontext der zitierten Passage zu diesem Thema nicht explizit geäußert, doch es scheint, daß er diese zweite Lesart zugrundelegt, wenn er Wahrnehmungsaussagen in der ersten Person zur „subjektiven Kategorie" zählt. Dann aber könnte man, ohne damit den Geist der Unterscheidung zu unterlaufen, Wahrnehmungsaussagen mit unrelativierten Prädikaten wie „X sehen", „X hören" etc. aus der Liste der irrtumsunanfälligen Beispiele streichen und durch eindeutig phänomenalistische Korrelate ersetzen. Überzeugungen wie „Mir ist, als ob ich (ein) so-und-so sähe" sind irrtumsunanfällig.

Als Fazit aus diesen Überlegungen ist festzuhalten, daß sich eine adäquate Beschreibung des Phänomens nicht allein im Rekurs auf Aussagentypen vornehmen läßt, sofern man diese Typen lediglich anhand der geäußerten Sätze individuiert. Shoemaker, der die Irrtumsimmunität „statements" zuschreibt, formuliert in dieser Hinsicht ebenso mißverständlich wie Wittgenstein selbst, der zur Illustration seiner beiden „Gebrauchskategorien" schlicht diverse Sätze anführt. Entscheidend ist, welcher Natur die *Überzeugung* ist, auf deren Basis die betreffende Aussage erfolgt.

Ich komme zum Schluß. Die hier vorgetragenen Bemerkungen beanspruchen nicht, eine umfassende Interpretation des Cogito zu liefern. Abgesehen von vielen systematischen Fragen in bezug auf die Korrektheit cartesischer Thesen über privilegierten Zugang habe ich insbesondere das notorische Problem, ob Descartes' Reflexion inferentiell oder performativ zu verstehen ist, unkommentiert gelassen. Eines dürfte jedoch deutlich geworden sein: Die dargelegten referenztheoretischen Überlegungen legen nahe, daß im Cogito zwei Themen miteinander verwoben sind, die sinnvollerweise separat voneinander behandelt werden können und sollten: die antiskeptisch motivierte Frage nach der Selbstvergewisserung eines Denkers hinsichtlich seiner Existenz und die bewußtseinstheoretisch motivierte nach dem epistemischen Status von Selbstzuschreibungen mentaler Eigenschaften.

Auch Rohs sucht eine Einsicht in das Phänomen des Selbstbewußtseins zu einem großen Teil durch eine Analyse der Funktionsweise der Referenz im

---

[14] Daß es diese zwei Lesarten gibt, kann man sich leicht daran klarmachen, daß Behauptungen wie „Ich sehe so-und-so" einerseits oft bestritten werden können, andererseits der Sprecher im Gegenzug jedoch – ebenfalls ohne Konversationsmaximen zu verletzen – darauf insistieren kann, die Wahrheit gesagt zu haben. Dieser Punkt spielt schon in Platons *Theaitetos* eine wichtige Rolle, wo Sokrates die These des Theaitetos, Wissen (episteme) sei Wahrnehmung (aisthesis), zunächst als „keine schlechte Erklärung" lobt (151e f.) und erklärt, daß zumindest die Behauptung, Wahrnehmung impliziere ein entsprechendes Wissen, insofern plausibel sei, als auch perzeptive Überzeugungen in gewissem Sinne unkorrigierbar seien. „Wahr", so heißt es, „ist mir meine Wahrnehmung, denn sie ist die meines jedesmaligen Seins. Ich also bin der Richter" (160c).

Ego-Modus zu gewinnen. Neben der garantierten Existenz des Referenzobjekts betont er für diesen Fall die von ihm so genannte „Immunität gegen Fehlreferenz", die laut Rohs besagt, daß man nicht „versehentlich auf einen anderen referieren oder sich mit einem anderen verwechseln" könne (75). Ich habe hier eine Differenzierung vorgeschlagen, die mir selbstbewußtseinstheoretisch entscheidend zu sein scheint: Aufgrund der Immunität der ersten Person gegen *inkorrekte* Referenz kann man in diesem Fall auf niemand anderen als sich selbst referieren; doch ist dieser Modus allenfalls eine notwendige Bedingung für den besonderen epistemischen Status bestimmter Überzeugungen. Wie wir gesehen haben, sind Beispiele denkbar, in denen man sich in der ersten Person zwar (objektiv betrachtet) nicht auf jemand anderen bezieht, aber sich dennoch (subjektiv) mit jemandem verwechselt. Bei den für das Selbstbewußtsein charakteristischen Zuständen muß aber auch ein solcher Irrtum ausgeschlossen sein. Entsprechend ist hier auch eine (von der Immunität gegen inkorrekte Referenz zu unterscheidende) Immunität gegen Fehlidentifikation zu fordern, die nur bei der Selbstzuschreibung bestimmter mentaler Zustände beziehungsweise bei der subjektiven Referenz in der ersten Person vorliegt.

Literatur

Alston, W. P. (1971): „Varieties of Privileged Access", in Alston, W. P., *Epistemic Justification*, Ithaca/London 1989. Erstveröffentlichung 1971.
Anscombe, E. (1975): „The First Person", in *Self-Knowledge*, hg. von Q. Cassam, Oxford 1994. Erstveröffentlichung 1975.
Bieri, P. (1981): „Einleitung zum dritten Teil", in *Analytische Philosophie des Geistes*, hg. von P. Bieri, Königstein, Ts.
Chisholm, R.M: (1989): *Theory of Knowledge*, dritte Auflage, Englewood Cliffs, New Jersey.
Coope u.a. (1971): *A Wittgenstein Workbook*, hg. von C. Coope u.a., Oxford.
Descartes, R. (1897-1910): *Œuvres de Descartes*, hg. von C. Adam u. P. Tannery, Paris. Neudruck Paris 1964-1967.
Hintikka, J. (1962): „Cogito, ergo sum: Inference or Performance?" in *Descartes. A Collection of Critical Essays*, hg. von W. Doney, New York 1967. Erstveröffentlichung 1962.
Kemmerling, A. (1996): *Ideen des Ichs. Studien zu Descartes' Philosophie*, Frankfurt (Main).
Kutschera, F. von (1982): *Grundfragen der Erkenntnistheorie*, Berlin/New York.
Platon: *Theaitetos*, in *Platonis Opera*, Tomus I, hg. von J. Burnet, Oxford 1900. Nachdruck Oxford 1989.
Röd, W. (1995): *Descartes. Die Genese des Cartesianischen Rationalismus*, München.
Rohs, P. (1996a): *Feld–Zeit–Ich. Entwurf einer feldtheoretischen Transzendentalphilosophie*, Frankfurt (Main).

Rohs, P. (1996b): „Selbstbewußtsein und direkte Referenz im Anschluß an Fichte", in *Bewußtsein. Philosophische Beiträge,* hg. von S. Krämer, Frankfurt (Main).

Shoemaker, S. (1968): „Self-Reference and Self-Awareness", in *The Journal of Philosophy 65*.

Strawson, P. F. (1994): „The First Person – And Others", in *Self-Knowledge,* hg. von Q. Cassam, Oxford.

Williams, B. (1978): *Descartes. The Project of Pure Enquiry,* London.

Wittgenstein, L. (1969): *The Blue and Brown Books,* Oxford.

> Man lernt das Wechselspiel zwischen Innen und Außen erkennen, und gerade durch das Verständnis für das Unpersönliche am Menschen ist man dem Persönlichen auf neue Spuren gekommen, auf gewisse einfache Grundverhaltensweisen, einen Ichbautrieb, der wie der Nestbautrieb der Vögel aus vieler Art Stoff nach ein paar Verfahren sein Ich aufrichtet. (Robert Musil)

Michael Quante

Ist die diachrone Identität der Person infallibel?

Einige Bemerkungen zum Verhältnis von Ichen und Personen im Anschluß an Peter Rohs' *Feld–Zeit–Ich*

Im zehnten Kapitel von *Feld–Zeit–Ich* verortet Peter Rohs seine Theorie der diachronen Identität von Subjekten[1] mit Bezug auf die gegenwärtige sprachanalytische Philosophie und klassifiziert sie als ‚simple' Position in dem Sinne, „daß es keine informativen Aussagen darüber geben könne, worin personale Identität besteht" (106)[2]. Dies sei in seiner Theorie der Fall, da er „die diachrone Identität von Personen mit der direkten Referenz im Selbstbewußtsein gegeben sein läßt" (ebd.). Aus diesem Ansatz folge, so Rohs, daß es „dann keine informativen propositionalen Sachverhalte hinsichtlich dieser Identität" (ebd.) geben könne.

Auf den ersten Blick erscheint die Titelfrage dieses Beitrags, ob die diachrone Identität von Personen *infallibel* sei, auf einer begrifflichen Verwirrung zu beruhen: *Diachrone Identität*, so würde man doch vermuten, fällt in den Bereich des *Ontologischen*, während *Infallibilität* in den Bereich der *Epistemologie* gehört. Mit Bezug auf die Theorie von Rohs aber ist diese ‚Engführung' von Epistemologie und Ontologie gerechtfertigt. In seiner Abgrenzung von Modellen, die Derek Parfit ursprünglich mit dem Ausdruck „simple Position" gemeint hat, betont Rohs, daß aus der Unmöglichkeit informativer Aussagen hinsichtlich der diachronen Identität von Subjekten nicht die Notwendigkeit der Annahme einer ‚geistigen Substanz' folge, vor allem dann nicht, wenn mit dieser Annahme das klassische Substanz-Akzidenz-Modell zur Grundlage der Subjektivitätstheorie gemacht würde. Die in *Feld–Zeit–Ich* vorgeschlagene Theorie des Selbstbewußtseins und der diachronen Identität steht dagegen in der Tradition des Deutschen Idealismus - das Ich ist „Thathandlung", es setzt sich selbst, oder, in moderner Terminologie: Seine Identität besteht in seinem direkten Referieren auf sich.

Dieser Theorietyp ist in der sprachanalytischen Philosophie nicht vertreten und liegt ‚quer' zur von Parfit vorgeschlagenen Klassifikation. Entscheidend ist in meinen Augen, daß es sich bei der Theorie von Rohs um eine *rein internalistische* Theorie handelt. Diesen Theorietyp möchte ich mit der Kernthese

---

[1] Im folgenden verwende ich „Subjekt" und „Ich" als gleichwertige Ausdrücke.
[2] Seitenzahlen ohne weitere Angaben beziehen sich hier und im folgenden auf Rohs 1996.

kennzeichnen, daß alle notwendigen und hinreichenden Bedingungen für die diachrone Identität der Person aus dem Selbstbewußtsein entnommen werden können und außerdem a priori verfügbar sind. Oder, wie Rohs es formuliert: „Der durchgängigen Identität unserer selbst ... sollen wir a priori bewußt sein" (106). Quelle und Manifestation dieses apriorischen Wissens ist die direkte Referenz mit „ich".

Mit den folgenden Ausführungen möchte ich plausibel machen, daß eine rein internalistische Theorie für die diachrone Identität von *Personen* nicht ausreicht, sondern um *externale* Faktoren erweitert werden muß. Externale Faktoren sind dabei solche, die weder a priori verfügbar noch direkt aus dem Selbstbewußtsein zu entnehmen sind. Konsequenz dieser Angewiesenheit auf externale Faktoren ist, daß es doch „informative propositionale Sachverhalte hinsichtlich dieser Identität" (ebd.) gibt. Dies bedeutet nicht, daß diese externalen Faktoren dem Ich im Selbstbewußtsein gegeben sein können, und auch nicht, daß ein Ich um diese Faktoren wissen muß, wenn es sich seiner Identität (subjektiv) gewiß ist. Aber es bedeutet, daß die Wahrheit dieser Identitätsaussagen, die durch Erinnerungssätze aufgestellt werden, auch durch externale Faktoren bedingt ist.

Um dies plausibel zu machen, werde ich in einem ersten Schritt kurz an die Semantik von „ich" erinnern (I.), anschließend die von Rohs aufgezeigte subjektivitätstheoretische Basis skizzieren, die sich in diesen semantischen Besonderheiten niederschlägt (II.), um danach die Frage zu diskutieren, ob zwischen der synchronen und der diachronen Identität nicht doch gravierende Unterschiede bestehen bleiben (III.). Abschließend (IV.) möchte ich dann noch kurz diskutieren, ob die von mir behauptete Externalität der personalen Identität wirklich bestreiten muß, was Rohs als eines der Argumente für seine internalistische Theorie anführt, wenn er schreibt, daß „das Vorliegen dieser spezifischen Identität von erheblicher praktischer Konsequenz [ist]" (107), weil es ohne sie „kein Handeln, keine Praxis" (ebd.) geben könne.

I

Der Ausdruck „ich" gehört zu den reinen (nichtdemonstrativen) indexikalischen Ausdrücken und zeichnet sich durch drei semantische Merkmale aus.

Erstens ist er ein *rigider Designator*, d.h. ein sprachlich referierender Audruck, dessen Referenz auch in modalen Kontexten konstant an die Äußerungssituation gebunden bleibt. In einem Satz wie „Es ist möglich, daß ich nicht existiert hätte" referiert das „ich" auf den aktualen Sprecher dieser Modalaussage und nicht auf ein Objekt, welches zum Bestand der unterstellten möglichen Welt gehört. Aus diesem Grunde folgt aus der Besonderheit des „Ich denke, also bin ich" auch nicht, daß ich notwendigerweise existiere. Ich kann mir Umstände vorstellen, unter denen ich nicht existiert hätte. Dies ist gerade möglich aufgrund der Tatsache, daß die Referenz mit „ich" durch die aktuale Situation, in der ich existiere, fixiert ist.

Die *zweite* Eigenschaft, die mit der ersten eng zusammenhängt, besagt, daß „ich" stets seine Referenz durch den Sprecher des Satzes erhält.³ Dies sieht man daran, daß in nichtmodalen intensionalen Kontexten, bei der Fremdzuschreibung von Überzeugungen beispielsweise, „ich" stets auf den Zuschreibenden, nicht aber auf denjenigen referiert, dem eine intentionale Einstellung zugeschrieben wird. Wenn ich Ihnen jetzt mitteile, daß Rohs denkt, daß *ich* mit Bezug auf das Thema personale Identität an einer hochgradigen Verwirrung leide, dann teile ich Ihnen mit, daß er etwas über *mich* glaubt, und ich unterstelle nicht, daß er diese Überzeugung von sich selbst hat.

Die *dritte* semantische Eigenschaft ist, daß „ich" *direkt referiert*, d.h. ohne Zuhilfenahme deskriptiver Komponenten. Dies beinhaltet zum einen, daß dem Sprecher selbst die eigene Identität nicht über eine Identifikation mittels einer Kennzeichnung gegeben ist – er identifiziert sich in der Referenz mit „ich" nicht selbst. Zum anderen ist mit dem Gebrauch von „ich" in einer Redesituation zwar der Referenzgegenstand gegeben, noch nicht aber eine Weise der Kennzeichnung. „Ich" ist mit keiner, noch so vollständigen zutreffenden Beschreibung des Sprechers synonym.

II

Handelte es sich hierbei lediglich um semantische Besonderheiten, wäre die philosophische Relevanz des Phänomens gering. Erinnert man sich allerdings daran, daß in der philosophischen Tradition dem Selbstbewußtsein, verstanden als der Referenz mit „ich", eine zentrale Rolle zugesprochen worden ist, dann liegt es auf der Hand, diese semantischen Besonderheiten auf ihren sachlichen Grund zurückzuführen – die Struktur des Selbstbewußtseins. Genau dies unternimmt Rohs, wobei er an diesem Punkt die fundamentale Bedeutung der Zeit ins Spiel bringt. Die Referenz mit „ich" wird daher nun nicht mehr als Sprech- sondern als Denkakt Gegenstand der Analyse.

Im fünften Kapitel von *Feld–Zeit–Ich* wird die These entfaltet, daß der Kern von Selbstbewußtsein *erstens* die Referenz mit „ich" ist, welche *zweitens* in Verbindung mit einem Prädikat von einer – schwer definitiv bestimmbaren – Liste von „Prädikaten, die für ein Wissen im Selbstbewußtsein geeignet sind" (53), Selbstbewußtsein ausmacht: „Bei wirklichem Selbstbewußtsein muß F ein Prädikat für einen aktuellen mentalen Zustand sein" (ebd.). Die *dritte* wesentliche Bestimmung ist, daß die fragliche Proposition „eine präsentische" (55) ist. Genauer müßte man Rohs zufolge hier sagen, daß die *modalen* Zeitbestimmungen in der Proposition verwendet werden müssen, kommt doch bei Erwartungen und Erinnerungen „wird sein" und „war" mit ins Spiel (ebd.).

Diese drei Momente des Selbstbewußtseins ermöglichen perfektes Wissen: Wenn ich glaube, daß ich weiß, daß p, dann weiß ich auch, daß p. Im Selbstbewußtsein ist es möglich, zwischen bloßen Überzeugungen und Wissen zu unterscheiden (vgl. 56). Im sechsten Kapitel wird mit der Reflexivitätsbedin-

---

³ Präziser muß es hier heißen: „der Sprecher des Satzes bzw. der Denkende der Proposition". Der Kürze halber belasse ich es bei dem Sprecher und bitte den Leser darum, den Denkenden selbst hinzuzudenken.

gung ein weiteres Merkmal des Selbstbewußtseins analysiert: Diese Bedingung besagt, daß jede propositionale Einstellung eines Subjekts Gegenstand des Selbstbewußtsein dieses Subjekts sein muß. Diese Reflexivitätsbedingung ist nur erfüllt, wenn der gewußte Sachverhalt „im Präsensmodus gegeben" (67) und die „vom epistemischen Subjekt selbst vollzogene Referenz die mit ‚ich'" (66) ist. Durch letztere Bedingung wird, wie Rohs zu Beginn des siebten Kapitels ausführt, „jede intentionale Einstellung von dieser Referenz abhängig" (72).

Es ist diese Referenz mit „ich", die man als Kernstück des Selbstbewußtseins bezeichnen kann, deren „Unentbehrlichkeit und die damit verbundene Apriorität" (73) zu, wie Rohs sagt, „einer Reihe von weiteren Besonderheiten" führt (ebd.): Erstens gilt für das Ich, daß es nicht unabhängig von seiner Referenz auf sich existiert – es erfüllt das Prinzip „esse est referri" (74). Daraus folgt, daß beim Ich „Gegebenheitsweise im Selbstbewußtsein und das Sein selbst zusammen[fallen]" (ebd.). Dies führt dazu, daß die Referenz mit „ich" seitens des Denkenden kein Akt der Selbstidentifikation, die über eine Kennzeichnung oder einen Namen liefe, sein kann. Diese Merkmale sind das subjektivitätstheoretische Fundament für die oben beschriebenen semantischen Besonderheiten der Rigidität, der ausnahmslosen Referenz auf den Sprecher des Satzes und der Direktheit der Referenz.

Nun wird diese Analyse der epistemisch-ontologischen Verhältnisse im Selbstbewußtsein mit der Zeitstruktur verbunden. Im Selbstbewußtsein werden zwei „Aspekte" (87), die transzendentale und die empirische Apperzeption, unterschieden. Rohs identifiziert die transzendentale Apperzeption mit der Anschauung des zeitlichen Werdens – dieses ist die apriorische Bedingung für Selbstbewußtsein (vgl. 91). Die empirische Apperzeption, die unverzichtbar zu jedem Selbstbewußtsein dazugehört, bezeichnet er als inneren Sinn oder auch als Materie des Selbstbewußtseins. Die Annahme, daß es sich hierbei um zwei Aspekte des Selbstbewußtseins und nicht um zwei separate Iche handelt, hat zur Konsequenz, daß es weder ein intelligibles noch ein sinnliches Ich geben kann. Vielmehr gilt, daß jedes Ich notwendig einen intelligiblen und einen sinnlichen Aspekt hat. Die Konsequenz daraus ist, daß die „reine Anschauung des zeitlichen Werdens ganz für sich ... kein Selbstbewußtsein, keine Anschauung eines Ich" (92) wäre. Daraus folgt, daß ein Ich sich immer auch als phänomenaler Gegenstand gegeben sein muß – gleichwohl gelten auch für diesen Aspekt die Direktheit der Referenz (vgl. 91) und die Nunczentrizität, d.h. die präsentische Struktur (vgl. 92).

Diese Besonderheiten im Selbstbewußtsein sollen im zehnten Kapitel als ausreichende Grundlage für „die diachrone Identität von Subjekten" (94) erwiesen werden. Ein zentrales theoretisches Motiv für diese Ausdehnung, neben der unbestreitbaren Tatsache, daß wir uns gewöhnlich als diachron identische Personen erleben, ist die These, daß ohne eine derartige diachrone Identität weder Handlungen noch propositionale Einstellungen möglich wären (94).

Und da nun auch ist, was sein muß, gilt: „Das Selbstbewußtsein liefert also in dem Wissen, daß ich bin, zugleich das Wissen um die diachrone Identität" (97). Der Rückgriff auf die Besonderheiten der Referenz mit „ich" sowie die These, daß wir uns des zeitlichen Werdens im Selbstbewußtsein bewußt sind, führt dazu, daß die Analyse diachroner Identität im Falle von Subjekten nicht die sein kann, die sie im Falle bloßer raum-zeitlich ausgedehnter Objekte ist. Es werden keine zusätzlichen Kriterien benötigt, wir identifizieren uns nicht selbst über verschiedene Zeitpunkte hinweg. Die Bedingungen für die diachrone Identität einer Person sind rein internal, im Selbstbewußtsein dieser Person, gegeben. Damit aber sind alle in der Debatte um personale Identität unternommenen Versuche, die diachrone Identität von Personen in gleicher Weise wie bei Objekten zu analysieren, vergeblich. Die diachrone Identität eines Subjekts kann von anderen zwar verstanden, nicht aber beobachtet werden (vgl. 102).

Nun wird von Rohs erstens zugestanden, daß es einer geeigneten materiellen Basis bedarf, um zu Subjektivitätsleistungen wie dem direkten Referieren auf sich überhaupt in der Lage zu sein (vgl. 98). Zweitens gesteht er auch zu, daß Erinnerungen fallibel sind. Allerdings kann der Fehler nur an der Prädikatstelle auftreten, nicht an der Stelle des Subjekts. Wenn also eine Erinnerung falsch ist, dann liegt dies daran, daß ein Ich sich etwas zuschreibt, was nicht auf es zutrifft. Die dabei unterstellte diachrone Identität des Ich selbst bleibt davon unberührt. Sie ist kriterienfrei und verdankt sich allein der Tatsache, daß ein Ich sich ein intelligibler Gegenstand ist (vgl. 106).

III

Wie zu Anfang gesagt, halte ich eine rein internalistische Theorie der diachronen Identität für unzureichend. Auch die in *Feld–Zeit–Ich* vorgeschlagene Variante muß um externale Faktoren erweitert werden. Dies ist nicht so zu verstehen, als benötigte man für das Erste-Person-Erleben der eigenen diachronen Identität derartige Faktoren, gemeint ist vielmehr *erstens*, daß diese Erste-Person-Perspektive in epistemischer Hinsicht nicht unfehlbar ist, sondern gerade mit Bezug auf die diachrone Identität eines externalen Korrektivs bedarf. *Zweitens* ist damit gemeint, daß die diachrone Identität von Personen, anders als die von Ichen, nicht durch die ‚Thathandlung' des direkten Referierens konstituiert wird. Die zusätzlichen externalen Faktoren gehören damit nicht nur zu den epistemischen, sondern auch zu den Wahrheitsbedingungen dieser Identitätsaussagen hinzu.

Die eingangs zugestandene Engführung von epistemologischer und ontologischer Dimension wird somit durch diesen Schritt zurückgenommen. Ein Individuum muß allerdings nicht um die Erfülltheit aller Wahrheitsbedingungen wissen, wenn es sich seiner diachronen Identität (in fallibler Weise) ‚sicher' ist. Gerade dies ermöglicht es auch, daß Erinnerungsfehler überhaupt möglich sind. Darin unterscheidet sich dieses Wissen auch von dem Wissen darum, daß ein präsentischer mentaler Zustand der meinige ist. Hier ist die bloße Überzeugung hinreichend dafür, daß die Wahrheitsbedingungen erfüllt sind. Wenn ich glaube, daß ich den Gedanken p gerade denke, dann denke ich ihn auch. Verallgemeinert bedeutet dies: Synchrone und diachrone Identität lassen sich nicht in der von Rohs vorgeschlagenen Weise symmetrisch behandeln.

Dies zeigt auch die folgende skizzenhafte Analyse des Gedächtnisses: (1.) das Sich-Erinnern ist ein gegenwärtiger mentaler Zustand – ich erinnere mich hier und jetzt, daß ich f getan habe. (2.) Ein mentaler Zustand ist nur dann eine Erinnerung, f getan zu haben, wenn er durch einen vergangenen Zustand verursacht worden ist.[4] (3.) Ein Subjekt erinnert sich wahrerweise, daß es f getan hat, genau dann, wenn (i) das damalige Subjekt mit dem gegenwärtigen Subjekt des Erinnerns identisch ist und (ii) das damalige Subjekt f getan hat.

Läßt man nun, wie in der Theorie von Rohs, das Subjektsein mit der Ichreferenz zusammenfallen und akzeptiert, daß diese Referenz mit „ich" sowohl synchron wie auch diachron infallibel ist, dann können mögliche Fehler nur an der Stelle des Prädikats (also F-Tun) auftreten. Erinnere ich mich beispielsweise daran, heute morgen das Fenster in meinem Zimmer geschlossen zu haben, während dies in Wahrheit jemand anderes getan hat, dann habe ich zwar auf mich referiert, mir dabei aber ein nicht zutreffendes Prädikat zugeschrieben. Es ist unstrittig, daß solche Irrtümer vorkommen. Und unstrittig ist auch, daß sie in der Theorie von Rohs analysiert werden können. Auch wenn ich glaube, Napoleon zu sein und mich vermeintlich an alle Taten dieser Person zu erinnern glaube, liegt hier ein radikaler Fall von fehlerhafter Selbstzuschreibung von Eigenschaften vor. Die direkte Referenz mit „ich" ist davon allerdings unbetroffen, da sie mit keiner Bezugnahme mittels einer Kennzeichnung äquivalent ist.

Die Differenz zwischen der synchronen[5] und der diachronen Identität in bezug auf das Gedächtnis besteht darin, daß Erinnerungen im letzteren Falle über Phasen hinwegreichen, in denen keine Referenz mit „ich" vorliegt. Nimmt man die Nunczentrizität und die Tatsache, daß die semantische Belegung von „ich" stets durch den Sprecher des Satzes erfolgt, dann muß man diese Fälle so deuten, daß in dem Satz „Ich erinnere mich (zu t-0), daß ich f-getan habe" das „ich" im Skopus des intentionalen Verbs „sich erinnern" (das

---

[4] Diese Bedingung ist unter anderem dafür notwendig, Fälle des Déjà vu auszuschließen. Es geht in (2.) nicht darum, daß der propositionale Gehalt dessen, woran man sich erinnert, durch ein vergangenes Ereignis der geeigneten Art verursacht worden ist, daß also z.B. das gestrige Trinken einer Cola verursacht, daß ich mich jetzt daran erinnere, daß ich eine Cola getrunken habe. Vielmehr soll sichergestellt werden, daß der Typ des gegenwärtigen mentalen Zustands „sich erinnern" nicht auf irregeleiteten Wegen, sondern eben durch einen in der Vergangenheit liegenden Zustand verursacht worden ist.

[5] Die synchrone Identität möchte ich dabei so weit fassen, daß sie ein Zeitintervall von Protention und Retention einschließt, welches innerhalb eines aktualen ununterbrochenen Bewußtseinsstroms liegt. Erinnerung in diesem „Kurzzeitsinn" sind im folgenden als unproblematisch zugestanden und aus der Diskussion ausgeblendet. Ich habe sie, um die Terminologie nicht weiter zu komplizieren, mit zur synchronen Identität gerechnet. Derjenige Leser, der damit nicht einverstanden ist, kann zwischen einer kurzzeitigen diachronen Identität ohne Unterbrechung des Bewußtseinsstroms und langfristiger diachroner Identität, die stets eine Unterbrechung des Bewußtseinsstroms einschließt, unterscheiden. Meine Argumente lassen sich dann entsprechend umformulieren.

„ich" des Daß-Satzes) seine Belegung durch das „ich" des „Ich erinnere mich", also durch den Sprecher des Satzes, erfährt.

Die These, daß die direkte Referenz in einem solchen Falle den Zeitraum zurück zu dem damaligen F-tun abdeckt, erscheint mir durch die von Rohs bereitgestellten subjektivitätstheoretischen und allgemeinen ontologischen Annahmen nicht gedeckt zu sein. Die direkte Referenz ist und bleibt, unter Einschluß der zeitlichen Erstreckung von Protention und Retention, präsentisch. Die uns allen vertraute, aber fallible Identität durch die Zeit hindurch entsteht dadurch, daß dem präsentischen Ich im Modus des Sich-erinnerns die Kopula der Vergangenheit „war" in Verbindung mit Prädikaten präsent ist, die auf ein Subjekt zurückverweisen, das von dem gegenwärtigen durch die Unterbrechung des aktualen Bewußtseinsstroms getrennt ist. Ein solcher Abgrund zwischen den ‚Thathandlungen des Sich-selbst-setzens' wird aber nur von dem sich durchhaltenden Verfließen der Zeit und der zeitlichen Gegenwart, die numerisch eine ist, überbrückt. Da diese Zeitstruktur aber nicht hinreichend dafür ist, daß ein Ich existiert, reicht die Identität von Gegenwärtigkeit und zeitlichem Werden nicht aus, um die diachrone Identität des Ich zu garantieren. Notwendig (und hinreichend) für die Existenz eines Ich ist eben das direkte Referieren auf sich – und dieses findet in den Unterbrechungen des Bewußtseinsstroms nicht statt. Die Situation stellt sich deshalb wie folgt dar:

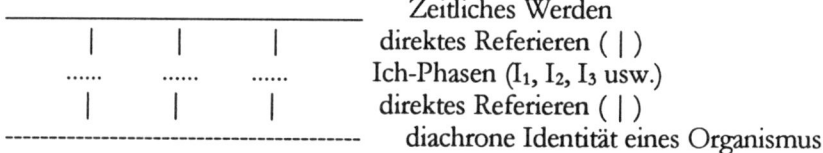

Einige Bermerkungen zur Erläuterung: Ein Ich entsteht (‚setzt sich selbst'), indem ein Organismus (als geeignete kausale Basis) unter Ausnutzung der ‚Ressource' des zeitlichen Werdens direkt auf sich referiert. Es bleibt strikt identisch, solange diese direkte Referenz auf sich andauert. Aufgrund der Involviertheit des zeitlichen Werdens in diese direkte Referenz liegt hier ein anderer Identitätstyp vor als bei einem nicht-selbstbewußten Organismus (und anderen materiellen Dingen). Läßt man Fragen nach der Möglichkeit der Existenz von Ichen ohne die Existenzbasis des Organismus außen vor, so ist dieses Modell neutral gegenüber der Frage, ob ein Ich eine neben dem Organismus existierende separate Entität ist, oder aber eine Phase in der diachronen Identität des Organismus bezeichnet, in der dieser in einer besonderen epistemischen Perspektive zu sich steht. In beiden Fällen gilt, entweder für das separate Ich oder für die Ichphase des Organismus, daß aufgrund der

Involviertheit des zeitlichen Werdens eine besondere Form der Identitätsanalyse erforderlich ist.[6]

Die diachrone Identität einer *Person*, so meine These, läßt sich nun deuten als die diachrone Identität eines (menschlichen) Organismus, der numerisch verschiedene Ichphasen durchläuft (bzw. dem numerisch verschiedene Iche zukommen). Erinnerungen über die Unterbrechungsphasen hinweg sind möglich, weil diese Erinnerungen durch die diachrone Identität des Organismus kausal ermöglicht werden. Die weitere empirische Tatsache, daß Erinnerungen nicht vererbt werden, garantiert dabei, daß nur die zu einem Organismus gehörigen Iche via Erinnerung an den mentalen Episoden der voraufgegangenen Iche partizipieren können. Neben der im sozialen Raum ohnehin beobachtbaren Kontinuität des Organismus (Aussehen des Körpers, Stabilität des Verhaltens) trägt dieses Faktum als weiterer Grund dazu bei, weshalb wir nur die mit *einem* Organismus verwobenen Iche zur Identität einer Person zusammenziehen.[7] Die Kontinuität des Körpers wird darüber hinaus auch für andere als die Fakten- und Erfahrungserinnerungen benötigt: Patienten, die unter Amnesien leiden, haben häufig noch bestimmte Fähigkeiten wie Beherrschung einer Fremdsprache oder Klavierspielen behalten. Auch solche im Laufe einer Biographie erworbenen Fähigkeiten sollte man als eine Art von Erinnerungen verstehen, da sie zur Identität einer Person sicherlich genauso dazugehören wie Erinnerungen in propositionaler Form; man könnte sie Fähigkeits- oder Vermögenserinnerungen nennen.

Unterscheidet man zwischen der strikten Identität des Ich und der diachronen Identität der Person, so sieht man, daß die von Rohs bereitgestellte Theorie in subjektivitätstheoretischer und ontologischer Hinsicht nur die Striktheit der Identität für einzelne Ichphasen – und damit natürlich auch die prinzipielle Unzulänglichkeit der Russell-Quine-Standardanalyse – nachweisen kann. Die diachrone Identität von Personen aber umfaßt mehr als die strikte Identität einer Ichphase. Um dieses Mehr zu erhalten, muß man auf externale Kriterien (m.E. die Identität des Organismus) zurückgreifen.

---

[6] Nach meinem Verständnis impliziert die Theorie von Rohs, daß es ein Ich ohne Verkörperung nicht geben kann. Daher erscheint für seine Theorie die Aspektdeutung angemessen, da auch sie impliziert, daß für Personen die Identitätsanalyse „nach dem Russell-Quine-Modell" (106), wie sie für normale vierdimensionale Objekte anwendbar ist, nicht ausreicht. Unklar sind mir allerdings in diesem Zusammenhang seine Bemerkungen zur denkbaren Wiederauferstehung geblieben (98f.). Gott kann uns nur die materielle Basis zur Wiederauferstehung bereitstellen: Er würde, wie Rohs ausführt, „für die Auferstehung also nur die Funktion eines allmächtigen Arztes haben" (99). Hier wäre es interessant zu wissen, ob Gott zur Ermöglichung dieser Wiederauferstehung uns nur einen geeigneten Körper als physische Basis bereitstellen muß, oder ob er sich die – für ihn allerdings nur geringe – Mühe machen muß, die ursprünglichen materiellen Bestandteile wieder zusammenzusuchen, um auf diesem Wege unsere diachrone Identität wiederherzustellen.
[7] Anomale Fälle (z.B. multiple Persönlichkeit, Schizophrenie, Split-Brain) ausgeschlossen. Hier deutet sich eine weitere externale Bedingung an – ein hinreichend normal funktionierendes Gehirn. Ob diese Anomalien auch für die synchrone Identität des Ich zu einer externalen Analyse zwingen, kann ich im Rahmen dieses Beitrags nicht diskutieren.

Rohs ist damit bisher das entscheidende Argument für die Annahme, die strikte Identität des Ich erhalte sich auch über die Phasen von Bewußtlosigkeit hinweg, schuldig geblieben. Soweit ich sehe, ist seine Theorie mit dieser stärkeren Annahme zwar kompatibel, mehr als eine logische Möglichkeit ist uns auf diese Weise aber nicht eröffnet worden.[8] Es finden sich allerdings bei ihm zwei Argumente zumindest angedeutet, die genau dieses leisten sollen. Ihnen möchte ich mich abschließend zuwenden.

IV

Eines der beiden zentralen Motive für die Ausdehnung der Internalitätsthese auf die diachrone Identität von Personen ist die Annahme, daß ohne ein Anschauen des Verfließens der Zeit, ohne die nunczentrische Präsenz des Ich in der Gegenwart über Zeiträume hinweg, Handlungen und mentale Episoden unmöglich würden (vgl. 107). Aus der Wahrheit dieser These folgt aber nur, daß die direkte Referenz nicht, zumindest nicht im Normalfall, nur punktförmig vorliegen kann. Dies ist mit meinem Resultat vereinbar: Die strikte Identität direkter Referenz gilt innerhalb eines Zeitintervals, in dem ein Subjekt selbstbewußt aktiv ist. Dies reicht für die Möglichkeit von Handlungen und mentalen Episoden vollkommen aus. Das hat zur Konsequenz, daß längerfristige Projekte nicht selbst als Handlungen, sondern eben als Mengen koordinierter Handlungen analysiert werden müssen. Ein philosophisches Buch zu schreiben, setzt zwar ein Maximum an Koordination und Kohärenz zwischen vielen einzelnen Handlungen voraus, ist selbst aber keine. Auch solche Dinge wie das Lebenswerk eines Autors beispielsweise, oder der Lebensplan einer Person sollten nicht als eine Handlung analysiert werden, sondern als eventuell absichtliche Umsetzung eines Plans, der viele Handlungen einschließt.

Selbst wenn die Unmöglichkeit von Handlungen nicht aus der Preisgabe der Internalitätsthese folgen, so bleibt das zweite zentrale Motiv von Rohs bestehen. Er befürchtet, daß es ohne diese besondere Identität keine moralische „Praxis" (107) geben könne. Beruht nicht die moralische Zurechnung, die Belohnung und Bestrafung von Handlungen auf der Prämisse, daß Täter und Bestrafter bzw. Belohnter strikt identisch sind? Ist es nicht so, daß unsere moralischen Intuitionen auch auf ontologischen Implikationen basieren, die die strikte Identität des Ich mindestens für das gesamte Leben eines Organismus behaupten? Läßt sich nicht aus dieser moralischen Praxis heraus das noch fehlende Argument gewinnen für die Annahme, daß nicht mehrere numerisch verschiedene Iche in der diachronen Identität einer Person zusammengefaßt werden, sondern genau ein Ich als numerisch identisches in verschiedenen Zeitphasen existiert? Ich denke, die Antwort auf all diese Fragen muß negativ ausfallen.

---

[8] Vereinbar sind damit, soweit ich sehe, mindestens zwei ontologische Modelle. Dem ersten zufolge wäre ein solches Ich ein zeitlich erstrecktes Einzelding, dessen Erstreckung in bestimmten Zeitintervallen unterbrochen ist. Dem anderen Modell zufolge ließe sich das Ich als ein Universale deuten, das als numerisch eines zu verschiedenen Zeitphasen der Existenz eines Organismus instantiiert ist.

Zu den ersten beiden Fragen ist zu sagen, daß unsere alltägliche moralische Intuition zwar die Identität von Täter und Bestraftem (bzw. Belohntem) unterstellt. Dies bedeutet aber nicht, daß es sich hier um die strikte Identität handeln muß, wie sie in der direkten Referenz des Selbstbewußtseins besteht. Unsere alltägliche Praxis scheint mir neutral gegenüber den in diesem Kontext angebrachten philosophischen Unterscheidungen zu sein. Wahrscheinlicher erscheint mir sogar, daß die Praxis der Strafmilderung und Verjährung eher auf eine gradualistische Identitätskonzeption hindeutet. Und auch die Weise, wie wir uns aus der Binnenperspektive mit vergangenen Handlungen, Entscheidungen und Wertvorstellungen – wie z.B. ehemaligen politischen Ansichten – identifizieren (oder uns eben von ihnen distanzieren), legt in meinen Augen eher eine gradualistische Deutung nahe. Diese aber verträgt sich sicherlich besser mit einer Theorie personaler Identität, in der neben dem zugestandenen Element der direkten Referenz auch externale Kriterien eine Rolle spielen.

Aber selbst wenn unsere moralische Praxis wirklich, wie von Rohs unterstellt, eine Identitätsintuition im Sinne der strikten Identität implizierte, ließe sich dies wohl kaum als Argument in einem metaphysisch-ontologischen Kontext anführen. Die logische Möglichkeit allein schafft vielleicht Platz dafür, hier im Sinne Kants ein Postulat der praktischen Vernunft anzusetzen.[9] Für die Zwecke von Subjektivitätstheorie und Ontologie gewinnt man auf diesem Wege erst dann mehr als eine Hoffnung, wenn Rohs ein zusätzliches Argument zur Stützung dieser These vorträgt. Sein beeindruckender „Entwurf einer feldtheoretischen Transzendentalphilosophie" käme aber sicherlich auch ohne diese zur Ontologie geronnene moralische Hoffnung aus.[10]

---

[9] Wobei es mir zweifelhaft erscheint, daß ein solches Postulat notwendig zur besten Moral dazugehören muß.
[10] Ich danke Marcus Willaschek für wertvolle Hinweise und zahlreiche Verbesserungsvorschläge.

Bernward Gesang

Die Wahrheitstheorie von Peter Rohs

I. Einleitung

Feld–Zeit–Ich von Peter Rohs ist ein bedeutender systematischer Entwurf. Viele Philosophen meinen, die Zeit der Systeme sei endgültig abgelaufen, und sie werden das Rohssche System folglich für anachronistisch halten. Ich denke, diese Klassifizierung ist unangebracht. Das systemische Vorgehen liegt in der „Natur des Denkens" verankert und ist unabhängig von philosophischen Moden. Zudem folgt der systemische Charakter des Werks aus dem holistischen Begründungsmodell von Rohs, und dieses ist wiederum hoch modern.

Vielfach hat die Kritik an Letztbegründungstheorien gezeigt, daß Begründungen am ehesten dann überzeugen können, wenn sie holistisch strukturiert sind; d.h. daß sich ein Ansatz auf verschiedenen Feldern der Philosophie bewähren muß, so daß die unterschiedlichen Bewährungen sich gegenseitig stützen und bestärken. Wenn man eine solche holistische Grundtendenz vertritt, kann man gar nicht anders als möglichst viele Gebiete der Philosophie zu thematisieren und mit einer bestimmten einheitlichen Argumentationsstrategie zu bearbeiten, die sich in all diesen Gebieten bewähren soll. Genau das tut Rohs, wenn er sich auf so unterschiedliche Gebiete wie Ontologie, Zeittheorie, Subjektivitätstheorie usw. bezieht und sie nach Maßgabe seiner feldtheoretischen Transzendentalphilosophie behandelt. Was manche als Überfrachtung des Konzepts von Rohs deuten werden, wird von der holistischsystemischen Grundintention erzwungen.

Ich würde gerne einen Beitrag zum systematischen Zentrum der Rohsschen Konzeption, d.h. einen Beitrag zur Zeittheorie und zum Problem des zeitlichen Werdens liefern. Ich denke, an diesem Punkt wird sich entscheiden, ob – abgesehen von vielen wichtigen Detailfragen – der Hauptzug des Rohsschen Systems haltbar ist. Ist das zeitliche Werden eine überindividuelle Wirklichkeit oder ein inner-psychischer Prozeß? Hier liegt die zentrale Frage an das Rohssche System, denn wirklich gezeigt hat Rohs die überindividuelle Realität des zeitlichen Werdens wohl nicht. Ohne diese Art von Realität sind jedoch die entscheidenden Aussagen von *Feld–Zeit–Ich* nicht haltbar. Es wäre gut denkbar, daß das „gegenwärtig sein" ein subjektiver Erlebnismodus ist, der an bestimmte Entwicklungsstufen biologischen Lebens gekoppelt ist. Diese *biologische Universalität* würde vielleicht die überindividuellen Züge der Gegenwart erklären können, denn jedes Lebewesen einer bestimmten Entwicklungsstufe würde dann diesen Erlebnismodus aufweisen.

Obwohl ich die angesprochenen Fragen für die interessantesten Punkte in der Diskussion des Rohsschen Buches halte, werde ich zu diesen Problemen nicht weiter Stellung nehmen, da ich mir über viele diesbezügliche Punkte noch nicht im klaren bin. Ein anderes Problem, das allerdings nicht die systematische Tragweite der Zeittheorie hat, ist die Wahrheitstheorie. Auf ihre

Behandlung durch Rohs werde ich im folgenden genauer eingehen. Ich werde die Beziehung des Rohsschen Konzepts zu den zentralen Wahrheitstheorien der Gegenwart erläutern und versuchen, eine kritische Einschätzung der Rohsschen Argumente zu entwickeln.

II. Redundanz- und Kohärenztheorie

Im 14. Kapitel von *Feld–Zeit–Ich* setzt sich Peter Rohs mit dem Wahrheitsbegriff auseinander. Dies geschieht, indem er zu Beginn zwei der momentan federführenden Theoriekonzepte zurückweist. Es handelt sich um die *Redundanztheorie der Wahrheit* und um die *Kohärenztheorie die Wahrheit*. Die Redundanztheorie geht davon aus, daß „wahr" kein Prädikat ist und einem jeweiligen Aussageinhalt nichts hinzufügt. Das Wort „wahr" erfüllt demnach lediglich eine *performative Funktion*, denn durch seine Verwendung vollzieht ein Sprecher eine Art von Bestätigung. Gegen die redundanztheoretische Analyse wendet Rohs ein, daß es nicht darauf ankommt, ob man das Wort „wahr" (bzw. Derivate wie Wahrheit etc.) explizit in einem Satz verwenden muß oder nicht. Vielmehr hebt Rohs hervor, *daß es ohne Wahrheit keine Wahrheitsansprüche und folglich keine Urteile geben könnte* (138f.)[1]. Das Urteilen selbst wäre ohne das Verfügen über den Wahrheitsbegriff unmöglich. Rohs hält den Wahrheitsbegriff für so elementar, daß er ihn als *apriorischen Begriff* einstuft (138).

Die Argumentation von Rohs kann überzeugen. Die Redundanztheorie kann nicht klären, *was es heißt, etwas zu behaupten*. Die Antwort auf diese Frage wird in der Philosophie unter dem Etikett „Wahrheitsproblem" behandelt. Die Redundanztheorie untersucht das Verhalten und die Redundanz des Wahrheitsbegriffs in der Umgangssprache und transferiert die dort aufgefundenen Eigenschaften auf die philosophische Verwendung des Begriffs. Damit nimmt die Redundanztheorie jedoch nicht zum Wahrheitsproblem Stellung.

Die Kohärenztheorie der Wahrheit wird von Rohs ebenfalls zurückgewiesen. Die Kohärenztheorie versucht Wahrheit als „Beziehung ausschließlich zwischen Gedanken" (140) zu fassen. Die Art der Beziehung wird von verschiedenen Kohärenztheoretikern unterschiedlich bestimmt. Manche greifen auf bloße *Konsistenz* zurück, viele ergänzen zur Konsistenz die wechselseitige *Ableitbarkeit* der Elemente eines kohärenten Systems untereinander.

Rohs kritisiert, daß es verschiedene alternative und miteinander inkompatible kohärente Weltbeschreibungen geben kann, wobei man den Unterschied zwischen der Beschreibung der *wirklichen* Welt und Beschreibungen bloß *möglicher* Welten nicht über den Kohärenzbegriff *erklären* kann (140f.). Wenn man an der Differenz von Beschreibung der wirklichen Welt und Beschreibungen bloß möglicher Welten festhalten und sie *erklären* will, wird man auf einen anderen Begriff als den der Kohärenz zurückgreifen müssen.

Die Kritik von Rohs trifft wiederum einen zentralen Punkt. M. Schlick hat diesen Punkt wie folgt formuliert: „Wer es ernst meint mit der Kohärenz als alleinigem Kriterium der Wahrheit, muß beliebig erdichtete Märchen für

---

[1] Seitenzahlen ohne weitere Angaben beziehen sich hier und im folgenden auf Rohs 1996.

ebenso wahr halten, wie einen historischen Bericht (...), wenn nur die Märchen so gut erfunden sind, daß nirgens ein Widerspruch auftritt" (Schlick 1934, 86). Allerdings bezieht sich das Schlicksche Zitat auf Kohärenz als *Kriterium* der Wahrheit, während es bei Rohs um Kohärenz als Wahrheitsbegriff geht. Schlick gibt das von Rohs benannte Problem auf einer anderen Ebene wieder. Schlick geht davon aus, daß man den Unterschied zwischen Märchen und historischen Berichten mit dem Kohärenzkriterium nicht herausfinden kann. Rohs verweist darauf, daß man diesen Unterschied mit dem Kohärenzbegriff allein gar nicht verstehen bzw. erklären kann.

III. Korrespondenztheorie und Undefinierbarkeit

Rohs kommt auch auf die dritte traditionelle Wahrheitstheorie, die *Korrespondenztheorie* zu sprechen. Diese lehnt er nicht in allen Aspekten ab. Rohs hält vielmehr an einer elementaren Denkfigur der Korrespondenztheorie fest: „Die Wahrheit ist nun eine Eigenschaft, die einem Gedanken kraft seiner Beziehung auf die Wirklichkeit zukommt" (140). Gleichzeitig kritisiert Rohs die Korrespondenztheorie aber auch unter Berufung auf Leibniz und Frege. Zwei entscheidende Argumente führt Rohs gegen die Korrespondenztheorie an:

1) Die Korrespondenztheorie arbeitet traditionell mit dem Begriff der „Übereinstimmung". Schon I. Israeli hatte dies in seiner Schule machenden Formulierung ausgedrückt: „Veritas est *adequatio* rei et intellectus".

Die Übereinstimmungstheorie ist nach Rohs – in Anlehnung an die benannten Vorbilder – kritisierbar. Insbesondere das von Frege vorgebrachte Regreßargument ist für Rohs dabei ausschlaggebend. Wenn man Wahrheit als Übereinstimmung zweier Entitäten definiert, so definiert man sie als Relation, und es kann an diese, wie an jede andere Definition der Wahrheit die Frage gestellt werden, ob es wahr ist, daß die in ihr benannten Merkmale des Wahrseins auch zutreffen. Dieses Argument bringt Frege dazu, Wahrheit als einen undefinierbaren Begriff anzusehen. Rohs schließt sich dieser Sichtweise ausdrücklich an: „Der Inhalt des Wortes ‚wahr' ist, wie Frege sagt, einzigartig und undefinierbar. Der Wahrheitsbegriff ist ein Grundbegriff" (145).

2) Neben dem Anspruch der Korrespondenztheorie, den Wahrheitsbegriff über den Übereinstimmungsbegriff definieren zu können, kritisiert Rohs eine weitere Annahme der Korrespondenztheorie. *Diese Annahme besteht in der These, es könne individuierte Wahrheitsspender für Gedanken geben.* Die Kritik an dieser These verdeutlicht Rohs, indem er eine zentrale Interpretation der Korrespondenztheorie zurückweist. Rohs lehnt Konzepte ab, nach denen eine Korrespondenz zwischen Sätzen und Tatsachen oder Gedanken und Tatsachen besteht. Der Rekurs auf Tatsachen bei der Bestimmung der Relata der Korrespondenzrelation hat sich in der analytischen Philosophie weit verbreitet. Eine paradigmatische Stelle findet sich z.B. bei A.R. White (White 1970, 79ff.). Rohs lehnt Tatsachen als „Wahrheitsspender" (truth donors) ab, weil Tatsachen selbst – in Anlehnung an Frege – nur als wahre Gedanken explizierbar sind. Wenn man aber sagt, daß Gedanken mit wahren Gedanken überein-

stimmen müssen, um wahr zu sein, hat man die Wahrheitsidee zirkularisiert und das für Wahrheit nach Rohs Konstitutive verloren, nämlich den Bezug zur Wirklichkeit (142). *Eine Zirkularisierung ist eine Folge jedes Versuchs, Wahrheitsspender individuiert zu denken.*

Deshalb soll die Bezugnahme der Gedanken nach Rohs *auf das gesamte Feld* erfolgen und nicht auf einzelne spezifizierte Aspekte des Feldes. Das Feld als ganzes ist der Wahrheitsspender der Gedanken: „Es ist also nicht so, daß jedem wahren Gedanken etwas Bestimmtes korrespondiert, sondern allen korrespondiert dasselbe, – dieses X, die Wirklichkeit, die absolute Substanz" (142). Der Grund für diese These besteht darin, daß alle Individuierungen innerhalb des Feldes nicht unabhängig von unserer Erkenntnis vollzogen werden können: „Man kann nicht annehmen, daß die Wirklichkeit gleichsam an sich in unsere geographischen Gebiete aufgeteilt wäre" (143). D.h. wir setzen für jede Individuierung unsere Sinnlichkeit, unsere Gedanken etc. ein und prägen dadurch das Individuierte: „Wir haben, wie Kant sagt, nichts ausser unserer Erkenntnis" (143).

Die als 1) und 2) bezeichneten Argumente geben einerseits die Rohssche Kritik an der Korrespondenztheorie wieder. Andererseits beinhalten sie auch den Kern der Theorie von Peter Rohs, die er der Korrespondenztheorie entgegenstellen möchte. Deshalb wird eine Diskussion der Punkte 1) und 2) in eine Diskussion um die Rohssche Theorie selbst münden. Ich will zuerst das Argument 1) besprechen.

Wofür spricht das für Rohs zentrale Fregesche Argument? Beweist es, daß die Korrespondenztheorie verfehlt ist? An jede Aussage, die das Vorliegen einer Relation behauptet, kann man die Frage stellen, ob sie wahr ist oder nicht. Deshalb belegt Freges Argument, daß Wahrheit *nicht nur* mittels der Übereinstimmungsrelation definierbar ist. Man braucht mindestens einen weiteren Wahrheitsbegriff, kraft dessen die Korrespondenzthese wahr ist. D.h. ein Korrespondenzmodell macht jedenfalls eine *Aufspaltung* des Wahrheitsbegriffs erforderlich. Ob ein infiniter Regreß oder nur ein finiter Regreß die Folge ist, kann nicht ohne weiteres entschieden werden. Wenn das der Fall ist, dann belegt Freges Argument nur die Notwendigkeit der benannten Aufspaltung, jedoch nicht automatisch die Undefinierbarkeit des Wahrheitsbegriffs.

Es ist nun interessant zu beobachten, daß Rohs, obwohl er sich der Undefinierbarkeitsthese anschließt, eine Definition des Wahrheitsbegriffs erstellt. Diese Definition ist in weiten Teilen an die Korrespondenztheorie angelehnt, was man daran sehen kann, daß auch sie die für eine Korrespondenztheorie offenbar notwendige Konsequenz einer Aufspaltung des Wahrheitsbegriffes vollzieht.

Rohs läßt – trotz der anderslautenden Passagen (141, 145) – nicht von der Idee einer Definition des Wahrheitsbegriffes ab. Er bestimmt Wahrheit als *Relation* zwischen Gedanken und Feld, und er bestimmt auch die Art und Weise der Relation in Anlehnung an Kants Rede vom „transzendentalen Gegenstand". Die Relation ist eine Relation von Gedanken mit dem gesamten

Feld. D.h. Rohs gibt eine Definition, die jedoch nur mit dem Anspruch auftritt, eine *Teildefinition* zu sein. Genau dies ist die Konsequenz des Fregeschen Regreßarguments: man kann die Korrespondenzthese nur als Teildefinition verstehen, was jedoch auch viele Korrespondenztheoretiker zugeben würden. Rohs sagt nun explizit: „Mir scheint es daher angebracht zu sein, zunächst einen primären Sinn von „wahr" anzunehmen, für den (...) die Beziehung auf die Wirklichkeit maßgeblich ist" (145).[2] Allerdings bezieht Rohs die Aufspaltung des Wahrheitsbegriffs nur auf einen Begriff für „wahr qua Bezug aufs Feld" und „wahr qua Bezug auf Klassen, Zahlen, abstrakte Gegenstände". Das legt die These nahe, es gäbe einen umfassenden Wahrheitsbegriff und einen eventuell für Fragen der mathematischen Wahrheit anzunehmenden.

Die Spaltung der Wahrheitsbegriffe in Rohs' System ist jedoch viel fundamentaler. Alle Aussagen über den logischen Raum, die Subjektivitätstheorie, die Korrespondenzrelation usw. sind nicht qua Bezug auf das Feld wahr. Ein Satz wie „Ein Gedanke besteht darin, daß etwas Gegebenes auf eine bestimmte Weise (durch eine Synthesis intellectualis) in der nichtsinnlichen Einheit der Apperzeption verbunden ist" (161), erhebt jedenfalls einen Wahrheitsanspruch. Dieser Anspruch kann schlechterdings durch nichts „in der Wirklichkeit" bzw. im vierdimensionalen Feld eingelöst werden, denn Gedanken befinden sich nach der Rohsschen Theorie ausdrücklich nicht im Feld, sondern im logischen Raum. Derartige Sätze erfordern – ganz der Konsequenz des Fregeschen Arguments entsprechend – einen anderen Wahrheitsbegriff als den, der durch einen Bezug auf das Feld gekennzeichnet ist.

Abschließend sei zum Punkt 1) folgendes bemerkt. Rohs übersieht meines Erachtens, daß die in *Feld–Zeit–Ich* dargelegte Wahrheitstheorie wesentliche Eigenschaften der Korrespondenztheorie teilt, insbesondere die Aufspaltung des Wahrheitsbegriffs. Weiterhin besteht eine gewisse Unstimmigkeit zwischen der These, Wahrheit sei undefinierbar und dem Versuch, eine Teildefinition anzubieten. Natürlich kann man versuchen, „definieren" von „näher erläutern" u.ä. zu unterscheiden. Ich denke jedoch, daß sich die Rohssche These: „Wahrheit ist (zum Teil) eine Relation zwischen Gedanken und dem Feld als ganzem" in ihrem Status nicht wesentlich von der korrespondenztheoretischen Übereinstimmungsthese unterscheidet. Rohs sagt zwar nicht, worin die angenommene Relation bestehen soll, aber das spezifiziert „die" Korrespondenztheorie in Hinblick auf die Übereinstimmungsrelation leider auch nicht, wenn man von ihrer elementaren Formulierung durch Israeli ausgeht[3]. Beide Theorien formulieren definitorische Sätze der Art: „Wahrheit ist x" („Wahrheit ist eine Eigenschaft, die..." 145). Deshalb denke ich, entweder sind die Korrespondenztheorie *und* der Rohssche Ansatz Teildefinitionen von „wahr", oder sie sind es *beide* nicht.

---

[2] Mit dem Begriff „Wirklichkeit" meint Rohs stets das Feld, wobei er jedoch nicht leugnen würde, daß natürlich auch die Gedanken wirklich sind. Hier liegt ein terminologisches Problem der Rohsschen Theorie.
[3] Einen Versuch, die Korrespondenztheorie genauer zu bestimmen, habe ich – in Anlehnung an J.L. Austin – an anderer Stelle unternommen; vgl. Gesang 1995, 11ff.

Wie man sich aber hier auch entscheiden mag, wichtig ist, daß man über den Wahrheitsbegriff nicht schweigen muß. Er ist kein unerklärliches apriorisches Ausgangsdatum.

IV. Ontologische Relativität

Damit komme ich zur Kritik des Arguments 2). Der Rohsschen Argumentation liegt eine basale Evidenz zugrunde. Ein Individuum wie „Tübingen" wird durch menschliche Individuierungskriterien konstituiert. Pragmatische Verwaltungszwänge u.ä. ließen es irgendwann sinnvoll erscheinen, Städte als Einheiten abzugrenzen und sie auf Landkarten als zusammenhängende Gebiete zu verzeichnen. Daß es im Feld selbst etwas wie das Individuum Tübingen gibt (quasi auch ohne menschliche Einteilung) ist kontraintuitiv. Genauso mit anderen Individuen. Wieso werden ein Tisch und der Fußboden, auf dem er steht, als zwei Individuen aufgefaßt? Dies liegt offenbar an willkürlichen Einteilungen auf der Basis menschlicher Erkenntnis, an pragmatischen Zwängen usw. Schon die Evolutionsbiologie lehrt uns, daß wir aus Überlebensgründen gewisse Identitätskriterien für Gegenstände ausgebildet haben, die man als kontingente, durch unsere ökologische Nische bedingte Kriterien auffassen kann. Wenn also alle Individuierungen ihre Grundlage in der menschlichen Wahrnehmung und Erkenntnis haben, können wir dann annehmen, daß die Wirklichkeit an sich „aufgeteilt", „zerlegt", „gegliedert" ist?

Die bislang herausgearbeitete Struktur des Arguments 2) verstellt Rohs häufig, indem er seine Position in zu enger Analogie zu Kants transzendentalem Idealismus aufbaut. Bei Kant kommen wir an „die Dinge an sich" nicht heran, weil unsere Erkenntnis sich an Raum und Zeit orientieren muß und weil die Dinge an sich nicht raumzeitlich organisiert sind. D.h. wir haben bei Kant mit epistemischen Problemen zu kämpfen. Unsere Erkenntnis kann nicht zu den Dingen an sich „vorstoßen", weshalb wir über sie nichts wissen können. Bei Rohs können wir sehr wohl etwas über „das Ding an sich" wissen. Es ist das vierdimensionale Feld, das nicht in Individuen aufgeteilt ist usw. Liest man Rohs so transzendentalphilosophisch wie er seinen Ansatz in *Feld–Zeit–Ich* darstellt, dann würde Rohs all die Brüche des „Agnostizismus" über Dinge an sich begehen, die Kant selbst sich zu schulden kommen lassen hat. Das Rohssche Problem ist aber gar nicht das „durchstoßen" der Erkenntnis zum Ding an sich, sondern sein Problem besteht darin, daß das Ding an sich eben gar keine Individuen enthält. Man stößt sozusagen durch und findet ein Kontinuum. Jede „Zerschneidung" in Einzelteile stammt von uns, den Erkenntnissubjekten. Die Einsicht, die Rohs ausdrückt, ist weniger eine kantianisch-epistemische als vielmehr eine durch Quines *ontologische Relativität* motivierte. Über Gegenstände kann man nicht in einem absoluten Sinne sprechen, sondern nur in bezug auf Theorien (Quine 1975, 72f.). Theorien sind menschliche Konstrukte, sie sind von uns „ge-macht", und damit sind auch die Identitätskriterien für Gegenstände, die eben von Theorien abhängig sind, unsere „Erfindung".

Die Rohssche Theorie über das Feld als Kontinuum ist schwer zu beurteilen. Sicherlich schaffen wir Objekte wie Tübingen durch unsere willkürlichen Grenzziehungen auf Landkarten. Ob wir allerdings auch Objekte in der Natur derartig kreieren, könnte man bezweifeln. Es könnte sein, daß unsere Evolution uns Identitätskriterien „gelehrt" hat, die korrekt sind, also von wirklichen Einheiten im Feld herrühren. Diese Diskussion möchte ich nicht weiter verfolgen. Rohs müßte eventuell ausführlicher darlegen, wie er seine These über die Kontinuität des Feldes begründet. Er rekurriert auf die Evidenz „wir machen es ja...", aber es könnte eben sein, daß wir es gerade richtig „machen".

Ich will in diesem Kontext jedoch auf ein weiteres Problem hinweisen, das sich m.E. ganz offensichtlich für Rohs ergibt. Gehen wir von einem Beispiel aus. Angenommen die Aussage „Es gibt die Stadt Tübingen" sei wahr. Was macht diese Aussage wahr? Rohs müßte antworten: Das gesamte Feld, also das gesamte Raum-Zeit-Kontinuum. Das ändert aber wenig daran, daß es genau ein Teil des Felds ist, der die Beispielaussage wahr macht. Gibt es einen solchen Teil nicht, dann ist die Aussage falsch, *denn sie unterstellt, daß es einen solchen Teil gebe.* Wenn ein solcher Teil nicht existiert, dann wäre halt irgendetwas wahr, aber nicht *diese* Aussage. D.h. hier könnte man *semantisch* argumentieren. Die Beispielaussage sagt etwas über einen Teil des Feldes aus. Wenn es keine Teile im Feld gibt, kann die Aussage nicht *bei Beibehalt ihrer Bedeutung* wahr sein. Man müßte also fragen, was es heißt, daß *dieser* Gedanke oder *diese* Aussage wahr ist.

Man könnte sich allerdings unter Beibehalt der wesentlichen Rohsschen Prämissen zu helfen wissen, *wenn man eine Prämisse hinzufügt.* Diese Prämisse müßte lauten: Das Feld ist nicht völlig amorph, sozusagen ein Einheitsbrei ohne Strukturen. Vielmehr hat es Strukturen, die jedoch nicht gegeneinander abgegrenzt sind, sondern kontinuierlich ineinander übergehen. Diese These hat Rohs öfters in Diskussionen vertreten, jedoch gleichzeitig wieder zurückgenommen, weil sie implizieren würde, daß Eigenschaften in irgendeiner Weise Realität zukommt.

Denkbar wäre mit der benannten Prämisse folgende Argumentation: Es ist ganz unstrittig, daß es Objekte wie Tübingen nicht im Feld gibt, denn wir machen derartige Einheiten. Die Quinesche These der ontologischen Relativität ist gültig. Allerdings müßte es im Feld dasjenige geben, *woraus* wir solche Einheiten nach pragmatischen oder sonstigen Kriterien bilden, und das wäre eben der gesuchte Teil, von dem die Beispielaussage handelt. Durch unsere Begriffe usw. grenzen wir Teile aus einem nicht amorphen Kontinuum aus. Von wo bis wo wir Individuen bilden, ist dabei willkürlich, aber daß diesen Individuen im Feld eine bestimmte Struktur entspricht (sozusagen der Inhalt der Gebiete, die wir abgetrennt haben) ist zwingend, wenn man z.B. von der Wahrheit einer Aussage wie der obigen Beispielaussage sprechen will.

Wenn wir nun sagen, Tübingen existiere unabhängig von uns, so ist diese Aussage problematisch, weil eben das Individuum „Tübingen" durch unsere Individuierungsleistung mitbestimmt ist. Es existiert wohl etwas im Feld, was unseren Existenzsatz über Tübingen etc. wahr macht, aber existiert „Tübingen"? Das Feld „kennt" sozusagen Tübingen nicht, das haben wir nämlich „gemacht", indem wir Identitätskriterien aufgestellt haben. Ohne uns gäbe es also kein Tübingen. Jedenfalls existiert aber das, was wir als Tübingen beschreiben (sozusagen der Inhalt des von uns abgetrennten Gebiets) unabhängig von unserer Beschreibung. Auf diese Weise könnte man die Unterstellung der Beispielaussage, daß es im Feld einen Teil „Tübingen" gibt und die These, daß das Feld ein Kontinuum ist, miteinander aussöhnen. Man muß nur den Begriff des „Teils" auf die ausgeführte Art und Weise interpretieren. Allerdings würde dann nach wie vor die These: „Das Feld als Ganzes macht die Aussage wahr", als falsch erscheinen. Korrekt wäre: Der Teil, der dem Wort Tübingen im Feld entspricht, macht die Aussage wahr. Wie gesagt, zwingt diese Position Rohs aber nicht dazu, die Auffassung, daß das Feld ein Kontinuum ist, zu revidieren.

Literatur

Gesang, B. (1995): *Wahrheitskriterien im Kritischen Rationalismus*, Amsterdam/Atlanta.
Quine, W.v.O. (1975): *Ontologische Relativität und andere Schriften*, Stuttgart.
Rohs, P. (1996): *Feld–Zeit–Ich, Entwurf einer feldtheoretischen Transzendentalphilosophie*, Frankfurt (Main).
Schlick, M. (1934): „Über das Fundament der Erkenntnis", in *Erkenntnis 4*, 89ff.
White, A.R. (1970): *Truth*, London.

Georg Mohr

Was sind eigentlich Wahrnehmungsurteile?

Peter Rohs zum 60. Geburtstag

Gliederung
Vorbemerkung
    I   Wahrnehmungs- und Erfahrungsurteile bei Kant
   II   Wahrnehmungsurteile in der feldtheoretischen
       Transzendentalphilosophie
  III   Die Definition des Urteils
  IV   Zeitangaben in Wahrnehmungsurteilen
    V   Bild und Schema
  VI   Gegenstandsbezug in Wahrnehmungsurteilen
 VII   Indexikalische Referenz
VIII   Was sind nun Wahrnehmungsurteile?

Vorbemerkung
Obwohl Wahrnehmung ein zentrales Thema gerade auch der gegenwärtigen Erkenntnistheorie und Philosophie des Geistes ist, findet man kaum Theorien des Wahrnehmungsurteils. Das mag sich aus Entwicklungen der Wissenschaftstheorie und der Sprachanalyse des 20. Jahrhunderts erklären. Die Debatte, die in den 1930er Jahren im Kontext der Wissenschaftstheorie des Wiener Kreises und des kritischen Rationalismus über die Begründungsfunktion von Protokollsätzen geführt wurde, hat diese, sofern sie als „Basis"-Sätze gelten sollten, in Mißkredit gebracht. Die Empirismus-Kritik von Quine, Sellars und Davidson schien das Ihrige dazuzutun, indem sie den Dualismus von Faktum und Theorie, von Gegebenem und Interpretation verabschieden zu können glaubte (vgl. Quine 1951; Sellars 1963; Davidson 1974).

    Nun hat Peter Rohs eine Theorie des Wahrnehmungsurteils als integralen Bestandteil einer feldtheoretischen Transzendentalphilosophie entwickelt. Da Rohs durchgängig nicht nur vor dem historischen Hintergrund der neuzeitlichen Erkenntnistheorie von Descartes über Spinoza und Leibniz, Locke und Hume bis Kant und Husserl, sondern auch mit Rücksicht auf den aktuellen Diskussionskontext der analytischen Philosophie, insbesondere Quine und Davidson, argumentiert, ist zu erwarten, daß er in *Feld–Zeit–Ich* (Rohs 1996) die Theorie des Wahrnehmungsurteils in einer Weise rehabilitiert, daß dadurch ein Kantisches Lehrstück sich (wenn auch in revidierter Form) gegen nominalistisch-reduktionistische und eliminative Konzepte bewährt.

    Mit der Theorie des Wahrnehmungsurteils bezieht sich Rohs auf eine Klassifizierung von Urteilstypen, die Kant – in der Terminologie, wie Rohs sie von Kant übernimmt – weder in der ersten noch in der zweiten Auflage der *Kritik der reinen Vernunft*, sondern lediglich in den *Prolegomena* vornimmt.

Ich bin aber mit Rohs der Auffassung, daß, auch wenn Kant diese Terminologie wieder aufgegeben hat, die sachlichen Implikationen der Unterscheidung für Kants Theorie wesentlich und unverzichtbar sowie der Sache nach auch verteidigbar sind. Ich stimme mit Rohs darin überein, daß die Theorie der Wahrnehmungsurteile von Kant im Sinne seiner eigenen Theorie nicht optimal ausgeführt ist und, im Hinblick auf die Gesamtintention der Kantischen Theorie, verbesserungsfähig ist. Allerdings sehe ich den Korrekturbedarf an anderen Stellen als Rohs und halte dagegen einige der Modifikationen, die Rohs vornimmt, für kontraproduktiv.

Bei meinen kritischen Randbemerkungen zu Rohs' Theorie der Wahrnehmungsurteile beziehe ich mich auf fünf Punkte:

(1) den Urteilsbegriff,
(2) Zeitangaben in Wahrnehmungsurteilen,
(3) den Zusammenhang von Schematismus und Wahrnehmungsurteilen,
(4) die Frage des Gegenstandsbezugs in Wahrnehmungsurteilen,
(5) indexikalische Referenz in Wahrnehmungsurteilen.

Zuvor aber referiere ich in der gebotenen Kürze einige zentrale Punkte, die Kant im Zusammenhang seiner Unterscheidung zwischen Wahrnehmungs- und Erfahrungsurteilen in den *Prolegomena* hervorhebt und fasse dann die wichtigsten Bestimmungen des Wahrnehmungsurteils zusammen, die Rohs in den Kapiteln 17 und 18 seines Buches entwickelt.

I *Wahrnehmungs- und Erfahrungsurteile bei Kant*[1]

In § 19 der *Prolegomena* schreibt Kant zur Unterscheidung zwischen Wahrnehmungs- und Erfahrungsurteilen: die Wahrnehmungsurteile „drücken nur eine Beziehung zweener Empfindungen auf dasselbe Subjekt, nämlich mich selbst, und auch nur in meinem diesmaligen Zustande der Wahrnehmung aus, und sollen daher auch nicht vom Objekte gelten.[2] Die hier angesprochenen Merkmale lassen sich auf die folgenden drei zentralen Punkte bringen. Ein Wahrnehmungsurteil ist, erstens, *subjektiv* in dem Sinne, daß in ihm die Wahrnehmung lediglich auf das wahrnehmende Subjekt bezogen wird (*nicht-objektiv*$_1$). Es ist, zweitens, *nicht-prädikativ* in dem Sinne, daß in ihm keine Prädikation vorgenommen wird, die eine Eigenschaft einem von mir unterscheidbaren Gegenstand zuschreibt (*nicht-objektiv*$_2$). Es ist, drittens, *nicht-allgemeingültig* in dem Sinne, daß es keine Gesetze formuliert.

Diese drei Merkmale, durch die sich Wahrnehmungsurteile von Erfahrungsurteilen unterscheiden sollen, hängen laut Kant damit zusammen, daß in ersteren keine Kategorien verwendet werden, während die letzteren durch die

---
[1] Zu diesem Abschnitt vgl. Mohr 1995.
[2] Kant 1783 (im folgenden *Prol.*), 299.

Verwendung von Kategorien charakterisiert sind. Erfahrungsurteile sind solche empirischen Urteile, bei denen „über das Empirische, und überhaupt über das der sinnlichen Anschauung Gegebene, noch besondere Begriffe hinzukommen müssen, die ihren Ursprung gänzlich a priori im reinen Verstande haben, unter die jede Wahrnehmung allererst subsumiert, und *dann vermittelst derselben in Erfahrung kann verwandelt werden*" (*Prol.* § 18, 297; H.v.m.). Dadurch, daß in Erfahrungsurteilen Wahrnehmungen und damit sinnlich gegebene Anschauungen unter Kategorien subsumiert sind, sind Erfahrungsurteile *„objektiv gültig"*.

Wahrnehmungsurteile hingegen „bedürfen keines reinen Verstandesbegriffs, sondern *nur der logischen Verknüpfung der Wahrnehmungen in einem denkenden Subjekt"* (*Prol.* 298; H.v.m.). Sie sind daher aber auch *„nur subjektiv gültig"*. Dabei bezeichnet Kant die Wahrnehmungsurteile geradezu als Vorstufen von Erfahrungsurteilen. Diese könnten „aus" jenen „gemacht" werden, indem man Kategorien ins Spiel bringe. Im Anschluß an das soeben angeführte Zitat heißt es: „Alle unsere Urteile sind *zuerst* bloße Wahrnehmungsurteile: sie gelten bloß vor uns, d.i. vor unser Subjekt, und *nur hinten nach* geben wir ihnen eine neue Beziehung, nämlich auf ein Objekt" (ebd.; H.v.m.).

Die Ausdrücke „zuerst" und „hinten nach" sind nicht temporal-genetisch, sondern logisch-konditional aufzufassen. Das von Kant intendierte Bedingungsverhältnis zwischen Wahrnehmungs- und Erfahrungsurteil ist dementsprechend folgendermaßen zu deuten: Da ein Erfahrungsurteil stets ein auf sinnliche Anschauungen bezogenes Urteil ist, muß es grundsätzlich anhand von Wahrnehmungen bestätigt werden können. Das heißt, daß es für einen Sachverhalt, über den ein Erfahrungsurteil *kategorial* urteilt, immer auch Instantiierungen geben können muß, die in *einzelnen* Wahrnehmungssituationen bezeugt werden und über die ihrerseits entsprechende Wahrnehmungsurteile möglich sein müssen. Ein Wahrnehmungsurteil ist insofern Bedingung eines Erfahrungsurteils, als ohne die *Möglichkeit*, das im Erfahrungsurteil Beschriebene subjektiv und momentan wahrzunehmen, und ohne die Möglichkeit, diese Wahrnehmung in einem Wahrnehmungsurteil festzuhalten, ein Erfahrungsurteil überhaupt nicht vorliegt.

Ein Erfahrungsurteil erhebt nun den Anspruch, „daß es vor uns auch jederzeit und eben so vor jedermann gültig sein solle; denn wenn ein Urteil mit einem Gegenstande übereinstimmt, so müssen alle Urteile über denselben Gegenstand auch unter einander übereinstimmen" (ebd. 78).[3] Dafür, daß

---

[3] Zitiert nach Kant (i. Ersch.). – Zu der in allen gängigen Ausgaben (incl. *Akademie-Ausgabe*, der *Werkausgabe*, hg. v. Wilhelm Weischedel, Darmstadt: Wissenschaftliche Buchgesellschaft, 1983, und der Ausgabe v. Rudolf Malter, Stuttgart: Reclam, 1989) kommentarlos reproduzierten Formulierung der Originalausgabe „auch vor uns jederzeit" schlage ich in meiner Ausgabe die Lesart „vor uns auch jederzeit" vor. Der Kontext legt dies nahe. Denn „vor uns" waren ja auch schon die Wahrnehmungsurteile gültig. Nur daß diese lediglich momentan (jetzt) und privat (für mich) gültig sind, wohingegen beide Einschränkungen im Erfahrungsurteil aufgehoben sein sollen. Es ergibt sich also eine Art Geltungserweiterung: nicht nur jetzt, sondern auch jederzeit (für alle t), nicht nur für mich, sondern auch für jedermann (für alle S).

Erfahrungsurteile diesen Geltungsanspruch der intertemporalen und der interpersonalen Invarianz[4] erheben können, gibt es einen „Grund", den Kant einige Zeilen später anführt: „es wäre kein Grund, warum anderer Urteile notwendig mit dem meinigen übereinstimmen müßten, wenn es nicht die Einheit des Gegenstandes wäre, auf den sie sich alle beziehen, mit dem sie übereinstimmen, und daher auch alle unter einander zusammenstimmen müssen" (ebd. 298).

Demgegenüber ist in Wahrnehmungsurteilen die Beziehung auf den einen, ihnen allen gemeinsamen Gegenstand nicht nur nicht sicher, sondern er soll erst gar nicht intendiert sein. Die bloß subjektive Gültigkeit ist kein Defizit, sondern Charakteristikum der Aussageintention bei Wahrnehmungsurteilen.

II *Wahrnehmungsurteile in der feldtheoretischen Transzendentalphilosophie*
Terminologisch lehnt sich Rohs' Theorie der Wahrnehmungsurteile an Kant an. Hauptthematisch sind die beiden Urteilstypen in den Kapiteln 17 und 18 von *Feld–Zeit–Ich* (172-196). Welches sind nun die wichtigsten Merkmale von Wahrnehmungsurteilen in der feldtheoretischen Transzendentalphilosophie?

Wahrnehmungsurteile sind nach Rohs *elementare* Propositionalisierungen. Sie sind *präsentische* Propositionen, Sinne bzw. Gedanken (173). Präsentische Sinne sind die *ursprünglichen* Sinne, die „letztgrundlegenden" Gedanken (172). Präsentische Propositionen haben ein Primat vor zeitlosen (173). Sie enthalten keine kalendarischen Daten und keine Uhrzeiten, denn diese sind nach Rohs theoriegeladen und können daher nicht in Wahrnehmungsurteilen auftreten. Die *Zeitbestimmung* in Wahrnehmungsurteilen ist eine *anschaulich-modale* (175, 176). Wahrnehmungsurteile genügen nicht der Forderung der Reproduzierbarkeit (180). Sie sind Urteile, in denen Anschauungen begrifflich gefaßt sind (173, 177). Leerstellen der Begriffe sollen durch anschauliche Gehalte erfüllt werden. Es werden aber nicht Anschauungen, sondern singuläre Sinne unter Begriffe gebracht. Singuläre Sinne werden durch die Synthesis der Einbildungskraft gebildet und durch die Synthesis des Verstandes mit dem Begriff vereinigt (174). Ein Wahrnehmungsurteil betrifft einen Sachverhalt, der unmittelbar anschaulich gegeben ist, ohne daß ein Begriff höherer Stufe implizit oder explizit beteiligt ist (175). Wahrnehmungsurteile sind nicht „theorieimprägniert" (179). Wahrnehmungsurteile machen aus der anschaulichen Präsens einer Gestalt die Gegenwart eines Sachverhalts. Inhaltlich sollen sie auf das direkt Wahrnehmbare beschränkt sein (178).

Diese Bestimmungen stehen in einem systematischen Zusammenhang der feldtheoretischen Transzendentalphilosophie, aus dem noch einige grundlegende Annahmen ergänzend herausgegriffen werden müssen. Eine wichtige erkenntnistheoretische These im Hinblick auf die Theorie der Wahrnehmungsurteile lautet: „Es gibt eine vorbegriffliche intuitive Gliederung des Wahrnehmungsfeldes" (155). Diese These trägt Rohs im Kontext der Einfüh-

---

[4] Zur Terminologie vgl. Rohs 1988, 135-192.

rung der „synthesis speciosa" als Synthesis der Einbildungskraft vor. Durch sie werde die „Einheit eines singulären, intuitiv gegebenen Gehaltes gebildet" (154). Das „anschaulich Vorgestellte [bekommt] die Einheit einer Figur, einer ‚Gestalt'" (155). Auf der Ebene der Anschauung haben wir es „mit individuellen Gegenständen zu tun". Singuläre Sinne und damit intuitive Einheiten anschaulicher Gegenstände werden aus dem kontinuierlichen Wahrnehmungsfeld ausgegliedert (155; vgl. Searle 1993).

Es muß nach Rohs präsentische Sinne geben und diese seien sogar die ursprünglichen (172). Zeitlose Gedanken können wir nur fassen – so Rohs –, weil wir präsentische fassen können. Erst Begriffe zweiter Stufe (wie die Urteilsformen) ermöglichen das Konstruieren des Konstrukts der zeitlosen Kopula „ist" und damit den Übergang zu zeitlosen Gedanken. Es gibt demnach drei Sorten von Sinnen:

(1) präsentische Sinne der Einbildungskraft,
(2) präsentische propositionale Sinne,
(3) zeitlose propositionale Sinne (173).

Wahrnehmungsurteile betreffen die zweite Sorte und sind demnach präsentische Propositionen, die anhand singulärer Sinne gebildet werden. Solche präsentischen Propositionen haben Primat vor zeitlosen und sind deren Grundlage. Damit schließt Rohs an Strawsons Theorie der „feature placing statements" über „ultimate facts" an. Rohs gelangt im Ergebnis zu folgender Definiton eines Wahrnehmungsurteils: „Ein Wahrnehmungsurteil liegt also dann vor, wenn ein Sachverhalt unmittelbar anschaulich gegeben ist, ohne daß Begriffe höherer Stufe implizit oder explizit beteiligt sind" (175). Als Beispiel führt Rohs einen Satz an, den auch Kant (in § 19 der *Prolegomena*) als Beispielsatz verwendet. Es ist ein „Satz im Präsensmodus, der einem bestimmten Gegenstand eine wahrnehmbare Qualität zuspricht": „Das Zimmer ist warm". Wie schon bei Kant, so ist auch hier bei Rohs dieses Beispiel ungeeignet zur Exemplifizierung dessen, was ein Wahrnehmungsurteil ist. Um dies näher zu begründen, muß zunächst auf den zugrundeliegenden Urteilsbegriff und die auch von Rohs in Anspruch genommene Theorie des Schematismus eingegangen werden.

III   Die Definition des Urteils

Wahrnehmungsurteile sind Urteile, Gedanken. Daher müsse auch Kants Definition des Urteils in § 19 der B-Deduktion in der *Kritik der reinen Vernunft* für sie gelten.[5] Nach dieser Definition ist ein Urteil ein objektiv gültiges Verhältnis von Vorstellungen, nach einer Definition in der großen Anmerkung zur Vorrede der *Metaphysischen Anfangsgründe der Naturwissenschaft* die Erkenntnis

---

[5] Vgl. Kant 1787 (im folgenden *KrV* B), 142.

eines Objekts (vgl. Kant 1786, 475). Bei Rohs heißt es dazu: „Kants Definition eines Urteils [...] gilt nicht nur überhaupt für sie [scil. die Wahrnehmungsurteile], – sie gilt für sie in allererster Linie, wenn die präsentischen Gedanken die ‚letztgrundlegenden' sind" (175).

An dieser Stelle weiche ich sowohl sachlich als auch in der Kant-Interpretation von Rohs ab. Die betreffende Definition ist ungeeignet, Kants Theorie des Wahrnehmungsurteils zu erhellen. Leider trifft dies auch auf Kants eigenes Beispiel zu. Wie Kant an der Stelle, an der er erstmals die Aussicht mitteilt, mit dieser Urteilsdefinition eine verbesserte Kategorien-Deduktion entwickeln zu können, mit aller Deutlichkeit erkennen läßt, ist diese Definition geradezu darauf angelegt, einem Nachweis der *objektiven* Gültigkeit von *Kategorien* als Bedingung von *Objekterkenntnis* und damit von *Erfahrungsurteilen* den Weg zu ebnen.

Wie verschiedentlich (z.B. von R.P. Wolff, L.W. Beck) bemerkt worden ist, hat Kant damit eine Prämisse in den Beweis der Kategorien-Deduktion eingeführt, die das Beweisergebnis über die Beweisabsicht hinausschießen läßt (vgl. Mohr 1994). Das Ergebnis besagt dann nämlich, daß nur unter der Voraussetzung des Kategoriengebrauchs überhaupt Urteile möglich sind. Da aber gerade Erfahrungsurteile, nicht jedoch Wahrnehmungsurteile Kategorien ins Spiel bringen, sind dann überhaupt nur noch Erfahrungsurteile möglich. Es gäbe dann überhaupt keine nicht „theorie-imprägnierten" (Rohs) Urteile. Solche sollen aber nach Rohs Wahrnehmungsurteile qua präsentische Sinne sein. Es kann außerdem dann auch keine ästhetischen Geschmacksurteile geben, wie sie in der *Kritik der Urteilskraft* eingeführt werden. Man muß also entweder die Urteilsdefinition anders konzipieren oder aber die Möglichkeit von Wahrnehmungsurteilen (und von Geschmacksurteilen) aufgeben. Der Verweis auf Kants Urteilsdefinition in § 19 der B-Deduktion ist irreführend, weil es unter der Voraussetzung dieser Definition nur Erfahrungsurteile geben kann. Der Urteilsbegriff muß demnach anders und jedenfalls unabhängig von objektivitätstheoretischen Präjudizien definiert werden. Kants Definition des Urteils als einer *objektiven* Vorstellungsverknüpfung, die Rohs in Anspruch nimmt, steht quer zu jeder Theorie des Wahrnehmungsurteils.

IV Zeitangaben in Wahrnehmungsurteilen

Wesentlich für Wahrnehmungsurteile ist laut Rohs die „anschauliche Zeitbestimmung, die dann, wenn gedacht wird, trivialerweise zur Verfügung steht" (176). Wahrnehmungsurteile sind präsentisch. Sie sind als präsentische die letztgrundlegenden Gedanken. Sie sind grundlegend auch hinsichtlich der von Rohs so genannten „Nunczentrizität von Subjektivität". Daher ist die Frage der Zeitangaben in Wahrnehmungsurteilen relevant.

Ein zentraler Gesichtspunkt betrifft die Art der Zeitrelation, die in einem Urteil zum Ausdruck kommt. Kant unterscheidet zwischen subjektiven und objektiven Zeitverhältnissen, zwischen der Sequenz der Erlebnisse und den zeitlichen Relationen von Ereignissen bzw. Gegenständen. Laut Rohs ist nicht entscheidend, ob auf Gegenstände und deren zeitliche Relation oder aber auf Erlebnisse und deren Sequenz Bezug genommen wird. Auch ein Urteil, in dem nicht über Erlebnisse, sondern über Gegenstände gehandelt wird, kann nach Rohs ein Wahrnehmungsurteil sein. Entscheidend soll vielmehr die „Art der Datierung" sein. Rohs' Beispielsatz für ein Wahrnehmungsurteil, das sich zwar auf einen Gegenstand bezieht, dies aber unter Verwendung von Abwandlungen der präsentischen Kopula, lautet: „jetzt regnet es, vorhin regnete es nicht". Wesentlich scheint demnach die Verwendung modaler Zeitbegriffe, also egozentrisch-perspektivischer Zeitbegriffe, die lediglich einen subjektiven Koordinatennullpunkt haben: die jeweilige Gegenwart als die Zeit des Urteilens selbst. Nicht zugelassen sind Angaben wie „t_1", „t_2", etc., die Rohs für objektive Datierungen hält.

Ich glaube nicht, daß dies zwingend ist. Zeitangaben mittels „t_1", „t_2", etc. sind nicht eo ipso objektive Datierungen und schließen daher auch nicht aus, daß Urteile, in denen sie verwandt werden, Wahrnehmungsurteile sind. „t_1", „t_2", etc. können durchaus als Variablen für Zeitstellen aufgefaßt werden, ohne daß damit per definitionem die Einsetzung von kalendarischen Datumsangaben oder Uhrzeiten erfordert würde. Mit ihnen kann durchaus auf Zeitpunkte referiert werden, die lediglich subjektiv und unter alleiniger Voraussetzung egozentrisch-perspektivischer Koordinaten fixiert werden. Mit ihnen läßt sich durch Zuordnung von Wahrnehmungen zu jeweils einer solchen Zeitstelle und mittels eines Inventars mehrerer Wahrnehmungsurteile eine Reihe von in der Zeit aufeinander folgenden Wahrnehmungen und den mit ihnen rezipierten Vorkommnissen erstellen. Keines dieser Urteile ist ein Erfahrungsurteil, weil es weder einen Gegenstand bestimmt, d.h. keine objektive Prädikation vornimmt, noch sich auf ein objektives Datierungssystem bezieht, das physikalisches Wissen voraussetzt.[6]

V Bild und Schema

Da Wahrnehmungsurteile Urteile sein sollen, in denen Anschauungen begrifflich gefaßt werden, liegt es nahe, zu ihrer theoretischen Explikation diejenigen Erkenntnismomente heranzuziehen, denen Kant die Funktion der Vermittlung zwischen Anschauung und Begriff zuschreibt: die Schemate. Kant führt sie ein als Produkte der Einbildungskraft. Das Schema zu einem Begriff ist nach Kant die Vorstellung von einem „allgemeinen Verfahren der Einbildungskraft, einem Begriff sein Bild zu verschaffen" (*KrV* B 179f.). Während Kant dadurch aber das Schema gegen das Bild abgrenzt, werden beide bei Rohs nahezu ununterscheidbar, denn beide werden als singuläre Sinne aufgefaßt. Zudem beschränkt Rohs die Funktion des Schemas wie des Bildes darauf, daß man „die Individuen den Arten zuordnen kann" (177). Dies werde ermöglicht durch die „vorbegriffliche Allgemeinheit" des Schemas bzw. des

---

[6] Vgl. Mohr 1992 und i.Ersch.

Bildes als singulärer Sinne. Sie stehen demnach für die „anschauliche Wurzel" der Begriffsbildung. Die intuitive Gliederung in Figuren bereitet die Gliederung des Gegebenen durch Gedanken vor. Schematisieren ist laut Rohs intuitives Sortieren (178). Auf diesem beruhe die Begriffsbildung. Dementsprechend müssen Wahrnehmungsurteile „solche Begriffe enthalten, die durch ein Schema der Einbildungskraft vorgeprägt sind".

Ein Bild ziele auf eine einzelne Anschauung und könne daher mit einem singulären Sinn identifiziert werden. Solche Bilder sollen nach Rohs „nicht bestimmte Individuen darstellen, sondern zeigen, wie die Exemplare der jeweiligen Art aussehen" (177). Es handelt sich also um eine epistemische Voraussetzung der Klassifikation von Individuen unter allgemeine Arten. Bei Kant hingegen geht es um die Vermittlung von reiner Anschauung (der Zeit) mit Kategorien als reinen Verstandesbegriffen im Hinblick auf die kategoriale Deutung von Sinnesdatenkonstellationen. Sinnlich Gegebenes soll im Hinblick auf seine Strukturierbarkeit nach Maßgabe von Kategorien anhand der formalen Zeitstruktur des Gegebenen verstanden und so begrifflicher Klassifizierung überhaupt erst zugänglich gemacht werden. Eine Sinnesdatenkonstellation wird anhand der Anschauungsform der Zeit auf ihre kategoriale Bedeutung hin epistemisch ausgewertet. *Hierin* scheint mir in der Tat die grundlegendere und erkenntnistheoretisch wesentliche Funktion des Schematismus zu liegen, weniger in der Bildung von Gestalten, Figuren, wie z.B. des Bildes einer Katze oder dergleichen.

Die Einbeziehung des Schematismus in die Theorie der Wahrnehmungsurteile und die präzise Funktionsbestimmung der Schemate für Wahrnehmungsurteile und Erfahrungsurteile halte ich für eine der wichtigsten Aufgaben, die sich heute einer von Kant inspirierten Erkenntnistheorie stellen. Kant selbst hat merkwürdigerweise den Zusammenhang von Wahrnehmungsurteilen, Schematismus und Erfahrungsurteilen nicht explizit zum Gegenstand einer Untersuchung gemacht, obwohl er sachlich zentral und tragend ist. Es findet sich statt dessen ein kurzer Hinweis Kants auf den Schematismus im Zusammenhang der Theorie des Wahrnehmungsurteils in einer Anmerkung zu § 22 der *Prolegomena*. Dort heißt es: „Wie die Wahrnehmung zu diesem Zusatze [des Verstandesbegriffs] komme, darüber muß die Kritik im Abschnitte von der transz. Urteilskraft Seite 137 u. f. nachgesehen werden" (*Prol.* 305). Bei diesem Abschnitt (*KrV* A 137ff./B 176ff.) handelt es sich um den „Schematismus der reinen Verstandesbegriffe". Damit ist klar gesagt, daß der Schematismus auch nach Kants ausdrücklicher Auffassung die Möglichkeit von Wahrnehmungsurteilen voraussetzt. Mehr noch: der Schematismus operiert demnach als Ermöglichung der Anwendung von (schematisierten) Kategorien auf *Wahrnehmungsurteile*. Dasselbe gilt für die Grundsätze, von denen sich dementsprechend zeigen läßt, daß sie nur unter Voraussetzung der Möglichkeit von Wahrnehmungsurteilen Anwendung finden und damit Erfahrungsurteile begründen können.

Bemerkenswert ist, daß Rohs hingegen die Funktion des Schematismus darin sieht, die Bildung von Wahrnehmungsurteilen zu ermöglichen. Das heißt, in der feldtheoretischen Transzendentalphilosophie sind die Schemate die Vermittlungsebene zwischen Anschauungen bzw. singulären Sinnen und elementaren Propositionalisierungen (Wahrnehmungsurteilen). In Kants Theorie hingegen wird – nach der hier vertretenen Interpretation – die Bildung von Wahrnehmungsurteilen als unproblematisch vorausgesetzt, während der Schematismus die Funktion der Transformation von Wahrnehmungsurteilen in Erfahrungsurteile hat. Während bei Rohs der Weg vom Schema über das Wahrnehmungsurteil zum Erfahrungsurteil geht, geht er bei Kant vom Wahrnehmungsurteil über das Schema bzw. die schematisierte Kategorie zum Erfahrungsurteil.

Auch sachlich scheint mir die Richtung, die Kant in der zitierten Anmerkung zu § 22 der *Prolegomena* allerdings nur andeutet und nirgendwo systematisch eingeschlagen hat, die richtige zu sein. Der Vorteil besteht darin, daß man Wahrnehmungsurteile dann wirklich im strengen Sinne als „elementare Propositionalisierungen" auffaßt, die gerade insofern „elementar" sind, als sie noch keine Synthese voraussetzen, sondern ihrerseits Anschauungsmannigfaltiges Synthesen erst zugänglich machen. Zuordnungen von Sinnesdaten zu Raum-Zeit-Stellen sind keine Synthesen im kategorialen Sinne. Synthesen setzen solche Zuordnungen bereits voraus. Statt einer Kategorie das ihrer Bedeutung entsprechende Zeitschema zuzuordnen und so anhand des Gegebenen Erfahrungsurteile zu bilden, wie es der Erfinder des Schematismus sich dachte, übernimmt das Schema in der Feldtheorie die Funktion, bereits gebildete Gestalten zu synthetisieren, um diese dann begrifflich zu klassifizieren. Wenn die synthetische Sinnbildung, deren Produkt Gestalten sind, sich jedoch – wie bei Rohs – direkt auf Sinnesdaten beziehen soll, dann fehlt jegliches Kriterium, woraus wie welche Gestalten zu bilden sind. Das heißt, daß die eigentliche erkenntniskonstitutive Funktion, die Kant durch den Schematismus zu explizieren sucht, in der Feldtheorie aufgrund der ihr eigenen Konzeption von Wahrnehmungsurteilen unterschlagen wird und daher ganz und gar unklar bleiben muß. In Anbetracht der starken Akzentuierung der Zeitlichkeit in Rohs' feldtheoretischer Transzendentalphilosophie hätte es sogar nahegelegen, Schemate – wie bei Kant – als Zeitstrukturen von Sinnesdaten zu verstehen.

VI Gegenstandsbezug in Wahrnehmungsurteilen
Eine schwierige Frage bei der Abgrenzung zwischen Wahrnehmungs- und Erfahrungsurteilen ist die, ob es sich noch um Wahrnehmungsurteile handelt, wenn Gegenstandsbegriffe verwendet werden? Ist Gegenstandsbezug nicht etwas, was Erfahrungsurteilen vorbehalten werden muß, da nur Erfahrungsurteile die Konstanzbedingungen erfüllen, die für den Gegenstandsbegriff konstitutiv sind? Wenn der Begriff von einem Gegenstand als einem Objekt etwa die Substanzkategorie voraussetzt, wie dies nach Kant der Fall sein soll, dann wird mit der Verwendung eines Gegenstandsbegriffs ein Erfahrungsurteil, aber kein Wahrnehmungsurteil mehr gebildet. Rohs hingegen rechnet

auch Urteile, die sich auf Gegenstände beziehen, zu den Wahrnehmungsurteilen.

Ich stimme mit Rohs darin überein, daß Maßangaben und Kausalverhältnisse nicht in Wahrnehmungsurteilen enthalten sein können. In zwei Punkten aber, was die bisherigen Ausführungen angeht, vertrete ich eine andere Auffassung von Wahrnehmungsurteilen und deren Verfassung. Ich meine, anders als Peter Rohs, (1) daß zeitliche Datierungen durch „t_1", „t_2", etc. sehr wohl Bestandteil von Wahrnehmungsurteilen sein können und sogar wesentlicher Bestandteil dieses Urteilstyps sind, und (2) daß Wahrnehmungsurteile, zumindest in ihrer elementaren und grundlegenden Form, keinen Gegenstandsbezug im Sinne der objektiven Prädikation enthalten. Solche Urteile sind Erfahrungsurteile, weil sie die Substanzkategorie (Subsistenz und Inhärenz) voraussetzen, wie Kausalaussagen Erfahrungsurteile sind, weil sie die Kategorie der Kausalität voraussetzen. „Das Zimmer ist warm" ist demnach kein Wahrnehmungsurteil, zumindest nicht im Sinne einer „elementaren Propositionalisierung", auch wenn Kant selbst diesen Satz als Beispiel für ein Wahrnehmungsurteil heranzieht. Der Satz prädiziert aber einem Gegenstand eine Eigenschaft als ihm objektiv zukommend und kann insofern kein Wahrnehmungsurteil sein.

VII Indexikalische Referenz

Die intersubjektive Verstehbarkeit von Wahrnehmungsurteilen beruht auf der gemeinsamen Gegenwart. Zwei Personen müssen sich in derselben Situation befinden und als solche „anschaulich verbunden sein", d.h. es muß ihnen „dasselbe anschaulich zugänglich" sein (177). Dies ist die sachliche Grundlage für das Funktionieren indexikalischer Ausdrücke in Wahrnehmungsurteilen. Dabei scheint mir von Bedeutung, daß es hier nicht nur um den sprachlichen Ausdrucksapparat geht. Indexikalität erschöpft sich nicht in einem rein sprachlichen Oberflächenphänomen, sondern ist eine Bewußtseinseinstellung spezifischer und irreduzibler Art. Indexikalische Bewußtseinseinstellungen sind grundlegend für jeden subjektiven Zeitbezug. Dafür reicht allerdings nicht das von Rohs so genannte „bloße Selbstbewußtsein". Es erfordert die Vermittlung zweier Zeitreihen zur Einheit einer Zeit.[7]

VIII Was sind nun Wahrnehmungsurteile?

Der von Peter Rohs als Bestandteil einer feldtheoretischen Transzendentalphilosophie vorgeschlagenen Konzeption von Wahrnehmungsurteilen möchte ich eine alternative Konzeption gegenüberstellen, die mir den geltend gemachten Vorbehalten gerecht zu werden und sich in eine Theorie des Schematismus besser einzufügen scheint. Nach meiner Auffassung werden in

---

[7] Dies habe ich in den in Anm. 6 erwähnten Arbeiten näher ausgeführt.

Wahrnehmungsurteilen elementare Sinnesqualitäten mit Quasi-Prädikaten[8] bezeichnet und in elementaren Zeitfolgerastern (wie McTaggerts B-Reihe[9]) mit Zeitindices (t_0 - t_n) versehen. Dabei muß nicht vorausgesetzt werden – weder genetisch noch logisch –, daß wir Begriffe von Objekten oder von Gesetzen immer schon zugrundelegen. Urteile dieser Klasse haben die Form: Q^* (t_1/s_1) – An Raum-Zeit-Stelle (t_1/s_1) Vorkommnis des Sinnesdatums Q^*. Dies ist die *Elementarform des Wahrnehmungsurteils*. Das einfachste Wahrnehmungsurteil ergibt sich aus dieser Form durch Einsetzen von „jetzt" für „t_1" und „hier" für „s_1": „Jetzt hier rot". Die Einfachheit besteht darin, daß nicht nur aus der egozentrischen Perspektive geurteilt wird, sondern daß auch lediglich Ort und Zeit des Urteilens selbst bereits die subjektive Datierung sind, und nicht etwa erst vom subjektiven Perspektivennullpunkt aus noch angezeigt werden müßten.

Durch das Festhalten des Auftretens von Wahrnehmungsinhalten zu verschiedenen Zeitpunkten und das Protokollieren einer Vielzahl solcher Vorkommnisse kann eine sinnliche Qualität als identische über längere Zeit hinweg Gegenstand eines epistemischen (oder: kognitiven) Verarbeitungsprozesses sein. Daher kann sich auch nur aufgrund eines derartigen protokollarischen »Festhaltens" ein Schema ergeben. Ein Schema ist eine Daten*konstellation* in der Zeit. Damit sich ein solches ergibt, müssen mindestens drei Fragen beantwortet werden, für die Wahrnehmungsurteile zuständig sind: (1) Was - daß eine sinnliche Qualität auftritt und also *etwas* da ist; (2) Wo – daß sie an einem *Ort* auftritt; (3) Wann – daß sie einen *Zeitpunkt* erfüllt. Man kann (und muß) zugestehen, daß mit den drei Parametern „Was", „Wo", „Wann" begriffliche Bestimmungen in Anschlag gebracht werden. Wahrnehmungsurteile sollen ja durchaus als Urteile im üblichen Sinne des Terminus aufgefaßt werden. Urteile enthalten Begriffe. Und Begriffe sind ja auch die Quasi-Prädikate, die die Sinnesqualitäten festhalten.

Ein solches Modell ist von Carnap im Vorwort zur zweiten Auflage von *Der logische Aufbau der Welt* (1961) in Betracht gezogen worden, nachdem er in der ersten Auflage (1928) eine Sinnesdatentheorie noch abgelehnt hatte. Seit Quines, Sellars' und Davidsons Empirismus-Kritik[10] hat dieses Theoriemodell wie auch das der „Elementarerlebnisse" einen schlechten Ruf. Für die Belange einer modernen Wissenschaftstheorie mag dieses Modell von auf Sinnesdaten bezüglichen Wahrnehmungsurteilen nicht adäquat sein, da die moderne Physik nicht mehr auf der Grundlage von Sinnesdaten ihre Hypothesen empirisch stützt. Für eine Erkenntnistheorie aber, die sich nach wie vor auch um eine Explikation unserer alltäglich-lebensweltlichen Erkenntnis makroskopischer physischer Körper und Bewegungsvorgänge zu bemühen hat, ist es unverzichtbar.

---

[8] Vgl. Quine 1960, insbes. §§ 9 und 10, sowie Tugendhat 1976, 208-210 und 331-334.
[9] McTaggert 1927.
[10] Siehe Anm. 1.

Literatur

Carnap, Rudolf (1928): *Der logische Aufbau der Welt*, 2. Aufl. 1961, Nachdruck der 4., unveränderten Aufl. 1974, Frankfurt (Main)1979.
Davidson, Donald (1974): „On the Very Idea of a Conceptual Scheme", in ders., *Inquiries into Truth and Interpretation*, Oxford 1985.
Kant, Immanuel (1781): *Kritik der reinen Vernunft*, 1. Aufl. Riga.
Kant, Immanuel (1783): *Prolegomena zur einer jeden künftigen Metaphysik, die als Wissenschaft wird auftreten können*, in Kant (1900ff.), Bd. 4.
Kant, Immanuel (1786): *Metaphysische Anfangsgründe der Naturwissenschaft*, in Kant (1900ff.), Bd. 4.
Kant, Immanuel (1787): *Kritik der reinen Vernunft*, 2. Aufl. Riga.
Kant, Immanuel (1900ff.): *Kants gesammelte Schriften*, hg. v. der Preußischen Akademie der Wissenschaften, Berlin.
Kant, Immanuel (i.Ersch.): *Theoretische Schriften*, textkritisch neu hg. u. kommentiert v. Georg Mohr, Frankfurt (Main).
McTaggert, John M. E. (1927): *The Nature of Existence*, Bd. 2, Cambridge 1968.
Mohr, Georg (1992): „Thesen über Zeitbewußtsein und innere Erfahrung", in *Zeiterfahrung und Personalität*, hg. vom Forum für Philosophie Bad Homburg, Frankfurt (Main), 181-206.
Mohr, Georg (1994): „Jugements de perception, schématisme et catégories chez Kant", in *La philosophie critique de Kant*, Colloque du 18 au 20 février 1993, Tunis, 125-140.
Mohr, Georg (1995): „Wahrnehmungsurteile und Schematismus", in *Proceedings of the 8th International Kant Congress*, Memphis, hg. von Hoke Robinson, Milwaukee, Vol. II, Part 1, 331-340.
Mohr, Georg (i.Ersch.): „‚jetzt'. Bewußtseinstheoretische Grundlagen des Gebrauchs von Zeitindikatoren", erscheint in *Hier, wo wir sind – dort, wo du bist. Intersubjektives Sprechen und die Subjektivität von Erfahrung*, hg. von Matthias Kettner und Helmut Pape, Frankfurt (Main).
Quine, Willard Van Orman (1951): „Two Dogmas of Empiricism", in ders., *From a Logical Point of View. Nine Logico-Philosophical Essays*, Second Edition, revised, Cambridge (Mass.)/London 1980.
Quine, Willard Van Orman (1960): *Word and Object*, Cambridge.
Rohs, Peter (1988): „Die transzendentale Deduktion als Lösung von Invarianzproblemen", in *Kants transzendentale Deduktion und die Möglichkeit von Transzendentalphilosophie*, hg. v. Forum für Philosophie Bad Homburg, Frankfurt (Main), 135-192.
Rohs, Peter (1996): *Feld–Zeit–Ich. Entwurf einer feldtheoretischen Transzendentalphilosophie*, Frankfurt (Main).
Searle, John (1993): *Intentionalität*, Frankfurt (Main).
Sellars, Wilfrid (1963): „Empiricism and the Philosophy of Mind", in ders., *Science, Perception and Reality*, London/New York.
Tugendhat, Ernst (1976): *Vorlesungen zur Einführung in die sprachanalytische Philosophie*, Frankfurt (Main).

Hansgeorg Hoppe

Über den doppelten Sinn des Ausdrucks ‚Erfahrung'
bei Kant

Es sind, wie Kant sagen würde, Fragen der „wirklichen" Erfahrung, die Rohs behandelt.[1] Rohs tut das zwar nicht in seiner transzendentalen Feldtheorie schlechthin, aber in der darauf aufbauenden transzendentalen Erkenntnistheorie. Denn was sind Fragen der wirklichen Erfahrung? Es sind solche, in denen davon ausgegangen wird, daß wir in einer Welt von objektiven Ereignissen und objektiven Sachverhalten leben; in ihnen ist auch vorausgesetzt, daß wir uns als Erkennende der Welt distanziert gegenüber finden können. In Fragen der wirklichen Erfahrung wird deshalb in einem bestimmten Sinne nicht nach den Bedingungen der Möglichkeit der Erfahrung gefragt. Aber tut Rohs nicht genau dieses, nämlich nach den Bedingungen der Möglichkeit der Erfahrung zu fragen? Er tut es in der Tat, so, wenn er die Nunczentriertheit des Subjekts oder die Anschauung des zeitlichen Werdens als Bedingung des Selbstbewußtseins (49)[2] und dieses als die Bedingung des Habens von Sinnen (148) und damit als Bedingung des Habens von Welt zu erweisen sucht. Dennoch ist es seltsam, daß er – wie Hume – davon ausgeht, daß wir in Sätzen über einzelnes bereits auf Gegenstände und Sachverhalte bezogen sind, so daß sich uns nur noch in Bezug auf die Erfahrung als systematisches Ganzes von miteinander verglichenen Wahrnehmungen die Frage stellt, ob und inwieweit sie auf apriorischen Begriffen beruht. Es war dieses Vorgehen, das Kant im Falle Humes als fehlerhaft bezeichnete, weil in ihm Fragen der wirklichen Erfahrung und solche der möglichen Erfahrung nicht richtig auseinandergehalten würden.

Nun: für Rohs ergibt sich die Richtigkeit seines Ansatzes aus einer bestimmten Auffassung von Wahrnehmung und Erfahrung ebenso wie von singulären präsentischen Urteilen einerseits und zeitneutralen Sätzen andererseits. Die Rekonstruktion des Kantischen Unterschiedes zwischen Wahrnehmungs- und Erfahrungsurteilen, die darin liegt, trägt der Tatsache Rechnung, daß wir uns der Welt gegenüber kognitiv sehr unterschiedlich verhalten können: wir können eine eher konkrete oder eine eher abstrakte Einstellung einnehmen, d.h. in eher lebensweltlicher Orientierung uns mit dem Erreichen lebenspraktischer Ziele zufriedengeben oder am anderen Ende einer Skala unterschiedlicher kognitiver Einstellungen in pointiert wissenschaftlicher Haltung zu erfahren suchen, was hinter den Erscheinungen die eigentliche Wirklichkeit ist.

Auch für Kant liegt darin ein ernstzunehmendes Problem. Es besteht in der Frage, wie wir auf der Grundlage von bloßen Meinungen und eines unge-

---

[1] Vgl. Kant 1781/1787 (im folgenden *KrV* A/B), A 766/B 794.
[2] Seitenzahlen ohne weitere Angaben beziehen sich hier und im folgenden auf Rohs 1996.

fähren Für-wahr-haltens zu objektiven, in letzter Instanz wissenschaftlichen Erkenntnissen über die Wirklichkeit gelangen können. Allerdings ist dies nur eines von zwei Problemen, mit denen Kant es im Blick auf die Erfahrung zu tun hat. Aber in der Tat gilt, daß Kant zunächst nach den Bedingungen der Möglichkeit der Erfahrung als objektiver Sachverhaltserkenntnis fragt.[3] Dabei ist es sein Ziel, die Gültigkeit synthetischer Urteile a priori gegen Hume zu erweisen. In diesem Zusammenhang kommt es Kant darauf an zu zeigen, daß der Übergang von Wahrnehmungs- zu Erfahrungsurteilen durch die Kategorien als reine Verstandesbegriffe ermöglicht wird (vgl. *Prol.* § 20).

Wichtig festzuhalten ist aber, daß Kant glaubt, dieses Problem nur auf einem Umweg lösen zu können. Die Beantwortung der Frage nach den Bedingungen der Möglichkeit der Erfahrung führt ihn nämlich zweitens zum Problem, wie nicht nur reine Verstandesbegriffe, sondern Begriffe überhaupt Gegenstandsbezug haben können, d.h. wie wir uns im Erkennen überhaupt auf etwas von unseren Vorstellungen Verschiedenes beziehen können (vgl. *KrV* A 197/B 242). Die weitere Frage, die sich Kant im Zusammenhang des Erkenntnisproblems stellt, ist also die, wie die Differenz zwischen Ich und Welt zustandekommt.

Diese Frage verändert aber bestimmte Grundannahmen des zunächst in's Auge gefaßten Erkenntnisproblems und auch die Grundbegriffe, mit deren Hilfe es sich artikuliert. So bedeutet z.B. „Erfahrung" jetzt nur das Bezugnehmenkönnen überhaupt auf etwas vom Ich Unterschiedenes, nicht zugleich auch seine sachangemessene objektive Erkenntnis. Erfahrung ist jetzt nur das Haben überhaupt von Gegenständen infolge des Aufbrechens einer Differenz zwischen Ich und Welt. Natürlich können auch jetzt Erfahrung und Wahrnehmung einander entgegengestellt werden, aber in Abhängigkeit von dem anderen Erfahrungsbegriff nimmt dann auch der Ausdruck „Wahrnehmung" einen anderen Sinn an: Wahrnehmung ist nicht länger ein lebensweltliches Sich-Orientieren in der Welt: sie ist jetzt vielmehr nur das subjektive Bewußtsein meiner je wechselnden Zustände auf meinem Weg durch die Welt, freilich ohne daß ich wüßte, daß ich durch die Welt gehe. Denn auf der Ebene der Wahrnehmung im neuen Sinne kann es ja nur aus der Perspektive eines äußeren Beobachters mich und mir gegenüber meine Welt geben, nicht aber kann das auch für mich selber aus der Perspektive meiner Erlebnisse gelten. Und noch nicht einmal dieses, daß es sich nur um meine Erlebnisse handelt, womöglich in ihrer Innerlichkeit gegenüber dem in ihnen gegebenen Äußeren, könnte mir hier zum Bewußtsein kommen. Wahrnehmung in diesem Sinne ist also zu kennzeichnen durch das Fehlen von Objekten und Sachverhalten, auf die ich mich meinend beziehen könnte: sie ist vielmehr – angesichts des Fehlens gegenständlicher Intentionen – allein das Bewußtsein bloß eigener Zustände. Die Frage nach den Bedingungen der Möglichkeit der Erfahrung kann in diesem Kontext dementsprechend für Kant nur die Bedeutung einer Thematisierung des Übergangs von einem objektlosen zu einem objektbezoge-

---

[3] Vgl. Kant 1783 (im folgenden *Prol.*), 2. Teil: „Wie ist reine Naturwissenschaft möglich".

nem Weltverhalten haben (*KrV* A 197/B 242), und zwar in der Absicht, wiederum gerade die Kategorien und die auf ihnen beruhenden synthetische Leistungen als die Bedingungen für das Welthaben überhaupt zu erweisen.

Die Ausdrücke „Erfahrung" und „Wahrnehmung" haben also zwei unterschiedliche Bedeutungen, in Abhängigkeit davon, daß es sich bei der Kantischen Untersuchung der Bedingungen der Möglichkeit der Erfahrung eigentlich um zwei Projekte handelt. Aus sachlichen Gründen müßte Kant diese Projekte oder vorsichtiger: diese beiden Teile seines Projektes terminologisch deutlich voneinander unterscheiden. Leider tut er dies nicht: er argumentiert in unterschiedlichen Problemzusammenhängen im allgemeinen so, als wenn es sich stets nur um ein einziges Problem handle. Die Folge davon sind Äquivokationen im Hinblick auf grundlegenden Schlüsselbegriffe, was sich besonders gut etwa in der Behandlung des Unterschiedes von Wahrnehmungs- und Erfahrungsurteilen in den *Prolegomena* greifen läßt (*Prol.* §§ 18ff.).

Dennoch sind die Ergebnisse der Kantischen Untersuchungen wichtig genug. Kants Einsicht ist es nämlich, daß bereits für das Meinen von etwas Gegenständlichem überhaupt die Synthesis unserer Vorstellungen erforderlich ist, mit anderen Worten, daß für die Bezugnahme auch nur auf den allervereinzeltsten Zug der Wirklichkeit das Verbundensein qua Aufeinanderverweisen *aller* meiner Vorstellungen erforderlich ist. Ich kann nicht in singulären Sätzen auf einen Einzelzug der Wirklichkeit referieren, ohne dafür die ganze Welt als tragenden Hintergrund dieses Einzelzuges schon mitzumeinen, d.h. ohne grundsätzlich über das je gegenwärtige Zeugnis meiner Sinne und meiner Erinnerung mithilfe von reinen Verstandesbegriffen wie denen der Kausalität, Substanz, der objektiven Zeit und des objektiven Raums hinaus zu sein. Mein eigener Weg durch die Welt, auch durch eine noch nicht wissenschaftlich ausgelegte Welt, setzt in seinem Sinn und schon an seinem Beginn die Unterscheidung meiner Vorstellungen von dem in ihnen gegebenen, eigengesetzlich gegliederten und strukturierten Wirklichen voraus, damit aber auch die Unterscheidung meiner Erwartungen, Hoffnungen, Pläne von den ihrer kausalen Eigengesetzlichkeit folgenden Umständen, die die Verwirklichung meiner Pläne ermöglichen oder ihnen im Wege stehen. Alles dies ist Ausdruck der Tatsache, daß das Ich als einheitlicher Pol seiner Erlebnisse sich der Welt gegenüber findet, daß es deshalb von sich weiß, also Selbstbewußtsein hat und damit auch von seinem Handeln und Erkennen weiß, aber ohne daß diese Einheit ihrerseits Bedingung des Welthabens wäre: sie ist vielmehr nur ein Moment daran – nämlich als der Wille, alles mir Beggenende als möglichen Beitrag zur Erkenntnis einer von mir unterschiedenen Wirklichkeit aufzufassen und dementsprechend kognitv zu behandeln (vgl. KrV A 122).

Nun: Kant versucht, diesen Gedanken zu verknüpfen mit dem, daß entgegen Hume nicht-empirische Begriffe des Denkens objektive Gültigkeit beanspruchen können, nämlich im Sinne synthetischer Urteile a priori. D.h. er möchte das für die Erfahrung nur als Haben von Welt Gültige als gültig auch erweisen für den Spezialfall wissenschaftlicher Erkenntnis. Ich glaube nicht, daß Kant dieser Nachweis gelungen ist, wenn damit im Sinne der Rede des

Hineinlegens von etwas in die Erfahrung gemeint ist, daß wir der Natur – weil sie nur Erscheinung oder gar nur Vorstellung sei – das Gesetz vorschreiben. Hier liegt eine Verwechslung von kategorialen und faktischen Bestimmungen vor. Verglichen damit scheint mir das transzendental-feldtheoretische Vorhaben von Peter Rohs besser abgesichert zu sein und methodisch reflektierter als das Kantische zu sein. Aber dennoch meine ich, daß auch das transzendental-feldtheoretische Beweisvorhaben zu spät einsetzt. Wir haben nicht zuerst objektive, aber nur präsentische Einzelzüge der Welt in einem lebensweltlichen Rahmen (auch die Lebenswelt ist etwas Umfassendes), die wir dann in einem zweiten Schritt vereinheitlichen und in zeitneutrale Sätzen objektivieren müßten. Vielmehr ergibt sich schon das Haben von Welt ausschließlich durch die Synthesis von Vorstellungen oder Sinnen nach den Kategorien, wobei freilich entgegen Kant (und Rohs) Stufen bis hin zur voll ausgebildeten Gegenständlichkeit zu unterscheiden wären. Diese Stufen ergeben sich in dem Maße, wie sich Gegenstände von unserem Tun durch die Koordination von Handlungsschemata ablösen, wie es z.B. Piaget beschrieben hat (vgl. Piaget 1972). Kant ist in diesem Punkt in seiner Auffassung ganz außerordentlich unflexibel und kennt nur die Alternative von Selbstbewußtsein zusammen mit voll ausgebildeter Gegenständlichkeit einerseits und Fehlen aller Gegenständlichkeit zusammen mit chaotischer „Vielfärbigkeit" des Ich andererseits. Auf der anderen Seite sieht er aber – wenn er es in dem ihm zur Verfügung stehenden Denkrahmen auch nur sehr mißverständlich ausdrücken kann –, daß der Bezug auf Gegenstände und Sachverhalte das Verweisen grundsätzlich aller meiner Vorstellungen aufeinander voraussetzt, die Tatsache also, daß sie in der einen und umfassenden, sich nach den Kategorien gliedernden Einheit der Apperzeption zusammengehören.

Wie gesagt, setzt Gegenständlichkeit – und sei sie auch nur partikuläre – voraus, daß es etwas von meinem Wollen, Tun und von meinen Erwartungen Unabhängiges gibt, das sich als Unabhängiges allein durch sein eigengesetzliches, mir gegenüber obstinates und nicht kooperatives Verhalten beweist. Bereits hier ist Kausalität (und Substanz sowie objektiver Raum und objektive Zeit) investiert als die Annahme, daß es von mir unabhängige eigengesetzliche Zusammenhänge der Wirklichkeit gibt, auch wenn ich nicht in der Lage sein sollte, über das faktische Vorliegen kausaler Zusammenhänge in der Erfahrung jemals eine unumstößliche Gewißheit zu erlangen.

Nun: die hier skizzierte Auffassung von dem, was Kant will und tatsächlich erreicht, ist im einzelnen gewiß nur gegen vielfach widersprechende Instanzen bei Kant selber zu verteidigen: letztlich liegen ihr – wie es ja auch für den Ansatz von Rohs' transzendentaler Feldtheorie zutreffend ist – sachlich-systematische Überlegungen zugrunde. In der Tat bin ich der Meinung, daß die hier als Kantisch behauptete Position die richtige ist, d.h. daß außer auf sie hinweisenden Äußerungen Kants auch gute sachliche Gründe für sie sprechen. Und letztlich geht es ja auch nicht um Kant: wie Peter Rohs bin ich der Meinung, daß „systematische Überlegungen ... sich das Recht zu inhaltlichen

Eingriffen in historisch vorgegebene Theorien vorbehalten [müssen], wenn sie sachlich geboten erscheinen" (9). Und nur über systematisch gemeinte Behauptungen kann der Streit gehen.

Literatur

Kant, Immanuel (1781/1787), *Kritik der reinen Vernunft*, in Kant (1900ff.), Bde. 3 und 4. (Stellenangaben nach der Seitenzählung der Originalausgaben 1781 (A) und 1787 (B).

Kant, Immanuel (1783), *Prolegomena zu einer jeden künftigen Metaphysik, die als Wissenschaft wird auftreten können*, in Kant (1900ff.), Bd. 4.

Kant, Immanuel (1900ff.), *Kants gesammelte Schriften*, hg. v. der Preußischen Akademie der Wissenschaften, Berlin.

Piaget, Jean (1972), *L'épistémologie génétique*, Paris.

Christian Suhm

Machen Quantensprünge frei?

Zum Zusammenhang von Kausal- und Freiheitsproblem in der Quantentheorie

I Einleitung

1926 machte Erwin Schrödinger seinem Unmut über die von Niels Bohr und Werner Heisenberg entwickelte Quantenmechanik bei einem Besuch im Hause Bohr in Kopenhagen Luft. Nach den Erinnerungen Heisenbergs äußerte er sich zum Problem der Unstetigkeiten und sprunghaften Übergänge der Energiezustände des Wasserstoffatoms in folgender Weise: „Wenn es doch bei dieser verdammten Quantenspringerei bleiben soll, so bedaure ich, mich überhaupt jemals mit der Quantentheorie abgegeben zu haben" (Heisenberg 1973, 94). Wenngleich die Idee des Quantensprungs damals noch einen überaus eingeschränkten Gültigkeitsbereich besaß, so weist die Bemerkung Schrödingers doch auf ein Unbehagen hin, daß auch heutige Physiker und Philosophen hinsichtlich des Phänomens der Diskretheit in der Quantenphysik haben (z.B. Audretsch 1990, 36f.) – und dies obgleich die Rede von Quantensprüngen längst theoretisch gerechtfertigt erscheint und Eingang auch in die philosophischen Diskussionen um die Quantentheorie gefunden hat. Heute wendet man den Begriff Quantensprung im wesentlichen zur Kennzeichnung der instantanen Zustandsänderung von Quantensystemen in der kritischen Phase eines Meßprozesses an. Er steht dadurch in engem Zusammenhang mit der Charakterisierung des quantenphysikalischen Meßprozesses und dem indeterministischen Zug der Quantenphysik (vgl. Primas 1993, 94f.).

Gerade die Überlegungen zum Indeterminismus in der Quantenphysik haben sehr früh schon eine Debatte darüber in Gang gebracht, ob die klassischen Probleme des Leib-Seele-Zusammenhanges und der menschlichen Freiheit mit den Ergebnissen der Quantenphysik neu angegangen und vielleicht sogar gelöst werden können (vgl. z.B. Frank 1936, 310ff.). Solchen Bestrebungen kann zunächst entgegengehalten werden, daß das Zufallselement, das aus der Quantentheorie für physikalische Prozesse folgt, keinen positiven Beitrag zur Diskussion um die Beziehungen und Wechselwirkungen von physischen und psychischen Prozessen geben kann. Daß Prognosen über das Verhalten quantenphysikalischer Systeme zumeist lediglich durch Wahrscheinlichkeitsaussagen aufgestellt werden, ist durch den zugrundeliegenden Formalismus allein gerechtfertigt, der keiner Ergänzung durch irgendwelche mentale Prozesse oder Wirkungen bedarf. Der quantentheoretische Indeterminismus ist durch die Quantentheorie selbst begründet.

In dieser Arbeit möchte ich hingegen aus der Perspektive der feldtheoretischen Transzendentalphilosophie von Peter Rohs zeigen, daß der quantenphysikalische Indeterminismus, der sich im Unterschied zu physikalischen Unbestimmtheiten beispielsweise in der Thermodynamik nicht auf das deterministische Verhalten vieler Teilchen reduzieren läßt, einen zentralen Diskussionspunkt markiert, wenn es um Fragen der psychophysischen Wechselwirkung und des Freiheitsproblems geht. Dabei werde ich ein besonderes Augenmerk auf die quantentheoretische Relevanz der Kausalität legen und die Frage erörtern, inwieweit von einer indeterministischen Kausalität in der Quantentheorie gesprochen werden kann. Vorausgesetzt werden dabei der von Rohs favorisierte Regularitätsbegriff der Kausalität und der handlungstheoretische Kausalismus im Anschluß an Kant, der neben der Naturkausalität eine zweite Art der Kausalität, die Kausalität aus Freiheit, annimmt.[1] Es wird die Überlegung anzustellen sein, inwiefern der quantenphysikalische Indeterminismus Kausalität aus Freiheit möglich macht und der Indeterminismus des Physikalischen überhaupt eine notwendige Bedingung einer im Rohs'schen Sinn praktisch möglichen Welt, also einer Welt, die mit Freiheit verträglich ist, darstellt.

Durch diese Vorgehensweise wird die Bedeutung des quantenphysikalischen Indeterminismus für das Leib-Seele- und das Freiheitsproblem hier nur im Rahmen der feldtheoretischen Transzendentalphilosophie nach Rohs erörtert werden, viele der folgenden Erwägungen lassen sich aber auch unter anderen theoretischen Vorgaben anstellen und können so in der Debatte um Quantenphysik und Freiheit allgemein Geltung beanspruchen. Zunächst werde ich den Kausalbegriff, die beiden Arten der Kausalität und die Formulierung des Leib-Seele-Problems im Rahmen der Rohs'schen Theorie vorstellen.

II Die Regularitätsauffassung der Kausalität und die zwei Arten der Kausalität

Von Hume und Kant übernimmt Rohs die Regularitätsauffassung der Kausalität, nach der Kausalität allgemein als gesetzmäßige Veränderung oder, wie Kant es ausdrückt, als Sukzession nach einer Regel bestimmt ist. Kausalverhältnisse bringen demnach regelmäßige Vorgänge in der Zeit zum Ausdruck. Insgesamt sind nach dieser Konzeption drei mögliche Aussagen, die Kausalverhältnisse betreffen, zu unterscheiden: Erstens singuläre Kausalaussagen, die eine Kausalrelation zwischen zwei einzelnen Ereignissen betreffen.[2] Zweitens kausale Sukzessionsgesetze, die allgemeine Ursache-Wirkungs-Verhältnisse für Klassen von Ereignissen festhalten – die Differentialgleichungen der Physik sind beispielsweise solche kausale Sukzessionsgesetze (vgl. Scheibe 1964, 18f.). Schließlich drittens das Kausalprinzip oder der Kausalsatz, der die universelle kausale Bestimmtheit der Natur oder der Erfahrung bezeichnet.

---

[1] Die Frage, ob das Kausalprinzip ein synthetisches Urteil a priori im kantischen Sinn ist und ob es damit in allen transzendental möglichen Welten gültig ist, soll hier nicht diskutiert werden, da sie nicht durch die Konsequenzen der Quantentheorie berührt ist. S. aber Rohs 1985 u. 1992.
[2] Zum Verständnis der Kausalrelation bei Rohs vgl. auch Davidson 1985, 221ff.

Ein entscheidendes Charakteristikum der Kausalität nach Kant ist es nun, daß es zwar nur *einen* apriorischen Verstandesbegriff der Kausalität gibt, diese Kausalität jedoch in zwei Arten ausdifferenziert ist, in die Naturkausalität und die Kausalität aus Freiheit. Naturkausalität bezieht sich auf die Erfahrungswelt und deren systematisch-theoretische Erfassung in kausalen Sukzessionsgesetzen. Kausalität aus Freiheit hingegen betrifft Handlungen von Subjekten, die eine bestimmte Klasse von Ereignissen ausmachen. Beide Arten der Kausalität sollen auf unterschiedlichen Gesetzesarten beruhen, so daß kein Reduktionsverhältnis derart besteht, daß die Gesetze der Kausalität aus Freiheit unter Aufrechterhaltung ihres kausalanalytischen Erklärungswertes durch naturkausale Gesetze ersetzt werden können (211ff.).[3]

Die Gesetze der Naturkausalität sollen die Gesetze der Physik sein, insbesondere die Differentialgleichungen, die das Verhalten physikalischer Systeme durch stetige Zustandsänderungen beschreiben. Prominente Beispiele sind einerseits die Hamiltonschen Bewegungsgleichungen, die in eleganter Form eine vollständige Formalisierung der klassischen Mechanik darstellen, andererseits die Schrödingergleichung, die das Verhalten eines quantenmechanischen Systems bestimmt. Kausalität aus Freiheit wird im Gegensatz dazu mit ganz anderen Gesetzen zum Ausdruck gebracht. Da Handlungen von Subjekten erklärt werden sollen, gehen in die Kausalanalyse subjektive Absichten und Überzeugungen ein, die per se eine andere Zeitlichkeit aufweisen als physikalische Zustände. Die Beziehung zwischen Handlung und Motiv der Handlung bleibt über den Zeitraum der Handlung hinweg konstant, oder wie Rohs formuliert: „Es ist eine wichtige Eigentümlichkeit der Kausalität aus Freiheit ... , daß ein Motiv, das eine Handlung verursachen soll, im gesamten Handlungsvollzug als Motiv gegenwärtig bleiben muß" (218). Darüber hinaus tauchen in den Gesetzen der Kausalität aus Freiheit Propositionen auf, die nach Rohs eine diachrone Identität besitzen (222). Für Handlungskausalität lassen sich demzufolge keine stetigen Differentialgleichungen angeben, da in den zugehörigen Gesetzen schlichtweg nichts auftaucht, das im mathematischen Sinn differenziert werden könnte.

Zu Gesetzen der Freiheit werden kausale Handlungsgesetze nach Rohs aber erst durch die Nunczentrizität des Wollens; eine Handlungserklärung muß immer auf das Wollen einer Person Bezug nehmen, das im zeitlichen Werden verankert ist. „Ein Wollen muß in jedem Augenblick neu geschaffen werden" (223). Hierdurch kommt insbesondere eine zeitliche Asymmetrie der Kausalität aus Freiheit ins Spiel, da nur geschehene Handlungen erklärt werden können. Auf ein zukünftiges Wollen kann kein erklärender Bezug genommen werden, da sich Personen in Zukunft eben so oder anders entscheiden können (220f.). Die dadurch verursachte Begrenzung der Prognosemöglichkeiten für Handlungen ist ein wesentlicher Unterschied der Kausalität aus Freiheit zur Naturkausalität, da die Gleichungen letzterer kein zeitliches Wer-

---

[3] Diese Forderung entwickelt Rohs in Auseinandersetzung mit Kant; Seitenzahlen ohne weitere Angaben beziehen sich hier und im folgenden auf Rohs 1996.

den kennen und Zustandsberechnungen für alle Zeitpunkte gleichermaßen erlauben, wenngleich im Falle der Quantentheorie daraus nur Wahrscheinlichkeitsaussagen über mögliche Meßresultate folgen. Diese ‚Unbestimmtheit' ist aber von ganz anderer Natur als die des menschlichen Wollens, da jene theoretisch abgeleitet ist und an universelle Gesetze gebunden ist, während diese in der von der physikalischen Zeit zu trennenden Zeitlichkeit von Subjekten wurzelt.

III Das Leib-Seele-Problem

Das klassische Leib-Seele-Problem kann vor dem Hintergrund der dargelegten Kausalitätsauffassung als ein Kompatibilitätsproblem aufgefaßt werden, das die entscheidende Frage aufwirft, wie die beiden Arten der Kausalität, Naturkausalität und Kausalität aus Freiheit, miteinander in Einklang gebracht werden können. Dies ist notwendig, da Handlungen immer auch in der physikalischen Welt wirksam sind, Handlungsereignisse stellen gleichsam den Knotenpunkt der beiden Kausalitätsarten dar.[4] Hervorzuheben ist, daß dieses Kompatibilitätsproblem die Vereinbarkeit von generellen Sätzen betrifft, die im Bereich des Mentalen zur Formulierung der Kausalität aus Freiheit, im Bereich des Physischen zur Bestimmung der Naturkausalität herangezogen werden. Peter Bieri hat das Problem als Konsistenzproblem der drei folgenden Sätze dargestellt:

(1) Mentale Phänomene sind nicht-physische Phänomene.
(2) Mentale Phänomene sind im Bereich physischer Phänomene kausal wirksam.
(3) Der Bereich physischer Phänomene ist kausal geschlossen (Bieri 1981, 5).[5]

Die beiden ersten Sätze müssen gemäß der vorgestellten Konzeption der Kausalität aus Freiheit als wahr angesehen werden. Bieri behauptet nun, daß ein Widerspruch entsteht, wenn auch der dritte Satz wahr sein soll. Daß dies nicht der Fall ist und daß zur Rekonstruktion des Leib-Seele-Problems an Stelle von Satz (3) ein anderer Satz verwendet werden muß, soll im folgenden dargelegt werden.

Nach Rohs ist mit „kausal" in den Sätzen (2) und (3) nicht dieselbe Kausalitätsart bezeichnet. Satz (2) bezieht sich auf Kausalität aus Freiheit, Satz (3) auf Naturkausalität. Des weiteren ist der Terminus „kausal geschlossen" in Satz (3) problematisch: Allgemein bezieht er sich auf solche Theorien, die für ihren jeweiligen Gegenstandsbereich eine systematische Kausalbeschreibung liefern, die sich auf strenge kausale Sukzessionsgesetze *und* die Festlegung der in diesen verwendeten Begriffe und deren Logik stützt. Für den Bereich der

---

[4] Dies scheint der zentrale Gedanke der Rohs'schen Argumentation gegen die Kantische Auffassung zu sein, nach der Kausalität aus Freiheit in einer nicht-empirischen intelligiblen Welt, Naturkausalität hingegen in der empirischen Welt wirksam ist (vgl. 227f.).
[5] Vgl. auch die Wiedergabe bei Rohs (227f.).

physischen Welt kann dies nur eine ambitionierte Physik leisten, die das gesamte physische Geschehen in fundamentalen Kausalgesetzen erfaßt und die die in den Gesetzen verwendeten physikalischen Begriffe in einer logischen Struktur vereint. Der Bereich physischer Phänomene kann also kausal geschlossen nur hinsichtlich eines sogenannten Zustandsraumes sein, der festlegt, welche Zustände möglich sind und welche Zustandsentwicklung ein physikalisches System nehmen kann.[6] Die Physik legt dann nicht nur fest, welche *Entitäten* es im Bereich des Physischen gibt, sie gibt auch an, welche *Eigenschaften* diesen Entitäten zukommen können.[7] Daß der Bereich physischer Phänomene kausal geschlossen ist, bedeutet demnach, daß in einer umfassenden Theorie des Physischen auch das ‚Vokabular' einer kausalen Beschreibung festgelegt ist und daß es daher keine Offenheit der Grundgesetze gegenüber weiteren, eventuell nicht-physikalischen Begriffen gibt. Wenngleich also die Geschlossenheit einer physikalischen Theorie für die Formulierung von Kausalgesetzen eminent wichtig ist, fußt sie doch auf den logisch-begrifflichen Fundamenten der Theorie. Deshalb kann man, wenn man in diesem Verständnis von „kausal geschlossen" den Blick auf die kausalen Sukzessionsgesetze richtet, auch von *begrifflicher* Geschlossenheit sprechen.[8] Ich glaube, daß die vorgenommene Analyse des Begriffes der kausalen Geschlossenheit korrekt ist und diesen Schritt rechtfertigt; insbesondere darf mit Verweis auf die kausale Geschlossenheit physischer Phänomene die Frage der Kausalitätsart oder der Charakteristik kausaler Gesetze nicht präjudiziert werden. Die Frage nach kausaler Geschlossenheit ist also von der nach der Art der Kausalität und der Formulierung von Kausalgesetzen scharf zu unterscheiden. Erstere zielt auf begrifflich-logische Voraussetzungen ab, die in die Definition von Zustandsräumen eingehen, letztere betrifft beispielsweise den Unterschied von deterministischer und indeterministischer Kausalität.[9]

Entscheidend ist nun, daß kein Widerspruch der Sätze (1) bis (3) folgt, wenn obige Analyse korrekt ist und kausale Geschlossenheit aus begrifflicher Geschlossenheit abzuleiten ist. Satz (3) müßte reformuliert lauten:

(3') Die Beschreibung des Bereiches physischer Phänomene durch die Physik ist begrifflich geschlossen.

---

[6] Zur Bestimmung des Zustandsraumes und zur Definition des Zustandsbegriffes in der Physik, vgl. Nolting 1990, 116ff.
[7] Vgl. hierzu die Ausführungen von Rohs gegen den nicht-reduktiven Physikalismus Davidsons (241f.).
[8] Zu Recht nennt Rohs die „kausale Abgeschlossenheit des Bereichs der physischen Phänomene" einen „Reflex" der Geschlossenheit des Zustandsraumes (241).
[9] Diese Überlegungen konfligieren mit der oft anzutreffenden Auffassung, daß nur deterministische Gesetze Kausalgesetze sein können; vgl. beispielsweise Ströker 1990, 15. Ein entscheidendes Konzept, das durch die Quantentheorie nahegelegt wird, ist aber gerade das einer indeterministischen Kausalität. Kausalität impliziert folglich keinen Determinismus, auch wenn dies durch das jahrhundertelange Primat der deterministischen klassischen Physik suggeriert wird.

Damit ist aber überhaupt nicht ausgeschlossen, daß Nicht-Physisches im Bereich des Physischen wirksam ist, es ist lediglich ausgedrückt, daß in physikalischen Beschreibungen keine Begriffe auftauchen, deren Verwendung nicht durch den Zustandsraum der Theorie festgelegt ist. Dies trifft insbesondere auf mentale Eigenschaften zu, die ohnehin in einer physikalischen Theorie keine Verwendung finden.

Ein Widerspruch ergibt sich allerdings zwischen den Sätzen (1) und (2) sowie der Behauptung, daß physisches Geschehen vollständig determiniert ist, Naturkausalität also deterministisch konzipiert werden muß. In dem Gegensatz von mentaler Verursachung und deterministischer Naturkausalität liegt somit die hauptsächliche Brisanz des Leib-Seele-Problems, und vermutlich hat Bieri bei der Rekonstruktion desselben an diesen Konflikt gedacht.[10] Um ihn auszudrücken, ist aber Satz (3) respektive Satz (3') ungeeignet, vielmehr ist Satz (3) durch folgende Behauptung zu ersetzen:

(4) Die für den Bereich physischer Phänomene gültige Theorie ist deterministisch verfaßt.

Daß die fundamentale physikalische Theorie auch indeterministisch verfaßt sein kann, werden die Überlegungen zur Quantentheorie weiter unten zeigen.

Man kann das Leib-Seele-Problem in der jetzt erarbeiteten Fassung nicht kurzerhand dadurch lösen, daß man Satz (4) ohne Veranlassung oder Begründung tilgt. Wenn ein Widerspruch entsteht, dann gerade dadurch, so Rohs, daß die physikalischen Gesetze die „eigentliche[n] Gegenspieler für Freiheit" (231) sind. Ein Gehirn kann beispielsweise mit physikalischen Gesetzen beschrieben werden, die auf die Struktur des physikalischen Zustandsraumes und die zugehörigen physikalischen Begriffe Bezug nehmen. Demzufolge können Gehirne als kausal geschlossene physikalische Systeme aufgefaßt werden. Ob dies zu einem Widerspruch mit Kausalität aus Freiheit führt, hängt dann davon ab, welche Struktur der physikalische Zustandsraum hat und welchen Charakter die physikalischen Gesetze haben. Zu der kausalen Geschlossenheit physischer Phänomene tritt eben nur dann die Unmöglichkeit kausaler Einwirkungen von etwas Nicht-Physischem im Bereich des Physischen hinzu, wenn die physikalische Theorie uneingeschränkt deterministisch verfaßt ist; dies ist für die klassische Physik der Fall, für die Quantentheorie

---

[10] Ausdrücklich erwähnt Bieri im Kontext des Leib-Seele-Problems den Determinismus nicht, er verweist jedoch auf die Entwicklung der Physik im 17.Jahrhundert – dabei ist wohl an die immens wichtige Entdeckung der physikalischen Erhaltungssätze zu denken – und den methodologischen Physikalismus, nach dem ein physisches Phänomen erst dann erklärt ist, wenn für es eine physische Ursache gefunden ist (Bieri 1981, 6). Weder die Erhaltungssätze noch der methodologische Physikalismus erzwingen allerdings den Determinismus, so daß sich aus den Bierischen Ausführungen an der zitierten Stelle genaugenommen überhaupt kein Widerspruch konstruieren läßt.

aber nicht.¹¹ Mit der Quantentheorie läßt sich also folgende Behauptung aufstellen:

(4') Die für den Bereich physischer Phänomene gültige Theorie ist indeterministisch verfaßt.

Man kann diesen Zusammenhang folgendermaßen pointiert zum Ausdruck bringen: Kausalität aus Freiheit kann nur dann einen kausal relevanten Beitrag zum physischen Geschehen leisten, wenn dieses nicht vollständig durch die physikalischen Gesetze und die Struktur des zugehörigen Zustandsraumes determiniert ist. Entscheidend ist demnach für das Leib-Seele-Problem und die Kausalität aus Freiheit in letzter Konsequenz die Struktur der Naturkausalität, die durch die funktionale Verbindung von physischen Ereignissen in kausalen Sukzessionsgesetzen wiedergegeben wird. Herrscht in der Natur der Determinismus, entsteht ein Widerspruch mit der Annahme eines kausal relevanten Einflusses des Mentalen auf das Physische, und Freiheit muß als unmöglich gelten. Laufen physische Prozesse hingegen indeterministisch ab, ist eine Lösung des Leib-Seele-Problems und damit Freiheit möglich.¹²

Im folgenden werde ich kurz die Stellung des Indeterminismus in der Quantentheorie erläutern und nachfolgend die epistemische Interpretation der Quantentheorie von Erhard Scheibe vorstellen, die im Zusammenhang der Freiheitsproblematik eine entscheidende Rolle für die Rohs'sche Theorie spielt.

IV Der quantenphysikalische Indeterminismus

Mit Entstehung der Kopenhagener Interpretation in den zwanziger Jahren unseres Jahrhunderts ist auch der Indeterminismus als ein wesentliches Charakteristikum der Quantentheorie aufgezeigt worden. Von Beginn der philosophischen Diskussionen an hat gerade diese Konsequenz der Quantentheorie die Gemüter erregt und prominente Theoretiker wie Albert Einstein, Er-

---

11 Mit der Bestimmung des Begriffes der kausalen Geschlossenheit und der davon unabhängigen Alternative zwischen deterministisch und indeterministisch verfaßter Kausalität glaube ich der Rohs'schen Forderung, die Kausalitätsstruktur einer physikalischen Theorie zu berücksichtigen, gerecht zu werden (237). Die Charakterisierung der Quantentheorie als begrifflich bzw. kausal geschlossene Theorie, in der Naturkausalität indeterministisch verfaßt ist, dürfte dann als wesentlich für die Rohs'sche Auflösung der Freiheitsantinomie gelten (vgl. insbesondere 232-235).
12 Das Entscheidende für den Nachweis eines kausalen Einflusses des Mentalen auf das Physische ist nach Rohs lediglich die logische Konsistenz der Sätze (1), (2) und (4'), nicht aber ein anschauliches Modell, das in der Lage wäre, zu zeigen, wie mentale Prozesse auf physikalische Entitäten, z. B. Elementarteilchen im Gehirn, einwirken (228f., 232f.). Unter Berücksichtigung der begrenzten Veranschaulichungsmöglichkeiten, die die Quantentheorie bietet, halte ich diese Auffassung für plausibel. Wenn es für die Quantentheorie selbst nicht mehr möglich ist, sich von ihren grundlegenden Entitäten ein Bild zu machen – wie noch in der klassischen Physik durch die Korpuskelvorstellung und den Bahnkurvenbegriff –, dann kann dies auch nicht von einem Nachweis der Möglichkeit von Freiheit verlangt werden, der sich auf die Quantentheorie beruft.

win Schrödinger oder David Bohm in das Lager der Kritiker geführt. Gleichwohl kann der Indeterminismus heute als ein wesentliches Element der Quantentheorie angesehen werden, das in ganz unterschiedlichen Interpretationen, beispielsweise bei Erhard Scheibe und Hans Primas, zum Tragen kommt (vgl. Primas 1993, 95; Scheibe 1964, 26f.).

Grundsätzlich läßt sich der quantentheoretische Indeterminismus nur durch eine Betrachtung der Struktur des quantentheoretischen Begriffssystems und im Vergleich zur klassischen Mechanik verstehen. Für diese ist es maßgeblich, daß jedem physikalischen System unabhängig von der Kenntnisnahme durch einen Beobachter alle das physikalische System beschreibenden Eigenschaften definit zukommen. Die Definitheit der Eigenschaften eines klassischen Systems besagt, daß für jede mögliche Eigenschaft des Systems prinzipiell entscheidbar ist, ob sie ihm zukommt oder nicht. Versteht man unter dem Zustand eines Systems einen minimalen Satz von Bestimmungsstücken mit maximaler Information über die Eigenschaften desselben, so ist die klassische Physik nach Scheibe durch einen „zweifachen Determinismus" (Scheibe 1964, 22) gekennzeichnet: Ein Zustand zu einem Zeitpunkt t_0 determiniert gleichermaßen die Eigenschaften eines Systems als auch das Vorliegen anderer Zustände zu anderen Zeiten $t \neq t_0$.

In der Quantenmechanik gelten nun ganz andere Eigenschaftsbeziehungen. Solange eine bestimmte Observable nicht gemessen wird, ist die zugehörige Eigenschaft nicht definit. Einem Quantenobjekt kommen unabhängig von einer Messung überhaupt keine definiten Eigenschaften zu, man spricht auch von der Nichtobjektivierbarkeit von Observablen. Durch die Heisenbergschen Vertauschungsrelationen werden darüber hinaus Grenzen angegeben, innerhalb deren Observablen gestreut sein können. In der Struktur des quantenmechanischen Begriffssystems werden dabei bestimmte Beziehungen von Variablen in der sogenannten kanonisch-konjugierten Form festgelegt. So hängen beispielsweise Ort und Impuls eines Quantensystems dergestalt zusammen, daß in einer Messung nur eine der beiden Größen exakt bestimmt werden kann, während die andere dem Objekt gar nicht zugesprochen werden darf. Die Möglichkeit, Eigenschaften von Quantenobjekten durch Messungen definit werden zu lassen, ist also auch durch den Zustandsraum und seine Struktur eingeschränkt.

Hierbei darf aber „definit" nicht mit „determiniert" verwechselt werden. Daß Eigenschaften eines ungemessenen Objektes nicht definit sind, sagt noch nichts über eine mögliche Determination von Eigenschaften in einer Messung aus. Auch das Definitwerden in einer Messung ist von einer Determiniertheit des zugehörigen Zustandes zu unterscheiden. Der quantenphysikalische Indeterminismus kommt nämlich erst dadurch ins Spiel, daß der Formalismus für das Definitwerden von Eigenschaften keine deterministischen Gesetze angibt, sondern nur Wahrscheinlichkeitsaussagen zuläßt. Aus der Streuung von Observablen eines Quantenobjekts läßt sich allerdings ein Wahrscheinlichkeitsmaß für mögliche Meßresultate berechnen.[13] Nach dieser sogenannten Wahrscheinlichkeitsinterpretation[14] hängen die Indefinitheit quantenphysikalischer Meßgrößen und der auf Wahrscheinlichkeitsaussagen basierende Indeterminismus der Quantentheorie eng zusammen. Nach der Mehrzahl der Interpreten der Quantentheorie kann das indeterministische Verhalten von Quantenobjekten in Messungen nicht auf eine mechanische Störung des gemessenen Objekts durch den Meßvorgang zurückgeführt werden, es wird vielmehr – so die gängige Auffassung – durch die Struktur des quantenphysikalischen Zustandsraumes und den quantenphysikalischen Meßprozeß bestimmt, dessen zentrale Bedeutung der klassischen Physik noch unbekannt war. Der Indeterminismus wird so zu einem integrativen Teil der Quantentheorie (vgl. z.B. Scheibe 1990, 164). Daß seine theoretische Verankerung in der Quantentheorie jedoch gleichwohl Probleme aufwirft, die auch die Lösung des Leib-Seele-Problems betreffen, soll in Abschnitt (VI) ausgeführt werden. Zunächst sei jedoch zur Präzisierung der Diskussionsgrundlage die epistemische Interpretation der Quantentheorie von Scheibe vorgestellt.

V Scheibes epistemische Interpretation der Quantentheorie

Die Scheibesche Interpretation der Quantentheorie geht von der Auffassung aus, daß den kontingenten Grundaussagen in einer physikalischen Theorie eine fundamentale Rolle zukommt und daß die Grundaussagen der Quantentheorie epistemischer Natur sind. Zunächst unterscheidet Scheibe für eine physikalische Theorie drei Aussagetypen: erstens Grundaussagen über die Struktur eines physikalischen Systems, die insbesondere den entsprechenden Zustandsraum betreffen; zweitens Grundaussagen über das Verhalten eines Systems – für die klassische Physik die Hamiltonschen Bewegungsgleichungen –; drittens die das Verhalten eines Systems definierenden Grundaussagen (Scheibe 1964, 18f.). Für die letzteren wird nun die Unterscheidung von epistemisch und ontisch bedeutsam. Kontingente Grundaussagen über das Verhalten eines Systems heißen ontisch, wenn sie von dem System selbst und seiner Beschaffenheit unabhängig von der Kenntnisnahme durch einen Beobachter handeln, sie heißen epistemisch, wenn in ihnen der Umstand der Messung bzw. Kenntnisnahme enthalten ist, also das Wissen um die kontingente Eigenschaft eines Systems konstitutiv für die Aussage ist. Erstere sind für die klassische Physik maßgeblich und betreffen auch nichtgegenwärtiges Verhalten von Systemen, letztere berücksichtigen die Gegenwärtigkeit physikalischen Geschehens, da sie immer der jeweils gegenwärtigen Feststellung durch Beobachtung bedürfen (ebd. 21f.).

---

[13] Das Amplitudenbetragsquadrat der Schrödingerschen Wellenfunktion kann als Maß der Wahrscheinlichkeit für bestimmte Meßresultate angesehen werden. Vgl. dazu die hilfreiche Darstellung von Audretsch (1990, 42ff.).
[14] Die Wahrscheinlichkeitsinterpretation geht ursprünglich auf Max Born zurück; vgl. Born 1926.

Nach Scheibe sind die kontingenten Grundaussagen der Quantentheorie stets epistemisch zu formulieren, ontische Aussagen über das kontingente Verhalten quantenphysikalischer Systeme sind mindestens im Rahmen der klassischen Logik unmöglich (ebd. 21ff.). Die Bedeutung der in einer physikalischen Theorie verwendeten Begriffe ist durch die epistemischen Aussagen über kontingentes Verhalten aber bereits vorgegeben. Nicht-kontingente Struktur- und Verhaltensaussagen werden durch die Unterscheidung von epistemisch und ontisch nicht betroffen, sie bestimmen Struktur und Verhalten eines System gleichsam zeitlos.

Insbesondere durch die Hervorhebung des epistemischen Charakters der kontingenten Grundaussagen in der Quantentheorie erweist sich Scheibe als Anhänger der Kopenhagener Interpretation und der Ideen Bohrs. Dieser bemerkte 1936 bereits, daß „… nicht länger scharf unterschieden werden kann zwischen dem selbständigen Verhalten eines physikalischen Objekts und seiner Wechselwirkung mit anderen als Meßinstrumente dienenden Körpern, die mit der Beobachtung unvermeidlich verknüpft ist …" (Bohr 1936, 294). Die wesentliche Konsequenz der epistemischen Interpretation der Quantentheorie ist also, daß über Quantenobjekte, die nicht beobachtet, d.h. nicht gemessen werden, keinerlei Aussagen hinsichtlich ihres kontingenten Verhaltens gemacht werden können. Nach einer Messung können lediglich Wahrscheinlichkeiten für Resultate möglicher späterer Messungen prognostiziert werden, das in diesen Messungen festgestellte kontingente Verhalten bleibt somit prinzipiell indeterminiert.

VI Probleme der Quantentheorie

Betrachtet man die Beschreibung mikrophysikalischer Objekte durch die Quantentheorie genauer, so wird man feststellen, daß der oben erläuterte Indeterminismus nicht direkt in den quantenphysikalischen Gesetzen wiedergegeben wird. Die fundamentale dynamische Gleichung der Quantentheorie, die Schrödingergleichung, formuliert das Verhalten eines Quantenobjekts vielmehr in streng deterministischer Weise, obgleich sie die Zuschreibung definiter Eigenschaften unabhängig von Messungen sowie eine raum-zeitliche Veranschaulichung des Geschehens nicht erlaubt. Der indeterministische Zug des quantentheoretischen Formalismus kommt erst im Kontext des typisch quantenphysikalischen Meßprozesses ins Spiel, da nur Wahrscheinlichkeiten für Meßergebnisse angegeben werden können, so daß der Ausgang einer Messung nicht von vornherein determiniert ist (vgl. Stöckler 1996, 42).

Dieses merkwürdige Verhalten von Quantenobjekten ist immer wieder Gegenstand von Diskussionen gewesen. Das Eingangszitat dieser Arbeit von Schrödinger deutet an, daß es durchaus als unbefriedigend gelten kann, den ‚Sprung' eines Quantenobjekts in einer Messung hinzunehmen, denn sein Zustand ändert sich tatsächlich instantan; durch die Messung wird eine neue Zustandsfunktion festgelegt – und dies passiert, um es noch einmal festzuhalten, nicht aufgrund klassisch-mechanischer Störungen, sondern aufgrund der besonderen quantenphysikalischen Meßsituation, bei der ein mikrophysikalisches System mit einer makroskopischen Meßapparatur untersucht wird. Dieser Umstand läßt Audretsch von zwei Dynamiken sprechen, einer Dynamik I, die für Quantenobjekte außerhalb der Meßsituation gilt, und einer Dynamik II, die das Meßgeschehen zu erfassen sucht. Er behauptet, daß wir „... für die Dynamik II keinerlei physikalische Erklärung haben. ... Daher bleibt als ein Forschungsprogramm die Aufgabe, die im Meßprozeß ablaufenden Wechselwirkungen im einzelnen zu beschreiben ..." (Audretsch 1990, 42).

Die im Anschluß an die Kopenhagener Interpretation von Scheibe vorgeschlagene epistemische Deutung der Quantentheorie behandelt den Meßprozeß mit den Worten Bohrs zunächst als ein einheitliches Quantenphänomen (Bohr 1958, 73). Scheibe formuliert: „Die Unkontrollierbarkeit der Wechselwirkung verschmilzt also gewissermaßen Objekt und Apparat zu einer neuen unauflöslichen Einheit" (Scheibe 1990, 165). Darüber hinaus werden die bezüglich möglicher Meßergebnisse auftretenden Wahrscheinlichkeiten als irreduzibel bzw. primär postuliert, so daß der quantentheoretische Indeterminismus keiner weiteren Begründung bedarf (vgl. Primas 1993, 95; Scheibe 1964, 26f.). Diese Position wurde von Einstein als „Beruhigungsphilosophie"[15] bezeichnet, und sie hat viele Theoretiker nach ergänzenden oder völlig neuen Erklärungen für das eigentümliche Verhalten von Quantensystemen forschen lassen. So ist im Laufe der Zeit seit Entwicklung der Quantentheorie zu Beginn unseres Jahrhunderts eine Fülle von komplizierten, bisweilen in hohem Maße spekulativen Interpretationen entstanden, denen hier aber nicht nachgegangen werden soll.

Die Konsequenz aus dem dargelegten Problemzusammenhang könnte also nach Scheibe und den Anhängern der Kopenhagener Deutung darin bestehen, mit der epistemischen Formulierung zufrieden zu sein und die quantentheoretische Begrenzung des klassischen Ideals der Objektivierbarkeit für mikrophysikalische Objekte zu akzeptieren, weil die Besonderheit der quantenphysikalischen Meßsituation die konstitutive Rolle des Beobachters sowie das Phänomen der Gegenwärtigkeit kontingenter Aussagen in der Physik offenbart hat. Der Indeterminismus ist dann ein erfreuliches Resultat der Quantenphysik für das Leib-Seele- und das Freiheitsproblem in der oben exponierten Form. Die Kritiker der Kopenhagener Interpretation können hingegen den quantenphysikalischen Indeterminismus als unzureichend begründet erachten, solange keine dynamische Beschreibung bzw. mathematische Formulierung des quantenphysikalischen Meßprozesses vorliegt. Eine quantenphysikalische Meßtheorie ist daher auch ein Desiderat der weiteren Forschung.

---

[15] Dieses Bonmot stammt aus einem Brief von Einstein an Schrödinger aus dem Jahr 1928; Przibram 1963, 29.

VII Bewertung und Ausblick

Welche Schlußfolgerungen lassen sich aus den Erwägungen zur Quantentheorie für die Rohs'sche Transzendentalphilosophie ziehen? Zunächst ist festzuhalten, daß es für die philosophisch grundlegende Frage nach den Bedingungen freien menschlichen Handelns von Bedeutung ist, welche Rolle die Natur und ihre Gesetze spielen. Als eine fundamentale und überdies außerordentlich erfolgreiche Beschreibung physischer Zusammenhänge steht uns aber die Quantentheorie zur Verfügung. Ihre Resultate und Konsequenzen sind es daher wert, berücksichtigt zu werden. In der Betrachtung des Leib-Seele-Problems und des Zusammenhanges von psychischen und physischen Ereignissen stellte sich der quantentheoretische Indeterminismus als maßgeblich heraus und konnte als irreduzibler Zug der epistemischen Interpretation der Quantentheorie für eine Theorie der kausalen Wirkung des Psychischen im Bereich des Physischen ausgenützt werden. Mit Rohs läßt sich also resümieren, daß die quantentheoretische Naturauffassung die physische Welt für das Wirken von Subjekten geöffnet hat. Die eigentümliche Begrenzung des klassischen Objektivierungsideals in der Quantentheorie berücksichtigt mindestens in der epistemischen Deutung das gegenwärtige Definitwerden von Eigenschaften und damit das Phänomen der Zeitlichkeit überhaupt (vgl. Scheibe 1964, 26). Vor allem aber ist im quantentheoretischen Formalismus die gesetzmäßige Veränderung von Eigenschaften an physikalischen Systemen nicht deterministisch festgeschrieben. Handlungen von Subjekten kann somit eine in der physischen Welt wirksame spezifische Handlungskausalität zugesprochen werden, die nicht in Konflikt mit den Kausalgesetzen der Physik gerät.

Wenngleich durch dieses vorläufige Ergebnis Handlungskausalität und Freiheit in keiner Weise theoretisch abgeleitet oder bestimmt worden sind, so ist doch ihre Möglichkeit unter Berücksichtigung der besten augenblicklich zur Verfügung stehenden Fundamentaltheorie der Physik, der Quantentheorie, nachgewiesen; das Projekt einer Freiheitskonzeption im Rahmen der Rohs'schen feldtheoretischen Transzendentalphilosophie muß somit als chancenreich gelten. Kritische Einwände gegen diese Argumentation scheinen allerdings durch die von mir eingeführten theoretischen Voraussetzungen nahegelegt zu werden: Ist eine kantische Konzeption der Kausalität der Freiheit überhaupt ein sinnvoller Bestandteil einer Theorie der Freiheit? Welche Theorie der Kausalität sollte ihr stattdessen zugrundegelegt werden?

Meines Erachtens stellt eine Freiheitstheorie kantischen Typs, die eine Kausalität aus Freiheit annimmt, zumindest eine attraktive Alternative zu gängigen materialistischen oder physikalistischen Theorien dar, die das Verhältnis von Psychischem und Physischem durch Elimination, Reduktion oder Supervenienzrelationen zu klären suchen. Letzteren der Philosophie des Geistes entstammenden Theorien kann nämlich vorgehalten werden, daß sie explizit oder implizit einen physikalischen Realismus voraussetzen, der an einer obsoleten klassisch-deterministischen Physik orientiert ist. In einem viel weiteren Rahmen, als es hier diskutiert werden konnte, hat hingegen die Quantentheorie der Unhintergehbarkeit des Subjekts und seiner Erkenntnisbedingungen Aufmerksamkeit und Geltung verschafft. Vieles davon spricht eher für nicht-physikalistische Theorien des Geistes und die Unverzichtbarkeit philosophischer Reflexion über subjektive Erkenntnisleistungen. Die Quantenphysik ist eben keine physikalistische Theorie! Ob die Regularitätsauffassung eine angemessene Konzeption für eine Theorie der Kausalität ist, kann und soll hier nicht erörtert werden. Die Formulierung der Gesetzesaussagen der Quantentheorie in Form von stetigen Differentialgleichungen (Schrödingergleichungen) legt mindestens für fundamentale Naturprozesse ihre Plausibilität nahe.

Weitere Einwände können gegen die hier zugrundegelegte Interpretation der Quantentheorie erhoben werden: Die epistemische Formulierung nach Scheibe stellt sicherlich nicht die einzige konsistente und vernünftige Deutung der Quantentheorie dar, sie paßt jedoch hervorragend zu transzendentalphilosophischen Entwürfen, die besonderen Wert auf die begrifflichen Voraussetzungen einer Physik und die Einbindung einer im zeitlichen Werden verankerten Subjektivität legen. Eine notwendige Voraussetzung ist die epistemische Interpretation für die erläuterten Zusammenhänge allerdings nicht. Wie die Arbeiten von Primas zeigen, können der quantentheoretische Indeterminismus und die quantentheoretischen Eigenschaftsbeziehungen auch in einer ontischen Interpretation zu den grundlegenden theoretischen Elementen gehören.[16] Erst in Theorien verborgener Parameter oder in der Mehrfachwelten-Interpretation gerät der für Freiheit ausschlaggebende Indeterminismus in Gefahr.[17] Da die Debatte um die Interpretation der Quantentheorie nach wie vor als kontrovers bezeichnet werden kann, ist ein endgültiges Urteil über die hier zur Diskussion gestellte Argumentation für eine Freiheitstheorie, wie Rohs sie vertritt, noch nicht möglich. Als vorläufiges Fazit meiner Ausführungen kann gleichwohl gelten, daß es gute Gründe gibt, zu glauben, daß die Quantentheorie es ermöglicht, eine ambitionierte und zufriedenstellende philosophische Konzeption der Freiheit zu entwickeln, die mit unserem physikalischen Naturverständnis verträglich ist – im Rahmen der Rohs'schen Transzendentalphilosophie existiert dafür bereits ein Kandidat. Die Antwort auf die in der Überschrift vorangestellte Frage mag also schließlich lauten: Quantensprünge machen zwar nicht frei, sie lassen die Frage nach Freiheit allerdings offen.

---

[16] Vgl. erneut Primas 1993, 95. Primas betont an dieser Stelle , daß „... in der Quantentheorie ... der Zufall eine objektive Kategorie ..." ist; dabei ist jedoch zu beachten, daß Primas eine holistische Interpretation der Quantentheorie vertritt, die durch die in den achtziger Jahren experimentell bestätigten EPR-Korrelationen von Quantensystemen motiviert ist. Danach geht jede Beobachtung eines Quantenobjekts mit einer Aufbrechung eines ganzheitlich konzipierten Systems einher. Als Konsequenz dieser Auffassung muß das ganze Universum als ein verschränktes Quantensystem begriffen werden. Die Zusammenhänge werden in Primas 1984 auseinandergesetzt.
[17] Vgl. dazu die Anmerkungen in Bartels 1996, 92ff.

Literatur

Audretsch, Jürgen (1990): „Struktur der Quantenmechanik", in *Wieviele Leben hat Schrödingers Katze?* hg. von Jürgen Audretsch & Klaus Mainzer, Mannheim u.a., 15-61.

Bartels, Andreas (1996): *Grundprobleme der modernen Naturphilosophie*, Paderborn u.a.

Bieri, Peter (Hg.) (1981): *Analytische Philosophie des Geistes,*. Königstein/Ts.

Bohr, Niels (1936): „Kausalität und Komplementarität", in *Erkenntnis 6*, 293-303.

Bohr, Niels (1958): *Atomphysik und menschliche Erkenntnis*, Braunschweig.

Born, Max (1926): „Zur Quantenmechanik der Stoßvorgänge", in *Zeitschrift für Physik 37*, 863-867. (Abgedruckt in *Die Deutungen der Quantentheorie*, hg. von Kurt Baumann & Roman U. Sexl, Braunschweig u. Wiesbaden 1990, 48-52)

Davidson, Donald (1985): *Handlung und Ereignis*, Frankfurt (Main).

Frank, Philipp (1936): „Philosophische Deutungen und Mißdeutungen der Quantentheorie", in *Erkenntnis 6*, 303-317.

Heisenberg, Werner (1973): *Der Teil und das Ganze*, München.

Nolting, Wolfgang (1990): *Grundkurs: Theoretische Physik. Band 2: Analytische Mechanik*, Ulmen.

Primas, Hans (1984): „Verschränkte Systeme und Komplementarität", in *Moderne Naturphilosophie*, hg. von Bernulf Kanitscheider, Würzburg, 243-260.

Primas, Hans (1993): „Ein Ganzes, das nicht aus Teilen besteht", in *Neue Horizonte 92/93. Ein Forum der Naturwissenschaften*, hg. von Ernst P. Fischer, München u. Zürich, 81-111.

Przibram, K. (Hg.) (1963): *Schrödinger – Planck – Einstein – Lorentz. Briefe zur Wellenmechanik*, Wien.

Rohs, Peter (1985): „In welchem Sinn ist das Kausalprinzip eine ‚Bedingung der Möglichkeit von Erfahrung'?", in *Kantstudien 76*, 436-450.

Rohs, Peter (1992): „Noch einmal: das Kausalprinzip als Bedingung der Möglichkeit von Erfahrung", in *Kantstudien 83*, 84-96.

Rohs, Peter (1996): *Feld–Zeit–Ich. Entwurf einer feldtheoretischen Transzendentalphilosophie*, Frankfurt (Main).

Scheibe, Erhard (1964): *Die kontingenten Aussagen in der Physik*, Frankfurt (Main).

Scheibe, Erhard (1990): "Die Kopenhagener Schule und ihre Gegner", in *Wieviele Leben hat Schrödingers Katze?*, hg. von Jürgen Audretsch & Klaus Mainzer, Mannheim u.a., 157-182.

Stöckler, Manfred (1996): "Umsturz im Weltbild der Physik: Bemerkungen zur Interpretation der Quantentheorie und zu ihren Folgen für die Naturauffassung der Gegenwart", in *Naturauffassungen in Philosophie, Wissenschaft, Technik Band IV: Gegenwart*, hg. von Lothar Schäfer & Elisabeth Ströker, Freiburg/Br. u. München, 35-64.

Ströker, Elisabeth (1990): "Zur Frage des Determinismus in der Wissenschaftstheorie", in *Determinismus – Indeterminismus*, hg. von Wolfgang Marx, Frankfurt (Main), 9-28.

Alejandro Rosas

Feld und Freiheit bei Rohs:
Zur Auflösung der Freiheitsantinomie

Ontologische Fragestellungen haben stets im Zentrum der philosophischen Arbeit von Peter Rohs gestanden. Das ist nun auch in seiner neuesten Veröffentlichung der Fall. Es war gerade seine Behandlung ontologischer Fragen, die mich zur Zeit meines Studiums in Münster zu seinen Vorlesungen und Seminaren hinzog. Damals beschäftigte ich mich hauptsächlich mit Kants theoretischer Philosophie. Ihre historische Bedeutung sah ich darin, daß sie gegen die drohende Herrschaft der materialistischen Ontologie der Naturwissenschaften mit Argumenten, aber auch mit gewagter Spekulation, kämpfte. Denn auch wenn Kant die Naturwissenschaft gegen die skeptische Haltung des Empirismus auf eine feste Grundlage stellen wollte, vertrat er eine spekulative Ontologie, die durch ein traditionelles Verständnis des Freiheitsbewußtseins motiviert war. Diese bei Kant zum Teil verschleierte Ontologie des Freiheitsbewußtseins war mir ein Dorn im Auge. Ihretwegen geriet die Kantische Philosophie in wichtigen Punkten mit unserem szientistischen und materialistischen Zeitalter in Widerspruch. Die Lehrtätigkeit von Peter Rohs machte auf mich deshalb einen dauernden Eindruck, weil er wie kaum ein anderer Kant-Interpret dieser Situation direkt und mutig ins Auge blickte. Im Zusammenhang meiner sich damals ausbildenden philosophischen Interessen war es eine Herausforderung, einem Lehrer zu begegnen, der ohne Umwege ontologische Fragen anpackte und dazu noch in selbstbewußter Weise und mit dem hochtechnischen Mittel einer differenzierten Zeittheorie den philosophischen Sündenbock des Zeitalters, den ontologischen Dualismus, zu verteidigen wußte.

Im Laufe der Zeit und trotz Rohs' eindrucksvoller Argumente habe ich den Weg des Materialismus eingeschlagen. Unter Materialismus verstehe ich nicht nur eine Theorie, die die irreduzible Existenz der Materie verteidigt – das tut die dualistische Theorie von Rohs auch. Es geht vielmehr um eine Theorie, die wie der Spinozismus nur *eine* Art von Kausalität anerkennt. Ursachen, die aufgrund der Vorstellung von Zwecken wirken, hält diese Theorie für illusorisch oder reduzierbar. Ich stimme Rohs zu, daß die ontologische Frage neben den Kausalitätstypen auch Eigenschaften und Entitäten oder Prozesse betrifft (241)[1]. Dennoch kann man durch die Frage nach den Kausalitätstypen den Materialismus vom Dualismus gut unterscheiden. Rohs sagt zu Recht, eine Philosophie, die zwei Eigenschaftsklassen, aber nur einen Kausalitätstyp zuläßt, müsse als inkonsistent gelten. Er denkt dabei an die Philosophie Davidsons. Ich vermute, man müßte das gleiche von der Philosophie Spinozas behaupten. Auch er läßt einen einzigen Kausalitätstyp neben einer Dualität von Eigenschaften bestehen. Spinozas Monismus der Kausalität

---

[1] Seitenzahlen ohne weitere Angaben beziehen sich hier und im folgenden auf Rohs 1996.

beinhaltet eine Kritik an denjenigen Philosophen, die *„den Menschen in der Natur wie einen Staat im Staate anzusehen scheinen"* (Ethik, 3. Teil, Vorwort). *„Denn die Natur ist immer dieselbe, und ihre Kraft und ihr Vermögen zu wirken ist überall gleich"* (ebd.).

Dieses monistische Bekenntnis ist mir stets als die beste und überzeugendste Seite der Spinozistischen Philosophie erschienen. Dagegen ist es mir nicht klar, wie gleichzeitig die Selbständigkeit beider Eigenschaften zur Geltung gebracht werden soll. Es kann jedenfalls nicht eine ontologische Selbständigkeit sein. Andererseits liegt der Verdacht nahe, daß Spinoza seinen Kausalitätsmonismus im Zusammenhang der Erklärung der menschlichen Freiheit nicht wirklich durchhält – wie es scheint, behandelt er die Fähigkeit des Geistes, die Dinge begreifen zu können, vielmehr als eine ontologisch selbständige Art von Kausalität.

Wie dem auch sei, mir scheint es klar, daß der Monismus der wirkenden Ursachen bei Spinoza das traditionelle, inkompatibilistische Verständnis des Freiheitsbewußtseins nicht fördert. Diesen Monismus der Kausalität verstehe ich als die Gegenposition zu Kants Unterscheidung zweier Kausalitätstypen. Es ist verständlich, daß Rohs in seinem Versuch einer Synthese von Kant und Spinoza in diesem Punkt eher auf der Seite Kants steht. Den Bund zwischen Rohs und Kant verstehe ich auf die folgende Weise: Die dualistische Lesart von Kants Kausalitätslehre, die Rohs vertritt, trifft den historischen Kant zwar nicht. Dies folgt einfach daraus, daß Kant den Dualismus einer Ontologie des Subjekts einerseits und einer Ontologie des Raumzeitlichen oder Naturphysischen andererseits nicht vertreten hat. Bei Kant ist die natürliche, raumzeitliche Welt vom Subjekt abhängig – und dies nicht nur, weil das Raumzeitliche vom Geist abhängt, um *erkannt* zu werden, wie es in der Theorie von Rohs der Fall ist. Bei Kant würde es nichts Raumzeitliches *geben*, wenn es das menschliche Subjekt nicht gäbe. Die materielle Welt hat bei Kant also keine Selbständigkeit. Der Dualismus ist sicherlich nicht, wie Rohs auch weiß, eine genaue Wiedergabe des historischen Kants: „Die feldtheoretische Konzeption ist nun eine spinozistische und damit antikantische. Die Idealität von Raum und Zeit wird nicht angenommen, was zweifellos eine erhebliche Änderung gegenüber dem kantischen Gedankengebäude darstellt" (19).

Auf Kant dürfte die These zutreffen, daß er die physische Welt auf die intelligible Welt des Subjekts und dessen Kausalität der Gedanken oder der Zwecke reduziert (vgl. Rosas 1996). Konsistenter als Spinoza räumt Kant in seinem System der monistischen Intuition gegenüber dem Dualismus den Vorrang ein: er vertritt einen Monismus der mentalen Ursachen. Im Gegensatz zu Spinoza hat Kant eindeutig den irreduziblen Charakter und die ontologische Priorität der Kausalität des Mentalen und der Kausalität nach Zwecken vertreten. Daher ist Kant angesichts des gegenwärtigen Materialismus, der die Intentionalität und die menschliche Freiheit entweder eliminieren oder materialistisch neuinterpretieren möchte, für eine dualistische Philosophie ein wichtiger Partner. Auch wenn Kants Philosophie nicht dualistisch ist wie die von Rohs, ist für beide der Gedanke konstitutiv, daß der Materialismus oder

Physikalismus keine befriedigende Erklärung von Freiheit und Intentionalität anbieten kann.

Ich halte es nicht für unbedeutend, daß große Denker wie Kant oder Spinoza versucht haben, in der Ontologie eher dem Monismus als dem Dualismus treu zu bleiben. Für die neuzeitlichen Philosophen seit Descartes, wie auch noch für uns, ist der Gedanke entscheidend, daß wir uns eine reale Wechselwirkung zwischen unabhängigen physischen und mentalen Ursachen in einer einheitlichen Erklärung der Wirklichkeit nicht einsichtig machen können. Kant hat uns dieses Problem in der Freiheitsantinomie vor Augen gestellt. Die Antinomie besteht in einem Konflikt zwischen zwei Erklärungstypen menschlicher Handlungen: dem freiheitskausalen und dem naturkausalen Erklärungstyp. Der Konflikt besteht darin, daß gemäß der freiheitskausalen Erklärung das Subjekt intentionaler Einstellungen als eine besondere Art von Kausalität angenommen wird, während dies nach der naturkausalen Erklärung nicht der Fall ist. Das menschliche Subjekt wäre nach der naturkausalen Erklärung eine bloß natürliche Ursache, obwohl Kant nicht eindeutig festlegt, wie ein solches natürliches Subjekt zu beschreiben ist. Manchmal scheint es, daß es Kant nicht darauf ankommt, ob man das Subjekt nach dem naturkausalen Erklärungstyp als eine psychologische oder als eine bloß mechanische Ursache auffaßt. Er spricht in diesem Zusammenhang von *Automaton materiale* oder *Automaton spirituale* als gleichwertigen Größen. Wesentlich ist für Kant, daß die Kausalität einer natürlichen Ursache, egal wie man sie auffaßt, zeitlich bestimmt ist[2]. Kant sieht also den Widerspruch vor allem darin, daß bei freiheitskausalen Erklärungen die Kausalität des Subjekts außerzeitlich, während bei naturkausalen Erklärungen die Kausalität des Subjekts zeitlich ist. Wegen dieses Widerspruchs können beide Erklärungstypen nicht zugleich gültig sein. Man muß entweder eine von beiden aufgeben oder zeigen, wie sich der Widerspruch zwischen beiden auflösen läßt.

Wie Rohs zu Recht betont, besteht Kants Strategie darin, zu zeigen, daß der Widerspruch in Wirklichkeit nicht besteht. Da dieser also nur ein scheinbarer ist, können beide Kausalitätstypen in bezug auf eine Erklärung menschlicher Handlungen gelten. Wie oben gesagt, glaube ich, daß Kant die Auflösung dieses scheinbaren Widerspruchs nicht unter der Voraussetzung einer dualistischen Ontologie unternimmt. Seine Auflösung des Widerspruchs setzt vielmehr eine monistische Ontologie voraus. Die monistische Lesart könnte darauf gestützt werden, daß der Widerspruch durch eine Unterscheidung zwischen Erscheinung und Ding an sich aufgelöst wird, die Kant im Zusammenhang der Antinomie als eine Unterscheidung zwischen zwei Bedeutungen oder Betrachtungen *desselben Dinges*, also nicht zwischen zwei Dingen, versteht.[3] Es ist aber auch wahr, daß Kant häufig vom Noumenon als Ursache der Erscheinung redet. Dadurch scheint er zwischen beiden als zwischen zwei verschiedenen Dingen zu unterscheiden. Peter Rohs sagte seinen Studenten in

---

[2] Vgl. Kant 1788 (im folgenden *KpV*), 96-97.
[3] Vgl. Kant 1787 (im folgenden *KrV* B), XXVI; XXVII (zweimal).

Münster oft, Fragen der Kant-Interpretation seien durch bloße Stellenvergleiche nicht zu entscheiden. Kant sei in wichtigen Punkten seiner Lehre nicht konsistent. Daher könnten entgegengesetzte Interpretationen bei kluger Auswahl der Stellen gleichermaßen vertreten werden. Auf mein eigenes Risiko möchte ich hier jedoch Rohs widersprechen. Die Zweideutigkeit kann in diesem Fall, meine ich, durch die besondere Art des Kausalverhältnisses zwischen Noumenon und Erscheinung geklärt werden.

Es ist nämlich nicht so, als ob das Noumenon eine Erscheinung in der Weise hervorbringen würde, wie in der natürlichen Welt Ereignisse durch andere Ereignisse verursacht werden. Die Abhängigkeit der Erscheinungen vom Noumenon ist viel umfassender als die Abhängigkeit zwischen Naturereignissen, die in einer Ursache-Wirkungs-Relation stehen. Die Abhängigkeit ist deshalb viel umfassender, weil die allgemeinsten Eigenschaften der Erscheinungswelt, durch die ihr ganzer Ablauf deterministisch bestimmt wird, vom Noumenalen auf eine uns unergründliche Weise hervorgebracht werden. Wenn ich mir nun zwei termini technici von Rohs leihen darf, heißt dies, daß der *Zustandsraum* des *Feldes* eine Wirkung des Noumenons ist. Nur weil Kant in seiner Lehre von der Erscheinung diese umfassende Abhängigkeit postuliert, kann er seinem Anspruch nach den Widerspruch zwischen einer naturkausalen Erklärung und einer freiheitskausalen Erklärung auflösen. Für Kant gilt es also ohne Widerspruch, daß man im Prinzip jede menschliche Handlung vorausberechnen kann und daß man gleichzeitig jederzeit von einer Handlung sagen kann, sie hätte vom Handelnden unterlassen werden können. Beides kann ohne Widerspruch zutreffen, meint Kant, weil die Handlung als natürliches Ereignis und die ganze Kette der vergangenen Ereignisse, die die Handlung naturkausal bestimmen und berechenbar machen, insgesamt nichts als die Folge der Kausalität des vernünftigen Wesens (*KpV* 97/8) oder des Subjekts als Ding an sich selbst sind und als Ganzes von ihm abhängen (*KpV* 99). Die Kausalität des Noumenons und die Kausalität der Erscheinung befinden sich nicht auf derselben Ebene. Die Kausalität des Noumenons oder der Freiheit liegt auf einer Ebene, die im Prinzip – obwohl nach Kant nicht für uns – das Bestehen und die Wirkungsweise der Naturkausalität, und das heißt auch der Eigenschaften der Naturursachen, erklären kann. Es handelt sich insofern um eine *monistische* Lösung. Gegen diese Lösung gibt es gewiß erhebliche Einwände (vgl. z.B. Beck 1960, 188; Bennett 1974, 201f.; Bennett 1984, 104ff.). Aber sie darzustellen oder gar zu entkräften, ist hier glücklicherweise nicht mein Thema.

Rohs möchte nun eine Theorie entwickeln, die einen Dualismus der Kausalitätstypen zur Geltung bringt. Bei Naturkausalität und Freiheit handelt es sich um zwei ontologisch unterschiedliche Arten von Kausalprozessen, die wir dennoch in eine einheitlichen Theorie über die Wirklichkeit integrieren können, ohne daß wir in Widersprüche geraten. Rohs folgt dabei einer Strategie, die durch zwei wesentlich kantische Züge bestimmt wird:

1. Wie Kant unterscheidet Rohs die Einsicht darein, wie Freiheit möglich ist, von dem Aufweis des Widerspruchs als eines scheinbaren.

2. Wie für Kant besteht für Rohs die dringlichste Aufgabe darin, den Widerspruch aufzulösen und nicht darin, eine anschauliche Einsicht in die Möglichkeit von Freiheit zu bekommen oder das Begreifen von Freiheit zu ermöglichen (vgl. 234, 239). Dementsprechend sagt Rohs: „Von einer Auflösung der Antinomie darf nicht erwartet werden, daß sie ein anschauliches Modell dafür vorlegt, wie ein freies Ich materielle Partikel in Bewegung setzt" (228).

Beide Punkte sind unbestreitbar kantisch. Da Kant Freiheit als eine Kausalität des Noumenalen versteht und dieses Noumenale – als nicht-zeitliches – für uns unerkennbar bleiben muß, hielt Kant die Einsicht in die reale Möglichkeit von Freiheit für unerreichbar. Er mußte sich also damit begnügen, theoretisch zu zeigen, daß sich beide Kausalitätstypen nicht entgegenstehen. Das tut er, wie oben gezeigt, durch seine Lehre von der umfassenden Abhängigkeit der Erscheinung von dem Noumenon. Ich meine nun, daß bei Kant der wichtige Unterschied zwischen einer anschaulichen Einsicht in die Möglichkeit von Freiheit und einer bloßen Auflösung des Widerspruches mit der Naturkausalität einen besonderen Sinn hat, den Rohs nicht zum Ausdruck bringt. Dieser Unterschied ergibt sich bei Kant daraus, daß wir nicht verstehen, wie die Auflösung des Widerspruchs anschaulich aussieht, weil wir nicht anschaulich verstehen können, wie die Erscheinung vom Noumenon auf die von Kant postulierte umfassende Weise abhängt. Was Kant über die Abhängigkeit der Erscheinung vom Noumenon sagt, ist kein Thema einer anschaulichen Erkenntnis. Wenn wir diese Abhängigkeit anschaulich erkennen könnten, würden wir auch Einsicht in die Möglichkeit von Freiheit haben.

Diese typisch kantische Situation kann sich in der Transzendentalphilosophie von Rohs nicht reproduzieren. Er kann nicht für die Unanschaulichkeit, das heißt: die Unerkennbarkeit des Noumenalen plädieren. Die dualistische Ontologie von Rohs ist insofern auch naturalistisch, als es dabei nichts „Transzendentes" im Sinn von prinzipiell Unerkennbarem geben kann. Um in diesem Punkt eine Parallele zu Kant herzustellen, beruft er sich stattdessen darauf, daß ein anschauliches Modell oder eine Einsicht in die Möglichkeit von Freiheit nicht erwartet werden kann, weil anschauliche Modelle ohnehin „von den grundlegenden Bausteinen der physischen Welt mit ihrem Teilchen-Welle-Dualismus nicht mehr möglich" sind (232). Aber diese Begründung erlaubt keine enge Analogie zum kantischen Fall, weil die Physik, auch ohne „anschauliche Modelle", die Wirkungsweise von Teilchen zu erklären hat, ohne sich die Lücken zu erlauben, die sich Kant in bezug auf die Wirkungsweise des Noumenalen erlauben konnte. Es geht also darum, daß man die Wirkungsweise von mentalen Ursachen auch ohne anschauliche Modelle im Rahmen der angenommenen Begriffsschemata erklären muß. Im Kontext einer Philosophie, die das prinzipiell Unerkennbare nicht anerkennt, kann der Unterschied zwischen der Auflösung eines Widerspruchs zweier Kausalitätstypen und der Einsicht darein, wie beide zusammenwirken, nicht wesentlich sein. Anders als bei Kant muß die Auflösung des Widerspruchs bei Rohs also zugleich die Einsicht darein enthalten, wie das Zusammenwirken von

Naturkausalität und Freiheit vor sich geht. Wenn der Widerspruch aufgelöst ist, müßten wir gleichsam automatisch auch begreifen, wie Freiheit in einer Welt möglich ist, die durch Naturkausalität bestimmt wird.

Dies scheint mir aber bei dem Versuch von Rohs, wie er selbst zugibt (239), nicht der Fall zu sein. Ich möchte hier zwei Gründe dafür nennen:

1. Zunächst scheint mir sehr wichtig zu sein, daß man bei der Auflösung des Widerspruchs vor allem den *Locus* der Freiheit im Blick behält. Dies ist der Mensch als handelndes Wesen. Das heißt, daß man den Widerspruch zwischen zwei Kausalitätstypen in Hinblick auf die Ursachen menschlicher Handlungen formulieren muß. Man muß in diesem Fall eine naturkausale und eine intentional-freiheitskausale Erklärung von Handlungen einander gegenüberstellen. Es ist bekanntlich ein Problem für die Kant-Interpretation, daß Kant sich nicht eindeutig festgelegt hat, welche spezielle Naturwissenschaft seiner Auffassung nach für eine naturkausale Erklärung menschlicher Handlungen zuständig ist. Auch wenn die Wahl meistens auf die empirische Psychologie zu fallen scheint, ist diese bei Kant eigentlich nicht in der Lage, eine solche Rolle zu spielen. Eine bekannte Stelle aus den *Metaphysischen Anfangsgründen der Naturwissenschaft* behauptet, daß sie keine echte Naturwissenschaft werden kann (vgl. Kant 1786, 471). Heute würden sich viele für die Neurophysiologie entscheiden. Ich selbst befürworte diese Entscheidung, da die Neurophysiologie diejenige Alternative zu intentionalen Erklärungen von Handlungen liefert, die wir eindeutig als eine naturkausale Erklärung verstehen.[4] Aus diesem Grund müßte man die Freiheitsantinomie eigentlich als einen Konflikt zwischen neurophysiologischer und intentionaler Handlungserklärung reformulieren. Man müßte also zu verstehen versuchen, wie neurophysiologische und intentional-freiheitskausale Erklärungen gleichzeitig gültig sein können. Diese Formulierung der Antinomie begegnet allerdings dem Problem, daß die Neurophysiologie noch keine ausformulierte Wissenschaft ist. Eine Auflösung des Widerspruchs scheint daher darauf warten zu müssen, daß wir ein genaueres Verständnis davon bekommen, wie das Gehirn eigentlich funktioniert.

Rohs meint nun, daß man den Widerspruch nur mit Blick auf die Basistheorie, also die Physik, zu formulieren hat. Die freiheitskausale Erklärung, von der Rohs eine detaillierte und interessante Theorie ausarbeitet, könne nur mit den Gesetzen der Physik, wenn überhaupt, in Widerspruch geraten. Die neurophysiologischen Gesetze erfüllten nicht die erforderlichen Kriterien von Universalität und Ausnahmslosigkeit, die von Gesetzen erfüllt werden müssen. Trotzdem würde ich von der Neurophysiologie sagen, daß sie singuläre

---

[4] Ein Wort zur Neurophysiologie: sie wird hier als eine Wissenschaft verstanden, die auch intentionale Leistungen zu erklären hat. Sie muß, mit anderen Worten, in vielem die gleichen Ziele haben wie die «Künstliche Intelligenz-Forschung», d.h. intentionale Leistungen wie Verstehen zum Gegenstand der Erklärung haben. Dies muß nicht heißen, daß sie die komputationalistische Hypothese vieler KI-Forscher teilt. Die Neurophysiologie wird vielleicht intentionale Leistungen ohne „Mentalese" erklären müssen, aber dennoch zeigen, wie ein im Grunde bloß physisches System intentionales Verhalten zeigen kann; vgl. Copeland 1992.

Kausalaussagen in diesem Bereich macht, welche die Existenz von Gesetzen unterstellen, bei denen die Intentionalität zunächst keine Rolle spielt. Ob diese Gesetze nun eine Auflösung der Antinomie in dualistischem Geist erlauben oder nicht, kann nicht im voraus entschieden werden. Wir wissen zum Beispiel nicht genau, ob und unter welchen Bedingungen quantenmechanische Effekte im Gehirn möglich sind. Diese empirische Frage ist für eine Theorie wie die von Rohs nicht von sekundärer Bedeutung, sondern wesentlich. Nur dann, wenn wir das genaue Aussehen neurophysiologischer Gesetze kennen, können wir überhaupt wissen, ob sich der typisch neuzeitliche Verdacht bewahrheitet, daß sie im Widerspruch zu intentionalen Handlungserklärung stehen. Nur unter Voraussetzung einer entwickelten Neurophysiologie können wir Einsicht in die Möglichkeit von Freiheit, wenn sie denn möglich ist, erlangen. Rohs wird sicherlich meinen, daß Handlungen nur mittels einer intentionalen Sprache erklärt werden können und daß man vergeblich auf eine vermeintlich rivalisierende neurophysiologische Erklärung warten wird. Ich bin mir, was diese Prognose betrifft, nicht sicher, weil ich die Frage als eine empirische betrachte. Man steht jedenfalls vor dem Problem eines *möglichen* Widerspruchs. Schon in bezug auf eine Analyse der Wahrnehmung steht man vor einem ähnlichen Konflikt zwischen einer neurophysiologischen (kausalen) und einer intentionalen Analyse. Daß Rohs aber in der Formulierung des Widerspruchs nur die Gesetze der physikalischen Basistheorie in Betracht zieht, ist einer der Gründe dafür, daß seine Auflösung des Widerpruchs uns keine Einsicht in die Möglichkeit von Freiheit geben kann. Sein Argument verstehe ich insofern als Ausdruck eines positiven Verdachts zugunsten der Freiheit, dessen Verifizierung die Entwicklung genauerer neurophysiologischer Erkenntnisse abwarten muß.

2. Die plausible These der Irreduzibilität der Zeitlichkeit in der Quantenmechanik scheint mir noch nicht auszureichen, um Freiheit im Zusammenhang mit Naturkausalität zu verstehen. Es kann nicht genügen, daß zeitliches Werden am Definitwerden physischer Zustände beteiligt ist. Daraus kann man die Folgerung ziehen, daß jede Art von Prozeß, in dem zeitliches Werden wesentlich vorkommt – Verstehen ist für Rohs ein solcher Prozeß –, auch im quantenmechanischen Definitwerden beteiligt sein kann; und wenn wir annehmen, daß es in einer künftigen ausformulierten Neurophysiologie ein „Definitwerden neurophysiologischer Prozesse" geben wird, das von Gegenwart abhängig ist, folgt daraus auch, daß Absichten und andere propositionale Einstellungen an einem „neuro-physiologischen Definitwerden" beteiligt sein können. Aber dadurch versteht man noch nicht, *wie* sie daran beteiligt sind. Ihr Bezug zur Gegenwart ist eine zu allgemeine Eigenschaft, um die Art und Weise zu erklären, wie Absichten oder andere propositionale Einstellungen am Definitwerden beteiligt sein können: daran könnte im Prinzip jeder beliebige Prozeß beteiligt sein, in dem zeitliches Werden vorkommt. Der für intentionale Handlungserklärungen wichtige inhaltliche Unterschied zwischen verschiedenen Absichten oder Überzeugungen kommt in ihrer bloßen Gegenwärtigkeit nicht zum Ausdruck. Zeit und Gegenwart können eine Brücke

zwischen Geist und Feld ermöglichen, aber es bleibt noch zu zeigen, wie diese Brücke genau aussieht. Diese Forderung ist legitim. Man kann sie nicht einfach mit dem Hinweis zurückweisen, daß die Theorie kein anschauliches Modell anstrebt. Ein solches Modell gehört meines Erachtens zu jenem Verständnis, das in der Auflösung des Widerspruchs enthalten sein muß.

Literatur

Beck, L.W. (1960): *A Commentary on Kant's Critique of Practical Reason*, Chicago.
Bennett, J. (1974): *Kant's Dialectic*, Cambridge.
Bennett, J.(1984): „Commentary: Kant's Theory of Freedom" in *Self and Nature in Kant's Philosophy*, hg. von Allen Wood, Ithaca.
Copeland, J. (1992): *Artificial Intelligence. A Philosophical Introduction*, Oxford/Cambridge (Mass.).
Kant, Immanuel (1786): *Metaphysische Anfangsgründe der Naturwissenschaft*, in Kant (1900ff.), Bd. 4.
Kant, Immanuel (1787): *Kritik der reinen Vernunft* (2. Auflage), in Kant (1900ff.), Bd. 3. (Stellenangaben nach der Seitenzählung der Originalausgabe B).
Kant, Immanuel (1788): *Kritik der praktischen Vernunft*, in Kant (1900ff.), Bd. 5.
Kant, Immanuel (1900ff.) *Kants gesammelte Schriften*, hg. v. der Preußischen Akademie der Wissenschaften, Berlin.
Rohs, P. (1996): *Feld–Zeit–Ich. Entwurf einer feldtheoretischen Transzendentalphilosophie*, Frankfurt (Main).
Rosas, A. (1996): *Kants idealistische Reduktion. Das Mentale und das Materielle im transzendentalen Idealismus*, Würzburg.

Sibille Mischer

Quaken, Brüten, Äsen

Überlegungen zur Beschreibung und Erklärung tierischen Verhaltens

1. Zwischen Biointentionalismus und Biocartesianismus
Quakt der Frosch, um eine Fröschin anzulocken? Brütet die Amsel, um die Entwicklung ihrer Vogeljungen zu befördern? Äst das Reh, um sich Winterspeck anzufuttern? Peter Rohs beantwortet diese Fragen, auf eine kurze Formel gebracht, so: Wir dürfen diese Geschehnisse zumindest so beurteilen, als ob es so wäre: als ob der Frosch beim Quaken an eine Fröschin dächte, die Amsel an das Wohl ihrer Jungen und das Reh an den kommenden Winter.[1]

Rohs' Antwort weist in zwei Richtungen. Zum einen ist sie gegen eine Position gewandt, die ich als Biointentionalismus bezeichnen möchte. Biointentionalisten sind der Ansicht, daß das Verhalten von Tieren in derselben Weise zu erklären sei wie menschliche Handlungen. Was sie tun, tun sie, weil sie etwas wollen und weil sie glauben, durch ihr Tun das Gewollte erreichen zu können.

Was Biointentionalisten das Verhalten von Lebewesen ist, war für Schöpfungstheologen die Zweckmäßigkeit ihres Baus. In Kants *Kritik der Urteilskraft* sollte das einschränkende ‚Als-ob' die These abwehren, daß die innere Struktur von Organismen auf einen höheren Verstand schließen läßt, der sie ‚gemacht' hat.

In Rohs' *Feld–Zeit–Ich* dient das ‚Als-ob' in analoger Weise als kritischer Vorbehalt gegenüber dem Biointentionalismus. Dem Biointentionalismus ist mit Rohs entgegenzuhalten, daß der explanatorische Schlüssel, dessen er sich bedient, für menschliche Handlungen geschmiedet wurde. Handelnde wissen, was sie tun, sie verstehen ihr Verhalten als diese eine bestimmte Handlung, sie sind rationale, lernfähige Wesen, die auf der Grundlage von Erfahrungen Prognosen hinsichtlich des Erfolgs ihres Tuns machen. Womöglich treffen diese Bestimmungen sogar auf einige der uns bekannten Arten zu. Sofern es dem Biointentionalismus jedoch um eine allgemeinere Perspektive auf die Natur geht, sofern er, mit anderen Worten, nicht nur Schimpansen, sondern auch Frösche, Regenwürmer und Miesmuscheln im Auge hat, geht er zweifellos in die Irre.

Rohs' Antwort zielt jedoch nicht nur gegen den Biointentionalismus; sie richtet sich außerdem gegen eine Haltung, die man als biocartesianisch bezeichnen kann. Biocartesianer sind der Ansicht, daß es zwei Sorten von Erklärungen gibt: intentionalistische Erklärungen für echte Handlungen und natur-

---

[1] Meine Überlegungen schließen sich an Kapitel 23 von *Feld–Zeit–Ich* an. Ich werde mich allerdings nur auf einen einzigen Aspekt von Peter Rohs' Naturteleologie konzentrieren: auf die Frage, welche Rolle Verhaltenserklärungen auf der Basis mentaler Begriffe für die wissenschaftliche Biologie spielen.

kausale Erklärungen für alle anderen Geschehnisse. Da nicht-menschliche Lebewesen (jedenfalls die meisten) nicht handeln, ist ihr Verhalten naturkausal zu erklären.

Auch zum Biocartesianismus findet sich eine Entsprechung in Kants *Kritik der Urteilskraft*. Sie besteht in der These, daß die Genese von Organismen auf der Basis mechanischer Gesetze zu erklären ist. Bekanntlich hielt Kant es für ausgeschlossen, daß jemals eine solche Erklärung gefunden werden könnte. Auf dieser Basis konnte er nicht nur behaupten, daß teleologische Urteile *nur* Extrapolationen darstellen – er konnte auch fordern, daß wir extrapolieren *sollten*. Die Alternative hierzu lag für Kant darin, überhaupt nichts über die Genese von Organismen zu sagen. Die teleologische Beurteilung ist insofern zu *fordern*, als eine Erklärung im Modus des Als-ob besser ist als gar keine Erklärung.

Rohs lehnt sich an diese Begründung an, und er ergänzt sie um ein weiteres, evolutionstheoretisches Argument. Zunächst eine Bemerkung zu diesem zweiten, dem Abstammungs-Argument: „wenn ein Mensch frei ist", schreibt Rohs, „dann müssen auch seine Vorfahren eine Art von Freiheit besessen haben" (259)[2], und seine Vettern und Cousinen ebenfalls, wie wir mit Bezug auf die heute lebenden Arten hinzusetzen sollten. Aus dem Umstand, daß wir mit nicht-menschlichen Lebewesen verwandt sind und handeln können, folgt jedoch nicht, daß auch jene ‚eine Art von Intentionalität' besitzen müssen. Es folgt daraus so wenig wie sich aus der Tatsache unseres aufrechten Gangs schließen läßt, daß auch unsere tierischen Verwandten ‚eine Art von aufrechtem Gang' haben müssen. Daß Intentionalität sich allmählich, über verschiedene Stufen entfaltet haben muß, wird durch die Evolutionstheorie nicht erzwungen – jedenfalls nicht durch sie allein.

Bedeutsamer als die Abstammung ist das Verhalten, das wir an nicht-menschlichen Lebewesen beobachten.[3] Brauchen wir mentale Begriffe, um es zu erklären? Brauchen wir sie folglich auch, um die Evolution zu erklären?[4] Rohs bejaht dies – zumindest knüpft er die Befugnis, in diesem Bereich mentale Begriffe anzuwenden, an die Bedingung, daß bestimmte Ereignisse nur oder am besten mit Hilfe dieser Begriffe erklärt werden können. Biocartesianer hingegen verneinen jene Fragen. Sie werden darauf verweisen, daß die Lage der Biologie sich gegenüber dem 18. Jahrhundert gewandelt hat – und

---

[2] Seitenzahlen ohne weitere Angaben beziehen sich hier und im folgenden auf Rohs 1996.
[3] Wären intentionalistische Beschreibungen ausgeschlossen, wenn sich wider Erwarten herausstellen sollte, daß doch nicht alle Lebewesen denselben Ursprung haben? Ich denke, daß dem nicht so wäre.
[4] Daß mentale Begriffe, wenn sie für Verhaltenserklärungen grundlegend sind, auch zur Erklärung der Evolution herangezogen werden müssen, ergibt sich daraus, daß das Verhalten der Lebewesen für ihren Reproduktionserfolg zumindest mitverantwortlich ist. Dies heißt natürlich nicht, daß ein Lebewesen die Weitergabe seiner Gene oder die Evolution seiner Art als solche intendieren muß, wenn es sich mit einem anderen paart. Evolutionäre Entwicklungen wären vielmehr mittelbare, nicht-intendierte Wirkungen von intendierten Ereignissen.

zwar nicht nur in bezug auf die Ontogenese, sondern auch auf das Verhalten von Lebewesen.⁵

Wie ihr Namenspatron vertreten Biocartesianer die Ansicht, daß die Physik die Möglichkeit von mentaler Verursachung offenläßt. Die Physik kann uns allerdings keine Auskunft darüber geben, in welchen Fällen sie vorliegt.⁶ Für sich genommen liefert auch eine indeterministische Physik keinen Grund dafür, Intentionen ins Spiel zu bringen. Biocartesianer werden behaupten, daß sie bei tierischem Verhalten ebenso wenig im Spiel sind wie bei dem berüchtigten Schmetterling, dessen Flügelschlag einen Taifun verursacht. Sie werden dafür plädieren, tierisches Verhalten auf der Grundlage biologischer Gesetze zu erklären. Diese Erklärungen sind zwar weniger ‚feinkörnig' als jene der Physik, sie kommen aber ohne die Unterstellung von Intentionen aus.⁷ Für das Verhalten von Tieren gilt danach im Prinzip nichts anderes als für die Ontogenese der dafür erforderlichen Organe: auch hier liegen die genauen Zusammenhänge noch weitgehend im dunkeln, ohne daß wir sie deshalb mentalistisch erklären müßten.

Eine vollständige Verhaltenserklärung im Sinne der modernen Biologie wird (nicht anders als andere Merkmalserklärungen) zum einen die ‚proximaten' Mechanismen angeben, Mechanismen neuronaler, physiologischer und ontogenetischer Art, die dem Verhalten und der Herausbildung der dazu erforderlichen Organe zugrundeliegen. Zum anderen ist der evolutionäre Nutzen des Verhaltens und damit der ‚ultimate' Mechanismus seiner Herausbildung zu klären: Man muß zeigen, daß und auf welche Weise das fragliche Verhalten dem Lebewesen eine bessere Energiebilanz beschert als sonst gleichartigen ‚Konkurrenten', die es nicht zeigen.⁸

---

⁵ Daß Vorgänge, für deren Erklärung wir derzeit noch auf mentale Begriffe zurückgreifen, prinzipiell naturkausal erklärt werden könnten, will auch Rohs – anders als Kant im Falle der Ontogenese – nicht ausschließen (vgl. 263). Biocartesianer werden darauf verweisen, daß solche Erklärungen *de facto* vorliegen.
⁶ Dies entspricht auch der Ansicht von Peter Rohs: „Die Quantenmechanik liefert keinen Grund, einen freien Geist anzunehmen" (239). Im Grundsatz gilt das oben Gesagte auch für nicht-dualistische Konzeptionen, denen zufolge physikalische und mentalistische Erklärungen sich nicht ausschließen; etwa für die Identitätstheorie.
⁷ Als eine empirische Disziplin im wissenschaftlichen Spektrum etablierte die Biologie sich nicht nur dadurch, daß sie metaphysische Erklärungen ausschied und sich damit von der *Philosophie* emanzipierte. Sie hat sich auf der anderen Seite auch von der *Physik* emanzipiert, indem sie ein eigenständiges Vokabular entwickelte, mit dessen Hilfe empirische und gleichwohl nicht physikalische Beschreibungen und Erklärungen formuliert werden konnten. Bekanntlich wurde immer wieder auch die These vertreten, daß bestimmte Vorgänge ausschließlich biologisch erklärt werden können. Man kann zumindest feststellen, daß biologische Erklärungen zunächst fast immer neutral gegenüber physikalischen Theorien über die erklärten Gegenstände sind.
⁸ Ultimate Erklärungen haben oft einen teleologischen Anstrich: etwa wenn es heißt, daß ein Verhalten dazu dient, die Reproduktionschancen zu steigern. Allerdings handelt es sich hier um Kurzversionen von echten Kausalerklärungen. Nach der ausführlicheren Version, die ohne teleologische Termini (‚Zweck', ‚Ziel', ‚um zu', usw. auskommt), verhält das Lebewesen sich deshalb so, weil seine Vorfahren, die ihm die Disposition dazu vererbten, sich eben aufgrund dieses Verhaltens erfolgreicher fortgepflanzt haben als ihre Konkurrenten; die Erfolgschancen können mithilfe mathematischer Modelle ermittelt werden. Teleologische Formulierungen wie die oben angeführte sind berechtigt, sofern

Intentionen oder andere subjektive Antriebe gelten weder als ‚ultimate' noch als ‚proximate' Ursachen eines Verhaltens.[9] Ihre Annahme stützt keine biologischen Erklärungen. Wenn in biologischen Kontexten Begriffe auftauchen wie „das Streben zu überleben", „der Kampf ums Dasein" oder neuerdings „der Egoismus des Gens", dann dienen sie nur als veranschaulichende Metaphern – so wie Physiker davon sprechen, daß Elektronen einen bestimmten Aufenthaltsort „bevorzugen".

Dem Biocartesianismus zufolge sind mentale Begriffe nicht nur entbehrlich für die Biologie, sie sind darüber hinaus nicht einmal nützlich für sie. Auch Daniel C. Dennetts Vorschlag, Intentionen als Mittel für grobe biologische Prognosen einzusetzen, ist danach zurückzuweisen. Dennett zufolge sollen intentionalistische Erklärungen einfach eine Sorte von biologischen Kausalerklärungen sein, die sich von anderen (etwa neurophysiologischen) Verhaltenserklärungen nur durch ihre Körnung unterscheiden.[10] Unabhängig davon, ob Dennetts Konzeption des Mentalen überhaupt akzeptabel ist, sprengt sie jedenfalls den explanatorischen Rahmen der *Biologie* – so wie es den Rahmen der Physik sprengen würde, wenn sie Bindungen zwischen Atomen aufgrund der Präferenzen von Elektronen erklären sollte.[11] Die explanatorische Leerstelle, die mit Als-ob-Erklärungen gefüllt werden sollte, ist mittlerweile durch biologische Erklärungen besetzt, die ohne mentale Begriffe auskommen sollten und auch faktisch ohne sie auskommen.

Für Rohs' Konzeption der Naturteleologie erwächst hieraus ein Problem: Wenn wir mentale Begriffe *brauchen*, um das Verhalten von Lebewesen zu erklären, dann darf ihre Verwendung *gefordert* werden – auch dann, wenn wir hierbei, wie Kant dies in analoger Weise für die technologische Erklärung der Ontogenese annahm, nur extrapolieren. Wenn die Biologie jedoch ohne solche Begriffe auskommt, ist jener Forderung die Grundlage entzogen. (Wir können hinzusetzen: ebenso wie durch die Molekularbiologie Kants analoger Forderung die Grundlage entzogen wurde.) Biocartesianer würden darüber nur die Achseln zucken und sagen: „Warum sollten wir uns dümmer stellen als wir sind?"

---

man voraussetzen kann, daß der Fortpflanzungserfolg der heute lebenden Individuen dem Fortpflanzungserfolg ihrer Vorfahren entspricht. Das Verhalten läßt sich dann ebenso gut unter Bezugnahme auf seine Wirkungen wie auf seine Ursachen erklären.
[9] In der Tierpsychologie des 19. Jahrhunderts und in der ‚Zweckpsychologie', einer Richtung der Verhaltensforschung, die bis in die Mitte dieses Jahrhunderts hinein Anhänger fand, wurde noch ausdrücklich die Position vertreten, daß das Verhalten von Tieren auf der Grundlage von psychischen Faktoren zu erklären sei. In der ‚offiziellen' Biologie stießen diese Auffassungen jedoch auf Kritik. Die Verhaltensforschung konnte sich von dem Zeitpunkt an als biologische Disziplin etablieren, als sie auf mentalistische Erklärungen zugunsten von physiologischen und vor allem evolutionsbiologischen Ansätzen verzichtete. Vgl. dazu Wuketits 1995, 46ff. u. 110ff.
[10] Ihr Nachteil – die Tatsache, daß sie ungenau sind –, soll dadurch aufgewogen werden, daß sie weniger Aufwand erfordern als die feinkörnigen Erklärungen der Physik oder Neurophysiologie; vgl. Dennett 1987, 25ff., 237ff.
[11] Vorgreifend sei bemerkt, daß Dennetts Überlegungen damit nicht in Bausch und Bogen verworfen werden sollen. Der folgende Abschnitt verdankt ihnen vielmehr entscheidende Anregungen.

Im Hinblick auf biologische *Erklärungen* haben die Biocartesianer meiner Ansicht nach recht. Ich denke aber, daß die Biologie, ihrer Erklärungspraxis unbeschadet, nicht ohne eine Haltung auskommt, die man als ‚intentionalistisches Wohlwollen' bezeichnen kann.

2. Intentionalistisches Wohlwollen

Im Park
Ein ganz kleines Reh stand am ganz kleinen Baum
Still und verklärt wie im Traum.
Das war des Nachts elf Uhr zwei.
Und dann kam ich um vier
Morgens wieder vorbei,
Und da träumte noch immer das Tier.
Nun schlich ich mich leise – ich atmete kaum –
Gegen den Wind an den Baum,
Und gab dem Reh einen ganz kleinen Stips.
Und da war es aus Gips.
         Joachim Ringelnatz

Um elf Uhr zwei wird der nächtliche Flaneur sich noch gefragt haben, was das Reh im Park wollte. Um kurz nach vier hat seine Frage sich erledigt. Rehe aus Gips wollen nichts. Daß sie stundenlang regungslos stillstehen, erklärt sich (nachdem sie einmal aufgestellt wurden) aus den Gesetzen der Physik.

Der Gips hat am Ende den Ausschlag gegeben. Doch die Skepsis des Flaneurs – der Zweifel, der ihn zum Stipsen brachte – beruhte darauf, daß das vermeintliche Reh sich anders *verhielt*, als er es von einem intentionalen Wesen erwartete. Er wurde, m.a.W., in seinem ‚intentionalistischen Wohlwollen' enttäuscht.

Intentionalistisches Wohlwollen legen wir immer dann an den Tag, wenn wir erwägen, ob ein Geschehnis im Lichte bestimmter Absichten und Glaubensannahmen, die wir dem sich verändernden System unterstellen, *rational* wäre: Wenn wir ein Reh im Park antreffen, legen wir Wohlwollen an den Tag, sofern wir ihm unterstellen, daß es dort äsen wollte. Aus unserer, der Beobachterperspektive sind dabei oft mehrere Interpretationen möglich: Das Verhalten des Rehs wäre auch rational im Lichte der Absicht, sich vom Parkwächter quälen zu lassen. In der alltäglichen Praxis grenzen wir die möglichen Interpretationen weiter ein, indem wir unterstellen, daß die Intentionen *nachvollziehbar* sind: daß das Verhalten auf einen Zustand abzielt, der im Bereich dessen liegt, was auch uns erstrebenswert scheint.[12]

---

[12] Eine Handlung haben wir zunächst einfach dann verstanden, wenn wir wissen, aus welchen Intentionen heraus sie erfolgte. Der Begriff des Verstehens, der in der hermeneutischen Tradition diskutiert wird, schließt demgegenüber wesentlich die „Nachvollziehbarkeit" *der unterstellten Intentionen selbst* ein. Auch ihnen gegenüber kann man sich als wohlwollend erweisen: indem man nämlich annimmt, daß vordergründig „unver-

Das intentionalistische Wohlwollen, von dem hier die Rede ist, deckt sich zum Teil mit der von Dennett propagierten ‚intentionalen Einstellung'. Es gibt allerdings drei wesentliche Unterschiede. *Erstens:* Zum Wohlwollen gehört die Möglichkeit, daß man enttäuscht werden kann. Ein Geschehnis kann intendiert scheinen, und es trotzdem nicht sein. Diese Möglichkeit ist in Dennetts Konzeption nicht vorgesehen, so wenig wie sie die Möglichkeit vorsieht, daß von mehreren gleich plausiblen Interpretationen nur eine richtig ist.[13] *Zweitens:* Die Basis für unser Wohlwollen liegt in unseren Beobachtungen. Dennett zufolge sollten wir die intentionale Einstellung immer dann einnehmen dürfen, wenn sie effizientere Prognosen erlaubt, als sie auf der Basis der physikalischen oder der Design-Einstellung möglich wären. Der Flaneur kann aber noch so willig sein, die ‚intentionale Einstellung' gegenüber dem Reh anzunehmen – wenn er nicht weiß, ob es die Nähe von Menschen sucht oder ob es sie scheut, wird sie ihm keine Voraussage darüber liefern, was es tun wird, wenn er sich ihm nähert. Wir müssen zunächst einige Rehe dabei beobachten, wie sie sich in Gegenwart von Menschen verhalten; wir werden in einem zweiten Schritt ihr Verhalten damit erklären, daß sie Menschen fürchten; und wir werden erst dann zu Prognosen für künftige Einzelfälle gelangen.[14] *Drittens* – und dies ist in unserem Zusammenhang der wichtigste Punkt: Zu intentionalem Verhalten gehört noch mehr als bloß Rationalität. Es gehört dazu zum einen die Fähigkeit, an seiner Absicht festzuhalten, während man etwas tut. Zum anderen können intentionale Wesen bei gleichen Umweltbedingungen verschiedenes wollen. Dementsprechend wird unser intentionalistisches Wohlwollen nur solchen Ereignissen und Ereignistypen gelten, die plastisch und individuell sind.

Daß ein System sich ‚plastisch' verhält, daß es *sein Ziel* unter wechselnden Umweltbedingungen *hartnäckig weiterverfolgt,* heißt nichts anderes, als daß es sich so verhält, als hätte es die ganze Zeit dieses Ziel vor Augen. Daß es dieses Ziel *unter wechselnden Umweltbedingungen* hartnäckig weiterverfolgt, heißt, daß es sein Verhalten modifiziert, es den Veränderungen in seiner Umwelt anpaßt. Nur Zustandsänderungen können plastisch sein: Daß das Reh im Park den

---

ständliche" Verhaltensweisen sich wenigstens mittelbar auf Absichten zurückführen lassen, die uns aus eigenem Erleben vertraut und nachvollziehbar sind.

[13] Dies wäre genau jene Interpretation, der das interpretierte Wesen zustimmen könnte, und zwar sowohl hinsichtlich der Tatsache, daß es überhaupt Intentionen hatte, wie auch hinsichtlich dessen, was es intendierte.

[14] Für Erklärungen ist der Gesichtspunkt der Effizienz weit weniger maßgeblich als für Prognosen. Wenn wir fragen, was ein Wesen tun wird, können wir überlegen, was es tun würde, wenn es rational wäre (m.a.W.: wir können ihm gegenüber die intentionale Einstellung annehmen) und dementsprechend eine Voraussage darüber wagen, was es tun wird. Wenn wir fragen, warum ein Wesen etwas Bestimmtes getan hat, können wir natürlich ebenfalls sagen, daß es unter den gegebenen Umständen rational gewesen wäre, genau das zu tun, was es tat – aber hierauf zielt nicht unsere Frage. Wir wollen wissen, was tatsächlich den Ausschlag für das Verhalten des Wesens gegeben hat. Einem Materialisten zufolge muß die Antwort in jedem Fall lauten: physische Prozesse in seinem Gehirn. Für Erklärungen ist die ‚intentionale Einstellung' nicht hilfreich. Eben deshalb legt Dennett das Schwergewicht auf ihre prognostische Kraft.

Flaneur enttäuschte, lag daran, daß es keinerlei Veränderung erkennen ließ (von plastischen Veränderungen ganz zu schweigen.) An einem ‚echten' Reh werden wir hingegen Geschehnisse beobachten, die plastisch sind.

Auch in der anorganischen Welt gibt es plastische Vorgänge – ein vielzitiertes Beispiel ist die Bewegung des Flusses, der meerwärts strömt. Hier fehlt jedoch das Merkmal der individuellen Variabilität: *alle* Flüsse strömen meerwärts.[15] Daß ein System sich ‚individuell' verhält, soll hier lediglich heißen, daß es sich anders verhält als andere, *auf den ersten Blick* gleichartige Systeme sich unter denselben Umweltbedingungen verhalten (würden). Wenn wir ein Rudel Rehe beobachten, das auf einer Lichtung zusammengekommen ist, dann werden wir feststellen, daß das Verhalten der einzelnen Tiere diese Bedingung erfüllt: das eine äst, das andere hebt den Kopf, ein drittes leckt seine Flanken und ein viertes wird sich vielleicht nach seinem Kitz umschauen. In solchen ‚undramatischen' Situationen, welche die Regel im tierischen Leben sind, sind Prognosen kaum möglich: Ob das zweite Reh von links gleich den Kopf heben wird, wird man kaum vorhersagen können. Folgt man Dennett, so wäre es in solchen Fällen inadäquat, die intentionale Einstellung anzunehmen – sie leistet nicht, was sie soll. Ich denke, daß unser intentionalistisches Wohlwollen ganz im Gegenteil um so größer ist, je schwieriger es wird, das Verhalten eines Tieres zu prognostizieren. Wir werden gerade keine Absichten vermuten, wo alle Tiere (und sogar die meisten Menschen) sich ähnlich und daher in leicht voraussagbarer Weise verhalten, etwa in der panischen Reaktion auf einen Angreifer. Situationen, in denen keine starken Reize vorliegen, lassen weit eher Raum dafür, daß ein Wesen seine Absichten auslebt.

Ein Geschehnis, das individuell, plastisch, nachvollziehbar und rational interpretierbar ist, kann als ‚aktiomorph' gekennzeichnet werden. Aktiomorph ist all das, was der Erscheinungsform von Handlungen ähnelt. Im Umgang mit unseresgleichen kommt es nur selten vor, daß wir unser Gegenüber fragen müssen, ob es unserer Interpretation zustimmen kann; wenn sein Verhalten aktiomorph ist, haben wir normalerweise keinen Zweifel an seinem intentionalen Charakter. Der Präzedenzfall von aktiomorphem Verhalten sind unsere Körperbewegungen (die der Teile und des ganzen Körpers). Es sind aber nicht alle Körperbewegungen, und es müssen auch nicht nur Körperbewegungen sein: Wenn ein Schauspieler auf der Bühne weint oder errötet, dann kann auch dies aktiomorph sein. Wenn jemand ununterbrochen mit den Händen zuckt, dann ist dies hingegen nicht aktiomorph (weil es nicht rational und nachvollziehbar ist; wir würden vermuten, daß der Mensch krank ist). Auch

---

[15] Konzeptionen, die das Kriterium für die Anwendung teleologischer Erklärungen generell in der Plastizität eines Geschehens sehen, wurden vor allem im Umkreis der angloamerikanischen Wissenschaftstheorie vorgelegt. Wie Eve-Marie Engels gezeigt hat (und wie auch schon andere vor ihr argumentiert haben), scheitern sie unter anderem daran, daß sie zu weit sind: die Kriterien werden auch von anorganischen Systemen erfüllt, die wir intuitiv nicht teleologisch und erst recht nicht intentionalistisch erklären würden (vgl. Engels 1982, 175). Darüber hinaus gehört das Ziel, das der Fluß erreicht, nicht zu dem, was *uns* erstrebenswert scheint. Es ist einfach keine für uns selber nachvollziehbare Intention, sich ‚einfach so' im Meer auflösen zu wollen.

Reflexbewegungen sind nicht aktiomorph (weil sie nicht individualistisch sind).

Indem wir uns an den beiden Merkmalen Individualität und Plastizität orientieren, kommen wir einigermaßen durch den Alltag. Sie sind jedoch nur Indizien. Sie sind zum einen keine notwendigen Bedingungen für Handlungen: Jemand kann absichtlich in allen Situationen dasselbe tun; und alle können absichtlich in einer bestimmten Situation dasselbe tun. Entscheidender für unseren Zusammenhang ist der Umstand, daß sie nicht einmal hinreichenden Bedingungen sind. Der Umstand, daß ein Verhalten die angeführten Merkmale aufweist, daß es rational und nachvollziehbar ist, bietet keine Gewähr dafür, daß es tatsächlich intentional ist – nicht einmal bei Menschen. Wenn jemand ‚im blinden Zorn' einen anderen schlägt, dann ist dieses Verhalten individuell, plastisch, rational erklärbar und womöglich sogar nachvollziehbar – und ist trotzdem ‚aus einem Affekt heraus' und unbeabsichtigt geschehen.

Einem Wesen intentionalistisches Wohlwollen entgegenzubringen, ist immer ein Wagnis.[16] Wie ich oben schon bemerkte: Unser Wohlwollen kann enttäuscht werden. Solche Enttäuschungen sind an der Tagesordnung, wenn wir Tiere länger und in verschiedenen Situationen beobachten. Zum einen werden wir uns im Hinblick auf das Merkmal der Individualität enttäuscht sehen: Wo wir zunächst beobachteten, daß zwei Bienen sich ganz verschieden verhielten (so daß wir geneigt waren, ihnen verschiedene Intentionen zu unterstellten), da müssen wir bemerken, daß für den Unterschied nur ein einziger Faktor ausschlaggebend ist: die eine ist eine geschlechtslose Arbeitsbiene, die andere eine Drohne. Nicht alle Bienen, aber zumindest alle Arbeitsbienen und alle Drohnen verhalten sich in einer bestimmten Situation in gleicher Weise.

Enttäuschungen gibt es aber auch im Hinblick auf die Rationalität des Verhaltens: Lebewesen sind, um einen Ausdruck Hofstadters aufzugreifen, oft ‚sphexhaft'.[17] Wenn ein bestimmter Reiz gegeben ist, spulen sie ihr Verhaltensprogramm ab, ganz gleich, welche Folgen dies für sie hat. Unter natürlichen Bedingungen erscheint ihr Verhalten zwar rational und sie ereichen ein Ergebnis, das *wir* als erstrebenswert ansehen können – im Falle der Grabwespe einen guten Start für ihre Nachkommen. Doch der Erfolg ist, aus einer Handlungsperspektive gesehen, nur zufällig; ihr Verhalten führt ihn herbei, ohne daß er von dem Lebewesen antizipiert gewesen wäre.

---

[16] Daß unsere soziale Praxis es erfordert, dieses Wagnis einzugehen, liegt auf der Hand. Manchmal leisten wir dabei sogar einen Vorschuß, der erst in der Zukunft zurückgezahlt werden kann: Wir erziehen Kinder zu Personen, indem wir sie als solche behandeln, bevor sie es aller Wahrscheinlichkeit nach sind.

[17] Ich folge hier D.C. Dennetts Darstellung; vgl. Dennett 1984, 10ff. Dennett hat für Fälle von sphexhaftem Verhalten den Vorschlag gemacht, von der Annahme, daß das individuelle Tier irgendwelche Intentionen hat, dazu überzugehen, sie der Natur zu unterstellen. Dieser Übergang erscheint jedoch überflüssig, wenn Intentionen, wie Dennett es will, ohnehin nur beobachterrelative theoretische Entitäten sind, deren einzige Funktion darin besteht, Prognosen vorzunehmen. Diese Funktion können sie ebenso gut erfüllen, wenn wir sie nicht bei ‚Mutter Natur', sondern bei der Grabwespe selbst ansiedeln.

Biocartesianer werden argumentieren, daß alle (oder doch die allermeisten) Lebewesen sich nicht anders verhalten als Menschen, die aus dem Affekt heraus zuschlagen: sie tun, was sie tun, nicht um der Folgen willen.[18] Ihr Verhalten erscheint zwar so, *als ob* es rational und darüber hinaus auf nachvollziehbare Intentionen gegründet wäre, aber es *erscheint* uns eben nur so: Wir sitzen einer Täuschung auf.

Inwieweit nicht-menschliche Lebewesen unser Wohlwollen tatsächlich *verdienen*, möchte ich im folgenden offenlassen. Ich glaube nicht, daß diese Frage für alle Arten oder alles Verhalten in derselben Weise beantwortet werden kann. Je höher wir im Tierreich heraufsteigen, um so stärker differenzieren sich die individuellen Unterschiede aus. Vom Frosch, dessen Verhalten vielleicht nur von seinem Alter oder Geschlecht abhängt, über den Hühnerhof, auf dem das Verhalten auch durch die soziale Rolle bestimmt ist, bis hin zu den Schimpansen, die davon unabhängige individuelle Vorlieben zu zeigen scheinen, ist das Merkmal der Verhaltensindividualität zunehmend ausgeprägter. Etwas Ähnliches gilt für die Rationalität ihres Verhaltens: Bei höheren Tieren werden wir kaum noch auf Sphexhaftigkeit stoßen. Daß sich das ‚als-ob' unserer Extrapolationen, wie Rohs schreibt, „asymptotisch einem nein annähert" (260), liegt vor allem daran, daß es im Verhalten von Tieren verschiedene Grade von individueller Ausdifferenzierung und situativer Angemessenheit gibt.

Im folgenden soll es, wie gesagt, nicht darum gehen, ob Schimpansen unser Wohlwollen eher verdienen als Frösche. Ich möchte mich vielmehr darauf beschränken, die Funktion des intentionalistischen Wohlwollens für die Verhaltensforschung und die Biologie generell aufzuzeigen.

3. Intentionalistisches Wohlwollen in der Biologie

Die Relevanz des intentionalistischen Wohlwollens für die Biologie zeigt sich nicht unmittelbar in biologischen Verhaltens*erklärungen*, sondern bei der *Identifizierung und Beschreibung* dessen, was als Verhalten im biologischen Sinne zu gelten hat.

In einem allgemeineren Sinne sprechen wir auch davon, daß Herzen, Flüsse oder Elementarteilchen sich irgendwie verhalten. Für die biologische ‚Verhaltens'forschung ist jedoch ein engerer Verhaltensbegriff grundlegend. ‚Verhalten' im biologischen Sinne umfaßt mehr als nur Körperbewegungen und -stellungen: Auch der Farbwechsel eines Tiers in bestimmten Situationen kann dazugehören. Der biologische Verhaltensbegriff umfaßt aber zugleich auch weniger als Körperbewegungen: Wenn ein Insekt von einer Bö davongeweht wird oder wenn es einfache Reflexe zeigt, dann verhält es sich nicht.[19]

---

[18] Damit ist natürlich nicht ausgeschlossen, daß Tiere z.B. Schmerz empfinden; um diesen Aspekt von Subjektivität soll es hier aber nicht gehen.
[19] Die Auffassung, daß einfache Reflexe nicht zum Verhalten gehören, ist, in Anlehnung an Aristoteles, schon von David W. Hamlyn (1977, 90) vertreten worden; vgl. dort auch 94: „Verhalten kann weitgehend automatisch sein, aber niemals ganz. Verhalten kann

Ich denke, daß zum ‚Verhalten' im engeren biologischen Sinne einfach all jene Geschehnisse gezählt werden, die aktiomorph sind.[20] Biologen *identifizieren* genau diejenigen Vorgänge als *Verhalten* und damit als den Forschungsgegenstand der Ethologie, die plastisch sind und die (wenn auch in begrenztem Umfang) innerhalb der Population variieren. Und sie greifen genau diesen Phänomenbereich aus der Gesamtheit der organischen Phänomene heraus, weil hier die Merkmale auftreten, an denen wir in unserer alltäglichen Praxis Handlungen erkennen. Der Begriff des Verhaltens ist abhängig von dem der Handlung: Verhalten ist dasjenige, was uns wie eine Handlung erscheint.

Diesen Umstand spiegeln auch die konkreten biologischen Verhaltensbeschreibungen wider. Wenn ein Reh die Umgebung durchstreift, dabei immer wieder die Witterung aufnimmt, bis es schließlich den Park erreicht und zu äsen beginnt, dann haben wir es mit einer Fülle von Einzelaktivitäten zu tun, die ihrerseits auf unterschiedlichen neuronalen und physiologischen Mechanismen beruhen. Biologen fassen die gesamte Sequenz jener Verhaltensschritte unter dem Begriff „Nahrungssuche" zusammen (und nur deshalb kann man hier von Verhaltens*schritten* sprechen). Aus den Eigenschaften der einzelnen Schritte läßt sich jedoch nicht ableiten, daß das Reh Nahrung sucht. In gleichartigen Bewegungsmustern können unterschiedliche Verhaltensweisen realisiert sein. Außerdem wird das Verhalten auch dann noch als Nahrungssuche qualifiziert, wenn das unterstellte Ziel nicht erreicht wird.[21] Einheitsstiftend ist in solchen Fällen die Unterstellung, daß die beobachteten Verhaltensschritte durch eine einzige Intention getragen sind – in diesem Fall: die Absicht des Rehs, seinen Hunger zu stillen. Im Lichte dieser Absicht (und entsprechender Glaubensannahmen) wäre das beobachtbare Verhalten rational. Es wäre auch rational, wenn wir unterstellen würden, das Tier wollte sich seinen Freßfeinden präsentieren. (Während der Nahrungssuche begeben Rehe sich bekanntlich oft auf Lichtungen – was den Jägern sehr entgegenkommt.) Daß Biologen das Verhalten des Rehs nicht als ein „Sich-seinen-Freßfeinden-Präsentieren" beschreiben, sondern als „Nahrungssuche", beruht darauf, daß

---

immer als intelligent bezeichnet werden, in dem Sinne des Wortes, der ‚mechanisch' und ‚automatisch' entgegengesetzt ist, jedoch nicht immer in dem, der das Gegenteil von ‚dumm' bezeichnet."

[20] Gelegentlich verweisen auch biologische Definitionen, wenngleich eher unausgesprochen, in diese Richtung. So definiert Rubinstein Verhalten als „eine in bestimmter Weise organisierte Tätigkeit, die die Verbindung eines Organismus mit dem umgebenden Milieu herstellt" (zitiert nach Wuketits 1995, 4f.) – sofern wir unter ‚Tätigkeit' hier nichts anderes als ‚Geschehnis' verstehen sollen, gilt die Definition für beinahe alle Ereignisse im organischen Leben; sofern der Ausdruck ein darüber hinausgehendes Moment des Aktiven, Spontanen enthält, verweist er auf den der Handlung.

[21] Es ist daher zumindest teilweise irreführend, wenn Biologen in diesem Zusammenhang von Funktionskreisen sprechen. Natürlich lassen sich auch für Verhaltensphänomene funktionale Beschreibungen finden. Doch im konkreten Einzelfall erfüllt das Verhalten eines Lebewesens, anders als innersystemische Vorgänge, nicht immer und manchmal sogar nie die ihm zugeschriebene Funktion. Ein Lebewesen kann sein Lebtag erfolglos balzen. Die Funktionalität kommt beim Verhalten, im Unterschied zu organischen Vorgängen, nur dem Typus zu. Ein Verhaltenstyp hat eine bestimmte Funktion, wenn diese Funktion in den konkreten Fällen dieses Verhaltens zumindest manchmal erfüllt wird.

das Ziel, sich Nahrung zu beschaffen, weitaus eher in den Bereich dessen fällt, was sie selbst, die Biologen erstreben. Die Klammer, durch die wir die verschiedenen Abschnitte der Verhaltenssequenz zusammenfassen und gegeneinander abgrenzen, ist eine Sinnklammer – sie ist abhängig von unserem Begriff einer in sich abgeschlossenen, rationalen und in ihren Zielen nachvollziehbaren Handlung.[22]

In der Identifikation und Beschreibung von Verhalten bringen Biologen ihren Gegenständen ‚intentionalistisches Wohlwollen' entgegen: Bevor sie sich daran machen, nach biologischen Erklärungen zu suchen, werden sie, nicht anders als der Flaneur im Park, erwägen, ob das Geschehnis rational ist und welche Absichten sich dahinter verbergen könnten; sie werden dies nur bei solchen Geschehnissen tun, die individuell scheinen und plastisch sind. Für die biologische Erklärungspraxis im engeren Sinne wird dieses Wohlwollen dann unerheblich. Die *Erklärungen* der Biologie betreffen die mit dem Verhalten einhergehenden Lautäußerungen, Körperbewegungen und -stellungen usw., und in diesen *Erklärungen* wird kein Gebrauch von intentionalen Ausdrücken gemacht. Daß die erklärten Bewegungen ein *Verhalten* sind, spielt, m.a.W., keine Rolle mehr. Die Erklärungen sind von derselben Art wie die für nicht aktiomorphe Vorgänge.

Gegenstand der biologischen Verhaltensforschung sind ausschließlich Tiere. Auch dies dürfte eine Folge daraus sein, daß der biologische Begriff des Verhaltens an den der Handlung angelehnt ist. Pflanzen ‚verhalten' sich nicht, weil es in ihrem Leben keine (oder kaum) Geschehnisse gibt, die aktiomorph sind. Pflanzliche Tropismen sind zumindest plastisch – etwa wenn der Klee in der Mittagssonne seine Blätter zusammenklappt – doch es fehlt ihnen das Moment der Individualität. Sie sind in der Weise auf ihr Ziel zugeschnitten, wie einfache Reflexe es sind: das Zurückzucken von einer heißen Herdplatte. Darüber hinaus scheint der Begriff des Wollens bei Wesen, die fast nichts dafür tun müssen, um das (hypothetisch unterstellte) Ziel zu erlangen, sinnlos zu werden. Hans Jonas erkennt daher in der „Spannung des Abstands", die das Tier durch Ortsbewegung zu überbrücken vermag, und in dem durch diesen Abstand „erzwungenen Aufschub" den „Anlaß für Verlangen und für

---

[22] In einer früheren Phase der Verhaltensforschung wurde in diesem Zusammenhang von Instinkten, Trieben o.ä. gesprochen – in unseren Alltagserklärungen sind diese Ausdrücke weiterhin lebendig. Rehe ästen, Amseln brüteten, Frösche quakten danach ‚aus einem Instinkt'. Wenn wir solche Proto-Intentionen in unseren Alltagserklärungen weiterhin unterstellen, dann orientieren wir uns dabei an unserem eigenen, dem menschlichen Wollen; wir abstrahieren in den genannten Fällen allerdings von der Tatsache, daß unser Begehrungsvermögen, mit Kant zu reden, durch Begriffe bestimmt ist. ‚Bloß instinktives' oder ‚triebhaftes' Verhalten ist solches, daß nur wie eine Handlung erscheint, wobei wir bereits wissen, daß es keine ist. – In der wissenschaftlichen Biologie wird der Instinktbegriff heute nur noch gebraucht, um ein Verhalten zu kennzeichnen, das bei seinem ersten Auftreten bereits vollständig ist und nicht mehr durch spätere Erfahrungen modifiziert wird. Der Begriff bezieht sich also nicht auf die Ursachen, sondern auf Eigenschaften von Verhaltenstypen.

Emotion überhaupt" (Jonas 1973, 156).[23] Sofern wir Pflanzen aus unserer Betrachtung ausklammern, läge unser intentionalistisches Wohlwollen nicht nur der Identifikation von Verhalten im Unterschied zu anderen Geschehnissen zugrunde, sondern mittelbar auch der Identifikation von Tieren.[24] Tiere wären einfach Systeme, die, im oben erläuterten Sinne, ‚Verhalten' zeigen. Sie sind, in der aristotelischen Bedeutung des Wortes, ‚Lebewesen': Wesen, denen wir zumindest zum Zwecke ihrer Identifizierung und Beschreibung unterstellen müssen, daß sie etwas erstreben.

Literatur

Dennett, Daniel C. (1984): *Elbow Room*, Cambridge (Mass.).
Dennett, Daniel C. (1987): *The Intentional Stance*, Cambridge (Mass.)/London.
Engels, Eve-Marie (1982): *Die Teleologie des Lebendigen*, Berlin.
Hamlyn, David W. (1977): „Verhalten", in *Analytische Handlungstheorie, Bd. 2: Handlungserklärungen*, hg. von A. Beckermann, Frankfurt (Main):
Jonas, Hans (1973): *Organismus und Freiheit. Ansätze zu einer philosophischen Biologie*, Göttingen.
Rohs, Peter (1996), *Feld–Zeit–Ich. Entwurf einer feldtheoretischen Transzendentalphilosophie*, Frankfurt (Main).
Wuketis, Franz W. (1995): *Die Entdeckung des Verhaltens. Eine Geschichte der Verhaltensforschung*, Darmstadt.

---

[23] Zumindest, so sollte man im Blick auf Blumentiere ergänzen, muß der „Abstand" durch Bewegungen der Extremitäten überbrückt werden.
[24] Die ‚klassische' biologische Definition pflanzlichen Lebens erweist sich auch hier wieder als nicht völlig adäquat. So gelten Pflanzen gemeinhin als Organismen, die organische Stoffe selbst synthetisieren können. Diese Bestimmung trifft jedoch nicht auf Pilze zu.

Ludwig Siep

Naturteleologie und Ethik

Das Thema dieses Beitrages ist primär motiviert vom Interesse an einer Erweiterung der Ethik um Kategorien des richtigen Umganges mit der Natur. Ich vermute, daß dafür weder Ethiken des Kantischen noch des utilitaristischen Typs besonders geeignet sind. Dagegen steht die in vielen Gesprächen geäußerte Auffassung von Peter Rohs, seine Version des Kantianismus sei für Kategorien einer – nennen wir es in einem weiten Sinne „ökologischen" – Ethik geeignet. Deshalb erscheint es legitim zu überlegen, welche ethischen Kriterien für diesen Problembereich aus der Naturkonzeption und aus der Ethik von Peter Rohs folgen. Das Thema mag für sein Werk nicht zentral sein – für seine philosophischen Interessen ist es sicher nicht nur marginal.

In Rohs' neuem Buch *Feld–Zeit–Ich* (1996) wird keine philosophische Ethik entwickelt. Dagegen finden sich wichtige Überlegungen zur Ethik in dem früheren Buch *Die Zeit des Handelns* (1980) und in verschiedenen Aufsätzen. Das neue Buch enthält aber Überlegungen zum Status der nichtmenschlichen Natur, auf die ich zuerst eingehen möchte.

I

Natur gehört nach der Konzeption dieses Buches zwei Ontologien und zwei Kausalitätsarten an: der Ereignisontologie wie der Ontologie des zeitlichen Werdens, der physikalischen Kausalität wie der Freiheitskausalität. Dieses „angehören" wird an einigen Stellen im Sinne eines spinozistischen Parallelismus verstanden, an anderen im Sinne einer Überschneidung beider Ontologien und Kausalitätsarten im Bereich des Lebens oder sogar erst der animalischen Natur. Die letztere, eingeschränktere These erscheint mir viel plausibler ist als die erste.

Sie besagt, daß wir die Vorgänge im Bereich des Animalischen bzw. des selbsttätig strebenden Lebendigen teilweise als nach physikalischen Gesetzen determiniert auffassen müssen, teilweise aber nach Gesetzen erklären können, in denen Sätze über Intentionen und Meinungen vorkommen. Das erstere gilt vermutlich für körperliche Vorgänge, die einfach ablaufen, ohne daß man sie nach Analogie zu einem Streben, Suchen, sich Bemühen etc. erklären könnte. Das letztere gilt sozusagen für alle Spuren intentionalen Verhaltens, bis hinunter zu gesteuerten Ortsbewegungen, bei denen es irgendeinen Spielraum von Möglichkeiten gibt. Dieses Verhalten kann, ebenso wie menschliche Freiheit, nur ex post erklärt und nicht strikt prognostoziert werden.

Die Extrapolation des Subjektiven zu einem universalen Phänomen beruht dagegen auf folgendem Argument: Da wir keine starre Grenze des Lebens gegenüber dem Leblosen angeben können, stellen wir uns den Bereich des Intentionalen in der scala naturae nach unten gleichsam asymptotisch gegen Null gehend vor. Mit dieser Vorstellung habe ich Schwierigkeiten: Die Stoffwechselprozesse der Pflanzen oder die Bindungen von Molekülen im anorganischen Bereich haben sicher nichts mehr von einer „als ob" Subjektivität an sich. Auch die soziobiologische Rede vom Egoismus der Gene oder von einer intentionalen Steuerung dieser biochemischen Gebilde – am Ende noch gegen unseren Willen – ist ja nur irreführende Metapher. Hier hilft auch die These nicht, in unserer evolutionären Abstammungsreihe verschwinde die „ontologische Grundlage von Freiheit" auch bei „*beliebiger* Entfernung" nicht (259)[1] – wenn man das behaupten will, muß man entschiedener Panpsychist sein.

Die Extrapolation des Subjektiven kann nach dem Kapitel über „Naturteleologie" in zwei Richtungen erfolgen: Entweder kann man auf Prozesse in demselben System oder auf andere Systeme extrapolieren. Beispiel für das erstere ist die Psychosomatik, für das letztere die Evolution. In psychosomatischen Prozessen haben offenbar Strebens- und Glaubenszustände eine unmittelbare, nicht durch Handlung vermittelte Wirkung auf körperliche Prozesse und umgekehrt.

Bei der zweiten Richtung, der Extrapolation auf nicht-menschliche Lebewesen, soll nicht nur deren Verhalten quasi-intentional erklärt werden – was mir einleuchtet – sondern auch die Evolution als ganze. Mir scheinen aber quasi-intentionale Prozesse in der Evolution nur marginale Bedeutung zu haben. Von Kampf und Erhaltungsstreben wird im Neodarwinismus nur metaphorisch gesprochen – selbst bei der Konkurrenz um ökologische Nischen entscheidet meist eindeutig Nicht-Intentionales: etwa die Verwertung von Nahrung, die Resistenz gegen Krankheiten, Tarnfärbung, Fertilität usw. Deshalb ist mir auch die Erklärung des Teleologischen im Sinne der zweckmäßigen Organisation von Lebewesen aus den beiden Kausalitätsarten nicht plausibel. Wenn ich die These richtig verstehe, erklärt Rohs zweckmäßige Vorgänge in der Natur mittels angestrebter Zielzustände einerseits, und dafür in Anspruch genommener „naturkausaler" Prozesse andererseits. Die Evolution zweckmäßig organisierter Organismen erklärt sich aber nicht daraus, daß Individuen in der Evolution ihr Überleben quasi-intentional angestrebt hätten und ihnen Naturkausalität dabei zuhilfe gekommen wäre. Außer dem Menschen gibt es vermutlich keine Art, deren Überleben von erfolgreichen oder gescheiterten intentionalen Handlungen abhinge. Nur wir selber können unsere Art durch Dummheit gefährden.

II

Wenn ich jetzt zu der ethischen Fragestellung übergehe, lasse ich diese Fragen offen und beschränke mich auf die These, daß man das Verhalten nicht-menschlicher Lebewesen zumindest teilweise mit einer „Variante" (261) der Freiheitskausalität erklären kann und muß. Die Frage, wie wir uns zu solchen Wesen verhalten sollen, ist durch diese Überlegungen natürlich nicht entschieden und wird auch in dem Buch gar nicht behandelt. Wenn man sich

---

[1] Seitenzahlen ohne weitere Angaben beziehen sich hier und im folgenden auf Rohs 1996.

überlegt, wie eine Antwort auf diese Frage in dieser Konzeption aussehen könnte, muß man sich also den früheren Arbeiten zuwenden.

Nun bin ich mir nicht ganz sicher, inwieweit Rohs den früheren Standpunkt beibehalten hat. In dem Buch *Die Zeit des Handelns* scheint mir eine wesentlich engere kantianische Verbindung zwischen Handlungsfreiheit und moralischer Freiheit behauptet als in dem neuen Buch. Rohs führt dort aus, daß die „drei Momente von Freiheit – Intentionalität, Möglichkeit des apriorischen Zwecks, kategorischer Imperativ – ... ständig zumal miteinander zu unserem Handeln gehören" (Rohs 1980, 137). An anderer Stelle heißt es: „Zur Struktur von Subjektivität gehört eine transzendentale Handlung, die das Vorsetzen des apriorischen Zwecks vorschreibt; ein reines „Ich befehle die Entscheidung zu Freiheit" (ebd. 135). Dies sei eine Art „Druck der nichtsinnlichen Spontaneität" auf das Entscheiden (ebd. 139).

Diese Subjektivität kommt nun den nicht-menschlichen Wesen, die wir für intentional handlungsfähig halten, wohl auch nach Rohs´ Auffassung nicht zu. Für sie ist der kategorische Imperativ nicht, wie es in der *Zeit des Handelns* mit Kant für die Menschen behauptet wird, eine „Bedingung der Möglichkeit der Verstehbarkeit von Handlungen" (ebd. 137). Sie sind im kantischen Sinne nicht zur moralischen Freiheit fähig und daher auch keine Selbstzweckwesen. Sie gehören wohl auch nicht der Klasse der Betroffenen an, deren Perspektive ich bei den von Rohs beschriebenen Universalisierungsverfahren einnehmen muß. Denn dabei ist zu fragen, ob ich mit meinem vernünftigen und auch immer implizit moralischen Freiheitsbewußtsein einer Handlungsregel zustimmen kann, deren Konsequenzen ich zu spüren bekomme. Auch zehn Jahre später in Rohs´ Antikritik gegen Bittner in der Ilting-Gedenkschrift (Rohs 1990) wird der kategorische Imperativ mit Kant so verstanden, daß er die Achtung von Personen gebietet – also von Wesen, die selber der moralischen Freiheit zumindest prinzipiell fähig sind.

Wenn also die Extrapolation von Subjektivitätsgraden in den Bereich der lebendigen Natur etwas für die moralische Behandlung nicht-menschlicher Wesen bedeuten soll, dann müßte zumindest die Einheit von Intentionalität und moralischem Pflichtbewußtsein für diese Wesen aufgelöst werden. Würde müßte dann graduiert werden und allen Wesen zukommen, die Anteil an der Ontologie des zeitlichen Werdens haben. Diese Erweiterung wirft zumindest zwei Fragen auf:

1. Warum sind wir verpflichtet, nicht nur die anspruchsvolle Freiheit des Menschen, sondern auch die schwache, bloß intentionale anderer Wesen zu wollen bzw. zu respektieren?

2. Was bedeutet es, auf die Subjektivtität oder Intentionalität solcher Wesen Rücksicht zu nehmen?

(1) Die Beantwortung der ersten Frage möchte ich nur als Aufgabe skizzieren. Man müßte die Ableitung des kategorischen Imperativs so modifizieren, daß jedermanns Verpflichtung, die Freiheit zu wollen, zwar aus der vernünftigen Freiheit des Menschen gefolgert werden kann – als ein Selbstbefehl

des freien Ich –, daß aber die *gewollte* Freiheit nicht erst diese vernünftige Freiheit selber, sondern schon die Quasi-Intentionalität der lebendigen Wesen ist.

(2) Die zweite Frage ist aber dann immer noch schwierig genug. Was heißt es, diese Freiheit nicht-menschlicher Wesen zu wollen? Wenn das bedeutet, jede intentionale Bewegung vom Regenwurm an aufwärts zu bejahen, zu schützen oder sogar zu ermöglichen, dann ist eine völlige Tabuisierung des Bereichs der animalisch-strebenden Natur die Folge. Das wird der ökologischen Ethik nicht helfen. Oder soll man nur *die* Bewegungen der Lebewesen respektieren, die der menschlichen Freiheit nicht schaden? Welche sind das? Die, die unserem Leib und Leben nicht schaden? Die, die unseren Bewegungsspielraum nicht einschränken? Das scheint mir eine sehr weite und unbestimmte Skala.

Vielleicht könnte man versuchen, die artgemäße Lebensweise als das zu respektierende Gut zu bezeichnen. Aber ich sehe noch nicht, wie man von der bloßen Fähigkeit zu intentionalen Bewegungen zum Wert einer artgemäßen Lebensweise kommt. Weder der Artbegriff noch der Begriff einer gesamten Lebensweise ist von der Freiheitskausalität ableitbar. Und vor allem fehlt es an Verteilungs- bzw. Gerechtigkeitskriterien, nach denen man die Lebensräume konkurrierender Arten aufteilt bzw. schützt.

Die schwache Form von Teleologie, die Rohs zuläßt, ist auch nicht geeignet, aus natürlichen Sollzuständen Werte zu machen und daraus Handlungsnormen abzuleiten. Wenn Funktionalität einerseits auf angestrebte Zielzustände und andererseits auf naturkausale Mittel zurückgeht, dann kann man sie kaum als einen intrinsischen Wert bezeichnen, der durch menschliches Handeln befördert werden sollte.

Ich bin also etwas skeptisch, ob und wieviel die ökologische Ethik von der feldtheoretischen Transzendentalphilosophie profitiert.

III

Was wäre zu tun, um weiterzukommen? Aus welchen Gründen sollen wir auf Wünsche, Strebungen und auf naturkausal erklärbare Bedürfnisse von Lebewesen Rücksicht nehmen und in welchem Maße?

Drei Wege erscheinen möglich: Erstens könnte man die These vertreten, zur Intentionaltät des Lebendigen gehöre grundsätzlich der Versuch, Schmerzen zu vermeiden und Lust (pleasure) zu erstreben Das würde uns vom kategorischen Imperativ der Freiheitsbejahung zum pathozentrischen Utilitarismus der Schmerzvermeidung führen. Aber zum einen ist ein solcher für die ökologische Ethik nach meiner Auffassung auch nur von begrenztem Wert. Und zum anderen braucht man dafür eigentlich keine feldtheoretische Transzendentalphilosophie. Daß Schmerz ein bei allen empfindungsfähigen Wesen zu vermeidender Unwert ist, haben etwa Bentham oder Nagel mit ganz anderen Argumenten zu zeigen versucht (vgl. Nagel 1992, 270ff.).

Zweitens könnte man ein oberstes ethisches Prinzip der angemessenen Behandlung der Dinge „je nach ihrer Art" zu verteidigen suchen. In diesem Rahmen wäre dann die Aussage gerechtfertigt, daß das strebende Leben in der

Natur entsprechend seinen quasi-mentalen Fähigkeiten behandelt werden sollte. Ähnliche, allerdings nicht auf das Leben beschränkte Überlegungen habe ich selber seit 1985 angestellt (vgl. Siep 1988, 81-94). Aber auch zur Begründung und Konkretisierung eines solchen Prinzips erscheinen transzendentalphilosophische Argumente nicht sehr hilfreich.

Die dritte Möglichkeit scheint mir zu sein, statt von einem physikalischen und einem quasi-intentionalen Naturbegriff von einem ursprünglich bewertenden, handlungsorientierenden Naturverständnis auszugehen und seine normativen Implikationen zu ermitteln. Analog zu Rawls' Rekonstruktion der sozialen Fairneßvorstellungen (Rawls 1979) ließe sich vielleicht zeigen, daß wir Natur traditionell – und weitgehend auch noch in den heutigen Alltagsvorstellungen – als Lebensraum für eine große Mannigfaltigkeit von miteinander konkurrierenden und kooperierenden Wesen auffassen, in dem eine Art von Gerechtigkeit – oder „well-ordered cosmic society" – möglich ist. Wenn der beste Zustand der Welt ein solcher ist, in dem für die größtmögliche Mannigfaltigkeit miteinander verträglicher Wesen Entfaltungsspielraum besteht, dann folgte daraus in der Tat das Angemessenheitspostulat des zweiten Weges. Man wäre dann wenigstens grundsätzlich gehalten, geeignete Entwicklungsräume für die Wesen zu sichern, die zu quasi-intentionalen Strebungen fähig sind. Ich möchte das noch etwas erläutern.

In den neueren Diskussionen der Ethik, insoweit es um Fragen des Umganges mit der Natur geht, werden *drei Typen* eines *wertenden* Naturbegriffs erörtert.

Beim *ersten* Typus handelt es sich um die Vorstellung einer Natur, die gleichsam nur das Material menschlicher Wunscherfüllung ist. Diese These wurde bis ins 19. Jahrhundert mit der Überlegenheit und Höherwertigkeit des Geistes gegenüber der Natur begründet. Heute lautet die Argumentation eher, daß unsere objektiven Begriffe von der Natur, wie sie die modernen Naturwissenschaften zur Verfügung stellen, ohnehin wertfrei sind und daß konsensfähige ethische Werte nur für das Verhalten zwischen Menschen angebbar sind. Diese Argumentation erscheint mir aber nicht zwingend. Es ist zwar richtig – obwohl es oft gerade von Naturwissenschaftlern und Technikern übersehen wird – daß die Naturgesetze und -prozesse, die Gegenstand der Naturwissenschaft sind, keine Werte und keine Normen enthalten. Normen sind nämlich Regeln, die man willentlich einhalten kann oder nicht, und so etwas kommt in der Natur der Naturwissenschaften nicht vor.

Nicht erwiesen ist aber, daß wertende Naturvorstellungen nur Sache des privaten Geschmacks sind. Und bewiesen ist auch nicht, daß wir uns *nur* über die Werte des konfliktfreien Zusammenlebens zwischen Menschen verständigen könnten. *Wenn* das so wäre, dann würde allerdings jeder Umgang mit der Natur gut sein, der Knappheit reduziert und Verteilungskämpfe minimiert. Es ist aber selbst dann nicht ausgemacht, ob dies durch eine möglichst weitgehende Veränderung der Natur erreicht wird. Technisierung führt *auch* zu einer Selektion von Lebensformen und einem kulturellen Anpassungsdruck an technische Infrastrukturen. Eine solche von Menschen selber herbeigeführte

Knappheit an Lebensformen enthält ebenfalls soziale Konfliktpotentiale. Das kann ich hier nicht weiter ausführen.

Die *beiden anderen* Naturbegriffe sind ausdrücklich wertend und implizieren auch Normen für menschliches Verhalten.

Der *eine* ist der einer unantastbaren, vielleicht sogar für menschliches Verhalten vorbildlichen Natur. Das Natürliche ist hier per se das Gute. Die Natur stellt eine Ordnung dar, die entweder als intern zweckmäßig oder zumindest als stabiles Gleichgewicht dargestellt wird. In sie darf der Mensch entweder gar nicht eingreifen oder doch nur so, daß natürliche Systeme nicht gestört werden und die unterstellten natürlichen Gleichgewichte erhalten bleiben.

Auch diese Auffassung beruht auf höchst problematischen Annahmen. Von natürlichen Gleichgewichten ist empirisch sinnvoll nur zu reden, wenn darunter begrenzte, labile und vorübergehende Fließgleichgewichte verstanden werden, die auch verändernde Eingriffe in gewissem Maße tolerien. Von einer vorbildlich zweckmäßigen Ordnung der Natur konnte man nur solange sprechen, wie man einen allweisen Urheber oder eine immanente vernünftige Ordnungsmacht unterstellte. Bei der Tabuisierung von Veränderungen wird übersehen, daß alle lebenden Wesen in einem ständig verändernden Austausch mit ihrer Umgebung stehen – der Mensch als von Anfang an kultivierendes Wesen aber in besonderem Maße. Es kann nur um die Art und das Maß des Kultivierens und Technisierens gehen, nicht um die Tatsache als solche.

Der *dritte* Typ ist ein abgeschwächter Begriff der Natur als Kosmos, wie er sich als Erbe religiöser und metaphysischer Traditionen in unserem Bewußtsein bei aller Entwicklungen von Technik und Wissenschaft erhalten hat: Die Natur wird vorgestellt als gemeinsamer Lebensbereich einer großen Vielfalt von Arten und Individuen, die sich ihrer Art gemäß entwickeln und trotz aller Konflikte in einer Art von wechselseitiger Toleranz zusammen existieren können. Diese Koexistenz kann durch Dominanzen und Monokulturen, durch großflächige Zerstörungen und andere Katastrophen gestört werden, aber sie ist zumindest zeitweise unter Mitwirkung des Menschen zu erreichen oder zu stabilisieren. Das schließt eine Erweiterung seiner eigenen biologischen „Nische" nicht aus. Ein solcher Zustand des Gedeihens einer miteinander verträglichen Mannigfaltigkeit von Arten und Individuen wird als positiver Wert betrachtet und sollte Ziel menschlichen Handelns sein.

Ich kann hier nicht im einzelnen ausführen, warum ich diesen *dritten* Typ eines wertenden Naturbegriffes für konsensfähig und auch in der modernen Ethik brauchbar halte (vgl. Siep 1996, 236-253; Siep 1997). Es ließe sich zeigen, daß er mit der Wertordnung des deutschen Grundgesetzes und vieler internationaler Konventionen vor allem auf dem Gebiet des Umweltschutzes, des Tierschutzes und der nachhaltigen Nutzung der Natur vereinbar ist. Meines Erachtens wäre auch für den Umgang mit der modernen Biotechnik viel gewonnen, wenn wir uns zumindest auf die Umrisse eines solchen Begriffes der Natur einigen könnten. Denn die Menschen wollen wissen, wie ungefähr die Welt aussehen wird, in der sie und ihre Nachkommen bei einer schnellen

Entwicklung dieser Technik in Zukunft leben werden. So lange Wissenschaft und Technik noch als individuelle und soziale Handlungen verstanden werden – und nicht als schicksalhafte Prozesse sozialer Evolution – wollen Menschen sich über ihre Richtung und ihr Ziel verständigen.

Der von mir vertretene Typ einer wertenden Naturbetrachtung enthält einige, aber nicht alle Grundzüge der griechischen Kosmos-Philosophie und des christlichen Schöpfungsbegriffs. Dazu gehört grundsätzlich die Vorstellung, daß Ordnung dem Chaos vorzuziehen ist, Entwicklung der Zerstörung, Koexistenz des Mannigfaltigen der Dominanz einer oder weniger Arten. Zu den erhaltenen Zügen gehört auch eine relative Stabilität des Artbegriffs und die Vorstellung einer aufsteigenden Skala der Lebensformen von einfachen zu komplexen bzw. höher organisierten.

Die beiden letzteren Grundzüge sind umstritten und müßten ausführlich diskutiert werden. So halte ich etwa den Artbegriff für keine bloße Konvention, auch wenn die Grenzen der Arten fließend sind und manche Einteilungen willkürlich erscheinen. Was an der These der Konventionalität dieses Begriffes richtig ist, ist die Tatsache, daß wir zu unserer theoretischen und praktischen Orientierung in der Welt ohne den Artbegriff wahrscheinlich nicht auskommen. Was mir falsch erscheint, ist die Vorstellung eines bloßen Etiketts: In Wahrheit enthält der Begriff einer Art zumindest die Grundzüge unseres Wissens über die physiologischen und ethologischen Eigenschaften der unter sie fallenden Individuen.

Bei der scala naturae, der Vorstellung vom aufsteigenden Wert der Arten je nach Organisationshöhe, sind gewiß anthropozentrische Werte im Spiel. Der handelnde und wertende Mensch kann kaum umhin, die Lebewesen der Natur auch nach der Nähe zu seiner eigenen Art zu ordnen. Und er kann auch die Zunahme an funktionaler Differenzierung und Ausbildung von Fähigkeiten kaum anders als eine „Höherentwicklung" bewerten. Aber dies ist keineswegs der einzige Wertmaßstab, der etwa den Konventionen des Naturschutzes zugrundeliegt: Seltenheit, Alter und andere Werte kommen hinzu.

Zu unserem lebensweltlichen Naturverständnis und auch zu demjenigen Verständnis von Natur, das die neuzeitlichen Wissensschaften vom 16. bis 20. Jahrhundert geleitet hat, gehört die Vorstellung, daß Natur unabhängig vom Willen des Menschen existiert und nicht nur als Mittel zu seinen Zwecken da ist. Dabei mag der Begriff der Natur als Schöpfung und Eigentum Gottes noch nachgewirkt haben. Die Gesetze der Natur, die Ordnung der Natur, in der ästhetischen Betrachtung auch die Schönheit der Natur, sind vom Menschen nicht gemacht und seiner willentlichen Beeinflussung nur zum Teil zugänglich. Die Evolutionstheorie, die den Menschen als zufälligen Spätkömmling der Entwicklung zeigt, hat diese Sicht einer Natur, die nicht nur für den Menschen da ist, noch verstärkt. Das alles schließt nicht aus, daß der Mensch sich durch tiefgreifende Eingriffe gegen Gefahren, Schäden und Mühen im Umgang mit seiner natürlichen Umgebung wehrt, solange er den Status einer selbständigen, selbstzweckhaften Mitwelt nicht gänzlich aufhebt.

So weit meine Skizze eines evaluativen Naturbegriffs, dem Orientierungen für unseren Umgang mit der außermenschlichen Natur zu entnehmen wären. Im Ziel eines solchen Weges bin ich vermutlich mit Peter Rohs weitgehend einig – der Weg erscheint mir aus den in den ersten Abschnitten genannten Gründen gangbarer als eine Naturethik auf der Basis der feldtheoretischen Transzendentalphilosophie.

Literatur

Nagel, Thomas (1992): *Der Blick von Nirgendwo* (dt. v. M. Gebauer), Frankfurt (Main).
Rawls, John (1979): *Eine Theorie der Gerechtigkeit* (dt. v. H. Vetter), Frankfurt (Main).
Rohs, Peter (1980): *Die Zeit des Handelns*, Königstein, Ts.
Rohs, Peter (1990): „Moralische Präferenzen", in *Zur Rekonstruktion der praktischen Philosophie. Gedenkschrift für K.-H. Ilting*, hg. von K.-O. Apel & R. Pozzo, Stuttgart-Bad Cannstatt.
Rohs, Peter (1996), *Feld–Zeit–Ich. Entwurf einer feldtheoretischen Transzendentalphilosophie*, Frankfurt (Main).
Siep, Ludwig (1988): „Kriterien richtigen Handelns", in *Sterblichkeitserfahrung und Ethikbegründung. Ein Kolloquium für W. Marx*, hg. von W. Brüstel und L. Siep, Essen, 81-94.
Siep, Ludwig (1996): „Eine Skizze zur Grundlegung der Bioethik", in *Zeitschrift für philosophische Forschung 50*, 236-253.
Siep, Ludwig (1997): *Zwei Formen der Ethik*, Opladen.

Birgit Recki

Eine Ethik? Eine Ästhetik?
Über offene Wünsche im jüngsten Systemprogramm des transzendentalen Idealismus

„Wer über Märchen lacht, war nie in Not". (Alexander Kluge)

Gegenüber einem Autor, der seinen Lesern, ausdrücklich: den Philosophen, die Empfehlung gibt, vom gestiefelten Kater zu lernen (103)[1], darf man wohl auch die einsichtigen Ansprüche geltend machen, die sich als Ausdruck von Nöten und Wünschen der Vernunft in anderen alten Geschichten artikuliert finden.[2] Für die Wünsche der Vernunft, die bei der Lektüre von *Feld–Zeit–Ich* offenbleiben, läßt sich jedenfalls kaum eine anschaulichere Artikulation denken, als sie die Erinnerung an ein Märchen erlaubt.

Es war einmal ein Mädchen, das war mitten im bitteren Winter und angetan bloß mit einem dünnen Kleidchen von seiner bösen Stiefmutter in den finsteren Wald geschickt worden, um Erdbeeren zu pflücken. Die drei Männlein im Walde, diese mit magischen Zauberkräften begabten Wichte, bei denen das Mädchen auf seinem Irrgang eingekehrt war, um sich ein weniges aufzuwärmen, fragten sich angesichts des braven Kindes: „Was sollen wir ihm schenken, da es so gut und artig war und sein weniges Brot mit uns geteilt hat?" Sie besannen sich, und dann sprach das erste Männlein: „Ich schenke ihm, daß bei jedem Wort, das es spricht, ein Goldstück aus seinem Munde springt." Das zweite: „Ich schenke ihm, daß es von Tag zu Tag schöner wird." Und das dritte Männlein schenkte dem Mädchen – natürlich –, daß es einen Königssohn zum Mann bekommen sollte.

Soweit, so gut. Vor allem das Glück, gut zu sein und dann noch von Tag zu Tag schöner zu werden, kann man kaum anders als mit tiefer Genugtuung zur Kenntnis nehmen. Man mag das für kindlich naiv halten. Wir wissen schließlich alle, daß die Guten nicht immer die Schönen sind und: die Schönen keineswegs immer gut. Aber darin kann kein Einwand liegen. Was man sich an der Denkungsart der Märchen klarmachen kann, ist die Tatsache, daß wir es gern so hätten. Im Grunde wünschen wir uns die Welt so eingerichtet, daß man an der täglich wachsenden Schönheit auch das äußere Zeichen der Güte hat. Und das bezieht sich keineswegs nur auf die fiktive Welt der Märchen. Wir kennen alle die herbe Enttäuschung, die uns befällt, wenn ein Mensch, den wir zunächst als besonders schön erlebt haben, den Mund auftut – und heraus springt eben kein „Goldstück" –, sondern nur ein dummes oder dreistes Wort. Wie ist diese Enttäuschung möglich? Was bedeutet sie?

---

[1] Seitenzahlen ohne weitere Angaben beziehen sich hier und im folgenden auf Rohs 1996.
[2] Vgl. auch das Lob der sachhaltigen Phantasie in Märchen (107).

Wir haben den Wunsch, daß Gutes und Schönes nicht nur in Gedanken, sondern auch in der Wirklichkeit untrennbar zusammengehören. Und da dieser Kinderwunsch nach Entsprechung und Übereinstimmung mit dem Anliegen der Vernunft zusammenfällt, gilt es nach dem Gedanken zu fragen, der sich darin artikuliert. Es gilt in unseren philosophischen Überlegungen zu fragen, ob sich für den Gedanken von der Einheit – oder vorsichtiger: vom *Zusammenhang des Ästhetischen und Moralischen* auch Argumente finden lassen, und nicht nur der Hinweis auf ein – Märchen.

Von der feldtheoretischen Transzendentalphilosophie wird man in dieser Hinsicht enttäuscht: Peter Rohs gibt im Rahmen seines Versuchs, die transzendentale Theorie der Subjektivität mit der physikalischen Theorie der Wirklichkeit als des raumzeitlichen Feldes zu vermitteln, keine Lehre von der Verbindung des Guten mit dem Schönen. Ja, er gibt überhaupt keine Ethik und keine Ästhetik. Dem Zusammenhang seiner harten, aber gerechten Einschätzung der Psychoanalyse im Rahmen der Erörterung der Willensfreiheit ist ausdrücklich der Begriff von Philosophie zu entnehmen, welcher der gesamten Abhandlung zugrundeliegt: Rohs zufolge hat die Philosophie sich auf das zu konzentrieren, was in allen transzendental möglichen Welten Bestand hat (223f.). Sollten womöglich das Gute und das Schöne nicht zu diesem Bestand gehören? Soll man aus dem Übergehen der Probleme des richtigen Handelns und des lustvollen Erlebens schließen, daß nach Rohs das Gute und das Schöne „in philosophischer Hinsicht sekundär" sind, wie er es von den psychischen „Verwirrungen" sagt? Wenn man sieht, wie gut in dieser Theorie für die subjektphilosophischen und die feldtheoretischen Grundlagen von beidem, wenn auch in unterschiedlichen Graden der Ausführlichkeit, gesorgt ist, dann wird man diese Antwort kaum in Betracht ziehen.

I. Eine Ethik?

1. Praktisches Selbstbewußtsein
Im Rahmen der Theorie des Selbstbewußtseins, die das Kernstück des Buches ausmacht, hat auch die praktische Vernunft einen sicheren Anhaltspunkt. Das Subjekt, konstitutiv gekennzeichnet durch Selbstbewußtsein, kann Rohs zufolge nicht nur erkennen und etwas wissen, seine nunczentrische Intentionalität ist jederzeit auch praktisch. Er legt in diesem Rahmen wert auf etwas, das in der gegenwärtigen, insbesondere in der an Kant anschließenden Diskussion des Selbstbewußtseins die Ausnahme ist: auf einen praktischen Begriff des Selbstbewußtseins. Rohs stellt fest: „Zu einer intentionalen Handlung gehört wesentlich die Referenz im Selbstbewußtsein." (216) Dieses Selbstbewußtsein, das er als einen Spezialfall des Wissens konzipiert (53), als direkte und perfekte Referenz (76), ferner als nunczentrische Intentionalität (144ff.), ist deshalb aber auch *praktisch* zu spezifizieren: „In jeder Handlung läuft aber ein »ich will« mit der spezifischen diachronen Identität mit." (225) „Ein »ich will« muß alle meine Handlungen begleiten können." (217) – Ja, mehr noch, wir finden in dieser Konzeption auch selbstbewußtseinstheoretisch den *Primat* des

Praktischen bestätigt: „Das Wollen ist die elementarste Manifestation der Struktur eines Ich" (222).[3]

2. Freiheit

Die systematische Grundlage dieser Optionen bildet der Begriff der Freiheit, dem in der feldtheoretischen Transzendentalphilosophie eine eingehende Auseinandersetzung zuteil wird. Am Rande sei vermerkt, daß auch Peter Rohs – bezeichnenderweise in diesem Punkt vergleichbar mit Kant, der den Unterschied zwischen theoretischer Spontaneität im Erkennen und praktischer Freiheit als Autonomie zwar deutlich benannt, aber nicht trennscharf konzeptualisiert hat –, Freiheit und die Fähigkeit zu erkennen im Grunde als eins faßt: In der Argumentation zur Auflösung der Freiheitsantinomie wird jedenfalls nicht ganz deutlich, worin sich eigentlich die Vermögen des Subjekts unterscheiden, Erfahrungen zu machen, etwas zu wissen und frei zu handeln (bes. 231; 236f). Folgen wir den Formulierungen, so haben wir es hier mit einem fließenden Übergang zu tun. Diese Unschärfe in der Abgrenzung von theoretischer Spontaneität und praktischer Autonomie kann freilich nach meiner Einschätzung – bei Rohs wie bei Kant – nicht kritisiert, sondern als ein Problem in der Sache nur kenntlich gemacht und akzeptiert werden; sie hat ihren Grund zum einen im *aktivischen und damit handlungsnahen Charakter alles Geistigen*, so auch des Erkennens, zum anderen in der Rolle, die *Gedanken* für das Handeln spielen. Theoretische und praktische Vernunft sind, wiewohl analytisch in ihren Funktionen zu unterscheiden, auf diese Weise doch unauflösbar ineinander verschränkt. Namentlich die gedankliche Grundlage des Handelns wird bei Rohs zum Gegenstand einer eingehenden Auseinandersetzung mit der *Kausalität aus Freiheit*, deren Charakter – daß Gründe als Ursachen fungieren können – er als „propositionale Kausalität" (222) entwickelt.

Die Freiheitsantinomie, die sich in einer Philosophie des Selbstbewußtseins im Rahmen einer physikalisch begründeten Feldtheorie natürlich ebenso aufdrängt wie schon in einer an den Exaktheitserträgen der modernen Naturwissenschaft orientierten Kritik der reinen Vernunft, sucht Rohs daraufhin auf der veränderten Basis der modernen Naturwissenschaft zu lösen. Die Funktion für die theoretische Nichtausschließung von Natur und Freiheit, die bei Kant der Reflexionsperspektivismus der *dritten Antinomie* hat, erfüllt hier der Rekurs auf die Quantenphysik: Eine quantenmechanisch bestimmte, und

---

[3] Zu diesem Gedanken findet sich eine besonders schöne Konkretisierung: „Wenn wir jemanden als unberechenbar bezeichnen, ist dies als Kritik gemeint," sagt Rohs zur Explikation unserer immer auch normativen Beziehung zum Verhalten von Menschen (220). Wie die an Kant anknüpfende Überlegung über die besondere Art der Gesetzmäßigkeit bei der Kausalität aus Freiheit deutlich macht, ist „Berechenbarkeit" natürlich gerade nicht so gemeint, daß auch von menschlichem Handeln Differentialgleichungen für Zustandsfunktionen angemessen (oder auch nur möglich) wären, sondern als Metapher zu nehmen. Die Metapher geht aber auf die *Kontinuität der Handlungsmotive als durchgängig gegenwärtig* und damit zuletzt auf die Einheit der Apperzeption im Selbstbewußtsein des Handelnden; zur Gegenwärtigkeit des Motivs siehe (218); vgl. ausführlicher Rohs 1986.

das heißt für das zeitliche Werden offene Natur birgt jedenfalls keinen Hinderungsgrund für die Möglichkeit freien Handelns (237). Von daher versteht sich das Ergebnis, daß eine wissenschaftlich angemessen begriffene Natur dem freien Handeln Platz läßt.[4]

Aber nicht nur, daß Freiheit möglich ist. Auch die damit verbundenen Grundbegriffe des praktischen Selbstverständnisses, Handlung, Wille, praktisches Selbstbewußtsein, sind in dieser Philosophie hinreichend entwickelt. Also ist auch die Frage nach der normativen Dimension des Handelns sinnvoll zu stellen. Das Subjekt kann diesem Ansatz zufolge in einem vollen, auch die moralische Orientierungsnot begreifenden Sinne handeln: „Wir können durch Handeln die Wirklichkeit beeinflussen" (163).[5] Damit ist auch die handlungstheoretische Bedingung für eine Ethik gegeben.

Und trotzdem fällt kein Wort zur Ethik. Da Peter Rohs auf der Grundlage seiner Theorie dazu offenkundig etwas sagen könnte, ist daher die Frage, ob er nicht mehr sagen müßte. Wenn er eine Ethik hätte, wie sähe sie aus? Die Elemente dazu sind am ehesten den Kapiteln über die *Naturteleologie* und über die *Spinozistische Theologie* zu entnehmen.

3. Die Natur als unseresgleichen (Naturteleologie)
Auch für die feldtheoretische Transzendentalphilosophie hat wie für das System der Vernunftkritik die Annahme einer Naturteleologie die wichtige Funktion, Natur und Subjektivität zu vermitteln. Während Kant in seiner Frage nach dem „Übergang" von Naturbegriffen und Freiheitsbegriff mit dem Reflexionsprinzip der Zweckmäßigkeit das Gewicht von vornherein auf die praktische Vernunft legt, betont Rohs allgemein die Notwendigkeit, das Vorkommen von nunczentrischer Subjektivität in der Natur anzunehmen. Ihm geht es darum, „der gesamten Ontologie des zeitlichen Werdens eine universelle Bedeutung zuzusprechen" (251) – und das heißt: der Ontologie des Geistigen, die er zuvor als die Ontologie der ersten Person qualifiziert hat (14). Wenn aber *die* selbstbewußtseinstheoretische Bestimmung etwas bedeutet, daß *das Wollen* „die elementarste Manifestation der Struktur eines Ich" ist (222), dann läuft diese Spekulation auf die Subjektivität in der Natur auch bei Rohs auf die Annahme von Freiheit in der Natur hinaus.

Freilich gibt es einen wichtigen methodischen Unterschied im Zugang: Wo Kant in seiner Teleologie von der Evidenzbasis bei den Organismen ausgehend die gesamte Natur als „übersinnliche Natur", als zweckmäßig denkt, nimmt Rohs „eine Extrapolation aus der Selbsterfahrung" vor (253): Ausge-

---
[4] Weitere Erhellung dazu gibt der Beitrag von Christian Suhm in diesem Band (159-173).
[5] Die Wirklichkeit, das ist für Rohs stets das naturgesetzlich bestimmte Feld. Er gibt für die Beeinflussung der Wirklichkeit eine Grenzbestimmung geradezu des Handelns in dem extremen Beispiel des Weinens aus Trauer: „Die Möglichkeit freier Handlungen ist nicht unabhängig von der Möglichkeit des Weinens aus Trauer." (261) Auf den ersten Blick ist diese Stelle nicht nur überraschend, sondern verwirrend, – bis man merkt, daß dieses Beispiel den problematischen „Übergang", das Hineinwirken der Freiheit in die Natur, einmal nicht mit Blick auf die äußere, sondern auf die Natur des eigenen Leibes veranschaulicht.

hend von der Selbsterfahrung reflexiver Subjektivität soll hier die gesamte lebendige Natur in „nach unten" abnehmenden Graden als nunczentrisch gedacht werden:

„Der Einsatzpunkt für die teleologische Reflexion soll nicht die Erfahrung der Funktionalität von Organismen sein, sondern das Selbstbewußtsein nunczentrischer Subjektivität. Diese Erfahrung kann im Modus des »als ob« extrapoliert werden: lebendige Wesen sollen so erfaßt werden, als ob sie Subjekte wären. Ihnen wird gleichsam eine »Als-ob-Nunczentrizität« zugesprochen." (253)[6]

In Anknüpfung an den Gedanken vom Nichtsinnlichkeitsmonopol des Selbstbewußtseins (15f.; 149f.) spricht er derart dem gesamten Universum eine „Ressource an Nichtsinnlichkeit" zu (254), nimmt dabei aber „eine Abschattung subjektiver Aktivität" an (257). Ausgehend vom Menschen, in dem wir hier, wie es uns naheliegt, das methodische Prinzip der Spkekulation haben, gibt es in der Natur „nach unten", d.h. nach dem evolutionären Entwicklungsniveau abnehmende Grade an Subjektivität.[7] Daß es im Grunde ein romantischer Gedanke ist, den Rohs hier mit der Kritik an der Emergenztheorie (258ff.)[8] verbindet, wird noch deutlicher, wenn man die Richtung der Reflexion auf das, was hier in die Metapher der „*Abschattung*" gefaßt ist, einmal umkehrt: „Von unten nach oben" zunehmend *mehr Licht* in der Natur! An diesem hochgespannten spekulativen Reflexionsbogen tritt auch zutage, daß die feldtheoretische Transzendentalphilosophie wirklich etwas von jenem philosophischen Unternehmen hat, das historisch in dem Entwurf eines *Ältesten Systemprogramms des Deutschen Idealismus* (Hegel 1796/7) aufgetreten ist und – daß sie im Hinblick auf die mit dieser Spekulation angedeuteten Probleme selbst noch „Entwurf" ist.

Ohne daß die Legitimität dieses eigenen Zugangs zur Naturteleologie durch die „Extrapolation aus der Selbsterfahrung" (253) im Rahmen eines so stark als Theorie des Selbstbewußtseins qualifizierten Systemprogramms im

---

[6] Rohs spricht hier mit einemmal von *lebendigen Wesen* und resümiert auch seine Spekulation auf Subjektivität in der Natur: „Es gibt dann keine absolute Grenze des Lebendigen." (253) Doch obwohl er die Subjektivität auch schon vorher gelegentlich in den Kontext von „*Leben* ... in der Natur" gestellt hat (40; H.v.m.), ist der Begriff des Lebens in seiner Theorie ein vom Himmel gefallener Überraschungsgast: Wir können an diesen Stellen weder feldtheoretisch noch transzendentalphilosophisch wissen, was damit eigentlich gemeint ist.

[7] Bereits in der Auseinandersetzung mit Ansätzen, die das Selbstbewußtsein in erster Linie durch ein „Gewahren oder Spüren" charakterisieren, bemerkt Rohs: „Tiere erfassen vermutlich ihre Welt ausschließlich nichtbegrifflich; und auch bei der menschlichen Anschauung bleibt dies erhalten ..." – und konzediert daraufhin Stufen des Selbstbewußtseins: „Das Selbstbewußtsein hat auf dieser Stufe die Gestalt eines Selbstgefühls" (64).

[8] Rohs ist sich nicht nur in der Kritik an der Emergenztheorie grundsätzlich einig mit Jonas (siehe Jonas 1979, 133ff.; vgl. 131f.), sondern auch in der darüberhinausgehenden Argumentation der Extrapolation aus der Selbsterfahrung: „Was das Sein ist, muß daher seinem Zeugnis entnommen werden, und natürlich dem, das am meisten sagt, dem offenbarsten, nicht dem verborgensten, dem entwickeltsten, nicht dem unentwickeltsten, dem vollsten, nicht dem ärmsten – also dem uns zugänglich ‚Höchsten'" (a.a.O., 136), – „so daß wir uns *vom Obersten, Reichsten über alles Untere belehren lassen* müssen". (a.a.O., 135f., 139, 142)

mindesten bestritten werden soll, sei hier doch ein kritisches Wort zur Rezeption der teleogischen Argumentation Kants gesagt: Rohs ist der Meinung, wenn Kant davon ausgegangen wäre, die Freiheitsantinomie gelöst zu haben, dann hätte er die *Kritik der teleologischen Urteilskraft* nicht mehr schreiben müssen. Er sieht mit anderen Worten in der Tatsache, daß Kant die Mühe der *dritten Kritik* noch auf sich genommen hat, den Ausdruck eines Bewußtseins vom Scheitern der dritten Antinomie (257). Damit ist der Kantische Erkundungsgang freilich verzeichnet. Die dritte Antinomie antwortet auf die Frage nach der Vereinbarkeit der Möglichkeiten von Freiheit und Naturkausalität: Durchgängiger Determinismus würde Freiheit verunmöglichen. Die Teleologiekritik antwortet darüberhinaus auf die Frage nach der Kompatibilität der Freiheit (und der durch sie gesetzten Ansprüche) mit der Verfassung der Natur. Während in der Antinomie lediglich ein *ungestörter Parallelismus* zweier Arten von Kausalität auf dem Spiel steht, geht es in der teleologischen Argumentation um mehr: um die *Einheit in einem beiden gemeinsamen Prinzip*.⁹ Man kann sich gerade hier klarmachen, daß Kant es eben nicht bei der von Rohs an anderer Stelle monierten „Verteilung auf zwei Welten", die mit der Auflösung der dritten Antinomie für die Prinzipien von Natur und Freiheit erreicht ist, bewenden lassen wollte! Es läßt sich für diese systematisch aufbauende Argumentationsweise übrigens das Gegenstück in der feldtheoretischen Transzendentalphilosophie angeben: Kants Argumentation ist ebensowenig bloß repetitiv, wie bei Rohs das Kapitel über die *Naturteleologie* nur eine Wiederholung dessen bringt, was mit dem Argument der Quantenmechanik für die bloße Möglichkeit von Freiheit bereits gesagt ist.

Eine weitere Verzeichnung des Kantischen Ansatzes ist in der Unterstellung zu sehen, daß Kant die Naturteleologie „noch sehr im Horizont schöpfungstheologischer Vorstellungen" konzipiere. Rohs zitiert hier zwar Kants erkenntnistheoretische Begründung für die Annahme einer Verstandeskausalität in den Dingen der Natur, setzt sich aber mit einem ideologiekritischen Argument darüber hinweg: „Es dürfte aber so sein, daß das, was Kant hier für eine eigentümliche Beschaffenheit des menschlichen Erkenntnisvermögens hält, nur ein von ihm nicht als solches erkanntes theologisches Vorurteil ist". (255, vgl. 257) Kant hätte sich mit der Argumentation mithin gar nicht soviel Mühe geben müssen – seine unbegriffenen Vorurteile kommen ihm ohnehin immer dazwischen. Das hat jedenfalls für uns den Vorteil, daß wir uns mit seiner Argumentation nicht soviel Mühe geben müssen. Auch daß er keineswegs von einer „Technik Gottes", sondern von einer „Technik der Natur" spricht, kann man daraufhin wohl vernachlässigen.

Ganz analog wie für das Verhältnis von Theologie und Moralität gilt aber auch für die teleologische Argumentation: Die schöpfungstheologische Dimension ist hier durchaus nicht grundlegend. Es geht ihm gar nicht vorab darum, „Organismen so zu deuten, als ob *jemand* sie gemacht hätte" (256;

---

⁹ Der Unterschied läßt sich auch darin verdeutlichen, daß Kant die Frage nach der Zweckmäßigkeit der Natur auch am Problem der durchgängigen Spezifikation der Naturgesetze exemplifiziert – ein Problem, von dem die dritte Antinomie völlig unberührt ist.

H.v.m.), und Rohs weiß das auch: „Für Kant bestehen die speziellen Befunde darin, daß manche Dinge von sich selbst Ursache und Wirkung sind" (252). Kant fragt sich daraufhin, welche Konsequenzen es für unsere Reflexion auf das Ganze der Natur haben muß, daß wir sie als *in sich selbst* verständig gebaut verstehen. Das „übersinnliche Substrat", das er dieser Gedankenlinie zufolge der Natur unterlegen will, ist die Idee der Freiheit, die mit dem Zweckmäßigkeitsbegriff zwangsläufig ins Spiel kommt,[10] da dieser ohne Bezug auf einen Willen nicht denkbar ist. Es geht ihm somit im Begriff der Zweckmäßigkeit selbst um jene nach Analogie vernünftiger Selbsterfahrung konzipierte Subjektivität in der Natur, die Rohs in seinem Kapitel exponiert und dabei nur für seinen eigenen Ansatz reservieren möchte. Der Begriff Gottes ist nicht der Ausgangspunkt der Reflexion, sondern eine ihrer Konsequenzen. Während Rohs in die Theologie hineinspringt, ohne sich mit einer Begründung aufzuhalten (267), finden wir bei Kant demnach immerhin ein Argument, *wieso* man sich „mit Gott befassen" muß.

4. Liebe zu allem Lebendigen: Spinozistische Theologie
Entscheidend für die Frage nach den ethischen Implikationen der transzendentalen Feldtheorie ist jedoch ein anderer Punkt: Wir kommen von der Selbsterfahrung nicht nur zur Annahme von Subjektivität in der lebendigen Natur, sondern auch, wie Rohs im Kontext der spinozistischen Theologie deutlich sagt, von der Selbsterkenntnis zum amor dei. Da der Gott, den Rohs zu denken sucht, *alles in allem* ist (271f.), beziehen sich beide Extrapolationen im Kern auf dasselbe. Die theologische Extrapolation aber geht über die Spekulation des teleologischen Gedankens insofern hinaus, als hier auch die *Einstellung* zu diesem von uns aus gedachten Ganzen und seinen Instantiierungen thematisch wird: Liebe. Und hier ist ein Einsatz für die Frage nach der Ethik, die dieses Systemprogramm hergibt. Was sich aus dem damit entwickelten Gedanken ethisch gewinnen läßt, ist eine Haltung der Liebe, der Achtung, Schonung und Bewahrung – die dem sehr nahe kommt, was der Pionier der ökologischen Ethik, Albert Schweitzer, aus der Einsicht ableitet: „Ich bin Leben, das Leben will, inmitten von Leben, das Leben will." Eingehend dargelegt hat den damit gestellten moralischen Anspruch Hans Jonas, der aus der Selbstzweckhaftigkeit des Seins freilich sogleich auf die radikale Verantwortung des Menschen für die Natur schließt (Jonas 1979, 105-171).

Mit Blick auf die systematische Exposition, wie sie Rohs gibt, stellt sich zunächst die Frage, ob sich hier nicht ein Problem ergibt, das sich auch Jonas bereits zuzieht und das man das *spinozistische Dilemma* nennen könnte? Denn gewiß ist aus der Naturteleologie und aus der spinozistischen Theologie zum einen durchaus ein normativer Appell an die Art des Umgangs mit allem Leben außer uns abzuleiten: Wir haben es hier mit unseresgleichen und damit immer auch mit Ansprüchen zu tun, die uns deshalb etwas angehen, weil wir sie im analogischen Bezug des Als-ob mit unseren vergleichen müssen. In

---

[10] Dies wird besonders deutlich in den Paragraphen 58 und 59 der *Kritik der Urteilskraft*.

diesem Sinne ist es zu verstehen, daß Rohs die Anwendung solcher „Begriffe, die wir vom Selbstbewußtsein her verstehen", wie „Wollen" und „Streben", bei höheren Tieren „zumindest plausibel" findet (253). Zum anderen kann der Effekt eines reflektierten Spinozismus durchaus ins Gegenteil ausschlagen und aufgrund seiner quietistischen Implikation tendenziell zur Verhinderung einer Ethik führen: Gerade das, was Jonas die Selbstzweckhaftigkeit der Natur nennt, kann begründete Zweifel an unserer Zuständigkeit und Verantwortung aufkommen lassen: Wieso sollten wir uns für etwas verantwortlich fühlen, das seine Zwecke doch bereits in sich selbst hat? Das theologische Element ist dazu angetan, diese Zweifel durch das Moment der Pietät zu verschärfen: Kann es uns ernsthaft zustehen, uns um den Gott – der es doch ist, was uns in allem begegnet – zu sorgen? Läge hier nicht vor allem eine Anmaßung? Das damit verbundene Problem ist in den letzten zwei Jahrzehnten im Grunde auch schon als die Fragwürdigkeit eines überdehnten Verantwortungsbegriffs zu Bewußtsein gekommen. Hier besteht gewiß noch Bedarf an Klärung. Womöglich liegt in dem Ausblick auf dieses Dilemma ja auch der Grund dafür, daß Peter Rohs eine Ethik auf der Grundlage des von ihm entworfenen Systems für unmöglich hält.

Insofern sich jedoch – unabhängig von der Lösung dieses Dilemmas – aus seiner naturteleologischen und seiner theologischen Spekulation die Konsequenz eines gewiß nicht nur theoretischen, sondern auch praktischen Behutsamkeitsvorbehalts ergibt, der Nukleus also zu einer ökologischen Naturethik, kann immerhin kein Zweifel daran aufkommen, worauf diese sich innerhalb des Ansatzes gründet. Das Als-ob, das Rohs hier ausdrücklich von Kant aufnimmt und in seinem Gedankengang modifiziert (253), ist im Rahmen einer Theorie, für die das Selbstbewußtsein stets das intelligible und das phänomenale Ich integriert (85ff.), das methodische *Prinzip der anthropozentrischen Projektion*. An Rohs läßt sich demnach – mit dem gleichen Recht wie an Jonas – die These richten, daß wir gerade durch die Annahme einer sinnvollen Natur – nennen wir sie mit Kant zweckmäßig, mit Jonas selbstzweckhaft oder werthaft oder mit Rohs nunczentrisch – die anthropozentrische Perspektive nicht umgehen können. Woher wissen wir schließlich von Zwecken, wenn nicht aus der eigenen Selbsterfahrung? Anders als von Jonas, der mit der angestrebten Überwindung des anthropozentrischen Standpunktes die ontologische Demutshaltung überdehnt und damit der Ethik gerade ihre Grundlage entzieht,[11] dürfen wir von Rohs erwarten, daß er als feldtheoretischer Transzendentalphilosoph mit dieser Einsicht einverstanden ist. Sein klares Zugeständnis einer „Deutung von oben" (259) bezeugt dies. Denn diese „Deutung von oben" ist, wie es in der Exposition des naturteleologischen Ansatzes unmißverständlich hervorgehoben ist, eine Deutung aus der Perspektive unserer Selbsterfahrung. Das „heimische[..] Gebiet" ist das des Selbstbewußtseins (260), von hier aus konzipieren und verstehen wir die Vorkommnisse im Feld.

---

[11] Zum Anspruch, den Anthropozentrismus in der Ethik zu überwinden, siehe die treffende Argumentation bei Höffe 1993, Kap. 12: Abschied vom anthropozentrischen Denken, 196-217, bes. 207-215.

Wie sehr auch im jetzigen Stadium des Systems die Ethik von Peter Rohs noch an selbständigen Extrapolationen hängt, so steht damit immerhin schon soviel fest: Das gedankenlose Postulat einer Überwindung der anthropozentrischen Perspektive in der Ethik kann sich auf die feldtheoretische Transzendentalphilosophie mit Sicherheit nicht berufen.

Womöglich ist aber über die *ungeschriebene Ethik* von Peter Rohs mehr noch als an den Implikationen seines teleologischen und theologischen Denkens an einem Moment des reinen Schweigens abzulesen. Der folgende Exkurs versteht sich in diesem Sinne als eine Lesart dessen, was mir wie das leere Zentrum der feldtheoretischen Transzendentalphilosophie vorkommt.

5. Probe aufs Extrem: Die Leiche als „Objekt höherer Ordnung"? Wieso der Tod in der transzendentalen Feldtheorie keine Rolle spielt – oder: Tapferkeit und Weisheit
Der Tod stellt das kosmologische wie das subjektphilosophische Denken so unweigerlich vor ein Problem, daß eine transzendentale Feldtheorie ihn nicht umgehen darf. Auf die Frage, wie es zu erklären sei, daß sie ihn gleichwohl umgeht, soll im folgenden mit einem nachhaltigen Blick auf Kant jedoch die Vermutung exponiert werden, daß in der Vermeidung des Todesproblems nicht schlechtweg ein theoretisches Defizit zu sehen ist, sondern vor allem eine indirekte praktische Stellungnahme. Insofern sich diese Vermutung qualifizieren läßt, hätten wir im Schweigen der transzendentalen Feldtheorie über den Tod auch ein Element von Rohs' ungeschriebener Ethik zu sehen.

Peter Rohs charakterisiert die Ontologie des Feldes ausdrücklich als eine Ereignisontologie (15). Daß Ereignisse ihre Zeit haben, heißt für die Ereignisse, als die „wir" in unserer physischen Beschaffenheit feldtheoretisch beschrieben werden können: Wo es die Zeit gibt, da wird auch gestorben. Es mag an der Präokkupanz der theoretischen Konstellation liegen, daß das Problem bei Rohs nicht prägnant werden kann: In der feldtheoretischen Komponente des Systemprogramms ist die physikalische Weltsicht repräsentiert, in der transzendentalphilosophischen die Einsicht in die Unhintergehbarkeit von Subjektivität. Der biologische Gesichtspunkt, ein Begriff von der Lebendigkeit des Lebens und den damit verknüpften Problemen, ist in dieser Konstellation noch keineswegs aufgehoben, er müßte eigens eingeholt werden.[12]

Doch nicht allein aus biologischer Perspektive, auch im Interesse jener „Ontologie des Geistigen" (15), durch die im Unterschied zur Ereignisontologie des Feldes die Eigenart des Selbstbewußtseins zu begreifen ist, hätte das Problem des Todes eine ausdrückliche Behandlung erfordert. Vorausgesetzt, jene Ontologie des Geistigen ist, wie Rohs sagt, gleichzusetzen mit der „Ontologie der ersten Person"; vorausgesetzt ferner, das Subjekt, das sich derart als die erste Person weiß, ist, wie ausdrücklich betont, das Subjekt nicht allein des Denkens, sondern auch des Handelns. Denn: „Handeln kann nur jemand, der von einer Zukunft weiß, die gegenwärtig werden wird." (14) Dasselbe Subjekt, das in seinem Handlungsbewußtsein an der Antizipation einer

---

[12] Zum Problem des Lebensbegriffs siehe oben Anmerkung 6.

künftigen Gegenwart hängt, kann aber nicht unbeeindruckt sein von dem Gedanken an das radikale Ende einer jeden individuellen Zukunft.

Ja, mehr noch: Mit Blick auf die *Bewertung* des Handelns muß dieser Gedanke geradezu leitend sein. Im Grunde ist der Tod des Individuums das zentrale Problem der Lebensführung und damit der Ethik.[13] Im Blick auf die Radikalisierung der Handlungsnot unter der faktischen Bedingung endlicher Lebenszeit können wir uns klarmachen, daß in der Befristung des Lebens die Wahrheit über die Moraldifferenz des Handelns liegt. Es kommt deshalb so dringend darauf an, *was wir tun*, weil das Leben endlich ist und die Möglichkeiten des Tuns im Laufe der Zeit ausgehen. Hätten wir alle Zeit der (intelligiblen) Welt, wir stünden kaum je unter einem nennenswerten Druck, da alles Tun und Lassen ad infinitum korrigierbar wäre. Zwar gehört es zu unserer moralischen Erfahrung, daß wir aus einem Versagen in einer Situation, die natürlich in ihrer individuellen Gegebenheit so unwiederholbar ist wie alles Konkrete, gleichwohl lernen können. Wir können moralisches Scheitern wenigstens in dem eingeschränkten Sinne „wiedergutmachen", daß wir die Einsicht in seine Bedingungen zum methodisch reflektierten Anspruch erheben: Etwas dieser Art soll uns nicht noch einmal passieren; wenn wir wieder etwas Ähnliches erleben, wollen wir es anders machen. Doch dieser Wiederholbarkeit, die schon nur eine Wiederholbarkeit per Analogie ist, setzt der Tod die absolute Grenze. Als das Ende aller Handlung ist er auch das Ende aller Revisionen – und gibt darin zugleich das Bild der radikalen Unrevidierbarkeit.[14]

Angesichts der Auslassung dieses wohl größten und schwersten aller Themen in der transzendentalen Feldtheorie ist die Frage, ob sich hier womöglich eine Kantianische Reminiszenz bemerkbar macht, deren Hintersinn auf eine ethische Pointe hinausläuft. Denn es ist wirklich auffällig, daß der Tod des Individuums schon in der kritischen Philosophie Kants so gut wie übergangen wird. In der *Kritik der reinen Vernunft* ist das Thema in der *Dialektik* und in der *Methodenlehre* zwar indirekt gegenwärtig – durch die Idee der unsterblichen Seele, die nach Kants zunehmend prägnanter Einsicht zu den praktischen Postulaten der Vernunft gehört – zu den notwendigen Gedanken, ohne die wir an unserem Selbstverständnis als Handelnde, auf die es an-

---

[13] So ist es letztlich auch zu verstehen, daß Montaigne den sokratisch-stoischen Anspruch erneuert: Philosophieren heißt sterben lernen. Vordergründige Mißverständnisse schließt Montaigne schon selber aus, indem er deutlich macht, daß hier keine ethische Alternative aufgemacht werden darf: Sterben zu lernen, bedeutet mit der Kultivierung von Kriterien für Wesentliches und Unwesentliches eine Haltung der Verzichtsbereitschaft und der Unbetroffenheit einzuüben, die zuvörderst der Lebensführung zugute kommt; Sterben lernen heißt leben lernen (siehe Michel de Montaigne 1595, 103-135, hier: 121).
[14] Daran läßt sich auch der metaphorisch-exemplarische Sinn des Sterbens, wie ihn etwa die stoische römische Antike und die an ihre Beispiele anknüpfende neuzeitliche Moralistik hervorheben, für die ethische Fragestellung verdeutlichen: Für die Unwiderruflichkeit der Handlung und die Unrevidierbarkeit dessen, was verantwortet werden muß, gibt es kein eindringlicheres exemplum als das Sterben: Zu sterben ist der unwiderrufliche Akt schlechthin, an der Haltung, die einer hier beweist, läßt sich nichts mehr korrigieren.

kommt, nicht festhalten könnten. Doch der Tod als solcher wird nicht ausdrücklich thematisiert.

Offensichtlich überlagern sich in Kants Unterbestimmung des Todes zwei starke Gedanken, der eine die Konsequenz aus seiner Theorie des Selbstbewußtseins; der andere, meines Erachtens wichtigere, die Konsequenz aus seiner Lehre vom Primat der praktischen Vernunft. Die selbstbewußtseinstheoretische Antwort auf die Todesfrage ist schnell gegeben: *Für* das „Ich denke, das alle meine Vorstellungen muß begleiten können", kann es den Tod nicht geben. Das Ende aller Vorstellungen fällt, mit Rohs zu sprechen, aus der *Nunczentrizität des Subjekts* aus einem prinzipiellen Grund heraus. Thematisierbar ist er nur in der Äußerlichkeit, die ein jeder Gegenstand für dieses Subjekt haben muß – und gerade nicht in seinem Charakter. Schon Epikurs lässige Auskunft[15] muß derart selbstbewußtseinstheoretisch aufgefaßt werden, dann allenfalls ist sie angemessen. Ohne diese methodische Begrenzung kann sie, in ihrer Beschränkung auf den *eigenen* Tod, die sich keineswegs von selbst versteht, keinen Nachdenklichen ernsthaft überzeugen. Denn der Tod kommt uns nicht nur, nicht einmal in erster Linie als der eigene, sondern vor allem als der Tod von anderen vor, und in diesem Sinne ist er stets auch präsent, wo wir sind.

Es liegt nahe, daß es die erkenntniskritische Konsequenz in der Konzeption des Selbstbewußtseins ist, die Kants Übergehen des Todesproblems in der theoretischen Philosophie bestimmt. Offensichtlich ist, daß dieser Gedanke für die ebenso nachhaltige Auslassung bei Rohs eine wichtige Rolle spielt. So dreht sich die einzige Stelle in *Feld–Zeit–Ich*, in der vom Tod die Rede ist, erkenntnistheoretisch um die „*Feststellung* des Todes" (103; H.v.m.). Rohs zitiert hier das Epikureische Diktum und legt es auf der Grundlage der Bestimmung, „daß jedes Verstehen ein Verstehen von Selbstbewußtsein involviert" (58), erkennbar *selbstbewußtseinstheoretisch* aus: „Die Feststellung des Todes kann deswegen nicht verstehend erfolgen." Es ist aus der Perspektive der direkten Referenz im Selbstbewußtsein als einer perfekten Referenz formuliert, wenn er dann resümiert: „Eine Leiche ist wieder nur ein »Objekt höherer Ordnung«." (103) Anders gesagt: Selbstbewußtsein ist nach seiner Theorie ein „Spezialfall von Wissen" (53), und zwar: perfektes Wissen (55ff.). Es liegt in der Natur eines solchen perfekten Wissens, daß es das nicht in sich aufnehmen kann, worin es geradezu seine Negation zu fassen hätte. Also gilt auch hier selbstbewußtseinstheoretisch: Wo wir sind, da kann der Tod nicht sein; und wo der Tod ist, da sind wir nicht.

Doch es liegt auf der Hand, daß damit das Problem des Todes – auch des eigenen Todes – nicht erschöpfend, ja nicht einmal angemessen behandelt ist. Wenn es andererseits stimmt, daß aus der Absolutheit des Ich als direkter Referenz nicht seine Unsterblichkeit gefolgert werden darf (99), dann muß der

---

[15] „Das Schaudererregendste aller Übel, der Tod, betrifft uns überhaupt nicht. Wenn »wir« sind, ist der Tod nicht da; wenn der Tod da ist, sind »wir« nicht." (Epikur 1980, 45)

Satz „Ich weiß, daß ich sterben muß" denkbar sein. *Und was bedeutet uns dieser Gedanke?*

Bezeichnend für die kritische Philosophie Kants und lehrreich für den Zusammenhang unserer Frage ist es, daß der Tod auch in Kants *dritter Kritik*, in der Lehre von den Organismen, von der er in seiner Teleologiekritik ausgeht, keine Rolle spielt. Gewiß kann man die *Kritik der teleologischen Urteilskraft* als das tragende Element einer Wissenschaftstheorie der Biologie lesen, wie es einige Interpreten getan haben; wir haben es in diesem Text, in dem Kant für die Vermittlung von Naturbegriffen und Freiheitsbegriff mit dem gleichermaßen erkenntnistheoretischen wie handlungstheoretischen Konzept der Zweckmäßigkeit argumentiert, auch mit einer Lehre vom Lebendigen zu tun. Doch es gehört zum Lebendigen, daß es stirbt. Diese Wahrheit ist bei Kant auch in der *dritten Kritik*, in welcher der systematische Ort ihrer Entfaltung gesehen werden dürfte, nur indirekt repräsentiert.

Übersehen wir dabei nicht die wenigen Äußerungen zum Tod, die sich hier finden. Nehmen wir den Paragraphen 83 der *Kritik der teleologischen Urteilskraft* mit seinem zügigen Übergang von der Natur in die Kultur qua Moralität. Daß die Natur den Menschen nicht „zu ihrem besondern Liebling aufgenommen" habe, geht für Kant schon daraus hervor, daß sie uns „in ihren verderblichen Wirkungen, in Pest, Hunger, Wassergefahr, Frost, Anfall von andern großen und kleinen Thieren u.d.gl., eben so wenig verschont, wie jedes andere Thier"; besonders „widersinnisch" aber wäre es ihm, die Glückseligkeit des Menschen als Zweck der Natur zu denken, im Blick darauf, daß es gerade dessen eigene „Naturanlagen" sind, die ihn mit der Fähigkeit begaben, sich und seinesgleichen durch „selbstersonnene Plagen", durch den „Druck der Herrschaft, die Barbarei der Kriege u.s.w." in Not zu bringen – „und er selbst, so viel an ihm ist, an der Zerstörung seiner eigenen Gattung arbeitet" (Kant 1790, 430). Hier geht es natürlich in allem zuletzt um den Tod, – aber nicht um den Tod überhaupt, sondern allein um den gewaltsam zugefügten.

Was hat das zu bedeuten? Wo es wenig später um die Rechtfertigung der genannten Übel unter dem Aspekt der Zweckmäßigkeit der Natur geht, wird gerade an dieser Verengung des Blickwinkels klar, daß der Tod an dieser deutlichsten aller Stellen nur als ein *praktisches* Problem in den Blick genommen wird. Was Kant dort interessiert, ist nämlich allein die *Möglichkeit zukünftiger Vermeidung*, die im Blick auf die Grauen bereits geschehener Zerstörung durch Belehrung möglich wird. Zwar scheint damit vollends das Ungenügen dieser Behandlung des Todesproblems zutagezutreten. Denn sicher läßt sich allenfalls der gewaltsame Tod vermeiden, nicht der Tod überhaupt. Das heißt aufs Ganze der systematischen Intention betrachtet: Die Konsequenz aus der Unvermeidbarkeit des Todes für eine Theorie des Lebendigen (und: der Natur) wird nicht gezogen. Sie hätte darin zu bestehen, daß der Begriff des Todes explikativ dem Begriff des lebendigen Organismus integriert wird. Kant denkt nicht daran.

Umso deutlicher wird jedoch die praktische Pointe des gesamten Ansatzes. Spätestens unter der unweigerlichen Frage, *wie wir uns denn dazu verhalten wollen,* verwandelt sich selbst der natürliche, die Eigendynamik des lebendigen Organismus notwendig abschließende Tod in ein *praktisches Problem* und steht damit auf derselben Ebene wie der vermeidbare gewaltsame Tod.

Wenn es dessen noch bedürfte, wäre darin ein weiteres Indiz dafür zu sehen, daß es Kant in seiner Lehre von der Zweckmäßigkeit nicht um ontologische Harmonie oder neutrale Zielbestimmung überhaupt geht, sondern um etwas, daß von vornherein nur vor dem Hintergrund eines *praktischen* Vorverständnisses, also: eines praktischen *Selbst*verständnisses zu begreifen ist: Auf Zweckmäßigkeit reflektiert eben nur ein Wesen, das weiß und zu schätzen weiß, was es bedeutet, Zwecke zu setzen. Von Interesse sind auf dieser Basis allein die Zwecke, die es sich – und sei es bloß reflektierend – zueigen machen kann. Das Ende des Lebens als des Rahmens aller Zwecksetzung überhaupt mag zu den Zwecken der Natur gehören, es entzieht sich solcher Aneignung ebenso prinzipiell wie dem theoretischen Begreifen durch das selbstbewußte Subjekt der Erkenntnis.

Das heißt aber auch: Der Tod ist die *ultima linea rerum*, die den Horizont des praktischen Vernunftwesens beschreibt; als Bestimmung, als Gegenstand des Denkens taugt er deshalb gerade nicht. Der Tod kann für Kant nur *als praktisches Problem* und: nur *praktisch* behandelt werden. Er kann nicht in den Blick genommen, er muß bewältigt werden.

In der Art und Weise, wie das Todesproblem in Kants kritischer Philosophie derart umgangen wird, ist wohl die deutlichste Probe darauf zu sehen, was es heißt, daß die Philosophie zur *Weisheit* werden soll: Wo es darauf ankommen muß, was wir tun, ist die Aufmerksamkeit auf den Inbegriff alles Unerkennbaren und Untunlichen weder aufschlußreich noch hilfreich; angesichts dessen, daß uns alles Mögliche genommen werden kann und daß wir noch nicht einmal artikulieren können, was das überhaupt heißt, konzentrieren wir uns praktisch auf die Idee, daß uns etwas und was sich für uns gehört. Bedenkt man derart den einsichtigen Hintergrund für Kants rigorosen Zugriff auf das Problem, so wird überdies auch sichtbar, daß die vielgescholtene „Verdrängung" des Problems einer *praktischen Befreiung* gleichkommt: Für das praktische Selbstverständnis, an dem wir hängen, und dessen systematische Fluchtlinie die teleologische Spekulation ist, darf es den Tod nicht geben.[16] Es macht einen Unterschied nur in der Nuance, wenn es heißt: „Der Mensch soll um der Liebe und Güte willen dem Tode keine Herrschaft einräumen über seine Gedanken"[17].

Bei Peter Rohs findet sich nur die selbstbewußtseinstheoretische Fassung der Epikureischen Todesumgehung, sonst kein Wort. Es hat sicherlich etwas Problematisches, an diese knappe Auslassung weitreichende Überlegungen anzuschließen. Doch mit Blick auf das systematische Gewicht des Problems scheint es durchaus gerechtfertigt. Wenn nämlich im übrigen die Argumen-

---

[16] Eine frühe Reflexion bestätigt diese Tendenz: „Eine Ursache weswegen die Vorstellungen des Todes die Wirkung nicht thun, die sie könnten ist weil wir von Natur billig gar nicht daran denken solten als geschäftige Wesen" (Kant 1764, 10).
[17] Der einzige gesperrt gedruckte Satz in Thomas Manns Roman *Der Zauberberg*.

tation für die Aussparung des Problems nicht so ähnlich sein sollte, wie hier im Blick auf Kants Position vom Primat der praktischen Vernunft vorgeschlagen, dann dürfen wir immerhin gespannt sein, was über den Tod auf der Grundlage einer transzendentalen Feldtheorie mehr oder anderes zu sagen ist. Denn daß der oben reflektierte Bescheidenheitsvorbehalt nicht allein ein erkenntniskritisches, sondern auch ein praktisches Motiv für sich geltend machen kann, dürfte deutlich geworden sein. Und daß wir über den Tod – den guten Gründen zum Trotz – mehr zu wissen verlangen, ist ebenso unweigerlich wie diese Gründe selbst.

II. Eine Ästhetik?

Wie schön aber, daß es auch noch andere Dinge gibt, über die man von Peter Rohs gern Näheres erführe. Entschieden weniger ausführlich als die Bedingungen für eine Ethik kommt die subjektphilosophische Bedingung zur Sprache, die für eine Ästhetik vorauszusetzen wäre; aber im Blick auf das Wesentliche reichen die vergleichsweise lakonischen Erwähnungen, die sich hier im Kontext der Erwägungen zum Charakter des Selbstbewußtseins und in der Aktualisierung der spinozistischen Theologie finden: Das Subjekt der Wahrnehmung, des Erkennens, Denkens und Handelns kann auch fühlen (63; 281). Stärker noch als in der Frage nach der Ethik legt die Art und Weise der Erwähnung des ästhetischen Essentials die Vermutung nahe, daß Rohs das Ästhetische zu den unwesentlichen Dingen zählt: Den internen Bezug der Vernunft auf Sinnlichkeit, auf den Begriff einer Vernunft, die „selbst das Moment des Gefühls" umfaßt, bringt er im affirmativen Zitat eines Interpretationsergebnisses aus meiner Kantarbeit (Recki 1998) zwar zur Sprache – freilich im religionsphilosophischen Argumentationskontext. Bevor er sich auf den ästhetischen Charakter dieses Gefühls auch nur eingelassen hat, heißt es da gleich: „In diese Vernunftkonzeption sind jedoch nicht nur die Triebfederstruktur der Achtung vor dem Sittengesetz und die ästhetische Rationalität einzubeziehen, sondern auch – und vermutlich sogar als fundierend – die religiösen Gefühle." (281) Die „ästhetische Rationalität" wird so an der einzigen Stelle ihrer Erwähnung geradewegs übersprungen: Bevor wir überhaupt zum Ästhetischen kommen, sind wir bereits bei Gott! Bedeutet dies aber notwendig eine Mißachtung des Ästhetischen – womöglich im Sinne der konventionellen Verkennung als oberflächliche Domäne des Luxus und der Moden? Es ist zu zeigen, und zwar gerade mit Bezug auf die im letzten Kapitel skizzierte *Spinozistische Theologie*, daß diese Konsequenz nicht zwangsläufig ist.

1. Eine potentielle Musikästhetik

Wenn der Autor von *Feld–Zeit–Ich* eine Ästhetik hätte, wie sähe sie aus? Wir kennen ihn vor allem als enthusiastischen Hörer. Befragt nach dem Charakter seiner noch zu schreibenden Ästhetik, würden die meisten seiner Freunde die Vermutung äußern, daß dies nur eine Musikästhetik sein könnte. Es ist offenkundig, daß in seiner Theorie des nunczentrischen Selbstbewußtseins als der

Gegenwart des zeitlichen Werdens ein bedeutsamer Ansatz zu einer angemessenen Theorie der Musik enthalten ist. Die Musik wäre hier nicht nietzscheanisch gefaßt als das Dionysische, von dessen rauschhafter Verzückung das Zerbrechen des principii individuationis zu erhoffen wäre, auch nicht schopenhauerisierend als Aufhebung des subjektiven Willens in der Vereinigung mit dem Ureinen, in keiner Weise nach dem Paradigma des Sirenengesanges, dem das Subjekt heillos verfällt: „Höchste Lust – unbewußt" wäre nicht die These der Musikphilosophie von Peter Rohs. Die Musik wäre vielmehr entschieden als reflexive Steigerung des Bewußtseins begriffen; dabei aber auch weniger als der extreme Fall der Wahrnehmung von Bewegung, – vielmehr als die lustvolle Reflexion auf die reine Gegenwart, das ästhetische Reflexivwerden des Ursprungs der Zeit. Und zu den spannenden Aufgaben dieser Theorie würde gehören, zu explizieren, was auf der Basis ihrer Annahmen eigentlich der Ausdruck „ästhetisch" bedeutet.

Dies betrifft freilich erst die Komponente der transzendentalen Theorie der Subjektivität; wir haben aber eine transzendentale *Feldtheorie* vor uns. Ist von der feldtheoretischen Komponente eine weitere Spezifikation dieser potentiellen Musikästhetik zu erwarten? Die Aspekte, unter denen Natur in dieser Theorie in den Blick gerät, schließen jedenfalls nicht aus, daß die Musik auch als mimetische Organisation des Naturlautes explizierbar wird – eine Natur, die auch schon in schwächeren Graden Geist enthält, stellt dem durchaus keine Hindernisse in den Weg. Wie diese Musikästhetik im einzelnen zu explizieren wäre, läßt *Feld–Zeit–Ich* in der hier skizzierten Weise nur vermuten. Als erstaunliche Tatsache ist festzuhalten: Es findet sich in diesem Buch kein ausdrückliches Wort zur Musik.

2. Kantianismus in der Ästhetik
Doch damit scheint mir noch keineswegs das letzte Wort in der Frage nach der impliziten Ästhetik von *Feld–Zeit–Ich* gesagt zu sein. Vielleicht dürfen wir uns das Problem auch noch einmal in der dualistischen Perspektive einer transzendentalen Feldtheorie vorbuchstabieren. Wir kennen die Kantische Ästhetik, die in ihrer subjektphilosophischen Konzeption kaum überbietbar ist. Aus dieser Richtung beurteilt, ist es kein Wunder, wenn Rohs nicht zu einer eigenen Ästhetik ansetzt, denn die subjektphilosophische Konzeption der *Kritik der ästhetischen Urteilskraft* kann man wohl wiederholen, nicht verbessern. Jedenfalls gibt es zu ihr keine selbstbewußtseinstheoretische Alternative. Rohs läßt es sich zwar entgehen, auf die Rolle, die das ästhetische Erleben der Naturschönheit in Kants Rechtfertigung des teleologischen Denkens hat, in seiner ohnehin verkürzenden Rezeption der *Kritik der Urteilskraft* zu sprechen zu kommen. Doch es ist anzunehmen, daß er Kants Ästhetik des reinen Gefühls als eine Theorie der reflektierten Lust am Besonderen, auch in ihren individualitätstheoretischen Implikationen, mühelos mit einer ohnehin an wesentliche Elemente der Kantischen Lehre anknüpfenden selbstbewußtseinstheoretischen Konzeption – auch des ästhetischen Erlebens – vermitteln

könnte. Und: Er könnte auf ebendieser Grundlage eine Musikästhetik extrapolieren, die das lustvolle Erleben von Zeitlichkeit begreiflich macht (s.o.).

3. „Der liebe Gott steckt im Detail" (Aby Warburg): Spinozismus in der Ästhetik
Welche Impulse aber wachsen einer Ästhetik aus dem Feld zu? Der oben erwähnte, auf den ersten Blick so verblüffende Sprung von der bloßen Erwähnung der ästhetischen zu den religiösen Gefühlen legt eine Antwort aus dem Kontext der spinozistischen Theologie nahe, die Rohs am Ende seines Systemprogramms skizziert. Die im Modus einer Vermutung geäußerte Option, daß die religiösen Gefühle fundierend seien für die moralischen und die ästhetischen (vgl. 281; s.o.), gibt im Grunde schon den Leitfaden der Extrapolation der Ästhetik, die Rohs vertreten könnte. Wenn es zunächst auch als die Vermeidung eines genuinen Themas auffällt, daß wir bei den ästhetischen Regungen immer schon bei Gott sind, so sind wir nach diesem Ansatz freilich bei einem Gott, der im gesamten Feld in allem und jedem gegenwärtig ist. Und daraus ließe sich – ganz analog zur ethischen Konzequenz aus der spinozistischen Theologie – auch ein Appell der Achtung für jedes Einzelne entnehmen, dem – als Anspruch an die Aufmerksamkeit sinnlicher Wahrnehmung – ein ästhetischer Sinn zukommt. Der Gott des Spinozisten hat seine Stellung in der Welt, er hat seinen Sitz im Leben dadurch, daß er sich in allem verwirklicht, was ist. Schön wäre demnach die Welt im ästhetischen Sinn darin, daß sich dieser Gott in allem *zeigt*. Und die Pointe einer davon ausgehenden Ästhetik wäre darin zu sehen, daß er sich *in allem* zeigt.

Es kann daraufhin nicht verborgen bleiben, daß es wenn auch nicht die Ästhetik des Spinoza, so doch Spinozistische Ästhetik gibt. Offenbar kennen wir in der modernen Kunst und Literatur ebenso wie in der Philosophie eine ganze Reihe von Spinozisten. Denn aus der Anwendung des ontologisch begründeten Prädikats von Schönheit auf alle Dinge der Welt folgt jene Ästhetik der kleinen Dinge, die wir in verschiedenen Formen bereits seit Nietzsches ästhetischem Fundamentalismus, mit zunehmendem Anspruch auf Konkretion seit der Jahrhundertwende und in den minimalistischen Ansätzen der modernen Kunst bis heute kennen – und die sich mit dem von Rohs entwickelten Gedanken einer „Abschattung" von oben nach unten noch weiter differenzieren ließe.

So preist – um nur wenige prägnante Belege anzuführen – etwa der Dichter Hugo von Hofmannsthal, dem nach seiner Selbststilisierung die großen Worte wie modrige Pilze im Munde zerfallen, stattdessen den Zauber einfacher, banaler und sogar verschrobener Dinge: „Eine Gießkanne, eine auf dem Felde verlassene Egge, ein Hund in der Sonne, ein ärmlicher Kirchhof, ein Krüppel, ein kleines Bauernhaus, alles dies kann das Gefäß meiner Offenbarung werden". Der Maler Kandinsky nimmt auf der Höhe der westeuropäischen Avantgarde den „inneren Klang" so trivialer Dinge wie eines Zigarrenstummels oder eines Hosenknopfes in der Gosse mit innerer Teilnahme und Zuneigung wahr. Bei Marcel Proust ist es nicht allein der Geschmack der berühmten in Lindenblütentee getauchten Madeleine, der gleichsam aus der dampfenden Tasse die bunte Welt der Kindheit aufsteigen läßt;[18] es werden auch so zufällige und nichtige Anlässe wie das unbeabsichtigte Kippeln auf einem lockeren Pflasterstein beim Aussteigen aus der Droschke, das leise Klacken eines Dessertbestecks auf einem Porzellanteller und die Empfindung, die eine gestärkte Serviette auf der Haut zurückläßt, zu Auslösern der poetischen Inspiration.[19] Im Prinzip sind es alle möglichen Dinge in der Welt, die als Gegenstände des – hier: erinnernden – Erlebens diese ästhetische Relevanz haben können.

Natürlich stellt sich angesichts solcher Beispiele unweigerlich die Frage, ob der Begriff des Schönen innerhalb dieses Ansatzes hinreichend prägnant werden kann? Wenn alles schön ist, kann es dann überhaupt noch etwas geben, das nicht schön wäre? Verliert damit das Prädikat nicht seinen Sinn? Wir haben uns also zu fragen, ob es von hier aus irgendeine Möglichkeit gäbe, mit dem Ausdruck „schön" den auf die reflektierte Sinnlichkeit der Wahrnehmung bezogenen Sinn zu verbinden, der für die (moderne) Ästhetik entscheidend ist? Müßte eine spinozistische Ästhetik nicht von vornherein daran scheitern, daß der Ausdruck „schön" dazu verurteilt wäre, ein differenzloses ontologisches Prädikat zu bleiben? Mit Rohs' Argument von der „Abschattung subjektiver Aktivität" von oben nach unten wäre diesem Einwand zumindest prinzipiell zu begegnen: Es gibt im Rahmen der Ästhetik, die auf diese Weise zu rekonstruieren ist, durchaus die Gradabstufung des mehr oder weniger Schönen. Der Spinozismus trägt nicht nur eine Ästhetik der kleinen Dinge, sondern auch eine Ästhetik der kleinsten Differenz.

4. Ein ästhetischer Blick auf das Feld
Im Lichte dieser Vergewisserung hat auch der Text von Peter Rohs eine ästhetische Pointe. Wir stoßen mitten in einem schwierigen wissenschaftlichen Text auf eine Vielfalt an solchen Hinweisen und Anspielungen, die eine Neigung zur Ästhetik der visuellen und der sprachlichen Artikulation nahelegen. Insbesondere auf der Ebene der Explikation gibt es in dieser strengen und apodiktischen Abhandlung manches Beispiel, das einen ausgeprägten Sinn für das – ebensowohl im bildlichen wie im literarischen Sinne – Anschauliche erkennen und damit einige Hoffnung auf das ästhetische Potential dieser Theorie aufkommen läßt: Als Extreme der ontologischen und erkenntnistheo-

---

[18] Proust 1913-27, Bd. 1: In Swanns Welt 1, 63-67.
[19] Ebd. Bd. 13: Die wiedergefundene Zeit 2, 267-275. – Auf der Ebene der Fiktion wird diese Vorstellung in der *Recherche* ausdrücklich vertreten durch die männliche Hauptfigur der frühen Jahre, mit der sich der Icherzähler identifiziert: Monsieur Charles Swann. Swann ist ein begüterter Privatier, der es sich leisten kann, aufwendigen Privatstudien nachzugehen. Mit besonderer Liebe widmet er sich einer gelehrten Studie über *Vermeer*. Geht man diesem Detail nach, so stößt man auf *Spinoza*, der für Vermeer eine zentrale Rolle gespielt hat und dessen Gedanke in den Bildern gegenwärtig ist: „[D]aß für Vermeer die Schönheit und der Reichtum der irdischen Welt transzendent waren, und daß er das in seinen Bildern bis ins kleinste Detail zum Ausdruck bringen wollte", daß ihm wie vielen seiner Zeitgenossen die äußere Welt eine „zweite Bibel" war, „in der sich die Gegenwart Gottes ebenso offenbare wie in der Heiligen Schrift", betont Albert Blankert 1995, 31-43, hier: 43.

retischen Klärung bevölkern mit den unscheinbaren Fliegen und Regenwürmern (259) auch so erfreuliche Gestalten wie Elefanten, Gänseblümchen, Einhörner (22) und ein flügelschlagender Schmetterling (234) das Feld des Textes, ominöse Inselgruppen (25) appellieren an die pittoreske Phantasie des Lesers, Zombies mit Sprachverhalten (127) erfüllen dagegen schon eine anspruchsvollere Aufgabe: Mit der Reflexion auf den vollen Umfang der sprachlichen Spontaneität rücken sie zugleich auch die poetische Kreativität wieder ins rechte Licht.

A propos: Das literarische Spektrum der transzendentalen Feldtheorie reicht historisch von der altabendländischen Spruchweisheit („Man kann in den »Fluß der Zeit« nicht seine Hand halten wie in fließendes Wasser" – 45) über die frühmoderne Schweizer Sinnlyrik („Ich bin kein ausgeklügelt Buch, ich bin ein Mensch mit seinem Widerspruch" – 223) bis zum absurden Symbolismus der Wiener Schule („Angenommen, es hätte Jeder eine Schachtel, darin wäre etwas, was wir ‚Käfer' nennen" – 61). Dazu trifft man nicht nur prominente Paare der großen Literatur wie den romantischen Dichter Hoffmann und seine puppenhafte Olympia (60), Parsifal und Gurnemanz (73), den gestiefelten Kater und den Zauberer (103) – auch die großen Einsamen wie der Verfasser von Waverley und der älteste Einwohner Pekings (190), der Ötzi vom Gletschi (138) und schließlich ein Partygast in roter Jacke (185) – so geheimnisvoll, daß der Autor selbst ihn schließlich nur noch als „den in der roten Jacke" (190) erwähnt, kreuzen das Feld. Auf allen diesen Gestalten liegt der Glanz einer spinozistischen Wertschätzung.

Seit eh und je betonen die Ästhetiker die Rolle des Individuellen und bleiben dabei zumeist ganz allgemein. „Die Tulpe ist schön", sinnt uns Kant an. Von Rohs wird man auf so interessante Individuen wie das Kambrium und Westfalen (27) aufmerksam gemacht und zweifelt daraufhin nicht im mindesten, daß auch Max und Brigitte (54), wenn es sich hier nicht ohnehin um Decknamen handelt, ziemlich illustre Typen sind.

Wie man sich an alledem klarmachen kann, hat Rohs das Zeug zu einer Ästhetik. Wir finden hier allenthalben poetische Appetenz, deutliche Hinweise auf den Eigensinn des Ästhetischen, und Elemente und Spuren einer Ästhetik nicht nur des visuellen Bildes und des literarisch artikulierten Lautes, sondern auch des lebensweltlichen Alltags. Die Vielfalt der Beispiele bestätigt deutlich die Tendenz zum ästhetischen Spinozismus – zu einer Theorie der ästhetischen Erfahrung, die sich nicht von vornherein auf die große Kunst konzentriert, sondern die auch die scheinbar unscheinbaren Dinge im Abglanz der Geistesgegenwart wahrzunehmen vermag. Selbst in einem so obskuren Individuum wie dem „mit der roten Jacke" – oder in einem naiven Märchen von einem armen Mädchen, das dann aber wegen seiner großen Güte doch von Tag zu Tag schöner wird.

5. Das Gute und das Schöne: Eine individualistische Konsequenz?
Von hier aus wäre freilich auch die Frage nach der impliziten Ethik noch einmal aufzunehmen – und unter einen anderen Aspekt zu stellen. Wenn das

spinozistische Credo dieses Ansatzes in *ästhetischer* Perspektive seine systematische Tendenz zum liebevollen Blick auf die Individuen, selbst auf die unscheinbaren, bedingt, hat man dann nicht auch von einem vergleichbaren Effekt auf die *ethische* Konzeption auszugehen? Wenn die spinozistische Theologie eine tendenziell egalitäre Theorie der ästhetischen Erfahrung nach sich zieht – zieht sie nicht auch die Notwendigkeit einer Ethik der Individualität nach sich? Im Gedanken der Gerechtigkeit gegen das Individuelle ließe sich hier womöglich auch das gemeinsame Prinzip von Ästhetik und Ethik ausfindig machen, nach dem uns der Kinderwunsch der Vernunft so dringend fragen läßt. Wir sind gespannt auf die retractationes, die Peter Rohs diesen Wünschen der Vernunft und systematischen Extrapolationen entgegen halten wird. Eine Ästhetik und eine Ethik würden wir von ihm gern noch lesen.

Literatur

Blankert, Albert (1995): „Vermeers moderne Themen", in *Johannes Vermeer* (Ausstellungskatalog), National Gallery of Art, Washington/Mauritshuis, Den Haag/Waanders Uitgevers, Zwolle, 31-45.

Epikur (1980): *Briefe. Sprüche. Werkfragmente*, übers. und hg. von Hans-Wolfgang Krantz, Stuttgart.

Hegel, G.W.F. (1796/7): „Das älteste Systemprogramm des deutschen Idealismus", in Hegel, G.W.F., *Werke in zwanzig Bänden*, Bd. 1 (Frühe Schriften), Frankfurt (Main) 1971, 234-236.

Höffe, Otfried (1993): *Moral als Preis der Moderne. Ein Versuch über Wissenschaft, Technik und Umwelt*, Frankfurt (Main).

Jonas, Hans (1979): *Das Prinzip Verantwortung. Versuch einer Ethik für die technologische Zivilisation*, Frankfurt (Main).

Kant, Immanuel (1764): *Bemerkungen in den „Beobachtungen über das Gefühl des Schönen und Erhabenen"*, neu hg. und kommentiert von Marie Rischmüller, Hamburg 1991.

Kant, Immanuel (1790): *Kritik der Urtheilskraft*, in Kant (1900ff.), Bd. 5.

Kant, Immanuel (1900ff.): *Kants gesammelte Schriften*, hg. v. der Preußischen Akademie der Wissenschaften, Berlin.

Montaigne, Michel de (1595): „Daß Philosophiren sterben lernen heisse", in ders., *Essais*. Erster Theil. Das XIX. Hauptstück, übers. v. J.D. Tietz, Zürich 1992.

Proust, Marcel (1913-27): *Auf der Suche nach der verlorenen Zeit*, übers. v. E. Rechel-Mertens, Frankfurt (Main) 1953ff.

Recki, Birgit (1998): *Ästhetik der Sitten. Die Affinität von ästhetischem Gefühl und praktischer Vernunft bei Kant* (Habilitationsschrift Münster 1994), Frankfurt (Main).

Rohs, Peter (1986): „Gedanken zu einer Handlungstheorie auf transzendentalphilosophischer Grundlage", in *Handlungstheorie und Transzendentalphilosophie*, hg. von G. Prauss, Frankfurt (Main), 219-245.

Rohs, Peter (1996), *Feld–Zeit–Ich. Entwurf einer feldtheoretischen Transzendentalphilosophie*, Frankfurt (Main).

Peter Rohs

Entgegnungen

Aus den hier vereinigten Beiträgen ergibt sich insgesamt eine recht stattliche „Mängelliste" für die von mir vorgeschlagene Version von Transzendentalphilosophie. Obwohl sie bei weitem nicht vollständig sein dürfte, enthält sie doch vieles, worauf ich antworten sollte. Ich will mich daher im folgenden bemühen, die vorgetragenen Bedenken so gut es geht zu entkräften und unklar Gebliebenes zu präzisieren. Bisweilen werden Modifikationen erforderlich werden. Ich hoffe, daß ich die zahlreichen Anregungen nutzbringend aufgreifen kann, und möchte allen Beiträgern für ihre konstruktive Kritik sehr herzlich danken! Besonders herzlich möchte ich Marcus Willaschek danken, der nicht nur die schönen Tage in Rothenberge organisiert, sondern auch diesen Band auf den Weg gebracht hat.

Beginnen möchte ich mit dem Aufsatz von *Wolfgang Kuhlmann*, der sich gegen die Art meines Vorgehens insgesamt richtet. Gleich zu Beginn weist er auf das „auffällige Mißverhältnis" hin, das zwischen meiner „anspruchsvollen inhaltlichen Konzeption" und ihrer „überaus anspruchslosen Form" bestehe. Für Kuhlmann soll Transzendentalphilosophie vor allem „Erkenntniskritik" sein, die für sichere Fundamente zu sorgen hat, wenn alles unsicher ist und der Skeptiker zu triumphieren beginnt. Wenn man sich in dieser „dramatischen Ausnahmesituation" ruhig und in selbstvergessener theoretischer Einstellung einfach an die Lösung von Problemen mache, verfehle man das Wesen von Transzendentalphilosophie.

Vielleicht unterscheiden Kuhlmann und ich uns vor allem darin, worin wir die Dramatik der Situation erblicken und wen wir als Skeptiker vor Augen haben. Für Kuhlmann ist die Situation dadurch gekennzeichnet, daß alles unsicher und nirgendwo ein fester Halt in Sicht ist. Die philosophische Aktualität eines solchen radikalen und umfassenden Zweifels sieht er begründet einerseits in den Resultaten des hermeneutisch-linguistischen Historismus, andererseits in den Problemen, die sich aus dem sogenannten „Münchhausen-Trilemma" ergeben (vgl. oben 35). Für ihn ist daher die erste Frage: Wie ist überhaupt Sicherheit möglich? (oben 37)

Mein Skeptiker sähe demgegenüber ganz anders aus; er würde auch ganz anders argumentieren. Ich denke etwa an den „Subjektivitätsskeptiker", wie er in radikaler Form z.B. durch den eliminativen Materialisten repräsentiert wird. Für diesen Skeptiker ist keineswegs alles unsicher; im Gegenteil ist er fest davon überzeugt, daß die Physik das verläßlichste Wissen über die Wirklichkeit liefert und man sich also, wenn man Sicherheit sucht, an ihr zu orientieren hat. Dieses beste uns zur Verfügung stehende Wissen aber nötige zu einer Position, wie er sie einnimmt.

Auch für den „Freiheitsskeptiker" ist vieles gewiß. Luther war der Überzeugung, daß der freie Wille niedergestreckt und ganz und gar vernichtet sei, weil Gott alles mit unveränderlichem, ewigem und unfehlbarem Willen versieht, sich vornimmt und tut (Luther 1525, 24). Andere kamen aufgrund ihrer Ansichten über Kausalität zu einer ähnlichen Meinung. Derartige Formen von Skeptizismus ergeben sich nicht daraus, daß alles unsicher ist, sondern daraus, daß manches als gewiß gilt. Auch für Kant war, wie ich glaube, nicht alles unsicher. Die überlieferte Metaphysik war es allerdings, einmal wegen des historischen Befunds, dann auch wegen der speziellen Argumente, die sich ihm aus den Paralogismen und Antinomien ergeben hatten.

Welche Sorte von Skeptizismus man als eigentlich „dramatisch" ansieht, ist wohl zum guten Teil Sache einer intuitiven Einschätzung. Ich muß gestehen, daß mich der Skeptizismus, daß alles unsicher ist und wir womöglich nur „Gehirne im Tank" sind, nicht sehr beunruhigt. Auch die Argumente Kuhlmanns machen ihn für mich nicht bedrohlicher. Das Münchhausen-Trilemma ist im Rahmen einer holistisch orientierten Methodologie eine vernachlässigbare Größe. Noch mehr ist dies der Historismus, denn aus Einsichten in die historische Genese von Wissen könnten sich nur aufgrund eines Trugschlusses Konsequenzen für Geltungsfragen ergeben. Die Vorstellungen des Subjektivitäts- oder Freiheitsskeptikers dagegen halte ich für durchaus dramatisch. Husserl hat die „Krisis der europäischen Wissenschaften" in seiner so betitelten Schrift veranlaßt gesehen vor allem durch eine „Naturalisierung des Bewußtseins", die zwar verfehlt ist, sich aber dennoch nicht zufällig und grundlos aus wesentlichen Merkmalen dieser Wissenschaft ergibt. Husserl bezeichnet deswegen die Geschichte der neuzeitlichen Philosophie pathetisch als einen „Kampf um den Sinn des Menschen". Wenn man überhaupt eine „dramatische Ausnahmesituation" als Anlaß für Transzendentalphilosophie gelten lassen will, dann käme in meinen Augen diese Krisis und dieser Kampf dafür mit viel größerem Recht in Betracht.

Diesem Unterschied in der Einschätzung der Ausgangssituation entspricht es, daß ich ein anderes Vorgehen für erforderlich halte, denn gegen meine Skeptiker sind die reflexiven Gewißheiten stumpfe Waffen. Es liegt zwar nahe, z.B. gegen den eliminativen Materialisten reflexive Gewißheiten ins Feld zu führen. Dennoch ist das eine verfehlte Strategie, denn die „wissenschaftlichen" Gewißheiten, auf die er sich beruft, kommen so gar nicht zur Sprache. Eine Auseinandersetzung aber, die die (vermeintlichen) Stärken des Gegners nicht erwähnt und sie nur beiseite schiebt, scheint kaum angemessen zu sein. Dies um so mehr, als das Handlungswissen, auf das Kuhlmann sich stützen möchte, samt den Begriffen, in denen es ausgedrückt wird, von dieser Partei als „folk-psychology", als gegenüber Physik und Neurophysiologie altmodische und vorwissenschaftliche Theorie denunziert und mit Dämonen- und Gespensterglauben assoziiert wird. Gegen diesen Skeptiker hilft keine reflexive Letztbegründung, sondern nur eine holistische Theorie, die sich nicht scheut, sich auch auf das Terrain des Gegners zu begeben.

Ähnlich mit dem Freiheitsskeptiker. Schopenhauer hatte sich in seiner Preisschrift über die Freiheit des Willens mit der Frage zu befassen, ob sich die Annahme von Freiheit durch das Selbstbewußtsein beweisen läßt. Seine

Antwort: Wie immer es mit Freiheit steht, das Selbstbewußtsein entscheidet hier nichts, weil es die allgemeinen Strukturen von Kausalität und ähnliche einschlägige Probleme gar nicht betrifft. Auch gegen den Freiheitsskeptiker läßt sich mit bloß reflexiven Gewißheiten nichts ausrichten. Dies soll nicht heißen, daß sie für Transzendentalphilosophie irrelevant wären. Aber ihr Sinn liegt nicht darin, daß sie in cartesischer Manier erste Gewißheiten liefern. Auch Kant ist offensichtlich so nicht vorgegangen. Und wenn nach ihm Reinhold und Fichte wieder nach „obersten Grundsätzen" gesucht haben, so war das in meinen Augen keine glückliche Entwicklung.

Meine Auffassung beschreibt Kuhlmann richtig so (vgl. oben 24), daß inhaltliche (auch reflexive) Evidenzen in einen möglichst umfassenden kohärenten Zusammenhang gebracht werden sollen, in dem sie sich wechselseitig stützen. Evidenzen gleichen den Stöcken aus der bekannten Fabel: einzeln sind sie alle brechbar, nur verbunden haben sie die nötige Stärke. Innerhalb einer holistischen Konzeption liefern sie die „relativen Ankerplätze", deren auch diese bedarf. Es gibt aber keinen obersten Grundsatz, an dem alles hängen müßte, und keine erste Sicherheit. Nach meiner Überzeugung können auch die reflexiven Gewißheiten ihre eigentliche Funktion nur im Rahmen einer solchen Theorie entfalten.

Einiges von dem, was Kuhlmann als reflexives Handlungswissen in Anspruch nimmt, kommt auch in der feldtheoretischen Transzendentalphilosophie vor. Die „Präsuppositionen sinnvoller Argumentation", die man nach ihm kennen muß (vgl. oben 38), entsprechen den Begriffen, die (wie ich mit Allison annehme) in alles Urteilen involviert sind und für die deswegen ebenfalls gilt, daß sie uns vertraut sein müssen (134ff). Auch ich zähle dazu z.B. die „Idee von Wahrheit". Anderes, was Kuhlmann als Handlungswissen anführt, das immer schon vorhanden ist und nur der rekonstruktiven Aufdeckung bedarf, scheint mir dagegen falsch zu sein (zumindest wenn es uneingeschränkt gelten soll). Hierhin gehören z.B. seine Äußerungen über Sprachphilosophie und das Apriori der Kommunikation (oben 36). Wie ich gegen ähnliche Auffassungen Apels zu zeigen versucht habe (123ff.), wird in diesem Fall nicht ein absolut sicheres Wissen formuliert, sondern es werden Vorurteile ausgebreitet, die durch philosophische Strömungen dieses Jahrhunderts veranlaßt worden sind. Von reflexiver Gewißheit kann hier keine Rede sein.

Einen weiteren Einwand dagegen, daß das immer schon vorhandene Handlungswissen Transzendentalphilosophie soll begründen können, sehe ich darin, daß es Wichtiges gar nicht zu enthalten scheint. Gegen Kant moniere ich z.B., daß er die Unterscheidung zwischen der topologischen und der modalen Seite der Zeit nicht berücksichtigt und deswegen die Zeit ganz uneingeschränkt als Anschauungsform des inneren Sinns behauptet. Ebenso steht es mit der fregeschen Unterscheidung zwischen Vorstellungen und Sinnen. Bei Kant fehlt auch sie, weswegen er genötigt ist, häufig in mehrdeutiger und mißverständlicher Weise von Vorstellungen zu sprechen. Wenn das Wissen von einer so wesentlichen Unterscheidung immer schon da sein soll, weswegen benutzt Kant es nicht? Wenn aber das Handlungswissen, das nur der

Rekonstruktion bedarf, derart wesentliche Sachverhalte nicht einschließt, dann kann Transzendentalphilosophie nicht sinnvoll auf es gegründet werden. Diese Beispiele belegen, daß es erstens ein Handlungswissen, wie Kuhlmann es unterstellt, wirklich gibt, daß es aber zweitens nicht gegen alle Kritik gefeit ist und drittens vor allem nicht als alleinige Basis für Transzendentalphilosophie in Betracht kommt.

Daß dieses immer schon bekannte Handlungswissen aus diesen Gründen für mich nur von sekundärer Bedeutung ist, hat auch zur Folge, daß ich den von Kuhlmann so hervorgehobenen Unterschied zwischen einer Innen- und Außenperspektive (vgl. z.B. oben 34) für ebenfalls nicht so wesentlich halte. Er unterscheidet die „Einstellung des selbstvergessenen Theoretikers" von der reflexiven Einstellung des Erkenntniskritikers und meint, daß „eine konsequente Untersuchung von vernünftiger Subjektivität notwendig auf die reflexive Thematisierung dessen führt, was wir qua Untersuchende aktuell immer schon – und zwar auf der Seite des Handlungswissens von unserer theoretischen Tätigkeit – in Anspruch nehmen" (oben 45). Es gibt einiges, was so gegeben ist; dies ist aber weder sicherer als anderes noch sonstwie ausgezeichnet. Gerade die für Transzendentalphilosophie maßgeblichen Unterscheidungen – auch z.B. die kantische zwischen transzendentaler und empirischer Apperzeption – sind kein Teil eines solchen Handlungswissens. Kant konnte sie sich nicht durch seinen Diener Lampe bestätigen lassen (86), weil sie erst in theoretischer Einstellung in den Blick kommt. Was aber für eine solche Unterscheidung gilt, muß für Transzendentalphilosophie überhaupt gelten, denn es gibt keine ohne derartige Unterscheidungen.

Kuhlmanns Urteil über die anspruchslose Form, in der ich meine Konzeption zur Geltung bringe, ist sicherlich auch darin begründet, daß ich auf methodologische Reflexionen vorweg, auf alles Nachdenken hinsichtlich der „Maßstäbe" (oben 12) oder „Standards" (oben 45) verzichte. Es mag wirklich naiv sein, – aber ich glaube nicht, daß derartige Vorweg-Untersuchungen in der Sache sehr förderlich sind. Von den Regeln der Logik mache ich Gebrauch, so gut ich kann, ohne sie zu thematisieren, und auch mit dem, was ich für intuitiv einsichtig, für evident halte, verfahre ich als Benutzer, ohne mich um eine Theorie der Evidenz zu bemühen. Da die Evidenzen ohnehin nicht die Rolle „oberster Grundsätze" spielen sollen, scheint mir das erlaubt zu sein. Kuhlmann kann sich auch kaum auf das Vorbild Kants berufen. Dieser hat zwar – zumindest zeitweilig – in der „Kritik der reinen Vernunft" eine „Propädeutik" für das eigentliche System gesehen[1], für die Transzendentalphilosophie selbst hält er aber nicht wieder eine ihr vorausgehende Grundlegung für erforderlich.

Von Kant übernimmt Kuhlmann die drei Forderungen der absoluten Gewißheit, der Vollständigkeit und der baldigen Abschließbarkeit von Philosophie (vgl. oben 12). Es ist klar, daß bei einer holistischen Philosophiekonzeption diese Forderungen aufgegeben werden müssen. Eine wirklich philosophi-

---
[1] Kant 1787 (im folgenden *KrV* B), 25.

sche Frage ist erst dann zureichend beantwortet, wenn alle philosophischen Fragen beantwortet sind, und das wird wohl nicht so bald der Fall sein. Aus meinem philosophischen Handlungswissen entnehme ich die Gewißheit, daß sich auch kein Stück Metaphysik aus der Philosophie ausgliedern läßt, das vorweg schnell erledigt werden könnte. Daß die Metaphysik „mit nur weniger, aber vereinigter Bemühung" in kurzer Zeit so vollendet werden kann, daß für unsere Nachkommenschaft nur noch die didaktische Einrichtung übrig bleibt, gehört deswegen zu den Aussagen Kants, die nicht in meine Rekonstruktion eingehen können, – es aber auch nicht sollen.

Generelle Einwände gegen den von mir vorgelegten Ansatz trägt auch *Volker Gerhardt* vor. Zwar hält er es für einen „ingeniösen Einfall", die Zeit als vermittelnde Instanz zwischen Feld und Ich in Anspruch zu nehmen (oben 54); in der vorliegenden Form vermag ihn dieser Vorschlag aber nicht zu überzeugen (oben 56), weil nicht gezeigt werde, daß die „Brücke über die Kluft" sich schließe. Gerhardt befürchtet, man könne von den beiden offenen Enden der Brückenköpfe nur noch besser in den so unüberwindlichen Abgrund hinabblicken.

Die Metapher der „Kluft" hatte ich von Kant übernommen. In der Einleitung in seine dritte Kritik weist er auf die Möglichkeit hin, daß sich gerade aufgrund der Resultate der ersten beiden Kritiken eine solche Kluft zwischen den Gebieten des Natur- und des Freiheitsbegriffs auftut. Damit soll auf das Erfordernis einer Überbrückung aufmerksam gemacht werden. Es ist die systematische Hauptaufgabe der dritten Kritik, diese Synthese zu leisten.

Meine These ist nun, daß die Zeit dasjenige ist, was die Gebiete des Natur- und des Freiheitsbegriffs als zu einer in sich kohärenten Welt gehörig zu verstehen erlaubt, was also zwischen Feld und Ich steht und beide verbindet. Daß sie für diesen Zweck geeignet ist, begründe ich mit der Differenz von topologisch-metrischen und modalen Zeitbestimmungen. Gerhardt erwägt nun, diesen „temporalen Dualismus" in Frage zu stellen (oben 56f.). Ist, so fragt er, die Unabhängigkeit der B-Reihe von der A-Reihe denn tatsächlich gezeigt? Anstelle einer dualistischen zieht er anscheinend eine den Primat der A-Reihe betonende Deutung der Zeit vor.

Nun nehme ich allerdings auch selbst an, daß wegen der grundlegenden Bedeutung der A-Reihe für jede Form von Intentionalität das *Wissen* von der B-Reihe, von topologisch-metrischen Zeitbestimmungen abhängig von der A-Reihe ist. Wissen ist eine Sache von Subjekten; diese sind „nunczentrisch". Daraus scheint mir aber nicht zu folgen (darin gebe ich Bieri recht, der dies ausführlich aufzeigt), daß die A-Bestimmungen in den semantischen Gehalt der B-Relationen selbst einfließen. Daß das Bewußtsein von Gegenwärtigkeit nötig ist, wenn überhaupt irgendetwas gewußt werden soll, erlaubt in meinen Augen nicht den Schluß, daß die Begriffe, mit denen die Physik die Natur erfaßt, auch ihrem Inhalt nach von den A-Bestimmungen abhängig sind. Vielmehr nehme ich mit Grünbaum an, daß das Jetzt „rein physikalisch nicht existiert" (41), und daß eine solche Physik in sich konsistent ist, auch wenn sie nicht konsistent von Subjektivität (und damit von sich selbst als einem Wissen) handeln kann. Generell habe ich gegen ein Vorgehen, wie Gerhardt es hier skizziert, den Verdacht, daß das Gewicht einer universellen Theorie von der Eigenart der Physik erheblich unterschätzt wird. Das wäre wohl auch kaum im Sinne Kants, der nie einen Zweifel daran gelassen hat, daß im Falle eines wirklichen Konflikts zwischen Natur- und Freiheitsgesetzen die letzteren zu weichen haben. Kant hatte die Tiefe der Kluft sehr wohl im Auge. In unserer Zeit hat der „wissenschaftliche Realismus" (Bieri 1981, 17) – die Auffassung also, daß die Physik die zuverlässigste Auskunft über das Wesen der Dinge gibt – zu einer Fülle rein materialistischer Konzeptionen in der Philosophie des Geistes geführt. Ich halte – sicherlich in Übereinstimmung mit Gerhardt – diese Versuche für insgesamt in die Irre führend. Aber vielleicht nehme ich die Überzeugung, die hinter diesen Versuchen steht, doch etwas ernster als er.

Den Schritt zurück zum Spinozismus hält Kant selbst für geboten für den Fall, daß sich seine These von der Idealität von Raum und Zeit nicht halten lassen sollte. Mir ist nicht klar, ob Gerhardt diese Idealität wirklich zu verteidigen gedenkt. Ich meine, daß dies nicht möglich ist und glaube deswegen, daß man dem Ratschlag Kants Folge leisten sollte.

In der Konsequenz eines zu respektierenden „wissenschaftlichen Realismus" muß nicht liegen, daß idealistisch begründete „metaphysische Anfangsgründe der Naturwissenschaft" unmöglich sind. Kants Gedanke war, daß eine Natur, von der Erfahrung möglich sein soll, gewisse Bedingungen erfüllen muß, die deswegen als synthetische Urteile a priori behauptet werden dürfen. Diese Urteile werden dieser Konzeption zufolge nicht innerhalb der empirischen Forschung selbst gerechtfertigt, sondern durch den Aufweis, daß diese Forschung selbst nicht möglich ist, wenn nicht jene Urteile gelten. Ich verstehe es daher nicht, wenn Gerhardt es als ein „Ergebnis von erbarmungswürdiger Dürftigkeit" bezeichnet, wenn ich in analoger Weise eine Bedingung anzugeben versuche, der eine Natur genügen muß, wenn Freiheit in ihr möglich sein soll. Für ein an Kant geschultes Denken sollte klar sein, daß die Möglichkeit von Erfahrung nicht etwas so Dürftiges sein kann, wenn sie Folgerungen von der Art erlaubt, wie Kant sie vorlegt. Warum sollte die Möglichkeit von Freiheit oder die von Subjektivität überhaupt nicht eben so reichhaltig sein? Gerhardt schreibt: „In der bedrängenden Realität unseres bewußten Daseins werden wir darüber belehrt, daß wir ‚möglich' sind!" (oben 58) Aber es geht nicht darum, die Gewißheit unseres eigenen bedrängten Daseins zu steigern – obwohl selbst dies angesichts von „eliminativen Materialisten" nicht als völlig überflüssig erscheinen könnte –; es geht um die Konsequenzen dieser Möglichkeit für die Natur. Wie es nach Kant nicht in einer beliebig beschaffenen Natur (z.B. einer akausalen) Erfahrung geben kann, so eben auch nicht – so meine ich wenigstens – Subjekte. Mit dieser Feststellung wollte ich niemanden „trösten", wohl aber etwas zum Verständnis bestimmter Züge der Physik beitragen. Ob sie richtig ist, scheint mir eher zweifelhaft zu sein als daß sie, wenn sie richtig ist, systematisch sogar höchst belangvoll ist.

Gerhardt betont, daß der Weg über das Feld nicht an das Ich herankommen und wir auf ihm nicht zu der einen Welt kommen, in der wir leben. Das alles ist ganz richtig und doch ein Verkennen der Probleme, die mit der Kluft zwischen Freiheit und Natur zu tun haben. Man muß sich vor Augen halten, welche metaphysischen Konstruktionen Kant für erforderlich hielt, um eine Verträglichkeit beider auch nur als möglich in den Blick kommen zu lassen. Die Physik liefert keinen Begriff von Freiheit – sie scheint im Gegenteil starke Argumente für die Auffassung zu liefern, daß eine kausale Wirksamkeit mentaler Phänomene unmöglich ist. Es ist die Überzeugungskraft dieser Argumente, die heutzutage so viele Autoren dazu bringt, identitätstheoretische oder sonstwie materialistische Auffassungen über das Verhältnis von Geist und Körper zu vertreten, – Auffassungen, bei denen jede eigenständige Kausalität des Mentalen prinzipiell verschwindet. Angesichts dieser Situation scheint mir der Aufweis, daß eine solche Kausalität dennoch möglich ist, wenn er gelungen sein sollte, ganz und gar kein Ergebnis von erbarmungswürdiger Dürftigkeit zu sein. Im Gegenteil, ich wüßte nicht, was wichtiger wäre. Der Hinweis auf die Welt mit Menschen, die nicht nur „ich sagen", sondern auch „ich tun" können, ist da für sich allein wenig wirksam, weil er den strittigen Punkt gar nicht berührt – die Frage, ob das „ich tue" eine eigenständige Kausalität des Mentalen involviert, und wie diese, wenn das so sein sollte, angesichts der universellen Gesetze der Physik möglich ist.

Dem zweiten, vom Selbstbewußtsein ausgehenden Weg billigt Gerhardt eine größere Reichweite zu (oben 58). Ich nehme zwar an, daß (mit Searle zu reden) der Ontologie der ersten Person eine des zeitlichen Werdens zugrundeliegt, – daß man also Grund hat, die Darstellung mit einer Theorie von Raum und Zeit zu beginnen –; dennoch halte ich an der Asymmetrie fest, die mit der Metapher von dem nur in eine Richtung durchsichtigen Fenster gemeint ist: Aus der immanenten Entwicklung von Transzendentalphilosophie ergeben sich „Anfangsgründe" der Naturwissenschaft, wohingegen das Umgekehrte nicht gilt.

Diese Asymmetrie würde ich aber doch nicht so ausdrücken wollen, daß man schon immer über die Kluft hinweg ist und mitten im Feld steht. Wir können das Feld erkennen (wozu allerdings außer der transzendentalen Apperzeption auch einige Bedingungen gehören, die von dieser unabhängig sind); – aber was wir da erkennen, scheint so beschaffen zu sein, daß ein „Gebiet des Freiheitsbegriffs" durch es unmöglich wird. Ein eliminativer Materialist sieht sich vielleicht gedrungen, aufgrund der Resultate dieser Theorie Intentionalität überhaupt zu „eliminieren". Er steht dann zwar „mitten im Feld", hat aber nicht viel davon. Daß die Analyse des Selbstbewußtseins aus der bloßen Idealität des Denkens heraus und in die Realität der Welt hineinführt, gilt eben nur in sehr spezieller Hinsicht. Gerade Kants Theorie scheint mir deutlich zu machen, daß für die wirkliche Überbrückung der Kluft erheblich mehr gefordert ist. Und auch hinsichtlich der Leistungsfähigkeit des Ratschlages, das Selbstbewußtsein im Leben zu belassen, bin ich skeptisch. Wenn der von Gerhardt zitierte Schlußsatz Kants zutreffen sollte, muß sich die Theorie, um die es geht, recht weit aus dem Leben entfernen – auch wenn sie es, was Gerhardt sicher mit Recht anmahnt, nicht aus dem Blick verlieren sollte.

In dem Beitrag von *Michael Esfeld* wird die Feldmetaphysik als naturphilosophischer Teil der vorgeschlagenen Version von Transzendentalphilosophie kritisch überprüft. Esfeld möchte zeigen, daß sie „nicht direkt auf die heutige Physik bezogen werden" kann, daß hier eine Lücke bleibt. Dabei geht es im wesentlichen um die folgenden vier Themen: 1. Existenz und Gegenwart; 2. die Zerlegung des Feldes in Raum und Zeit; 3. das Verhältnis von Feldmetaphysik und Geometrodynamik; 4. Holismus. Bevor ich auf sie eingehe, vorweg zwei kürzere Bemerkungen. Esfeld vermißt eine Festlegung hinsichtlich der Existenz von Punkten. Ich sehe dies als eine topologische Frage an. Punkte wären zu verstehen als Grenzen unendlicher Folgen ineinander geschachtelter Gebiete. Es gibt Punkte, wenn jede solche Folge gegen etwas aus der Raum-Zeit konvergiert. Dies ist dann der Fall, wenn die Raum-Zeit ein Kontinuum ist. Hinsichtlich der „ontologischen Abhängigkeit" gilt dann für die Punkte dasselbe wie für die Gebiete: es kann auch sie nicht gleichsam einzeln geben. – Hinsichtlich des „stärkeren Relativismus", daß nach meiner Auffassung Eigenschaften von Gedanken abhängen (und sogar mit Gedankenteilen identisch sind), möchte ich auf meine Entgegnung auf die Einwände von Gesang verweisen.

1. Zu dem Problem von Existenz und Gegenwart sagt Esfeld, die These, daß nur das Gegenwärtige wirklich sei, sei dem gewichtigen relativistischen Einwand ausgesetzt, daß es keine universelle Gegenwart gibt. Nun nehme ich ja an, daß es zwei Existenzbegriffe gibt, das Gegenwärtigsein und das Sichereignen (Vorkommen in einem Raum-Zeit-Gebiet). Ich möchte aber hervorheben, daß durch die Relativitätstheorie das zeitliche Werden keineswegs irgendwie „ontologisch entwertet" worden ist. Wie Godfrey-Smith (1979) gezeigt hat, ist eher das Gegenteil der Fall. Von ihm wird das Gegenwärtige identifiziert „with the class of events which are ‚seen now' by an observer" (ebd. 240). Es ist also relativ auf einen Beobachter, hat allerdings durchaus eine absolute Bedeutung für alle kopräsenten Beobachter (ebd. 237). Seine Relativität ist zu unterscheiden von der der Gleichzeitigkeit, die davon abhängt, daß entfernten Ereignissen Daten zugeschrieben werden, was, wie Godfrey-Smith zeigt, nur aufgrund zweier aufeinander folgender Messungen möglich ist. Solche Daten sind deswegen nur „fictitious time-partitions, that we extend throughout the universe" (ebd. 244). Es handelt sich um eine künstliche Konstruktion. Die Gegenwart dagegen ist metaphysisch grundlegend (ebd. 242). Zu jedem Beobachter gehört eine „chronological perspective", sein „seen now"; es gibt keine perspektivenfreie Wirklichkeit: „What we need not, and I think cannot, conclude is that there is some neutrally describable space-time reality, which each of the chronological perspectives is a perspective of. There is no identity of instants at a distance, and no neutral position from which the actual state of the world could be viewed sub specie

aeternitatis" (ebd. 242). Unsere klassischen Intuitionen „make us feel that over and above the chronological perspectives, which are just a lot of descriptions of the way the world *appears*, there must be some state in which the world actually *is*" (ebd. 243); diese Meinung ist jedoch zufolge der Relativitätstheorie aufzugeben. Wir können zwar berechnen, wie die Zeitperspektive eines anderen Beobachters beschaffen ist, aber niemand kann zwei Zeitperspektiven gleichzeitig direkt erfahren. Daten, die entfernten Ereignissen zugeschrieben werden, müssen aufgrund der eigenen Zeitperspektive konstruiert werden, und diese Konstruktionen müssen die Erfahrung von Gegenwart in Anspruch nehmen, die grundlegend bleibt: „... tensed notions, which are presupposed by judgements of simultaneity, are required if we are to assign dates to distant events, just as they are presupposed by judgements by which we assign dates locally" (ebd. 244).

2. Die Frage der Zerlegung der Raum-Zeit ist damit eigentlich ebenfalls schon beantwortet. Worauf es mir in dem von Esfeld zitierten Text ankommt, ist, daß jeder Blick in die Welt eine solche Zerlegung involviert, die schon in den elementarsten Beobachtungen vorausgesetzt ist. Diese zur Anschauung als solcher gehörige Zerlegung der Raum-Zeit, die sich gerade auch in der lokalen Erfassung des Wirklichen zeigt, möchte ich als durch die Form dieser Anschauung bedingt ansehen. Sie ist das, was Godfrey-Smith als Zeitperspektive bezeichnet, als Weise, wie uns die Welt erscheint. Die Umrechnung auf andere Bezugskörper gemäß den Lorentz-Transformationen ist eine dieser elementaren Zerlegung gegenüber ganz sekundäre Angelegenheit.

Die Frage, ob „occurents" oder „continuants" ontologisch grundlegend sind, dürfte nicht wesentlich sein. Zu beiden soll nach Esfeld eine Dauer gehören, beide setzen also Kriterien diachroner Identität voraus und sind im Sinn des von mir zitierten Ausdrucks Stegmüllers „Objekte höherer Ordnung" (96). Ein Schiff sehen wir als dasselbe an, auch wenn einige Planken ausgewechselt worden sind, einen Vulkanausbruch als denselben, auch wenn es (nicht allzu lange) Unterbrechungen in ihm gegeben hat. Bei Objekten wie Sturmtiefs, Wasserfällen, Regenbogen und vielen anderen ist vielleicht überhaupt unklar, in welche der beiden Klassen sie gehören. In der (von mir 95 zitierten) Auffassung Bennetts sind Objekte „logische Konstruktionen" aus einer stetigen Menge von „place-times". Gemäß dieser Konzeption könnte grundlegend also nur das sein, was kein „Objekt höherer Ordnung", kein „time-consuming object" ist, weil es keine Kriterien diachroner Identität involviert. Derartiges muß allerdings nicht grundlegend relativ zu den Möglichkeiten unseres Erfahrens sein; es muß kein „proton pros hemas" sein, kann aber ein „proton physei" sein. Das hängt letztlich davon ab, ob man entsprechende Identitätskriterien in die grundlegenden Naturgesetze aufzunehmen gedenkt oder nicht. Mir scheint die Russell-Quine-Stegmüller-Bennett-Auffassung in dieser Hinsicht überzeugend zu sein, nicht zuletzt angesichts der Probleme, die in der Elementarteilchenphysik hinsichtlich der diachronen Identität von Teilchen bestehen. Der Ausdruck „Teilchen" erweckt den Anschein, als sei die diachrone Identität selbstverständlich gegeben; gerade das ist aber wohl nicht der Fall. Ein Resultat der „Teilchenphysik" ist doch wohl, daß es auf quantenmechanischer Ebene „Teilchen" gar nicht gibt.

3. Ein gewichtiger Einwand von Esfeld ist, daß die Feldmetaphysik durch das Scheitern der Wheelerschen Geometrodynamik in Mitleidenschaft gezogen worden sein könnte. Ich glaube jedoch nicht, daß dies so ist. In der Geometrodynamik geht es darum, physikalische Gegebenheiten mit ausschließlich geometrischen Begriffen zu beschreiben, die Gravitation durch eine Krümmung der Raum-Zeit, das elektromagnetische Feld durch „a rippled geometry with a different type of curvature" (wie Esfeld zitiert). In dem von mir übernommenen Programm Bennetts heißt es dagegen: „If there is a string R_1-T_1, R_2-T_2, ... such that each R_i ist qualitatively unlike its spatial neighbours at T_i, and is qualitatively like the other regions on the string ..." (95). Diese qualitativen Eigenschaften der R_i, durch die sie einander gleich und ihrer Umgebung ungleich sind, müssen nicht geometrische Eigenschaften sein. Ein Stück Kupfer etwa wäre in diesem Sinne eine Folge von „kupfrigen" place-times, deren räumliche Nachbarn nicht kupfrig sind. Es wird nicht verlangt, die Eigenschaft „kupfrig" zurückzuführen auf Eigenschaften, die in einer Riemannschen Geometrie vorkommen können. Insofern meint das Programm der Feldmetaphysik etwas erheblich anderes als das Programm Wheelers. In ihrem Sinn könnte man eher sagen, daß in einer ausformulierten Darstellung der Physik als Individuenvariable nur Raumzeitkoordinaten vorkommen sollten. In Scheibes kontingenten Grundaussagen kommt sogar nur t als Individuenvariable explizit vor; allerdings ist immer ein fest vorgegebenes physikalisches System vorausgesetzt (Scheibe 1964, 30).

4. Daß der Holismus der Quantentheorie die Feldmetaphysik bestätigen könnte, war von mir eigentlich nur als eine Vermutung gemeint. Dabei habe ich nicht zuletzt an Michael Esfeld gedacht als jemanden, der diese Vermutung genauer untersuchen könnte. Es wäre sicherlich sehr im Sinne Spinozas, wenn der Holismus nicht nur in der ontologischen Abhängigkeit der Gebiete von der Raum-Zeit bestünde, sondern auch in dem physikalischen Geschehen selbst präsent wäre. Wie Esfeld es ausdrückt: „Die Quantentheorie unterminiert die Individualität physikalischer Objekte also gerade an dem Punkt, den der Holismus der Raum-Zeit unangetastet läßt: Quantensystemen können die Eigenschaften, auf die sich der Zustand bezieht, in der Regel nicht separat zugesprochen werden" (oben 77/8). Daß das Geschehen der Quantenmechanik zufolge nicht mehr durch lokale Eigenschaften an Raumzeitpunkten fixiert sein kann, folgt natürlich nicht aus der feldmetaphysischen Konzeption, widerspricht ihr in meinen Augen aber auch nicht. Insofern glaube ich gegen Esfeld doch, daß der quantentheoretische Holismus in den Holismus der Feldmetaphysik integriert werden kann. Das Scheitern der Geometrodynamik sehe ich wie gesagt nicht als für diesen verderblich an. Lewis spricht bei der von Esfeld zitierten Charakterisierung der „Humeschen Supervenienz" von „local qualities" an Punkten, „maybe points of spacetime itself, maybe point-sized bits of matter or aether or fields, maybe both". Worin besteht aber überhaupt der Unterschied zwischen diesen Fällen, wenn er ganz unabhängig

von den Qualitäten sein soll? Wären die „bits of matter or aether or fields" nicht so etwas wie das Bennettsche „infinitely fine silk lining" (das ich zitiere) und infolgedessen nur eine „purely verbal insertion"? Mir scheint eine solche Einfügung auch dann überflüssig zu sein, wenn sich herausstellt, daß die Qualitäten nicht in beliebig kleinen Gebieten lokalisiert sein können. Vielleicht ist sie sogar in diesem Fall erst recht überflüssig. Daß allerdings eine Naturphilosophie, die dem Holismus der Quantentheorie gerecht wird, „tiefgreifendere Äußerungen" als nur die Einbeziehung der Zeit verlangt, gestehe ich gerne zu. Ich würde mich freuen, hierüber auch weiterhin von Michael Esfeld belehrt zu werden.

Georg Meggles kommunikationstheoretischer Ansatz für eine Theorie der Sprache empfiehlt sich in der Tat als „ideale Basis" für Kants – und somit meine – philosophische Sicht der Dinge sowohl wegen des Primats der Gedanken als auch, weil er auch sonst in sich überzeugend und stimmig wirkt. Weswegen sich nach meiner Auffassung ein kantischer Ansatz auch für ihn als „ideale Basis" empfiehlt, möchte ich im folgenden kurz skizzieren. Zuvor aber zu dem Dissens, den Meggle im ersten Teil seines Beitrages behandelt. Weil er vorgibt, es bis heute nicht genau zu wissen, möchte ich schwarz auf weiß erklären, daß ich meine seinerzeit erhobenen Einwände gegen gewisse Aspekte seines Ansatzes inzwischen für verfehlt halte, – wenn auch bei verschiedenen Punkten in verschieden starkem Maße. Es ging um die Intentions-Iterationen, die zu seiner Konzeption gehören. Keinerlei Bedenken habe ich gegen das Iterationsprinzip G4 (oben 87), und zwar aus den Gründen, die Meggle (oben 88) selbst ausführt: G (X, G (X,A)) ist kein zu G (X,A) hinzukommender neuer Gedanke, ein G (X, G (X,A))-Glaube ist nichts anderes als ein G (X,A)-Glaube selbst. Deswegen habe ich die Megglesche Reflexivitätsbedingung auch unbesorgt (und überzeugt von ihrer zentralen Bedeutung für einen kantisch-fichteschen Ansatz) in *Feld–Zeit–Ich* übernommen.

Etwas problematischer empfinde ich die analogen Strukturen beim gemeinsamen Wissen, wieder aus Gründen, die Meggle selbst deutlich darlegt (oben 89). Dennoch möchte ich auch dem „Reflexivitätsprinzip für Kommunikation" samt seinen Folgerungen zustimmen (unabhängig davon, ob ich an die Möglichkeit von Erzengeln glaube). Insbesondere die Neuformulierung mittels des gemeinsamen Wissens sowie der Äquivalenz (GM*) (oben 93) ist intuitiv eingängig und überzeugend.

Das Prinzip RG (oben 87) hat die Besonderheit, daß es uns auf eine „unendliche Menge von Glaubensannahmen zu einem Zeitpunkt" festlegt, ohne daß diese sich als lediglich durch ein Reflexivitätsprinzip induziert ansehen ließen. Bei ihm fehlt also diejenige Rechtfertigung, die in der grundsätzlich reflexiven Struktur aller Intentionalität liegt. In diesem Fall folgt Meggle einer anderen Strategie: RG erkläre lediglich, was unter einer völlig rationalen Person zu verstehen wäre (oben 88). Man könnte danach allerdings befürchten, daß eine von derartigen Prämissen abhängige Sprachtheorie auch nur für Sprachen gilt, die ausschließlich von völlig rationalen Personen gesprochen werden, also z.B. nicht für das Deutsche. Die Reflexivitätsbedingungen dagegen sollen für alle Personen gelten, nicht nur für die völlig rationalen. Dennoch möchte ich auch hier meine Bedenken ein Stück weit zurücknehmen: in Theorien der intendierten Art darf das nur implizit Wißbare als wißbar (wenn auch vielleicht nicht als gewußt) behandelt werden. Die von mir selbst in Anspruch genommene These, daß ein Gedanke, der in jeder transzendental möglichen Welt wahr ist, eben darum auch wißbar ist (206), nimmt diese Möglichkeit ebenfalls in Anspruch.

Zu dem klitzekleinen Rest von Dissens bezüglich einiger anderer Punkte nur noch einige Worte. Die Gegenüberstellung von intentionalistischer und realistischer Semantik halte ich inzwischen sogar für recht glücklich. Im Rahmen der fregeschen Theorie muß die epistemische Beziehung eines Subjektes auf einen Sinn (einen Gedanken) unterschieden werden von der epistemischen Beziehung eines Subjektes auf einen Gegenstand durch einen Sinn. Das „Fassen", von dem Frege im ersten Fall spricht, kann nicht implizieren, daß der gefaßte Sinn Referenzobjekt (Bedeutung à la Frege) eines zweiten Sinnes wäre, denn dann käme es zu einem widersinnigen Regreß. Man kann zwar auch auf Sinne reflektieren, d.h. sie zu Gegenständen der Referenz machen, aber im Fassen selbst geschieht dies nicht. Die Zuordnung von Ausdrücken zu Gedanken kann nun zumindest in elementaren Sprachspielen von der Art, wie sie Wittgenstein in den „Philosophischen Untersuchungen" betrachtet, erfolgen, ohne daß auf Gedanken referiert werden müßte. Die beteiligten Personen müssen zwar Gedanken fassen, weil sie sonst keine Absichten haben könnten; aber sie müssen nicht auf Gedanken referieren. Die Ausdrücke werden also zwar gewissen „Entitäten" zugeordnet, aber nicht solchen, auf die für diesen Zweck hätte referiert werden müssen. Eine Gebrauchstheorie ist also mit einer fregeschen Konzeption durchaus verträglich: die Zuordnung erfolgt ausschließlich im Fassen der Gedanken, ohne daß sie als Referenzobjekte hätten vergegenständlicht werden müssen. In diesem Sinn ist dann auch die Megglesche Semantik keine realistische, sondern eine intentionalistische.

Die schlechthin unbedingte Invarianz der Gedanken betone ich deswegen so pathetisch, weil ich es für rätselhaft halte, wie unsere vergänglichen Seelen etwas so Unvergängliches fassen können. Um mein Pathos mit dem von Frege zu entschuldigen: „Aber das Erfassen dieses Gesetzes (des Gravitationsgesetzes, P.R.) ist doch ein seelischer Vorgang! Ja! Aber ein Vorgang, der schon an der Grenze des Seelischen liegt und der deshalb vom rein psychologischen Standpunkte aus nicht vollkommen wird verstanden werden können, weil etwas wesentlich dabei in Betracht kommt, was nicht mehr im eigentlichen Sinne seelisch ist: der Gedanke; und vielleicht ist dieser Vorgang der geheimnisvollste von allen" (Frege 1983, 157).

In diesem Sinn meine ich auch, daß die Megglesche Theorie noch eines transzendentalphilosophischen Fundamentes bedarf: der Status derjenigen Entitäten, denen Frege sein „drittes Reich" reserviert, muß mit den Mitteln der kantischen Urteilstheorie aufgeklärt werden. Dieser Status und derjenige Vorgang, den Frege als den „geheimnisvollsten von allen" bezeichnet, sollten in einer einheitlichen Theorie behandelt werden. Beides kann, wie Frege sagt, nicht vom rein psychologischen Standpunkt aus verstanden werden, ebensowenig aber von einem rein logischen aus. Was bleibt da, wenn nicht Transzendentalphilosophie? Daß auch dies in den „gemeinsamen Besitz" eingehen könnte, wage ich allerdings kaum zu hoffen.

Auch zum Selbstbewußtsein (oben 101ff.) ist nicht mehr viel zu sagen. An Meggles formaler „Lyrik" dazu habe ich nichts auszusetzen. Zu den Hunden und Katzen (oben 105): Wenn sie überhaupt etwas wissen, haben sie auch Selbstbewußtsein. Ob unsere Art, so von ihnen zu reden, berechtigt ist, ist eine andere Frage. Irgendwie prinzipielle Einwände dagegen habe ich nicht. – Prinzipien, nach denen niemand von uns Selbstbewußtsein hat, möchte ich nicht vertreten. Ich verstehe die einschlägigen Sätze, insbesondere die Reflexivitätsbedingungen so, daß sie für jeden gelten, der glaubt (auch für Hunde und Katzen, wenn sie glauben). Und schließlich die „kleineren Probleme" hinsichtlich meines Verstehens-Gebrauchs betreffen wohl nur terminologische Fragen. In der Tat habe ich stets die Perspektive eines Dritten gemeint (wie ja Kommunikationsversuche stets an andere gerichtet sind, Meggle 1981, 93f.). Das Verstehen von (Fällen von) Selbstbewußtsein habe ich auf die einzelnen Fälle „a weiß, daß er F ist" beziehen wollen. Es sollte also nicht das Wissen um alles, was a glaubt, dazugehören. Und daß schließlich das gemeinsame Wissen nicht perfektes Wissen sein kann, ist ganz cartesisch gemeint: Ein „genius malignus" könnte den Mitgliedern einer Gruppe vorgaukeln, daß sie einander verstehen, ohne daß sie es wirklich tun. Das Selbstbewußtsein scheint eine essentiell andere Gewißheit zu haben – darin gebe ich Descartes recht. Einen allwissenden und daher irrtumsfreien Gott wollte ich damit freilich nicht ausschließen. Daß einen Spinozisten dieser Einwand ohnehin nicht trifft, ist mir aber dennoch eine willkommene Einsicht Meggles.

Descartes gehört zu den in unseren Tagen viel (und nach meiner Einsicht zwar nicht immer, aber doch oft zu Unrecht) gescholtenen Autoren. Meine gelegentlichen Hinweise auf Gedanken von ihm, die mir aktuell und richtig zu sein scheinen, werden von *Christoph Jäger* aufgegriffen und zu einer Rekonstruktion zentraler cartesischer Theoreme ausgeweitet. Vor allem geht es dabei um die Rolle der ersten Person im Cogito. Bei einigen der von ihm vorgeschlagenen Differenzierungen bin ich mir allerdings nicht sicher, ob sie wirklich weiterführen. Bei der Unterscheidung der verschiedenen Aspekte der „Immunität gegen Fehlreferenz" (oben 112) würde ich auf die Unterscheidung zwischen singulären Sinnen (den eigentlich referierenden Gedankenteilen) und Termen (Ausdrücken) Wert legen. Erst bei Ausdrücken gibt es das konventionale Element; man kann sich relativ auf ein gemeinsames Wissen irren, an ihm gleichsam nicht beteiligt sein. Die cartesischen Phänomene betreffen ausschließlich die eigentliche Referenz durch die Sinne selbst.

Bei Shoemakers Immunität gegen Fehlidentifikationen kommen nun notwendig zwei Referenzen vor, denn man kann von einem bestimmten Gegenstand nur wissen, daß er die Eigenschaft F hat, wenn man auf ihn referiert.

Die Fehlidentifikation besteht darin, daß man irrtümlich glaubt, daß beide Referenzen auf denselben Gegenstand gehen. Man hält ein falsches a = b für wahr. Als Relation setzt Identität referierende Sinne voraus. Wie bei anderen zweistelligen Begriffen kann sich ein Irrtum entweder auf die Proposition als solche beziehen (auf diese Möglichkeit hat mich Marcus Willaschek aufmerksam gemacht) oder aber auf einer Fehlreferenz bei a oder b beruhen. Es liegen dieselben Möglichkeiten vor, die auch vorliegen können, wenn jemand fälschlich glaubt, daß a der Bruder von b ist.

Beim Selbstbewußtsein gibt es eine einzige Art der direkten Referenz und unendlich viele Arten der indirekten Referenz auf sich. Mir ist nun wichtig, daß erstens die direkte Referenz auf sich jeder indirekten Referenz auf sich zugrundeliegt, und daß zweitens eine Fehlidentifikation (das Fürwahrhalten eines falschen ich = a) niemals auf einer Fehlreferenz auf Seiten des „ich" beruhen kann. Sofern eine Fehlreferenz vorliegt, muß dies bei „a" der Fall sein. Wenn jemand irrtümlich glaubt, daß er der größte Mann ist, dann weiß er nicht, wer dieser ist. In diesem Sinn meine ich, daß die Referenz im Selbstbewußtsein (also die mit „ich") die primäre auf sich selbst ist und daß jede andere nur über die Identifikation mit dieser gelingen kann (82). (Bei Wittgensteins Beispiel mit dem gebrochenen Arm sind meiner Auffassung zufolge sogar drei Referenzen im Spiel – auf zwei Arme und auf mich. Possessivpronomen drücken eine Relation aus.)

Mit den Ausführungen über die besondere Gewißheit des Cogito und ihre Bindung an die direkte Referenz stimme ich völlig überein. Auch die Kritik an Hintikka (oben 116) halte ich für berechtigt. Die „Immunität gegen inkorrekte Referenz" liegt nur beim „Ego-Modus" vor. Für letztlich überflüssig halte ich aber die Unterscheidung von subjektiver und objektiver Referenz bei „ich", die Jäger im Anschluß an Wittgenstein macht (oben 119). Die Möglichkeit, daß eine Proposition „absolut gewiß" ist, hängt naturgemäß von den in ihr auftretenden Begriffen ab. Deswegen braucht man aber nicht zwei Gebrauchsweisen von „ich" zu unterscheiden. Wie Jäger richtig feststellt (oben 118), ist der Übergang auf das existo auch dann gerechtfertigt, wenn der Vordersatz nicht gewiß ist. Und gerade der abschließende Hinweis darauf, daß im Cogito zwei Themen miteinander verwoben sind, die besser getrennt werden (oben 121), scheint mir nahezulegen: nur eine Gebrauchsweise von „ich", aber zwei Sorten von Begriffen. Der privilegierte Zugang zu gewissen Sachverhalten ist ein anderes Thema als die Direktheit der Referenz mit „ich".

> Und jener Mensch, der ich gewesen,
> und den ich längst
> Mit einem andern Ich vertauschte,
> wo ist er nun?
> (Platen)

Michael Quante gesteht meiner Analyse der diachronen „durchgängigen Identität der Apperzeption" zu, daß sie berechtigt ist für Ich-Phasen, in denen das „Sich-Setzen", die direkte Referenz auf sich nicht unterbrochen ist, möchte diese strikte diachrone Identität aber auch auf solche Phasen beschränkt sehen. Die diachrone Identität einer Person, in der verschiedene solche Ich-Phasen zusammengefaßt werden, sei von anderer Art, also nicht infallibel und von externen Faktoren (wie der Kontinuität des Organismus) abhängig.

Nun muß man wohl zugestehen, daß transzendentalphilosophisch in der Tat nur dies gefordert werden kann. Was ich als die „transzendentale Funktion des Selbstbewußtseins" bezeichne (147ff.), nimmt diese strikte diachrone Identität von Ich-Phasen in Anspruch, aber nicht mehr. In kantischen Wendungen: Es hat kaum Sinn zu fordern, daß Vorstellungen, die vielleicht Jahre oder Jahrzehnte auseinanderliegen, zur „Einheit eines Selbstbewußtseins gebracht werden" (vgl. Rohs 1988, 172). Nur in einer Ich-Phase enthaltene Vorstellungen müssen „in einem Bewußtsein verbunden" werden können, und dafür reicht die strikte diachrone Identität dieser Ich-Phase.

Wie Quante selbst andeutet, könnte die Analyse so verbunden werden mit einigen zentralen Thesen aus Husserls „Phänomenologie des inneren Zeitbewußtseins". Husserl unterscheidet dort die primäre Erinnerung (Retention) von der sekundären Wiedererinnerung (Husserl 1966, 31ff.). Das retentionale Bewußtsein ist für ihn eine elementare Form von Intentionalität und wesentlich an jeder „Konstitution" eines Zeitobjektes beteiligt; die sekundäre Erinnerung wird als „Reproduktion von Zeitobjekten" (ebd. 35) von ihr abgesetzt. Nur in der primären Erinnerung „konstituiert sich" (wie Husserl sagt, ebd. 41) Vergangenheit. Wiedererinnerung biete wie Phantasie nur Vergegenwärtigung.

Insoweit gibt es also gute Gründe, der Analyse von Quante zuzustimmen. Dennoch bin ich mir nicht sicher, ob man das tun sollte, – ob nicht doch die diachrone Identität einer Person von der strikten Form sein muß, auch wenn dies aus Gründen, die zur Intentionalität als solcher gehören, nicht mehr erfordert ist. Die Fallibilität der sekundären Erinnerung muß kein Einwand sein. Wie Quante zugesteht, können Erinnerungsfehler aller Art auch in diesem Modell verstanden werden (oben 129). Es kann sein, daß ich mir nicht zutreffende Begriffe zuspreche. Und Verwechslungen von Einzeldingen setzen, wie schon gegen Jäger bemerkt, stets zwei Referenzen voraus. Wegen der Einzigartigkeit der direkten Referenz müßte dabei notwendig mindestens eine indirekte vorkommen (ich = a); Fehlreferenzen müssen dann zu dieser gehören. Die sprachlichen Indizien scheinen mir überhaupt eher zu ungunsten der Quanteschen Analyse zu sprechen: Es zeichnet das Pronomen „ich" vor allen anderen Indikatoren aus, daß es in Erinnerungssätzen nicht durch einen anderen Ausdruck ersetzt werden muß (97), auch bei der sekundären Erinnerung nicht. Bei Platen heißt es: jener Mensch, der *ich* gewesen. *Ich* war es, der jenen Menschen mit einem andern Ich vertauschte. Wenn man explizit machen möchte, daß man sich auf vergangene Phasen bezieht, muß man Mittel einsetzen, die aus dem eigentlichen Selbstbewußtsein herausführen. Der sprachliche Befund legt darum nahe, daß man mit „ich" auf sich, nicht aber auf Phasen von sich referiert – daß das „reine ursprüngliche unwandelbare Bewußtsein", das Kant als „transzendentale Apperzeption" bezeichnet[2], doch längerfristig unwandelbar ist. Wie lange aber?

Die längeren Fristen scheinen in erster Linie praktisch nötig zu sein. Quante gesteht zu, daß die strikte Identität direkter Referenz innerhalb eines Zeitintervalls gilt, in dem ein Subjekt selbstbewußt aktiv ist, meint aber, daß längerfristige Projekte nicht selbst als Handlungen, sondern als Mengen koordinierter Handlungen analysiert werden sollten (oben 132). Ich möchte dagegen setzen, daß eine zeitliche Obergrenze für die Dauer einer einzelnen Handlung nicht sinnvoll angenommen werden kann, und daß in meinen Augen eine Unterbrechung durch einen Mittagsschlaf oder dgl. nicht dazu zwingt, danach eine neue Handlung anfangen zu lassen. Unser normales Handlungskonzept scheint mir einfach auszuschließen, daß nach allen derartigen Pausen notwendig neue Handlungen beginnen müssen. Außerdem könnte man fragen, ob das „Maximum an Koordination und Kohärenz zwischen vielen einzelnen Handlungen", das Quante z.B. für das Schreiben eines philosophischen Buches fordert, nicht doch wieder auf die „Unwandelbarkeit" der transzendentalen Apperzeption zurückführt, so daß es auch deswegen keine strikte zeitliche Obergrenze für sie geben kann.

Auch den moralischen Argumenten möchte ich sozusagen ein „absoluteres" Gewicht geben, als Quante ihnen zubilligt. Nach dem Prinzip, daß Gott und ein göttliches jüngstes Gericht denkbar sein müssen, sollte die gesamte Existenz einer moralisch verantwortlichen Person eine durchgängige Identität besitzen, die ein solches Gericht moralisch möglich macht, ohne daß die meisten Sünden verjährt und durch den Zeitablauf als solchen getilgt sind. Diejenige Sorte von diachroner Identität, die zu den „Objekten höherer Ordnung" führt, zu dem, was Russell eine „logical fiction" nennt (95f.), scheint mir dies keineswegs garantieren zu können.

Ein solches Gericht muß allerdings nur möglich sein. Und daß eine strikte diachrone Identität von Personen wenigstens möglich ist, wenn es eine derartige Identität bei Ich-Phasen gibt, kann wohl nicht bestritten werden. Ich möchte also resümieren: Transzendental gefordert ist die strikte diachrone Identität nur für Ich-Phasen, nicht für Personen. Bei diesen ist sie aber ebenfalls möglich, wenn es sie dort gibt. Ob sie bei ihnen wirklich vorliegt, kann jedoch nicht mehr allein transzendentalphilosophisch entschieden werden. Ich meine zwar – gegen Quante und gegen Platen –, daß man Iche nicht einfach vertauscht, würde aber Quante letztlich zugestehen, daß man dies eher im

---

[2] Kant 1781 (im folgenden *KrV* A), 107.

Sinne Kants als „Postulat der praktischen Vernunft" ansehen sollte (oben 133).

Der Beitrag von *Bernward Gesang* gibt mir die Gelegenheit, meine Auffassungen zum Wahrheitsproblem zu präzisieren und teilweise zu korrigieren.

Über die Frage, ob ich „eine Definition des Wahrheitsbegriffs" gebe (oben 137), braucht nicht viel gestritten zu werden. Von v. Kutschera übernehme ich die Formulierung, daß die Wahrheit eine Eigenschaft ist, die einem Gedanken „kraft seiner Beziehung auf die Wirklichkeit zukommt" (144). Ich halte dies weder für eine ganze Definition noch eine Teildefinition, wohl aber für eine wichtige wahre Aussage über Wahrheit. Der Ausdruck „Übereinstimmung" ist ungeeignet, weil er auch bei ganz anderen Relationen benutzt wird, z.B. nach Leibniz zwischen zwei Eiern (141) oder zwischen Portrait und Dargestelltem usw. Derartige Übereinstimmungen sind gerade keine Wahrheit. Insbesondere führt die mit diesem Begriff verbundene Assoziation eines Bildes in die Irre.

Vor allem wichtig ist mir die *Feld–Zeit–Ich* (144) zitierte Aussage Freges, daß ein Wahrheitswert nicht Teil eines Gedankens sein kann, so wenig wie die Sonne, weil er kein Sinn ist, sondern ein Gegenstand. Um von einem Gedanken zu dessen Wahrheitswert zu kommen, darf man sich nicht nur „auf derselben Stufe" bewegen, d.h. ausschließlich unter Gedanken und Gedankenteilen, sondern muß „von einer Stufe zur nächsten vorschreiten", zu einem Gegenstand, der kein Sinn mehr ist, so wenig wie die Sonne. Man kann diese Beziehung eines Gedankens auf einen Gegenstand auch als „propositionale Referenz" bezeichnen. Wie die Sonne als der Gegenstand, auf den der Sinn des Terms „die Sonne" referiert (singuläre Referenz), etwas ganz anderes als dieser Sinn ist, so auch der Gegenstand eines Gedankens, der Gegenstand der propositionalen Referenz. In Freges Ausdrucksweise: es geht um die Beziehung eines singulären bzw. eines propositionalen Sinnes auf seine jeweilige „Bedeutung". Der Ausdruck „Referenz" steht so überhaupt für die Beziehung zwischen Sinn und Bedeutung$_F$ (Gegenstand qua Referenzobjekt), die Attribute „singulär" bzw. „propositional" unterscheiden die beiden Arten. Auch der Ausdruck „propositionale Referenz" soll aber keine Wahrheitsdefinition liefern; eher wird dieser Ausdruck durch „Wahrheit" definiert.

Nach Freges von mir für richtig gehaltener Auffassung ist jedoch die Bedeutung$_F$ eines Gedankens nicht eine Tatsache, sondern ein Wahrheitswert, der aber dennoch ein Gegenstand wie die Sonne ist. Alle wahren Gedanken referieren also nach Frege auf denselben Gegenstand. Verschiedene Gedanken können verschiedene singuläre Teile enthalten, die auf verschiedene singuläre Gegenstände referieren, aber qua Gedanken haben sie alle denselben Gegenstand. Ich möchte diesen Gegenstand, den alle wahren Gedanken haben, mit „der Wirklichkeit", aber auch mit demjenigen Gegenstand identifizieren, der nach Kant der Erkenntnis korrespondiert, jedoch „nur als etwas überhaupt = X gedacht werden" kann, und der nach Kant ebenfalls bei allen Erkenntnissen ein und derselbe ist (*KrV* A 104).

Hier muß ich nun zu dem Vorwurf der „Aufspaltung" des Wahrheitsbegriffs Stellung nehmen. Eine solche würde dem vorgeschlagenen Konzept offenkundig zuwiderlaufen; sie würde zur Folge haben, daß dieser Gegenstand doch nicht bei allen Erkenntnissen derselbe ist. Sofern also manche meiner Formulierungen den Eindruck einer solchen Aufspaltung erwecken, sind sie zu revidieren. Ob es sich um wahre Gedanken mit auf raumzeitliche Einzeldinge referierenden singulären Teilen handelt, um wahre Gedanken, in denen auf Subjektives referiert wird (z.B. im Selbstbewußtsein), um wahre generelle Gedanken, die überhaupt keine singulären Teile enthalten, – immer soll gelten, daß der Gegenstand der propositionalen Referenz ein und derselbe ist. Dieser Gegenstand ist also nicht das Feld, zu dem die Gedanken nicht gehören, sondern die Wirklichkeit überhaupt. Auch für die „mathematische Wahrheit" soll Entsprechendes gelten. Es sind viele Abhandlungen über „mathematical truth" geschrieben worden (vgl. z.B. Benacerraf/Putnam 1983, 315ff.); dabei geht es um die „ontologischen Verpflichtungen" von Mathematik. Daß alle wahren Gedanken auf denselben Gegenstand referieren, schließt nicht aus, daß bestimmte Gedanken mit bestimmten ontologischen Verpflichtungen verbunden sind. Der durch den Satz „es gibt Elefanten" ausgedrückte Gedanke könnte auch dann wahr sein, wenn es der durch den Satz „es gibt Löwen" ausgedrückte nicht wäre. So kann man auch fragen, ob es etwas Bestimmtes geben muß – und wenn ja, was –, wenn „7+5=12" wahr ist.

Schließlich zu dem wohl wichtigsten von Gesang angesprochenen Punkt, der ontologischen Relativität. Gesang scheint mir die Auffassung zuzuschreiben, daß das Feld „völlig amorph" sei, ein „Einheitsbrei ohne Struktur" (oben 140). Dies wäre jedoch ein Mißverständnis. Erst recht beruht es auf Mißverständnissen, wenn es ebd. heißt, ich habe in Diskussionen die These vertreten, das Feld habe Strukturen, die kontinuierlich ineinander übergehen. Bei der singulären Referenz bin ich der Auffassung, daß die Individuierung auf Abgrenzungen zurückgeht, die wir selbst vornehmen. Bei Subjekten (77) – und so vielleicht überhaupt bei Lebewesen – liegt der Fall allerdings anders; sie besitzen aufgrund ihres Selbstbewußtseins eine „essentielle Individualität". In keinem Fall aber wird ausgeschlossen, daß es die Individuen gibt. Entsprechende Existenzaussagen können auch nach meiner Auffassungen wahr sein.

Strukturen dagegen sind Universalien. Hinsichtlich dieser vertrete ich die Ansicht, daß sie ausschließlich ungesättigte Gedankenteile sind, und daß die einzige Art, wie ein Universale sich auf ein reales Ding beziehen kann, darin besteht, daß ein Gedanke, der das Universale als ungesättigten Teil und einen auf dieses Ding referierenden singulären Sinn als ergänzenden Teil enthält, wahr ist. Das heißt nicht, daß das Feld amorph wäre. Erstens wäre das Amorphsein ja selbst ein Universale, und zweitens müßte das Erkennen dann an dem Feld etwas real verändern, es in ein nicht mehr amorphes umwandeln. Das wird nicht behauptet – selbst das kantische „Hineinlegen in die Dinge" halte ich für verfehlt. Es geht nur darum, daß es erstens nicht von den ungesättigten Gedankenteilen ontologisch unterschiedene Universalien gibt – die

Beziehung beider aufeinander wäre nach meiner Auffassung gar nicht explizierbar –, und daß es zweitens keine anderen Beziehungen zwischen Universalien (oder anderen Sinnen) und realen Individuen gibt als die beiden Arten der Referenz, der Beziehung zwischen Sinn und Bedeutung$_F$. Es gibt also keine „universalia in rebus", wenn das Insein eine von der genannten verschiedene und von ihr unabhängige Relation sein soll. Ebensowenig gibt es Substanzen, die Akzidentien „tragen". Alle diese Relationen sind in meinen Augen verfehlt, wenn sie zu den Referenzbeziehungen hinzutreten oder diese gar erklären sollen. Diese Auffassung ist kein Nominalismus; sie identifiziert universalia nicht mit Nomina (Ausdrücken). Ebensowenig identifiziert sie sie mit Vorstellungen; Sinne sind keine Vorstellungen. Aber sie beharrt darauf, daß alle Beziehungen zwischen Sinnen und realen Dingen durch die beiden „Kanäle" singuläre bzw. propositionale Referenz gehen müssen.

Entsprechend steht es mit der These, daß Tatsachen „individuierte Wahrheitsspender" sein sollen. Ich identifiziere im Anschluß an Frege Tatsachen mit wahren Gedanken. Wenn man Tatsachen als Wahrheitsspender von den wahren Gedanken selbst unterscheidet, erhält man zwei Sorten von Entitäten, die in ihren grundlegenden ontologischen Eigenschaften übereinstimmen müssen. Tatsachen haben keine raumzeitliche Erstreckung, sie kommen nicht an Raumzeitstellen vor, sie enthalten das konstitutive Strukturmoment der Kopula, der „Synthesis intellectualis". In diesen Hinsichten gleichen sie den Sinnen, den Entitäten aus Freges „drittem Reich". Durch diese Verdoppelung wäre man genötigt, sowohl eine Relation zwischen Gedanken und Tatsachen annehmen zu müssen als auch eine zwischen den Tatsachen und der raumzeitlichen Wirklichkeit selbst. Wittgenstein faßt im „Tractatus" die Beziehung zwischen Gedanken und Tatsachen als ein „Abbilden" (2.1 u. 3); Sachverhalte versteht er als eine „Verbindung von Gegenständen (Sachen, Dingen)" (2.01). Ich sehe sowohl jenes „Abbilden" wie dieses „Verbinden" als Relationen an, die transzendentalphilosophisch nicht explizierbar wären. Es gibt „Verbindungen" innerhalb eines Gedankens. Bei elementaren Gedanken gibt es die Verbindung zwischen singulärem Sinn und ungesättigtem Gedankenteil (Begriff); außerdem lassen sich „Gedankengefüge" aufbauen (wie Frege die komplexen Gedanken nennt). Zu diesen sinninternen Verbindungen treten dann die beiden externen Beziehungen, durch die man „von einer Stufe zur nächsten vorschreitet", die beiden Arten der Referenz. Im Fall der erfolgreichen propositionalen Referenz korrespondiert dem Gedanken die Wirklichkeit; er ist kraft seiner Beziehung auf die Wirklichkeit wahr. Im Fall der leeren propositionalen Referenz korrespondiert nichts; es liegt keine Erkenntnis vor. Ähnlich liegt in Jägers Beispiel für eine leere singuläre Referenz, Macbeth's Glaube „This is a dagger", kein Designatum, kein singuläres Referenzobjekt vor.

Die Einführung von Entitäten, die die grundlegenden ontologischen Eigenschaften von Sinnen haben müßten und doch keine sein sollen, sowie die dadurch erzwungene Vervielfältigung der anzunehmenden Relationen ist theoretisch leer und führt zu transzendentalphilosophisch nicht verstehbaren

Ergebnissen. Auch von wahren Gedanken ontologisch unterschiedene Tatsachen wären etwas Nichtsinnliches; sie könnten nicht an Raumzeitstellen vorkommen und keine raumzeitliche Extension haben. Für Transzendentalphilosophie wesentlich ist die Annahme des „Nichtsinnlichkeitsmonopols der transzendentalen Apperzeption", d.h. die These, daß alles Nichtsinnliche auf das Selbstbewußtsein zurückgeht. Für Gedanken kann dies verteidigt werden. Für Tatsachen, die als „Wahrheitsspender" unabhängig von den Gedanken vorhanden sein sollen, könnte dies nicht gelten. Sie wären etwas vom Selbstbewußtsein unabhängiges Nichtsinnliches. – Auch mit dem Ausdruck „Wahrheitsbedingungen" kann das „Vorschreiten zur nächsten Stufe" nicht erfaßt werden. Bedingungsverhältnisse bestehen zwischen Gedanken, wie es durch „wenn p, dann q" ausgedrückt wird. Derartige Gedankengefüge können selbst wieder wahr oder falsch sein.

Durch diese Konzeption wird nicht ausgeschlossen, daß man, um bestimmte Gedanken zu überprüfen, nur bestimmte Gebiete der Wirklichkeit in Augenschein zu nehmen braucht. Um zu verifizieren, daß es in Tübingen ein Schloß gibt, braucht man nicht durch Stuttgart zu laufen. Das ergibt sich aus der speziellen singulären Referenz, die in diesem Gedanken enthalten ist, aber auch daraus, daß es nur eine ist. Bei Relationen sieht es schon etwas anders aus. Daß man, um diesen Gedanken zu verifizieren, nur ein bestimmtes Gebiet zu betrachten braucht, heißt nicht, daß eine von ihm unterschiedene Tatsache in diesem Gebiet raumzeitlich enthalten ist, und ebenfalls nicht, daß sie irgendwo anders als in diesem Gebiet so vorkommt, daß sie von dem Gedanken „abgebildet" werden könnte.

Was ein Realist vernünftigerweise fordern kann, ist, daß Gedanken kraft ihrer Beziehung auf die Wirklichkeit wahr sind. Er kann nicht darüber hinaus fordern, daß Gedanken unabhängig von ihnen vorhandene Tatsachen abbilden (wie Fotos ihre Gegenstände), und ebenfalls nicht, daß die ungesättigten Gedankenteile sich auf Universalien beziehen, die unabhängig von ihnen irgendwie in den Dingen „drinstecken". Wenn das aber so ist, ist der transzendentale Idealismus, wie auch Kant annahm, der einzig angemessene Realismus.

Georg Mohr kritisiert meine Deutung der Unterscheidung von Wahrnehmungs- und Erfahrungsurteilen sowohl im Hinblick darauf, ob die kantischen Ansichten durch sie angemessen wiedergegeben werden, als auch in sachlicher Hinsicht. Ich denke jedoch, daß sie sich in beiden Hinsichten verteidigen läßt. Wir gehen beide von Kants Definition in § 18 der *Prolegomena* aus. Mohr schließt aus ihr u.a., ein Wahrnehmungsurteil sei „nicht-prädikativ in dem Sinn, daß in ihm keine Prädikation vorgenommen wird, die eine Eigenschaft einem von mir unterscheidbaren Gegenstand zuschreibt". Da Kants eigene Beispiele genau dies tun („das Zimmer ist warm"), hält er sie für „ungeeignet zur Exemplifizierung dessen, was ein Wahrnehmungsurteil ist" (oben 146). Meiner Auffassung zufolge sollte man dieses Beispiel zum Anlaß nehmen zu fragen, was Kant mit „vom Objekt gelten" meint, denn offenbar glaubte er, daß die Beziehung auf das Zimmer nicht hindert, daß der Satz nicht „vom Objekt gilt".

Nur generelle Sätze enthalten überhaupt keine singuläre Referenz. Sie aber sind bestimmt keine Wahrnehmungsurteile. Wenn in Wahrnehmungsurteilen auf keinen von mir unterschiedenen Gegenstand referiert werden dürfte, könnten sie keinen anderen referierenden Ausdruck als „ich" enthalten. Dies aber meint Kant offensichtlich nicht, und auch die Beispiele für Wahrnehmungsurteile, die Mohr selbst angibt (oben 152), erfüllen diese Bedingung nicht. Sie enthalten singuläre Referenzen auf Raumzeitstellen, also ebenfalls auf von mir unterscheidbare Gegenstände. Es muß also möglich sein, in Wahrnehmungsurteilen auf von mir unterscheidbare Gegenstände zu referieren.

Zum Verständnis der kantischen Unterscheidung muß man beachten, daß es bei ihr um Arten von Gültigkeit geht (um Weisen der propositionalen Referenz) und daß es deswegen nicht ausgeschlossen ist, daß ein nur subjektiv gültiges Urteil eine singuläre Referenz enthält. Kants Beispiele machen klar, daß er ebenfalls dieser Auffassung war. Hinsichtlich der singulären Referenz gilt für Kant von Beginn seiner Theorie an, daß sich nur die Anschauung unmittelbar auf Gegenstände bezieht (*KrV* B 33, 93, 747 u.ö.). Ein Begriff wird niemals unmittelbar auf einen Gegenstand bezogen (*KrV* B 93). Dies ergibt sich daraus, daß Begriffe Prädikate möglicher Urteile (oder in Freges Ausdrucksweise „ungesättigte Gedankenteile") sind und also die singulär referierende Komponente eines Urteils immer etwas von ihnen Verschiedenes sein muß. Kant hat diese grundlegende Auffassung niemals revidiert (auch in der „transzendentalen Deduktion" nicht), und er hat auch niemals etwas gesagt, was zu einer Revision nötigen würde. Durch eine solche Revision würde offenkundig die klare Funktionsaufteilung zwischen singulären und generellen Urteilselementen gestört werden. Wenn Wahrnehmungen Begriffen „subsumiert" werden (wie Kant sich ausdrückt), muß diese „Subsumtion" eine Urteilsbeziehung sein. Die Wahrheit eines solchen Urteils muß davon abhängen, daß das singuläre Element vorgängig referiert. Es kann nicht sein, daß erst durch das Wahrsein des Urteils zustande kommt, daß das singuläre Element in ihm erfolgreich referiert.

Daß es Wahrnehmungsurteile gibt, in denen auf von mir unterschiedene Gegenstände referiert wird, heißt allerdings nicht, daß jede singuläre Referenz an dieser Stelle möglich wäre. Es gibt Gegenstände, auf die man sich nur indirekt – mit vielleicht komplizierten theoretischen Mitteln – beziehen kann. Kant erörtert derartige Fragen z.B. in seinen Erläuterungen der „Postulate des empirischen Denkens überhaupt" (*KrV* B 273). Auf manche Gegenstände aber können wir uns unmittelbar anschaulich beziehen. Trotzdem kann es sein, daß Urteile, die eine solche anschauliche singuläre Referenz enthalten, nur „subjektiv gültig" sind. Nach Kant lassen sich z.B. Farben und Geschmack nicht als Beschaffenheiten der Dinge betrachten (*KrV* B 45). Dies soll nicht sagen, daß ein Urteil wie „dieser Ball ist rot" unmöglich ist, wohl aber, daß unmöglich ist, daß es objektiv gültig ist. Auch dies Urteil ist (wie „das Zimmer ist warm") nur ein Wahrnehmungsurteil.

Nun zu der Unterscheidung zwischen subjektiver und objektiver Gültigkeit. Es geht um eine Modifikation der propositionalen Referenz. Wegen der notorischen Vieldeutigkeit der Ausdrücke „subjektiv" bzw. „objektiv" möchte ich statt von „objektiver Gültigkeit" lieber von „nomologisch fundierter Gültigkeit" sprechen. Es geht darum, daß Erfahrungsurteile in umfassende, Gesetze enthaltende Theorien eingebettet werden können und in diesem Sinn „objektiv gültig" sind. Kant meint dies mit Charakterisierungen wie „notwendig und allgemeingültig"[3]. In diesem Sinn auch läßt sich sagen: „Es ist nur eine Erfahrung, in welcher alle Wahrnehmungen als im durchgängigen und gesetzmäßigen Zusammenhange vorgestellt werden".[4] Im *Opus postumum* spricht Kant immer wieder von der „absoluten Einheit der Erfahrung" (vgl. 187). Einzelne Erfahrungen seien etwas „Ungereimtes"; die nomologisch fundierte Gültigkeit kann nicht bei einem einzelnen Urteil für sich vorliegen, sondern hängt von der Einbettung in Theorien ab.

Die „subjektive Gültigkeit" bleibt dagegen auf den Erkenntnisakt des einzelnen Subjekts bezogen. Ich möchte dies an drei Zügen festmachen: 1. Die singuläre Referenz muß anschaulich fundiert sein; 2. das Prädikat muß ebenfalls ein „anschauungsnahes" sein; 3. die Kopula, die Synthesis zwischen beiden ist die präsentische. Da ich vor allem das letzte als maßgeblich ansehe, möchte ich auch von „modaler Gültigkeit" sprechen. Es geht um Sachverhalte, die wahrnehmungsmäßig präsent sind und sozusagen auch kleinen Kindern vertraut sein können, die dafür kein einziges Naturgesetz zu kennen brauchen und auch die Verwendung von Uhren noch nicht gelernt haben müssen.

Zwischen präsentischer und zeitloser Kopula gibt es eine klare Unterscheidung, aber Bestimmungen wie die, daß die Begriffe in Wahrnehmungsurteilen anschauungsnah sein sollten, sind nicht besonders präzise. Ich sehe deswegen die Unterscheidung zwischen Wahrnehmungs- und Erfahrungsurteilen nicht als eine klare Aufteilung an. Eher gibt es ein Kontinuum zwischen präsentischen Beobachtungssätzen und Sätzen in der abstrakten Begrifflichkeit einer universellen Naturwissenschaft (vgl. 180). Anschaulichkeit und Lebenswelt können zunehmend distanziert werden, aber sie bleiben das „Sinnesfundament" der Wissenschaft.

Kategorien sind für Kant Begriffe a priori, bestimmt zum reinen Gebrauch völlig unabhängig von aller Erfahrung (*KrV* B 117). Daß Erfahrungsurteile derartige Begriffe enthalten, heißt nicht, daß in jedem solchen Urteil einer oder mehrere als Prädikate enthalten sein müßten, sondern daß jedes Urteil, das die nomologisch fundierte Gültigkeit aufweisen soll, synthetische Urteile a priori als Präsuppositionen benötigt. Diese enthalten das, was „ich nicht durch Erfahrung lerne" und was zu der spezifischen „Notwendigkeit" der

---
[3] Kant 1783 (im folgenden *Prol.*), § 22.
[4] Kant 1781 (im folgenden *KrV* A), 110.

Erfahrungsurteile führt (*Prol.* § 22 Anm.), auch wenn das Urteil selbst empirisch ist. Das Verhältnis zwischen Erfahrungsurteilen und Kategorien beruht also auf dem (von mir verteidigten) Satz: Ohne synthetische Urteile a priori gibt es keine nomologisch fundierte Gültigkeit. Mit der anschaulichen singulären Referenz aber hat das gar nichts zu tun. Für sie bedarf es keiner synthetischen Urteile a priori, und für die Wahrnehmungsurteile ebenfalls nicht.

Allerdings nehme ich mit Allison an, daß gewisse Begriffe a priori in die Urteilsbildung als solche involviert sind, „necessarily involved in all judgments as conditions of the very possibility of the activity" (134ff.). Da Wahrnehmungsurteile auch „judgments" sind, muß dieser Satz auch für sie gelten. Die Unterscheidung zwischen Einzelding und Eigenschaft, zwischen „dieses Zimmer" und „warm" z.B. wird auch in Wahrnehmungsurteilen gebraucht, ob das Zimmer nun eine Substanz ist oder nicht. Der Substanzbegriff im Sinn der ersten Analogie dagegen betrifft den „Grundsatz der Beharrlichkeit". Dieser Grundsatz (und damit dieser Begriff von „Substanz") wird bei Wahrnehmungsurteilen nicht gebraucht, wohl aber – zumindest nach Kant – bei nomologisch fundierten Erfahrungsurteilen.

Nun habe ich die fregesche Unterscheidung von Sinnen und Vorstellungen in die kantische Theorie eingeführt und überdies mit dem Apparat seiner Lehre vom Urteil zu rechtfertigen versucht. Einem Begriff subsumiert (d.h. dem ungesättigten Gedankenteil als Ergänzung eingefügt) werden kann nur etwas, das selbst den Status eines Sinnes hat. Dies ist nicht die Wahrnehmung selbst (als psychisches Erlebnis), sondern der singuläre Sinn, der Resultat einer spezifischen Synthesis ist. Aber auch die Wahrnehmungsurteile selbst müssen Sinne sein. Der Status als Sinn gehört schon zu der subjektiven oder „modalen" Gültigkeit, nicht erst zu der nomologisch fundierten. In diesem Sinn sollen die zentralen Aussagen von *KrV* B § 19 auch für Wahrnehmungsurteile gelten. Auf Leistungen des Selbstbewußtseins führe ich den Status als Sinn zurück. Die nomologischen Strukturen, die Erfahrung möglich machen, setzen zwar synthetische Urteile a priori voraus, gehen aber trotzdem nicht auf das Selbstbewußtsein zurück. Die Apperzeption macht (vielleicht gegen Kants Meinung) der Natur keine Vorschriften.

Zu „Schema und Bild" nun nur noch einige klärende Bemerkungen. Unter „singulären Sinnen" möchte ich ausschließlich die singulären Gedankenteile verstehen. Ihre essentielle Funktion ist also, die ungesättigten Gedankenteile zu vollständigen Gedanken zu ergänzen. Meine Darstellung in *Feld–Zeit–Ich* vermengt damit zu sehr die Funktion, eine anschauliche Fundierung der Begriffsbildung selbst zu leisten. Zweifellos gibt es bei manchen Begriffen eine solche Fundierung, und sicherlich sind die singulären Sinne auch an ihr beteiligt. Ihr eigentliches Werk aber ist es, die Begriffe des Verstandes zu ergänzen, – wie immer diese gebildet sein mögen. Die Aussagen über die begriffsbildenden Funktionen der singulären Sinne sollten also nur als Korollar betrachtet werden.

Bei Kant bezieht sich der transzendentale Schematismus auf die reinen Verstandesbegriffe. Für diese Konzeption werden reine Anschauungen in dem spezifisch kantischen Sinn benötigt, also Anschauungen, die es nur geben kann, wenn die These der Idealität von Raum und Zeit zutrifft. Da ich diese These aufgebe, kann auch der von ihr abhängige Teil der Schematismuslehre nicht beibehalten werden. Dadurch vermindert sich aber keinesfalls die Bedeutung der Zeitstrukturen etwa für die Explikation von Kausalität.

Mohrs alternative Konzeption von Wahrnehmungsurteilen (oben 151f.) ist mir nicht ganz klar geworden. Die Zeitindices t_0 -t_n sollen keine eigentlichen Koordinaten sein, die eine Zeitmetrik voraussetzen würden, oder jedenfalls nur „egozentrisch perspektivische Koordinaten" (oben 148). Dies kommt vielleicht meiner Auffassung nahe, daß in Wahrnehmungsurteilen nur Zeitangaben wie „vorhin", „neulich", „eben", „bald" usw. vorkommen sollten. Doch wie dem auch sei – auf von mir verschiedene Gegenstände wird auch so referiert. Oder sollen die Indices auf nichts referieren? In dem Urteil „an Raum-Zeit-Stelle (t_1/s_1) Vorkommnis des Sinnesdatums Q^*" scheint mir aber außerdem auch noch auf ein einzelnes Sinnesdatum referiert zu werden, – ebenfalls ein von mir unterscheidbarer Gegenstand. Der Begriff in diesem Urteil wäre der durch „Vorkommnis" ausgedrückte. Ich selbst nehme an, daß man in Wahrnehmungsurteilen zwar auf einzelne Gegenstände referieren kann, aber nicht auf Sinnesdaten. Wenn das Referieren auf diese überhaupt sinnvoll ist – woran ich zweifle –, dann jedenfalls nur im Rahmen einer abstrakten psychologischen Theorie. Daß Kant derartige Urteile nicht gemeint hat, machen seine eigenen Beispiele so klar, daß ein Zweifel daran nicht möglich ist. Und nur aufgrund von Mißverständnissen kann man aus seinen Definitionen schließen, er hätte solche Urteile meinen müssen. Er wollte Urteile, die anschaulich gebunden, perspektivisch und daher von nur „modaler" Gültigkeit sind, unterscheiden von solchen, die – mit Thomas Nagel zu reden – einen „Blick von nirgendwo" zum Ausdruck bringen. Dieser theoretische „Blick von nirgendwo" ist nur möglich, wenn man Gesetze hat, und diese hat man nicht ohne synthetische Urteile a priori.

Ich muß zugestehen, daß meine Konzeption zwei erhebliche Eingriffe in Kants Theorie macht: die reinen Anschauungen im Sinne Kants fallen weg, die Unterscheidung von Vorstellungen und Sinnen wird neu eingeführt. Dennoch glaube ich, daß meine Konzeption näher bei Kant bleibt als die von Mohr, daß sie überdies aber auch erkenntnistheoretisch angemessener ist.

Wie Mohr thematisiert auch *Hansgeorg Hoppe* den kantischen Erfahrungsbegriff und mein Aufgreifen desselben. Ihm liegt an der Unterscheidung zweier Probleme, mit denen Kant es im Blick auf Erfahrung zu tun habe: der Frage, wie die spezifisch wissenschaftliche Objektivität möglich ist, sowie der davon zu unterscheidenden, wie überhaupt der Gegenstandsbezug von Vorstellungen möglich ist. Mit dieser Unterscheidung bin ich sehr einverstanden; gegenüber Mohr habe ich unterschieden 1. die singuläre anschauliche Referenz; 2. die modale Gültigkeit von präsentischen Urteilen; 3. die nomologisch fundierte Gültigkeit von Erfahrungsurteilen. Daß die „Bedingungen der Möglichkeit" für 3 unterschieden werden sollten von denen für 1 oder 2, scheint auch mir bei der Interpretation der kantischen Theorie beachtet werden zu müssen.

Hinsichtlich des Problems der wissenschaftlichen Erfahrung äußert Hoppe eine gewisse Skepsis: er glaubt nicht, daß Kant gegen Hume der Nachweis der Gültigkeit synthetischer Urteile a priori gelungen sei. Wir schreiben der Natur nicht das Gesetz vor. Ich bin hinsichtlich dieser Abteilung der kantischen Theorie (die z.B. für Strawson die wesentliche Leistung Kants darstellt) nicht ganz so skeptisch. Vor allem glaube ich nicht, daß das Gewicht ihrer vielfältigen Argumente entkräftet werden kann allein durch die (zweifellos berechtigte) Kritik an der Metaphorik des „Hineinlegens" oder „Vorschreibens". Kants wesentliche Argumente sind von ihr unabhängig.

Die wesentliche Differenz zwischen der Auffassung Hoppes und der meinigen liegt darin, daß ich auch bei dem Problem, das er für das eigentlich kantische hält, eine etwas andere Strategie ins Auge fasse. Um meine Position in zwei Thesen zusammenzufassen: 1. Es gibt keine Vorstellungen, ohne daß Sinne gefaßt werden, und also ohne gegenständliche Intention. 2. Verweisungszusammenhänge zwischen verschiedenen Vorstellungen beruhen auf Begriffen zweiter Stufe; sie setzen darum die gegenständliche Intention in den verknüpften Vorstellungen schon voraus. Man muß daher die sinnkonstitutiven eigentlichen Synthesen unterscheiden von den sekundären Verknüpfungen zwischen mehreren Vorstellungen.

Ad 1. Hoppe nimmt einen Sinn von Wahrnehmung an, in dem sie angesichts des Fehlens gegenständlicher Intentionen allein in dem Bewußtsein bloß eigener Zustände besteht. Die Differenz zwischen Ich und Welt soll erst später aufbrechen. Offenbar liegen hier ähnliche Vorstellungen vor, wie Mohr sie mit seinen Sinnesdatums-Wahrnehmungsurteilen vertritt. Demgegenüber nehme ich an, daß in der Struktur von Synthesis die des Selbstbewußtseins mit seinen beiden Aspekten „transzendentale-" bzw. „empirische Apperzeption" zum Ausdruck kommt, und daß deswegen das Nichtsinnliche, das uns die Außenwelt aufschließt, schon in jeder Vorstellung als solcher enthalten ist. Wenn es aber keine Vorstellung ohne Sinn gibt, dann muß es falsch sein, mit Hoppe von einem „Übergang von einem objektlosen zu einem objektbezogenen Weltverhalten" (oben 155) zu sprechen. Wenn man überhaupt Vorstellungen hat, hat man den Übergang immer schon vollzogen. Trotzdem beruht er auf einer von uns geleisteten Synthesis. Es werden aber nicht verschiedene Vorstellungen verknüpft, sondern Sinne gebildet, wodurch Vorstellungen allererst möglich werden. Die gegenständliche Intention ist also nichts, was zu dem Haben von Vorstellungen oder Wahrnehmungen noch hinzuträte.

Ad 2. Eine Konsequenz dieser Auffassung ist, daß Verknüpfungen, die das Haben von Vorstellungen schon voraussetzen, für die Ermöglichung der gegenständlichen Intention zu spät kommen müssen. Wenn z.B. Vorstellung a Vorstellung b bestätigen soll, müssen in beiden Sinne gefaßt sein; „bestätigen" ist ein Begriff zweiter Stufe, der zu der Sinnhaftigkeit der verknüpften Vorstellungen und damit zu ihrer gegenständlichen Intention (im Sinn der ersten beiden Referenzmodi) nichts mehr beiträgt. Freges trockener „Kernsatz", daß im Denken nicht Vorstellungen verknüpft werden (1983, 189), ist im wesentlichen richtig. Die essentielle Leistung der „Einheit der Apperzeption" ist die primäre sinnkonstitutive Synthesis. Die sekundären, Sinne voraussetzenden Verknüpfungen sind nur indirekt von ihr abhängig.

Hoppe betont sehr, daß „grundsätzlich alle meine Vorstellungen aufeinander verweisen" müssen. In seinem wie in meinem Falle enthalten diese Mengen inzwischen aber Elemente, die bereits etliche Jahrzehnte auseinanderliegen. Ich glaube nicht, daß Verweisungszusammenhänge zwischen solchen Elementen für deren gegenständliche Intention irgendeine Rolle spielen. Außerdem brauchen die sekundären Verweisungsbeziehungen nicht nur zwischen den Vorstellungen einer einzelnen Person zu bestehen. Der „gemeinsame Kampfplatz", auf dem verschiedene Personen sich treffen (vgl. 108f.), spielt hier eine viel wesentlichere Rolle. Die Verbindungen zwischen den Vorstellungen verschiedener Personen sind sicherlich wichtiger als die zwischen weit auseinanderliegenden Vorstellungen einer einzelnen Person.

Die Unterscheidung von primärer sinnkonstitutiver Synthesis und sekundärer Sinnverknüpfung soll nicht bedeuten, daß der Aspekt der strikten diachronen Identität des Ich – der kantischen „Unwandelbarkeit" des stehenden und bleibenden Selbst – unwesentlich würde. Im Gegenteil, mit Hoppe nehme ich an, daß es für ein „chaotisch vielfärbiges Ich" gar keine Vorstellungen geben könnte. Die spezifische diachrone Identität gehört wesentlich zu dem nichtsinnlichen Aspekt von Selbstbewußtsein, ohne den dieses selbst nicht möglich wäre. Ohne die transzendentale Apperzeption und ihre „durchgängige Identität" gäbe es keine Sinne. Trotzdem muß man Verknüpfungen, die auf Begriffen zweiter Stufe beruhen, unterscheiden von Synthesen, die überhaupt zu sinnhaften Vorstellungen führen. Und bei den letzteren, die keine Vorstellungen verknüpfen, muß man wieder unterscheiden diejenige Synthesis, deren Ergebnis ein singulärer Gedankenteil ist, und diejenige, deren Ergebnis ein ganzer Gedanke ist. Erkenntnisse gibt es erst, wenn man wahre Gedanken hat. Ein bestimmtes „Haben von Welt" findet aber schon vor aller Erkenntnis statt, „denn die Anschauung bedarf der Funktionen des Denkens auf keine Weise" (B 123). Kants Theorie der Gültigkeit widerspricht diesem Satz nicht, sondern nimmt ihn in Anspruch. Diese strikte Unterscheidung zwischen singulärer und propositionaler Referenz, zwischen „Anschauung und Denken" scheint mir auch sachlich erforderlich zu sein. Denn mit Hoppe einig bin ich darin, daß es bei der Beschäftigung mit der Philosophie Kants vor allem auf „systematisch gemeinte Behauptungen" ankommt.

Christian Suhm erörtert im Sinn meiner eigenen Überlegungen die Bedeutung, die der quantenmechanische Indeterminismus für das Leib-Seele- und das Freiheitsproblem haben kann. Zu entgegnen habe ich hier nicht viel; ich bin mit allem einverstanden, was er sagt, und halte seine Ausführungen für klärend und hilfreich. Auf einige Punkte möchte ich nachdrücklich hinweisen. So z.B. auf die Überlegungen dazu, daß die zu Kausalität aus Freiheit gehörigen Sätze nicht stetig sein können (oben 161) oder auf die Unterscheidung der

Frage nach kausaler Geschlossenheit von der nach der Formulierung der Kausalgesetze (oben 163). Suhm betont mit Recht, daß eine indeterministische Kausalität möglich ist (oben 163, Anm. 9). Eine Sukzession gemäß quantenmechanischen Gesetzen ist immer noch eine „Sukzession nach einer Regel". Für eine wirklich regellose Sukzession hat Stegmüller einmal ein Beispiel gegeben (1969, 445), das ich in einem Aufsatz über Kausalität angeführt habe (1985, 449). Indeterminismus ist nicht einfach Regellosigkeit. Es gibt mehr Möglichkeiten als den strengen Determinismus und völlige Regellosigkeit, und die kantische Einsicht, daß Regellosigkeit Erfahrung unmöglich machen würde, nötigt nicht ohne weiteres zur Annahme eines strengen Determinismus.

Suhm weist mit Recht darauf hin, daß die Debatte um die Interpretation der Quantentheorie noch nicht zuende und deshalb ein endgültiges Urteil über die vorgestellte Argumentation noch nicht möglich ist (oben 171). Ich halte es aber für nicht ausgeschlossen, daß dem Gesichtspunkt, daß Freiheit möglich sein sollte, auch bei der Entscheidung über die richtige Deutung der Quantentheorie eine gewisse Bedeutung zukommen kann. Die Einführung verborgener Parameter z.B. dürfte kaum empirisch erzwungen sein. Wenn aber nichtempirische Prämissen ohnehin relevant werden, dann ist diejenige, daß Freiheit möglich sein muß, bestimmt so gut wie andere; in meinen Augen sogar erheblich besser als das unbegründete Vorurteil, daß „Gott nicht würfelt". Wenn die Entscheidung über die richtige Deutung der Quantentheorie überhaupt auf „metaphysische Anfangsgründe der Naturwissenschaften" angewiesen ist, braucht sie vor allem gute. Und vieles spricht dafür, daß das keine physikalistischen Überzeugungen sein werden, denn, wie Suhm sehr schön sagt, „die Quantenphysik ist eben keine physikalistische Theorie!" (ebd.).

Gegen Kant und gegen meine Verteidigung der kantischen Auffassung plädiert *Alejandro Rosas* für einen Monismus der Kausalität. Ein solcher Monismus würde dann unabweisbar werden, wenn sich zwei Kausalitätstypen nicht widerspruchsfrei vereinigen ließen. Ich habe im Anschluß an Kant den Aufweis dieser Widerspruchsfreiheit unterschieden von der Beantwortung der Frage, wie Freiheit möglich ist, und mich auf jenen Aufweis beschränkt. Dagegen wendet sich Rosas: Kant sei zu dieser Unterscheidung und dieser Beschränkung befugt gewesen, weil es für ihn einen Bereich unerkennbarer Noumena gegeben habe. Die Erscheinungen sollten von ihnen in umfassender Weise abhängen (oben 177); da diese Abhängigkeit jedoch für uns unerkennbar sei, habe Kant sagen dürfen, daß wir nicht einsehen könnten, wie Freiheit möglich ist. In meiner Konzeption dagegen gebe es nichts unerkennbares Transzendentes; deswegen „könne die kantische Situation sich nicht reproduzieren". Die genannte Unterscheidung sei für mich unbegründet; die Auflösung des Widerspruchs müßte zugleich „die Einsicht darein enthalten, wie das Zusammenwirken von Naturkausalität und Freiheit vor sich geht" (oben 178/9). Bei mir entfalle die für das Argument unentbehrliche Prämisse, daß es kausal wirksame Noumena zwar gibt, diese uns aber nicht anschaulich gegeben sein können.

Aber muß das „prinzipiell Unerkennbare" etwas „Transzendentes" im Sinn einer Welt von Noumena sein? Schon Quantenmechanik und Relativitätstheorie belehren darüber, daß die Unerkennbarkeit durchaus eine diffizilere Form annehmen kann. So gebe ich Rosas zwar recht darin, daß es in meiner Konzeption nichts „'Transzendentes' im Sinn von prinzipiell Unerkennbarem" geben kann, behaupte aber dennoch, daß es prinzipiell Unerkennbares gibt. Wenn die vorgeschlagene Auffassung von Freiheit zutreffen sollte, sind zwar geschehene Handlungen immer erklärbar. Wenn es Gott gäbe, könnte er jede geschehene Handlung korrekt und vollständig erklären. Zukünftige Handlungen dagegen wären prinzipiell nicht aufgrund von Sukzessionsgesetzen prognostizierbar (auch für Gott nicht). Etwas muß also nicht in einem massiv ontologischen Sinn transzendent sein, um unerkennbar zu sein. Und es kann eine Unerkennbarkeit geben, die derart prinzipiell ist, daß sie auch relativ zu Gott bestehen müßte.

Müßte aber nicht dennoch das „Zusammenwirken von Naturkausalität und Freiheit", von dem Rosas spricht (oben 178/9), erkennbar sein? Meiner Auffassung zufolge kann es auch in diesem Punkt etwas „prinzipiell Unerkennbares" mitten in unserer Welt geben; es mag sogar sein, daß selbst die Frage nach einem solchen „Zusammenwirken" nicht sinnvoll ist. Kausalbegriffe sind für ihren Sinn auf mögliche Gesetze angewiesen. In den physikalischen stetigen Sukzessionsgesetzen samt den zu ihnen gehörigen Zustandsräumen können nun mentale Begriffe nicht vorkommen. In den Gesetzen, die mentale Begriffe enthalten, ist umgekehrt das „Zusammenwirken", das Rosas beschrieben haben möchte, schon vorausgesetzt. Es wird durch sie ebenfalls nicht beschrieben. Daß es Gesetze gibt, die in einer gemischt physikalischmentalen Begrifflichkeit gebildet sind, ist nicht anzunehmen. Es kann also durchaus sein, daß das „Zusammenwirken" deswegen „prinzipiell unerkennbar" ist, weil sich Gesetze, die dem Ausdruck „Wirken" in diesem Kontext Sinn geben könnten, nicht denken lassen. Dafür bedarf es keiner transzendenten Noumena.

Beim Aufweis, daß ein angeblicher Widerspruch nur scheinbar besteht, geht es um ein logisches Konsistenzproblem. Nach meiner Auffassung wird es so aufgelöst, daß eine bestimmte Bedingung für die Naturgesetze benannt wird, bei deren Erfülltsein diese mit Kausalität aus Freiheit verträglich wären. Außerdem muß gezeigt werden, daß die faktisch gültigen Naturgesetze diese Bedingung erfüllen. Alles dies ist möglich, ohne daß Kausalgesetze für die Beziehungen zwischen beiden Bereichen angegeben oder auch nur als möglich angesehen werden müßten. Deswegen scheint mir die Strategie Kants bei der Auflösung der Freiheitsantinomie durchaus auch dann sinnvoll zu sein, wenn man keine unerkennbaren transzendenten Noumena annimmt.

Rosas moniert weiterhin, daß ich den Widerspruch nur im Blick auf die naturwissenschaftliche Basistheorie, die Physik betrachte, nicht aber im Blick auf die Wissenschaft, die viel konkreter mit der naturwissenschaftlichen Seite von Handlungen befaßt ist, der Neurophysiologie. Für diese Frage kommt es darauf an, auf welche Gründe sich der Verdacht eines Widerspruchs gründet. Wenn dieser Verdacht sich (wie bei Kants Antithesis) beruft auf Gründe, die mit der allgemeinen Struktur von Naturkausalität zusammenhängen, also z.B. auf die kausale Geschlossenheit der physischen Welt insgesamt oder auf die deterministische Verfaßtheit von Naturkausalität überhaupt, – dann muß die naturwissenschaftliche Basistheorie der Adressat der Auflösung sein, und es muß die genannte Bedingung eine sein, die für deren Gesetze gilt.

Darauf könnte Rosas entgegnen, es werde so noch immer nicht ausgeschlossen, daß wir eines Tages eine Neurophysiologie haben, die es erlaubt, jede Körperbewegung eines normalen Menschen längerfristig auf Millisekunde und Millimeter genau vorauszuberechnen. Freiheit wäre dann noch immer naturwissenschaftlich als unmöglich erwiesen.

In der Tat kann das angeführte Argument zunächst nur zeigen, daß die faktisch vorliegenden formalen Strukturen von Naturkausalität keinen Grund für die Annahme liefern, eine solche Neurophysiologie sei möglich. Dadurch allein wird noch nicht ausgeschlossen, daß es sie irgendwann gibt. Dennoch betrachte ich die Frage, ob das so sein kann, nicht wie Rosas als eine empirische. Mit dem Erfülltsein einer entsprechenden Bedingung wäre die Freiheitsantinomie, so weit sie sich auf die generelle Struktur von Naturkausalität beruft, aufgelöst. Wenn der Verteidiger der Antithesis von Kants Antinomie nicht mehr allgemein mit der kausalgesetzlichen Verfaßtheit der Natur argumentieren kann, dann ist genug geschehen, um ihn abzuweisen. – Es gibt im übrigen noch ein stärkeres Argument für die Möglichkeit von Freiheit, das die Möglichkeit Gottes in Anspruch nimmt. Darüber möchte ich an anderer Stelle handeln. Wenn ein Gott, der sowohl idealer Physiker wie idealer Richter ist, auch nur möglich ist, muß die These der zwei Kausalitätstypen zutreffen. Bei der Neurophysiologie kann man sich in eine unbestimmte Zukunft flüchten, bei Gott nicht. Wenn eine solche Neurophysiologie möglich wäre, müßte sie Gott als idealem Physiker schon jetzt bekannt sein. Er müßte also Handlungen in einer Weise erklären können, die damit unvereinbar wäre, daß er noch gerecht über sie richten kann.

Übrigens sprechen die empirischen Befunde durchaus gegen die Vermutung von Rosas. Henrik Walter hat die „neurophilosophische" These einer „determinierten Freiheit" vorgestellt; er schreibt: „Es gibt Evidenz dafür, daß unser Gehirn zumindest teil- oder näherungsweise ein chaotisches System ist. Die daraus resultierende Dynamik ist geeignet, die hirnphysiologische Bedingung freier menschlicher Handlungen zu sein. Gleichzeitig erlaubt sie, das Handeln nach Prinzipien zu verstehen" (1996, 367). Die dafür interessanten Merkmale chaotischer Systeme werden dort kurz vorgestellt (ebd. 369f.).

Ich glaube nun nicht, daß sich auf dieser Basis der Freiheitsbegriff explizieren läßt, wie Walter es versucht (ebd. 375). Auch verlangt in meinen Augen die eigentliche Auflösung der Freiheitsantinomie, daß die grundlegenden Naturgesetze selbst eine entsprechende Bedingung erfüllen. Es geht nicht nur um spezielle Systeme in der Natur und deren Komplexität. Wieder in theologischer Ausdrucksweise: Auch für Gott als idealen Physiker, für den es keine Probleme mit Komplexität als solcher gibt, müßten freie Handlungen immer noch unprognostizierbar sein. Aber in subsidiärer Hinsicht sind die von Walter vorgetragenen Gesichtspunkte auch nach meiner Auffassung unentbehrlich. Den von ihm genannten „Schmetterlingseffekt" (ebd. 370 Anm.) hatte ich selbst in dieser Absicht angeführt (234). Die Neurophysiologie kann es nicht erlauben, das Handeln nach Prinzipien zu verstehen, wenn Kant oder Frege damit recht haben, daß allein etwas „Nichtsinnliches" uns die Außenwelt aufschließt und sinnvolle Intentionen ermöglicht. Wie in der Entgegnung auf Meggle zitiert, hält Frege es deswegen für unmöglich, das Fassen von Gedanken von einem rein psychologischen Standpunkt aus zu verstehen. Auch die Neurophysiologie kann es nicht verstehen, aber sie kann zeigen, daß Gehirne so beschaffen sind, wie sie es sein müßten, wenn es möglich sein soll, daß zu „Gesichtseindrücken" etwas „Nichtsinnliches" hinzutritt (Frege 1966, 51). Dafür kann es nämlich durchaus erforderlich sein, daß sie chaotische System im von Walter beschriebenen Sinne sind.

Ein letzter Einwand von Rosas lautet, daß das Gegenwärtigwerden eine zu allgemeine Eigenschaft sei, als daß es die Art und Weise erklären könne, wie Absichten oder andere propositionale Einstellungen am Definitwerden neurophysiologischer Prozesse beteiligt sein können; daran könnte im Prinzip jeder beliebige Prozeß beteiligt sein, in dem zeitliches Werden vorkommt. Hierzu möchte ich nur das vorhin Gesagte wiederholen: es geht nicht darum, die „Art und Weise des Beteiligtseins" im Sinne eines „Zusammenwirkens" zu beschreiben, sondern darum, Bedingungen für die Konsistenz gewisser universeller Sätze anzugeben. Dafür müssen nicht Freiheit oder Gegenwart in den physikalischen Gesetzen selbst vorkommen; die Gegenwart bleibt (mit einem Ausdruck Grünbaums) „physikalisch nicht existent". Dennoch kann es sein, daß es rein physikalisch eine Art des Definitwerdens von Zuständen gibt, die als von ihrem Gegenwärtigwerden abhängig gedacht werden kann. Dies wäre z.B. dann der Fall, wenn die kontingenten Grundaussagen der Basistheorie eine epistemische Form erhalten müßten (wofür Scheibe Gründe liefert); wie Suhm zeigt, ist die Annahme aber auch mit einer anderen Deutung der Quantenmechanik verträglich. Das heißt nicht, daß in jedem Definitwerden das Gegenwärtigwerden oder gar Freiheit beteiligt wäre. Man könnte sich vorstellen, daß in jedem Fall das Selbstbewußtsein Gottes (mit seiner Anschauungsform) präsent ist; für die Auflösung der Antinomie aber kommt es darauf gar nicht an. Für die Möglichkeit eines freien Gottes muß die Natur dieselben Bedingungen erfüllen wie für die Möglichkeit freier Menschen. Aber auch wenn es nur um Menschen geht, muß es sich – genau wie bei den „Bedingungen der Möglichkeit von Erfahrung" – um universelle Bedingungen handeln.

Mein Versuch, die kantische Konzeption der Naturteleologie systematisch anzueignen, wird von *Sibille Mischer* kritisch in Augenschein genommen. Anders als Kant möchte ich den Ansatzpunkt für teleologische Begriffsbildungen nicht bei den Fragen der Ontogenese sehen und auch nicht beim Funktionalismus der Organe, sondern eher bei dem subjektanalogen Aktivsein des Lebewesens insgesamt. Aristoteles unterscheidet an einigen Stellen „Zweck von" und „Zweck für" (dazu Kullmann 1979, 26ff.). Dasjenige, für das irgend etwas zweckmäßig sein kann, muß in einem weiten Sinn als subjektanalog qualifiziert werden können. Für einen Stein scheint nichts zweckmäßig sein zu können. Gerade die „innere Zweckmäßigkeit des Naturwesens", die Kant zu beschreiben versucht, muß auf eine solche einheitliche Aktivität des Lebewesens bezogen werden können, für die allein etwas zweckmäßig oder zweckwidrig sein kann.

Der „Biointentionalismus" wird nun von Mischer mit guten Gründen als allgemeine Perspektive auf die Natur kritisiert. Das Verhalten von Lebewesen wird biologisch ohne die Anwendung mentaler Begriffe wie „Wollen", „Beabsichtigen" usw. erklärt. Der Frosch quakt nicht mit der Intention, eine Fröschin anzulocken.

Zum Teil mag dies daran liegen, daß wir unter „Intentionen" in der Regel etwas recht Explizites verstehen, das vielleicht sogar eine propositionale Form hat. Bei Tieren wird man eher von Wahrnehmen, von Empfinden (Schmerz usw.), vielleicht auch mit Aristoteles von „Streben" sprechen. Ob auch derartige Begriffe aus der Sprache der Biologie zugunsten eines neurophysiologischen Vokabulars zu eliminieren sind, scheint mir nicht so klar zu sein. Allerdings bin ich mit Mischer darin einverstanden, daß die theoretische Leistungsfähigkeit dieser Begrifflichkeit nicht darin liegt, daß durch Zuschreibung von Intentionen gute Einzelerklärungen gewonnen werden, sondern daß sie eine allgemeinere Funktion hat. Mischer beschreibt sie als „intentionalistisches Wohlwollen" und plädiert überzeugend für die These, daß dieses Wohlwollen für die Identifikation und Beschreibung von Verhalten benötigt wird. „Die Klammer, durch die wir die verschiedenen Abschnitte der Verhaltenssequenz zusammenfassen und gegeneinander abgrenzen, ist eine Sinnklammer – sie ist abhängig von unserem Begriff einer in sich abgeschlossenen, rationalen und in ihren Zielen nachvollziehbaren Handlungen" (oben 192). Unter einer solchen Sinnklammer können wir auch ganz verschiedenartiges Verhalten zusammenfassen. Eine Ratte, die Nahrung sucht, kann Bäche durchschwimmen, Zäune überklettern usw. Ohne den Begriff „Nahrungssuche" dürfte es keine Einheit in dieser Mannigfaltigkeit geben, und auch eine solche Einheit wird für die Biologie benötigt. Mischer spricht von einem „aktiomorphen" Geschehen, wenn etwas individuell, plastisch, nachvollziehbar und rational interpretierbar ist (oben 188). Um etwas als Verhalten zu beschreiben, müssen wir eine Vorstellung davon haben, was als Erfolg oder Mißerfolg anzusehen wäre. Daß für die biologische Erklärungspraxis im engeren Sinne das intentionalistische Wohlwollen dann unerheblich wird, muß die Bedeutung der teleologischen Begriffe nicht zunichte machen. Schon Leibniz und Kant haben immer wieder betont, daß die wesentliche Funktion dieser Begriffe nicht darin bestehen kann, besonders starke Einzelerklärungen zu liefern, sondern daß sie eher für eine angemessene allgemeine Perspektive auf die Natur benötigt werden. Dies läßt sich durchaus in der von Mischer vorgeschlagenen Weise verstehen.

Die Evolutionstheorie interessiert mich in diesem Kontext aus zweierlei Gründen. Einmal möchte ich zeigen, daß sie nicht für eine Identitätstheorie von Körper und Seele spricht, – eine Theorie, die ich aus subjektivitätstheoretischen Gründen für falsch halte. Mir liegt deswegen daran, daß die Evolutionstheorie in dieser Frage sozusagen neutral ist. Für das Teleologieproblem wichtiger ist der zweite Gesichtspunkt: Mit Hans Jonas halte ich es für sinnvoll, daß wir uns „vom Obersten, Reichsten über alles Untere belehren lassen" können (Jonas 1984, 135). Wenn wir uns vom Oberen über das Untere belehren lassen, können wir ihm etwas zuschreiben, das wir ihm nicht zuschreiben würden, wenn wir das Untere nur für sich (oder von noch weiter unten her) betrachten. Natürlich kann das nicht heißen, daß man dem Unteren unkritisch jede Eigenschaft des Oberen zuschreibt, – dann gäbe es schließlich kein Unteres mehr. So müssen in der Tat unsere Vorfahren nicht „eine Art von aufrechtem Gang" besessen haben, nur weil wir als die „Oberen und Reichen" ihn besitzen (vgl. oben 183). Dies wäre eine verfehlte Belehrung über das Untere durch das Obere. Daraus scheint mir aber nicht zu folgen, daß die von Jonas vorgeschlagene Maxime generell unanwendbar wäre. Es kann sein, daß sich grundlegende Probleme sozusagen beim Oberen besser entscheiden lassen als beim Unteren, diese Entscheidung dann aber doch einheitlich gültig sein sollte. In diesem Sinn habe ich gemeint, daß das Leib-Seele-Problem bei Regenwürmern keine prinzipiell andere Lösung haben kann als beim Menschen, daß aber, was die richtige Lösung ist, sich beim Menschen entscheidet und nicht bei den Regenwürmern (Rohs 1994, 71). So war auch meine – vielleicht ein wenig leichtfertige – Aussage gemeint, daß unsere Vorfahren eine Art von Freiheit besessen haben müßten, wenn wir Freiheit besitzen. Freiheit ist sicherlich eine so wesentliche Eigenschaft des Obersten und Reichsten, daß sie – wenn es überhaupt eine Belehrung über das Untere durch das Obere gibt – für so etwas vorrangig in Betracht kommen sollte.

Die von Jonas vorgeschlagene Maxime scheint allerdings den Intentionen von Biologen als empirischen Wissenschaftlern zuwiderzulaufen. Sie erforschen das Untere aus einer Perspektive, die es ausschließt, sich durch das Obere darüber belehren zu lassen. Man muß daher wohl zugestehen, daß der Sinn einer teleologischen Naturdeutung nicht allein darin liegen kann, einer empirischen Wissenschaft methodologische Anleitungen zu geben. Auch das von Kant in seiner Theorie der teleologischen Urteilskraft verfolgte Programm geht über ein solches Ziel weit hinaus. Allerdings sollte die Verbindung zur empirischen Wissenschaft auch nicht abgebrochen werden. Darum kann der Aufweis Mischers, daß auch der Biologe sich des intentionalistischen Wohlwollens befleißigen muß, zur intendierten Rechtfertigung teleologischen Denkens durchaus beitragen. Es ist ein wesentliches Merkmal von Lebewesen, daß etwas für sie zweckmäßig sein kann, – daß sie Wesen sind, „denen wir zumindest zum Zwecke ihrer Identifizierung und Beschreibung unterstellen müssen, daß sie etwas erstreben" (vgl. oben 193).

Vielleicht sind die teleologischen Begriffe sogar für die Frage relevant, ob die Biologie wirklich eine von der Physik emanzipierte Wissenschaft ist, wie Mischer schreibt (oben 184, Anm. 7). Für diese Frage dürfte es darauf ankommen, ob für biologische Erklärungen gilt, daß sie – in der Ausdrucksweise Davidsons – nur dann gültig sind, wenn wenigstens prinzipiell eine rein physikalische Erklärung desselben Ereignisses möglich ist, oder ob dies nicht generell gelten soll. Ich möchte vermuten, daß eine Emanzipation der Biologie von der Physik, bei der auch diese implizite Reduzierbarkeit verschwindet, nur dann möglich ist, wenn teleologische Begriffe zu ihren Erklärungen wesentlich hinzugehören. In diesem Sinn scheint mir Kants Alternative zwischen „mechanistischen" (d.h. physikalistischen) und teleologischen Erklärungen für Lebensvorgänge sowie seine Auffassung, daß es andere Arten nicht geben kann, noch immer aktuell zu sein.[5] Im Rahmen rein „mechanistischer" Begriffe gibt es keine von der Physik emanzipierte Biologie.

Auch *Ludwig Siep* kritisiert meine Ausführungen zur Naturteleologie; vor allem aber bezweifelt er, daß die ökologische Ethik, die Lehre vom richtigen Umgang mit der Natur davon profitieren kann. Ich bin in *Feld–Zeit–Ich* auf ethische Probleme nicht eingegangen, möchte aber Siep recht geben darin, daß die Naturteleologie weitgehend ihren Sinn verlöre, wenn sie ohne ethische Konsequenzen bliebe. Mit Jonas möchte ich sagen: „Wir wollen – letztlich um der Ethik willen – den ontologischen Sitz von Zweck überhaupt von dem in der Subjektspitze Offenbaren zu dem in der Seinsbreite Verborgenen erweitern" (Jonas 1984, 138). Ich hoffe deswegen, daß die ökologische Ethik doch ein wenig von einer teleologischen Deutung der Natur profitieren kann.

Für Fragen der Ethik muß sich Siep auf frühere Publikationen von mir beziehen; in *Feld–Zeit–Ich* ist wie gesagt das Thema ausgespart geblieben. Ich würde aber noch immer, wie in den früheren Arbeiten, einen grundsätzlich kantischen Standpunkt verteidigen wollen, der sich in drei zentralen Thesen zusammenfassen ließe: 1. Es gibt Bestimmungsgründe a priori des Willens[6]; 2. zu ihnen und nur zu ihnen gehört diejenige Modalität, die Kant als „moralische Notwendigkeit" bezeichnet (*KpV* 81), die „Nötigung"; 3. bei den einzelnen Handlungsmaximen ist zu fragen, ob sie mit diesen apriorischen Bestimmungsgründen kompatibel sind; die Handlungen wären in diesem Fall erlaubt. Der kategorische Imperativ hat also in seiner ursprünglichen Form zu lauten: „Handle so, daß die Maxime deines Handelns mit den apriorischen Bestimmungsgründen deines Willens kompatibel ist" oder „Handle niemals den apriorischen Bestimmungsgründen deines Willens zuwider". Die Universalisierung ist ein Verfahren, das aufgrund der Struktur von Apriorität bestimmen soll, was dies in concreto bedeutet. Vor allem für die erste dieser drei

---

[5] Kant 1790 (im folgenden *KU*), § 65.
[6] Kant 1788 (im folgenden *KpV*), 63.

Thesen nehme ich an, daß eine transzendentalphilosophische Handlungstheorie zu ihrer Rechtfertigung beitragen kann.

Diese Thesen sind allesamt mit zahlreichen Unklarheiten und offenen Fragen verbunden. Ein spezielles Problem für die ökologische Ethik liegt darin, daß, wie Siep sagt, nichtmenschliche Wesen keine Selbstzweckwesen sind und also anscheinend nicht unter den „Schutz" des kategorischen Imperativs fallen. Dieser gebietet Achtung vor Personen; Achtung aber geht nach Kant niemals auf „Sachen", zu denen er auch die Tiere zählt (*KpV* 76). Solange also ausschließlich derartige Sachen betroffen sind, scheint jede Handlung erlaubt zu sein. Die Schwierigkeiten, die sich ergeben, wenn man diesem Resultat dadurch ausweichen will, daß man Subjektivität in den Bereich der lebendigen Natur extrapoliert, werden von Siep klar herausgestellt.

Vielleicht ist es hier von Interesse, sich an die Strategie zu erinnern, mit der Kant einem ähnlichen Problem zu Leibe gerückt ist. Das Verbot der Tierquälerei wird von ihm im Rahmen seiner Tugendlehre abgehandelt unter dem bezeichnenden Titel „Von der Amphibolie der moralischen Reflexionsbegriffe: das, was Pflicht des Menschen gegen sich selbst ist, für Pflicht gegen andere zu halten".[7] Kant meint, daß die grausame Behandlungen von Tieren einer Pflicht des Menschen gegen sich selbst widerspricht (*MdS* 443). Auf die Tiere richtet sich die Interpretation, die es erlaubt, eine Behandlung als grausam zu qualifizieren; einen Stein kann man nicht grausam behandeln. Daß auch bei Tieren eine solche Interpretation umstritten sein kann, zeigt z.B. die Diskussion um die Käfighaltung von Hühnern. Die Pflicht, Tierquälerei zu unterlassen, ist nach Kant nur scheinbar eine gegen die Tiere; in Wahrheit ist sie eine des Menschen gegen sich selbst. Die Würde des Menschen und die spezifische Naturdeutung müssen also dieser Konzeption zufolge zusammenkommen, um ein bestimmtes Verbot zu rechtfertigen.

Kann so etwas verteidigt werden? Zunächst wäre allgemein zu zeigen, wie apriorische Bestimmungsgründe und empirische Präferenzen so aufeinander bezogen werden können, daß es zu inhaltlichen Normen kommt. Dies Problem wäre aber ebenfalls zu lösen, wenn man die ökologische Ethik auf eine wertende Naturbetrachtung stützen möchte. Mindestens von Kant aus wäre zu sagen, daß Wertsetzungen und Präferenzen für sich allein nicht zu Verpflichtungen führen können. Kant erörtert dies unter dem Titel des „Paradoxon der Methode in einer Kritik der praktischen Vernunft" (*KpV* 62f.); nicht der Begriff des Guten mache das moralische Gesetz möglich, sondern umgekehrt dieses jenes. Wenn die deontischen Modalitäten an die apriorischen Bestimmungsgründe des Willens gebunden bleiben, d.h. ein „praktisches Gesetz a priori" als Richtschnur haben sollen, dann ergibt sich diese Konsequenz. Daraus folgt jedoch nicht, daß die zu diesen apriorischen Bestimmungsgründen hinzutretenden Wertungen und Präferenzen bei der Bestimmung konkreter Normen außer Betracht bleiben müßten. Es wäre z.B. zu zeigen, inwiefern ein Umgang mit der Natur, der einer hinreichend be-

---

[7] Kant 1797 (im folgenden *MdS*), 442f.

gründeten wertenden Naturbetrachtung widerspricht, die eigene Würde und die Pflichten gegen sich selbst verletzt.

Welche Normen im einzelnen anzunehmen sind, bis zu welchen Grenzen der Respekt gegen die nichtpersonalen Naturwesen gehen sollte, bleibt freilich eine schwierig zu beantwortende Frage. Siep hält meinem Programm mit Recht entgegen, daß da „eine sehr weite und unbestimmte Skala" bleibe (oben 197). Auch die wertende Naturbetrachtung dürfte aber ohne intuitive und insofern unbestimmte Grenzziehungen kaum auskommen, wenn genauere Normen z.B. für die Tierhaltung oder für die Nutzung natürlicher Ressourcen festgelegt werden sollen.

Ich zweifele aber, daß die von Siep ins Auge gefaßte Deutung von Natur ohne teleologische Grundlagen auskommt. Siep selbst meint, daß sie einige Züge der griechischen Kosmos-Philosophie und des christlichen Schöpfungsbegriffs enthält (oben 200). Mir scheint die „Erweiterung des ontologischen Sitzes von Zweck überhaupt", wie Jonas sich ausdrückt, unabdingbar für jede sinnvolle wertende Naturinterpretation zu sein. Insbesondere müssen Lebewesen als etwas angesehen werden, für das etwas zweckmäßig sein kann. Darin aber scheint mir eine prinzipielle Analogie zu Subjektivität enthalten zu sein. Vielleicht wäre Siep eher für eine aristotelische Begrifflichkeit zu gewinnen: Alles Leben hat eine Seele und ist eine Art von Energeia, und nur deswegen kann es für es Zweckmäßigkeit geben.

Gegen meine Adaption der kantischen Theorie wendet Siep vor allem ein, daß ich die Extrapolationen auf die Natur insgesamt ausdehne. Mein Grund dafür ist im wesentlichen, daß ich lokale Irreduzibilitäten für philosophisch unbefriedigend halte. Ontologische Irreduzibilitäten sollten mit Spinoza stets ein universelles Fundament besitzen. Dies muß keineswegs bedeuten, den Stoffwechselprozessen der Pflanzen oder den Bindungen von Molekülen im anorganischen Bereich (vgl. oben 194/5) eine Als-ob-Subjektivität zuzuschreiben. Derartige Prozesse können trotzdem rein physikalisch verstanden werden.

Zur Erläuterung möchte ich auf die Parallele in der Konzeption Kants hinweisen. Bei ihm heißt es: „... da denn die Einheit des übersinnlichen Prinzips nicht bloß für gewisse Species der Naturwesen, sondern für das Naturganze als System, auf dieselbe Art als gültig betrachtet werden muß" (*KU* 381). Auch Kant versteht dies so, daß wenn wir an einer Stelle uns von der Rechtmäßigkeit der Naturteleologie überzeugt haben, „wir weiter gehen, und auch die (Naturprodukte, P.R.), welche ... es eben nicht notwendig machen, über den Mechanismus der blind wirkenden Ursachen hinaus ein ander Prinzip für ihre Möglichkeit aufzusuchen, dennoch als zu einem System der Zwecke gehörig beurteilen dürfen". Die Stoffwechselprozesse der Pflanzen machen es gewiß nicht notwendig, etwas über den Mechanismus der blind wirkenden Ursachen hinaus zu suchen; dennoch dürfen sie in das System der Naturteleologie einbezogen werden, wenn anderswo ein Einstieg in dieses gesichert ist. Diesen Einstieg sehe ich mit Jonas gewährleistet bei dem „in der Subjektspitze Offenbaren". Die Befugnis, von hier aus „weiter zu gehen", dürfte auch Kant darin sehen, daß die Beziehung auf ein „übersinnliches Prinzip" keine lokal beschränkte Angelegenheit sein sollte, wenn sie überhaupt vorliegt.

Siep meint, ich müsse „entschiedener Panpsychist" sein, wenn ich so etwas behaupten wolle (oben 195). Auch Thomas Nagel hat in seinem Aufsatz über den Panpsychismus diese Konsequenz nahegelegt (Nagel 1984, 200ff.). Dies ist jedoch nicht zwingend; mindestens ist der Theismus (bzw., wenn man Gott nicht als außer Zeit und Raum existierend denken will, der Pantheismus) eine weitere Denkmöglichkeit. Da ich innerhalb der Subjektivitätstheorie ein „Nichtsinnlichkeitsmonopol des Selbstbewußtseins" behaupte, muß ich wohl zugeben, daß eine „Ressource an Nichtsinnlichkeit" des Universums (254) auf ein Selbstbewußtsein Gottes bezogen und also theistisch gedeutet werden müßte. Anders läßt sich beides kaum in Einklang bringen. Für Kant bleibt die auf das Naturganze bezogene Einheit des übersinnlichen Prinzips im Dunkel der noumenalen Welt verborgen, so daß unentschieden bleibt, ob sie ein Selbstbewußtsein Gottes erfordert. Wenn man aber Nichtsinnlichkeit an Selbstbewußtsein bindet, sollte eine universelle Nichtsinnlichkeit ein universelles Selbstbewußtsein voraussetzen. Das muß noch immer keine christliche Schöpfungstheologie sein; es könnte auch im Sinn gewisser Versionen der griechischen Kosmos-Philosophie (vgl. oben 200) gedeutet werden.

Für die ökologische Ethik mag es taktisch unklug sein, sich an problematische metaphysische Konzeptionen zu binden, denn in der konkreten Auseinandersetzung um die Rechte der Natur könnte sich ein solcher Bundesgenosse als Belastung erweisen. Ganz ohne metaphysische Prämissen aber dürfte auch der Vorschlag von Siep nicht auskommen. Auch hier muß angenommen werden, daß, wie Jonas sich ausdrückt, „die Naturwissenschaft uns nicht Alles über die Natur sagt" (Jonas 1984, 140). Daß deren Begriffe von der Natur wertfrei sind und nicht zu Normen führen, wird selbstverständlich auch von Siep anerkannt (oben 198). Wenn aber ohnehin über diese Begriffe hinauszugehen ist, scheint die Naturteleologie ein besonders naheliegender Ansatz dafür zu sein. Um noch einmal Jonas zu zitieren: „Nach dem Zeugnis des Lebens ... sagen wir also, daß Zweck überhaupt in der Natur beheimatet ist" (a.a.O. 142), mindestens in der Form, daß Lebewesen Wesen sind, für die etwas zweckmäßig sein kann. Vielleicht läßt sich für das Verhältnis zwischen feldtheoretischer Transzendentalphilosophie und ökologischer Ethik also doch Besseres erhoffen, als die Siepsche Skepsis erwarten läßt.

Der Beitrag von *Birgit Recki* steht am Ende dieser Sammlung, weil sie sich darin zu einer anspruchsvollen Sprecherin der Vernunft macht und deren Wünsche über das, was noch zu tun sei, artikuliert: eine Ethik, eine Ästhetik. Überdies läßt sie keinen Zweifel daran, daß die Vernunft nur eine solche Ethik und Ästhetik akzeptieren würde, in der Gutes und Schönes sich ganz eng zusammengefunden haben. Erfreulicherweise artikuliert sie aber nicht nur diese bislang unerfüllten Wünsche der Vernunft, sondern trägt zugleich zahlreiche konstruktive Überlegungen vor, wie voranzukommen wäre.

Die Elemente für eine Ethik sieht sie vor allem in meinen Kapiteln über Naturteleologie und spinozistische Theologie (oben 205). Für den expliziten Inhalt dieses Buches gilt das wohl; ich denke aber, von dieser Beschränkung abgesehen sollte eine Ethik orthodoxer kantisch beginnen (wie schon in der Entgegnung auf Siep kurz angedeutet) bei dem „Paradoxon der Methode in einer Kritik der praktischen Vernunft" (*KpV* 62f.) und dem aus ihm sich ergebenden Argument für die These, daß es, wenn es überhaupt strikte Verbindlichkeiten gibt, auch apriorische Bestimmungsgründe des Willens geben muß, weil nur aus diesen sich die entsprechenden deontischen Modalitäten herleiten können, – ähnlich wie feststellbaren Naturgesetzen theoretische synthetische Urteile a priori zugrundeliegen müssen. Die mit der Naturteleologie verbundenen Wertungen kommen erst dann ins Spiel, wenn konkretisiert werden soll, was unsere Pflichten sind, welche von den für uns möglichen Alternativen wir also aus moralischen Gründen ausscheiden sollten. Die Theologie schließlich ist in noch fernerer Weise mit der Moral verbunden.

In ihren Ausführungen zu meinem naturteleologischen Kapitel moniert Recki, daß der Begriff des Lebens dort „ein vom Himmel gefallener Überraschungsgast" sei: „Wir können an diesen Stellen weder feldtheoretisch noch transzendentalphilosophisch wissen, was damit eigentlich gemeint ist" (oben 206, Anm. 6). In der Tat muß ich hoffen, daß sie dies anderswoher weiß. Ohne die vorausgesetzte Erfahrung von nichtmenschlicher lebendiger Aktivität gäbe es für das naturteleologische Extrapolationsprogramm kaum einen Anlaß. Ich wäre zufrieden, einige Argumente dafür geliefert zu haben, daß wir das an der „Subjektspitze Offenbare" zu dem in der „Seinsbreite Verborgenen" er-weitern dürfen. Dafür wäre es kein Schaden, wenn der Begriff des Lebens ein freundlich begrüßter neuer Gast wäre.

Zwei Einwände erhebt Recki gegen meine Kant-Rezeption. Bei dem ersten bin ich in der Sache ganz mit ihr einverstanden; ich habe nicht sagen wollen, daß Kant damit, daß er noch die Mühe der dritten Kritik auf sich genommen hat, sein Scheitern bei der dritten Antinomie zugestanden habe (vgl. oben 206/7). Mir liegt aber daran, daß die von Kant an zwei Stellen (*KrV* B 560 und *KU* 372f.) unterschiedenen zwei Arten von Kausalität dieselben sind. Dann kann es naturgemäß auch nur eine Antinomie, einen Verdacht der Widersprüchlichkeit zwischen ihnen geben. Dabei sollte klar sein, daß ein Dualismus von Perspektiven für sich allein nicht für die Beseitigung dieses Verdachts ausreichen kann. Der aus dem Bereich des Anschaulichen genommene metaphorische Begriff der „Perspektive" kann leicht die eigentlichen Probleme verdunkeln. Unbetroffen hiervon ist die Frage, ob das teleologische Erweiterungsprogramm sinnvoll ist oder nicht. Wenn die Antinomie nicht gelöst wäre, hätte es wenig Sinn, derart antinomische Strukturen einer nicht nur ohnmächtigen Subjektivität zusätzlich auch noch zu extrapolieren. Im Gegenteil, man sollte dann den eliminativen Materialismus von den Regenwürmern auf den Menschen extrapolieren.

Außerdem wendet sich Recki gegen meine Bemerkung, daß Kant noch „sehr im Horizont schöpfungstheologischer Vorstellungen" befangen sei. Es ging um seine Äußerung, daß man nach der Beschaffenheit seiner Erkenntnisvermögen über die Möglichkeit jener Dinge und ihre Erzeugung nicht anders urteilen könne, als wenn man sich eine nach Absichten wirkende Ursache hinzudenke (255). Hierdurch wird der Einsatzpunkt für die teleologische Extrapolation jedoch an die falsche Stelle verlagert, nämlich an die Erzeugung der Lebewesen. Auch bei dem „an der Subjektspitze Offenbaren" geht es nicht darum, wie Subjekte erzeugt werden, sondern was sie sind. Dies muß entsprechend für die nichtmenschlichen Lebewesen gelten. Auch der Funktionalismus der Organe kann deswegen nicht das eigentlich Teleologische sein, sondern – quasi mit Schopenhauer – der „Wille in der Natur", die lebendige Aktivität als solche muß es sein. Die von Kant genannte „eigentümliche Beschaffenheit meiner Erkenntnisvermögen" gibt es nicht. Ob seine Meinung, es gäbe sie, durch schöpfungstheologische Vorurteile, durch den Zustand der Biologie seiner Zeit oder durch sonst etwas veranlaßt worden ist, ist dann von nur sekundärem Interesse.

Wie ebenfalls schon in der Entgegnung auf Siep gesagt, nötigt allerdings die Annahme einer Ressource an Nichtsinnlichkeit im Universum im Rahmen einer transzendentalphilosophischen Konzeption zu theologischen Begriffen. Daß „der Begriff Gottes nicht der Ausgangspunkt der Reflexion, sondern eine ihrer Konsequenzen ist" (oben 208), gebe ich darum zu. Reckis Vorwurf, daß ich „in die Theologie hineinspringe, ohne mich mit einer Begründung aufzuhalten", hätte ich mit diesem Argument entgehen können.

„Mit Gott befassen" muß man sich in der Philosophie vor allem deswegen, weil er möglich ist, und weil schon diese Möglichkeit ein nicht folgenloses philosophisches Prinzip sein dürfte. Mit Kant darf man annehmen, daß bei diesem Thema einerseits das Wissen endet und der „Platz zum Glauben" beginnt (vgl. *KrV* B XXX), daß aber andererseits deswegen nicht der Platz dafür da ist, Beliebiges zu glauben, sondern manches, was geglaubt worden ist, außerhalb „der Grenzen der bloßen Vernunft" liegt und deswegen nicht geglaubt werden sollte. Die Philosophie hat das Wissen, aber auch den Bereich sinnvollen Glaubens zu begrenzen. Sie führt nicht zum Glauben, hält aber dennoch von manchem möglichen Glauben ab. Ein in *Feld–Zeit–Ich* berührtes Beispiel hierfür betrifft die These, daß Gott ein die Zeit schlechthin transzendierendes Wesen ist. Wenn, wie Swinburne zeigen möchte, der „timeless-view" von Gott inkohärent ist, dann gibt es für den Glauben an einen außerzeitlichen Gott keinen Platz. Auch die Resultate der Naturteleologie sollten einen solchen Gottesbegriff ausschließen.

Besonders gravierend sind die mit dem Verhältnis von Gott und Freiheit verbundenen Probleme. Kants praktische Philosophie führt zu den drei Postulaten Gott, Freiheit, Unsterblichkeit (*KpV* 132). Das der Freiheit soll dabei den beiden anderen zugrundeliegen. In der Abhandlung „Verkündigung des nahen Abschlusses eines Traktats zum ewigen Frieden in der Philosophie" von 1796 schreibt Kant: „Unter diesen Ideen führt also die mittlere, nämlich die der Freiheit, weil die Existenz derselben in dem kategorischen Imperativ enthalten ist, der keinen Zweifel Raum läßt, die zwei übrigen in ihrem Gefolge bei sich" (Kant 1900ff., Bd. 8, 418). Daraus folgt offenkundig, daß die Idee eines Gottes, der Freiheit unmöglich machen würde, Kant zufolge gar nicht postuliert werden kann, weil diese Idee die Basis des Postulierens selbst zunichte machen würde. Aus diesem Grund erweist sich so manches von orthodoxen Theologen vertretene Dogma als etwas, das nicht geglaubt werden sollte, weil es auf praktischer Unvernunft beruht, aus den Grenzen der bloßen Vernunft herausführt. Für einen solchen Glauben kann es keinen Platz geben. Von einer sinnvollen Gottesidee muß erwartet werden, daß sie so beschaffen ist, daß schon die bloße Möglichkeit Gottes ein überzeugendes Argument für Freiheit ist, nicht aber, daß durch sie, wie Luther sagt, der freie Wille niedergestreckt und vernichtet wird (vgl. oben 223). Daß man nur an einen Freiheit ermöglichenden Gott glauben sollte, ist ein Resultat von Philosophie; daß man an ihn glaubt, nicht. In dieser Hinsicht bleibt es dabei, daß das Wissen aufgehoben und der Platz zum Glauben „innerhalb der Grenzen der bloßen Vernunft" gelassen wird. Erst recht ist der „amor dei" nicht ausschließlich eine Sache des Wissens.

Auch das von Recki aufgeworfene „spinozistische Dilemma" (oben 208) verschwindet dann. Die Theologen haben stets Wege gefunden, den quietistischen Konsequenzen der totalen Prädestination auszuweichen. Ein Gott im Sinn der kantischen Postulate würde hier sogar alle zweideutigen Spitzfindigkeiten entbehrlich machen.

Daß das Problem, vor das uns der Tod stellt, in *Feld–Zeit–Ich* übergangen wird, kommt Recki als das „leere Zentrum der feldtheoretischen Transzendentalphilosophie" vor (oben 210). Ich möchte mich auf einen Satz berufen, der von Spinoza nicht nur behauptet, sondern darüber hinaus auch formgerecht bewiesen worden ist: „Der freie Mensch denkt an nichts weniger als an den Tod, und seine Weisheit ist nicht ein Nachsinnen über den Tod, sondern ein Nachsinnen über das Leben" (*Ethica* IV, prop. 67 mit demonstratio). Rekki folgert aus ihren Überlegungen, daß in der Art und Weise, wie das Todesproblem in Kants kritischer Philosophie umgangen wird, wohl die deutlichste Probe darauf zu sehen sei, was es heißt, daß die Philosophie zur Weisheit werden soll, und daß die vielgescholtene „Verdrängung" dieses Problems einer praktischen Befreiung gleichkomme (oben 214). Die Auffassungen Spinozas und Kants scheinen sich also ein weiteres Mal vorzüglich zu ergänzen.

Der letzte und vermutlich dringendste Wunsch der Vernunft lautet: Eine Ästhetik (oben 215ff.). Es mag so aussehen, daß ich „das Ästhetische zu den unwesentlichen Dingen zähle"; doch möchte ich protestieren. Es gehört zu dem Ganzen, daß die Philosophie idealerweise sein sollte, unerläßlich hinzu. Auch in der schnellen Hinwendung zu Fragen der Theologie soll keine Mißachtung des Ästhetischen zum Ausdruck kommen. Ich muß leider zugeben, daß ich keine genaueren Vorstellungen davon habe, wie eine gute Ästhetik beschaffen sein könnte. Für ihren Einsatzpunkt freilich habe ich eine Vermutung: bei der Zeit, bei der Musik, bei dem Begriff einer Vernunft, die das Moment des Gefühls umfaßt. Wenn Recki als „erstaunliche Tatsache" festhält: „kein ausdrückliches Wort zur Musik" (oben 216), dann würde ich dies eher als den fehlenden Tod als das „leere Zentrum der feldtheoretischen Transzendentalphilosophie" (oben 210) gelten lassen. Die Musik scheint mir das definitiv entscheidende Argument für die These der Nunczentrizität von Subjektivität zu sein, das dennoch verschwiegen werden durfte.

Recki äußert die Vermutung, daß gerade das Ästhetische sich als dasjenige herausstellen könnte, in dem letztendlich Subjektivitäts- und Feldtheorie zur Vereinigung kommen. Kants subjektphilosophische Konzeption der Ästhetik hält sie für in diesem Rahmen nicht verbesserbar (oben 216); daher ihre Frage nach einer „spinozistischen Ästhetik" und nach den Impulsen, die der Ästhetik aus dem Feld zuwachsen könnten. Einiges von dem, was hier zu erwarten sein könnte, deutet sie skizzenhaft an; die bereits vorliegenden Ästhetiken eines absoluten Idealismus (Hölderlin, Schelling, Hegel) erwähnt sie allerdings nicht.

Trotz all der freundlichen Aufmunterung, die Recki mir zuteil werden läßt, muß ich jedoch nüchtern festhalten: das „Zeug zu einer Ästhetik", das sie mir zuspricht, hat sie selbst zweifellos in beträchtlich größerem Maße. Bekanntlich richten sich die Wünsche der Vernunft an jedes Vernunftwesen mit genau der Intensität, die der jeweiligen Erfüllungskompetenz entspricht. Daher ist vor allem sie gefordert. Eine Reckische Ästhetik würde ich gern noch lesen. In ihr sollten sich nicht nur Gutes und Schönes, sondern auch Spinoza und Kant zusammenfinden.

Literatur

Benacerraf, Parl & Putnam, Hilary (1983): *Philosophy of Mathematics*, 3. ed., Cambridge.
Bieri, Peter (1981): *Analytische Philosophie des Geistes*, Königstein.
Frege, Gottlob (1966): *Logische Untersuchungen*, hg. v. G. Patzig, Göttingen.
Frege, Gottlob (1983): *Nachgelassene Schriften*, hg. von H. Hermes u.a, Hamburg.
Godfrey-Smith, William (1979): „Special Relativity and the Present", in *Philosophical Studies* 36, 233-244.
Husserl, Edmund (1966): *Zur Phänomenologie des einen Zeitbewußtseins. Husserliana* X, den Haag.
Jonas, Hans (1984): *Das Prinzip Verantwortung*, Frankfurt (Main).
Kant, Immanuel (1781): *Kritik der reinen Vernunft* (1. Auflage), in Kant (1900ff.), Bde. 3 und 4. (Stellenangaben nach der Seitenzählung der Originalausgabe A.)
Kant, Immanuel (1783): *Prolegomena zu einer jeden künftigen Metaphysik, die als Wissenschaft wird auftreten können*, in Kant (1900ff.), Bd. 4.
Kant, Immanuel (1787): *Kritik der reinen Vernunft* (2. Auflage), in Kant (1900ff.), Bd. 3. (Stellenangaben nach der Seitenzählung der Originalausgabe (B.)
Kant, Immanuel (1788): *Kritik der praktischen Vernunft*, in Kant (1900ff.), Bd. 5.

Kant, Immanuel (1790): *Kritik der Urteilskraft*, in Kant (1900ff.), Bd. 5.
Kant, Immanuel (1797): *Metaphysik der Sitten*, in Kant (1900ff.), Bd. 6.
Kant, Immanuel (1900ff.): *Kants gesammelte Schriften*, hg. v. der Preußischen Akademie der Wissenschaften, Berlin.
Kullmann, Wolfgang (1979): *Die Teleologie in der aristotelischen Biologie*, Heidelberg.
Luther, Martin (1525): *Daß der freie Wille nichts sei* (übersetzt v. B. Jordahn), in *Ausgewählte Werke, Ergänzungsreihe*, 1. Bd., München 1986.
Meggle, Georg (1981): *Grundbegriffe der Kommunikation*, Berlin.
Rohs, Peter (1985): „In welchem Sinn ist das Kausalprinzip eine „Bedingung der Möglichkeit von Erfahrung"?", in *Kant-Studien* 76.
Rohs, Peter (1988): „Die transzendentale Deduktion als Lösung von Invarianzproblemen", in *Kants transzendentale Deduktion und die Möglichkeit von Transzendentalphilosophie*, hg. vom Forum für Philosophie Bad Homburg, Frankfurt.
Rohs, Peter (1994): „Über die Möglichkeit einer teleologischen Deutung der Natur", in *Teleologie*, hg. von G.-E. Pleines, Würzburg.
Stegmüller, Wolfgang (1969): *Probleme und Resultate der Wissenschaftstheorie und Analytischen Philosophie*, Bd. I, Berlin/Heidelberg/New York.
Walter, Henrik (1996): „Die Freiheit des Determinismus", in *Zeitschrift für philosophische Forschung* 50.

Bibliographie Peter Rohs

A. Buchveröffentlichungen:

1. *Form und Grund. Interpretation eines Kapitels der Hegelschen Wissenschaft der Logik.* Hegel-Studien, Beiheft 6, Bonn 1969, 2. Aufl. Bonn 1972; 3. Aufl. Bonn 1982.
2. *Transzendentale Ästhetik*, Meisenheim 1973.
3. *Transzendentale Logik*, Meisenheim 1976.
4. *Die Vernunft der Erfahrung. Eine Alternative zum Anarchismus der Wissenschaftstheorie*, Königstein 1979.
5. *Die Zeit des Handelns. Eine Untersuchung zur Handlungs- und Normentheorie*, Königstein 1980.
6. *Johann Gottlieb Fichte*, München 1991.
7. *Feld–Zeit–Ich. Entwurf einer feldtheoretischen Transzendentalphilosophie*, Frankfurt 1996.

B. Abhandlungen:

8. Geschichte der Philosophie an der Universität Kiel, in *Geschichte der Chr.-Albr.-Universität Kiel*, Bd. 5, 1. Neumünster 1969.
9. Wie wissenschaftlich ist die wissenschaftliche Naturrechtskritik? In *Philosophische Rundschau* 16, 1969.
10. Beweismöglichkeiten für die transzendentale Ästhetik, in *Philosophisches Jahrbuch der Görres-Gesellschaft* 79, 1972.
11. *Ist die Zukunft eine Extrapolation?* Bemerkungen zu einem Aufsatz von Victor Kraft. In: Zeitschrift für allgemeine Wissenschaftstheorie 3, 1972.
12. *Probleme der Selbstbeziehung*, in Philosophische Rundschau 20, 1973.
13. *Gibt es eine Bewegung der Geschichte?* In: Natur und Geschichte. X. Deutscher Kongreß für Philosophie Kiel 1972. Hamburg 1973.
14. Die transzendentale Apperzeption als Bedingung der Möglichkeit von objektiv wirklicher Synthesis, in *Akten des 4. Internationalen Kant-Kongresses*, Mainz 1974.
15. Das Problem der vermittelten Unmittelbarkeit in der Hegelschen Logik, in *Philosophisches Jahrbuch der Görres-Gesellschaft* 81, 1974.
16. Auflösung eines Einwandes gegen Kants transzendentale Ästhetik, in *Kant-Studien* 66, 1975.
17. Transzendentale Apperzeption und ursprüngliche Zeitlichkeit, in *Zeitschrift für philosophische Forschung* 31, 1977. (Übersetzung ins Japanische in: The Review of the Osaka University of Economics and Law, 34/35, 1988/89).
18. Kants Prinzip der durchgängigen Bestimmung alles Seienden, in *Kant-Studien* 69, 1978.

19. Der Grund der Bewegung des Begriffs, in Hegel-Tage Chantilly 1971. *Hegel-Studien*, Beiheft 18, Bonn 1978.
20. Transzendentalphilosophische oder sprachanalytische Bedeutungstheorie? in Philosophisches Jahrbuch der Görres-Gesellschaft 86, 1979 (Übersetzung ins Englische in *Contemporary German Philosophy*, Vol. 4, 1984).
21. Martin Heidegger, in *Physiognomien. Philosophen des 20. Jahrhunderts in Porträts*, hg. v. E. Nordhofen, Königstein 1980.
22. Transzendentalphilosophie als Deutungstheorie? In *Kant-Studien* 72, 1981.
23. Eine neue Hypothese zur Einheit von Gehirn und Geist, in *Kommunikation und Reflexion. Zur Diskussion der Transzendental-Pragmatik – Antworten auf Karl-Otto Apel*, Frankfurt 1982.
24. Ist jeder Fall von echter Teleologie ein Fall von echter Kausalität? In *Zeitschrift für philosophische Forschung* 38, 1984.
25. Pflichtethik oder Wertethik? In *Zeitschrift für philosophische Forschung* 39, 1985.
26. Müssen Freiheitsbeweise unzulänglich sein? (Zu U. Pothasts Buch „Die Unzulänglichkeit der Freiheitsbeweise"), in *Archiv für Geschichte der Philosophie* 67, 1985.
27. Was sind Bedeutungen? In *Allgemeine Zeitschrift für Philosophie* 10, 1985.
28. In welchem Sinn ist das Kausalprinzip eine Bedingung der Möglichkeit von Erfahrung? In *Kant-Studien* 76, 1985. Mit einer Erwiderung, ebd.
29. Gedanken zu einer Handlungstheorie auf transzendentalphilosophischer Grundlage, in *Handlungstheorie und Transzendentalphilosophie*, hg. v. G. Prauss, Frankfurt 1986.
30. Ist eine ausweisbare Zeitmessung möglich? Zur „Protophysik der Zeit", in *Philosophische Rundschau* 33, 1986.
31. Der temporale Dualismus, in *Conceptus* XXI, 1987.
32. Philosophie als Selbsterhellung von Vernunft, in *Philosophie und Begründung*, hg. v. Forum für Philosophie Bad Homburg. Frankfurt 1987.
33. Die transzendentale Deduktion als Lösung von Invarianzproblemen, in *Kants transzendentale Deduktion und die Möglichkeit von Transzendentalphilosophie*, hg. v. Forum für Philosophie Bad Homburg, Frankfurt 1988.
34. Über Sinn und Sinnlosigkeit von Kants Theorie der Subjektivität, in *Neue Hefte für Philosophie* 27/28, 1988.
35: Der Friede als philosophisches Problem, in *Friedensphilosophische Blätter*, Universität Münster, 1988.
36. Kants Kritik und Hamanns Metakritik, in *Johann Georg Hamann 1730-1788*, hg. v. Renate Knoll, Bonn 1988.
37. Transzendentalphilosophie als spatio-temporaler Spinozismus, in *Perspektiven transzendentaler Reflexion*, hg. v. G. Müller u. Th.M. Seebohm, Bonn 1989.
38. Gedanken und Bedeutungen. Zu Georg Meggles Theorie der Kommunikation, in *Intentionalität und Verstehen*, hg. v. Forum für Philosophie Bad Homburg. Frankfurt 1990.

39. Können Subjekte objektiv sein? In *Subjektivität und Objektivität,* hg. v. V. Leute, Münster 1990.
40. Moralische Präferenzen, in *Zur Rekonstruktion der praktischen Philosophie. Gedenkschrift für Karl-Heinz Ilting,* hg. v. K.-O. Apel. Stuttgart 1990.
41. Der materiale Gehalt des Sittengesetzes nach Fichtes Sittenlehre, in *Fichte-Studien* 3, 1991.
42. Die Vermittlung von Natur und Freiheit in Kants Kritik der Urteilskraft, in *Akten des 7. Kant-Kongresses,* Bonn 1991.
43. Transzendentalphilosophische Handlungstheorie – eine Skizze, in *Racionalidade e Ação,* hg. v. V. Rohden, Porto Alegre 1992 (mit Übersetzung ins Portugiesische).
44. *Zwischen Spinoza und Kant.* In: Spinoza und der deutsche Idealismus, hg. v. M. Walther. Würzburg 1992.
45. Menschenrecht, Naturverhältnis und Naturteleologie, in *Recht und Natur,* hg. v. V. Gerhardt u. W. Krawietz. Berlin 1992.
46. Noch einmal: das Kausalprinzip als Bedingung der Möglichkeit von Erfahrung, in *Kant-Studien* 83, 1992.
47. Die Zeitlichkeit von Leib und Seele, in *Zeiterfahrung und Personalität,* hg. v. Forum für Philosophie Bad Homburg. Frankfurt 1992.
48. Schein (Fichte – Adorno), in *Historisches Wörterbuch der Philosophie,* Bd. 8, 1992.
49. Oikeiosis – jenseits von Herder oder Darwin, in *Zeitschrift für philosophische Forschung* 47, 1993.
50. Ist Intentionalität fundamentaler als sprachliche Bedeutung? In *Transzendentalpragmatik,* hg. v. A. Dorschel u.a., Frankfurt 1993.
51. Vernunft und Selbstbewußtsein, in *Vernunftbegriffe in der Moderne,* hg. v. H.F. Fulda u. R.-P. Horstmann, Stuttgart 1994.
52. Über die Möglichkeit einer teleologischen Deutung der Natur, in *Teleologie,* hg. v. J.-E. Pleines, Würzburg 1994, ebenfalls in *Natur in der Krise,* hg. v. R. Löw u. R. Schenk, Hildesheim 1994.
53. Lenzen versus Castañeda, in *Zeitschrift für philosophische Forschung* 48, 1994.
54. Neuhousers Fichte-Deutung, in *Zeitschrift für philosophische Forschung* 48, 1994.
55. Über die Zeit als das Mittelglied zwischen dem Intelligiblen und dem Sinnlichen, in *Fichte-Studien* 6, 1994.
56. Warum Kant kein Utilitarist war, in *Zum moralischen Denken,* hg. v. Chr. Fehige u. G. Meggle, Bd. 2, Frankfurt 1995.
57. Gründe für den Gottesbegriff Spinozas, in *Nachmetaphysisches Denken und Religion,* hg. v. Forum für Philosophie Bad Homburg. Würzburg 1996.
58. Selbstbewußtsein und direkte Referenz im Anschluß an Fichte, in Bewußtsein, hg. v. S. Krämer, Frankfurt 1996.
59. Wahrnehmungsurteile und Erfahrungsurteile, in *Kant in der Diskussion der Moderne,* hg. v. G. Schönrich u. Y. Kato, Frankfurt 1996.
60. Die Zeit zwischen Feld und Ich, in *Forschungsjournal der Universität Münster,* 1996.

61. Zu Freges Kantianismus, in *Archiv für Geschichte der Philosophie* 79, 1997.

C. Rezensionen von:

62. Ute Guzzoni, *Werden zu sich*, in *Hegel-Studien 4*, Bonn 1967.
63. Ernst Topitsch, *Mythos – Philosophie – Politik*, in. *Philosophische* Rundschau 18, 1971.
64. Manfred Wetzel, *Reflexion und Bestimmtheit in Hegels Wissenschaft der Logik*, in *Hegel-Studien 8*, 1973.
65. Hans-Georg Gadamer, *Hegels Dialektik*, in *Hegel-Studien 8*, 1973.
66. Malcolm Clark, *Logic and System*, in *Hegel-Studien 8*, 1973.
67. L. Bruno Puntel, *Darstellung, Methode und Struktur*, in *Philosophisches Jahrbuch der Görres-Gesellschaft* 81, 1974.
68. Otto Pöggeler, *Hegels Idee einer Phänomenologie des Geistes*, in *Philosophisches Jahrbuch der Görres-Gesellschaft* 82, 1975.
69. Replik, in *Phil. Jb. 83*, 1976.
70. Bruno Liebrucks, *Sprache und Bewußtsein*, Bd. 6, Teil 1-3, in *Hegel-Studien 11*, 1976.
71. Günter Maluschke, *Kritik und absolute Methode in Hegels Dialektik*, in *AGPh 58*, 1976.
72. Ernst Topitsch, *Die Voraussetzungen der Transzendentalphilosophie – Kant in weltanschauungsanalytischer Beleuchtung*, in *Phil. Jb. 84*, 1977.
73. Wolfram Hogrebe, *Kant und das Problem einer transzendentalen Semantik*, in *Phil. Jb. 84*, 1977.
74. Peter Bieri, *Zeit und Zeiterfahrung*, in *Phil. Rdsch. 24*, 1977. (Übersetzung ins Griech. in: Deukalion 29, 1980).
75. Dieter Henrich, *Identität und Objektivität*, in *ZphF. 32*, 1978.
76. Rainer Stuhlmann-Laeisz, *Kants Logik*, in *Phil. Rdsch. 25*, 1978.
77. Gerold Prauss, *Erkennen und Handeln in Heideggers „Sein und Zeit"*, in *Phil. Jb. 85*, 1978.
78. Malte Hossenfelder, *Kants Konstitutionstheorie und die transzendentale Deduktion*, in *ZphF. 32*, 1978.
79. Enno Rudolph, *Skepsis bei Kant*, in *Kant-Studien 71*, 1980.
80. K.F. Bloch, *Die Atomistik bei Hegel und die Atomtheorie der Physik*, in *AGPh 64*, 1982.
81. Ingeborg Schüssler, *Philosophie und Wissenschaftspositivismus*, in *Kant-Studien 74*, 1983.
82. Georg Wilhelm Friedrich Hegel, *Gesammelte Werke*, Band 11 und 12, Wissenschaft der Logik, in *Hegel-Studien 18*, 1983.
83. Reinhart Lauth, *Die Konstitution der Zeit im Bewußtsein*, in *Phil. Rdsch. 32*, 1985.

84. Peter Krausser, *Kants Theorie der Erfahrung und Erfahrungswissenschaft*, in *Kant-Studien 86*, 1985.
85. Wolfgang Becker, *Selbstbewußtsein und Erfahrung*, Gerhard Schönrich, *Kategorien und transzendentale Argumentation*, in ZphF 40, 1986.

Zu den Autoren

Michael Esfeld, geboren 1966 in Berlin. Studium der Philosophie und Geschichte in Freiburg (Breisgau), Lausanne und Münster. Promotion 1994 in Münster bei Peter Rohs. Forschungsaufenthalte an der ETH Zürich, am Department for the History and Philosophy of Science und am Wolfson College der Universität Cambridge sowie am Zentrum für Philosophie und Wissenschaftstheorie der Universität Konstanz. Habilitationsprojekt über Holismus in der Philosophie der Physik und der Philosophie des Geistes. Buchveröffentlichung: *Mechanismus und Subjektivität in der Philosophie von Thomas Hobbes*, Stuttgart-Bad Cannstatt 1995.

Volker Gerhardt, geboren 1944, ist Professor für Philosophie an der Humboldt-Universität zu Berlin. Wichtigste Veröffentlichungen: *Immanuel Kant* (mit F. Kaulbach; 1979), *Pathos und Distanz* (1989), *Der Begriff der Politik* (1990), *Friedrich Nietzsche* (1992), *Immanuel Kants Entwurf „Zum ewigen Frieden". Eine Theorie der Politik* (1995), *Vom Willen zur Macht* (1996); Aufsätze zur Ethik, Politik und Ästhetik. Herausgeber zahlreicher Sammelbände und Mitherausgeber des Jahrbuchs *Politisches Denken*.

Bernward Gesang, geboren 1968 in Arnsberg. Studium der Philosophie, Germanistik und Pädagogik in Bonn und Münster. 1994 Promotion in Münster über das Thema „Wahrheitskriterien". Von 1995-1997 Postdoktorand am „Zentrum für Ethik in den Wissenschaften" der Universität Tübingen. Seit 1997 Habilitationsstipendiat der DFG. Veröffentlichungen zu Themen der Ethik und Erkenntnistheorie, darunter die Monographie: *Wahrheitskriterien im Kritischen Rationalismus*, Amsterdam, Atlanta 1995.

Hansgeorg Hoppe, geboren 1935, Dr. phil., Professor für Philosophie an der Universität des Saarlandes in Saarbrücken. Wichtigste Veröffentlichungen: *Kants Theorie der Physik*, Frankfurt (Main) 1969; *Synthesis bei Kant*, Berlin/New York 1983; Aufsätze in Zeitschriften und Sammelbänden u.a. zur Philosophie Kants, zur Handlungstheorie und zur Erkenntnistheorie.

Christoph Jäger, Jahrgang 1965, studierte Philosophie in Münster, Hamburg und Oxford. Magisterexamen 1992 mit einer Arbeit über Frege, Promotion 1994 mit einer Arbeit über indexikalische Referenz. 1994 bis 1996 wissenschaftlicher Mitarbeiter am Institut für Philosophie der Universität Leipzig, seit 1996 dort wissenschaftlicher Assistent. Aufsätze über Bedeutungs- und Kommunikationstheorie, Mitherausgeber der Reihe *Probleme der Philosophie*. Derzeitige Arbeitsschwerpunkte: Sprachphilosophie, analytische Phänomenologie, Religionsphilosophie.

Wolfgang Kuhlmann, geboren 1939. 1959-1966 Studium der Germanistik und des Griechischen in Kiel und Paris. 1966-1971 Studium der Philosophie in Kiel und Saarbrücken. 1974 Promotion, 1983 Habilitation in Frankfurt am Main. 1985-1992 Geschäftsführer des Forums für Philosophie, Bad Homburg GmbH. 1989 Außerplanmäßiger Professor für Philosophie an der Universität Frankfurt am Main. 1992-1993 Universitätsprofessor, Pädagogische Hochschule Erfurt/Mühlhausen. Seit 1993 Universitätsprofessor an der RWTH Aachen, Lehrstuhl für Philosophie. Wichtigste Veröffentlichungen: *Reflexive Letztbegründung. Untersuchungen zur Transzendentalpragmatik* (Freiburg/München 1984), *Kant und die Transzendentalpragmatik* (Würzburg 1992), *Sprachphilosophie – Hermeneutik – Ethik* (Würzburg 1992).

Georg Meggle, geboren 1944 in Kempten/Allgäu; Studium in München, Oxford und Regensburg; Promotion 1979 bei von Kutschera, Habilitation 1984. Nach Professuren in Münster und Saarbrücken seit 1994 Professor für Philosophische Anthropologie und Kognitionswissenschaften in Leipzig. Hg. der Reihen *Perspektiven der Analytischen Philosophie (PAP)* und *Geist Erkenntnis Kognition (GEK)*. Wichtigste Veröffentlichung: *Grundbegriffe der Kommunikation*, 1997². Arbeitsschwerpunkte: Handlungs- und Kommunikationstheorie sowie Ethik.

Sibille Mischer, geboren 1963, Dr. phil., Promotion 1994 in Münster. Seit 1996 wissenschaftliche Assistentin am Philosophischen Seminar der WWU Münster. Veröffentlichungen: *Der verschlungene Zug der Seele. Natur, Organismus und Entwicklung bei Schelling, Steffens und Oken*, Würzburg 1997; *Philosophie: Studium, Text und Argument* (hg. mit N. Herold und B. Kensmann), Münster 1997; Arbeitsgebiete u.a.: Naturphilosophie im Deutschen Idealismus, Philosophie der Biologie, Ethik, Methoden der Philosophie.

Georg Mohr, geboren 1956, PD Dr. phil., Magister Bonn 1982, Promotion Neuchâtel 1989, Habilitation Münster 1994, 1985-1989 Assistent Universität Neuchâtel, 1989-1995 Wissenschaftlicher Assistent Universität Münster, seit 1995 Gastprofessor für Philosophie Humboldt-Universität zu Berlin. Veröffentlichungen: *Das sinnliche Ich*, Würzburg 1991; *Du sens interne* (hg. mit Gerhard Seel u.a.), Genf/Lausanne/Neuchâtel 1988; *Eric Weil - Ethik und politische Philosophie* (hg. mit Ludwig Siep), Berlin 1997; *Erziehungswissenschaft - Bildung - Philosophie* (hg. mit Bärbel Frischmann), Weinheim 1997; Aufsätze zur theoretischen und praktischen Philosophie.

Michael Quante, geboren 1962, Promotion 1992 an der WWU Münster. 1993-1995 Wissenschaftlicher Mitarbeiter in einem DFG-Forschungsprojekt zu ethischen Problemen der Transplantationsmedizin und seit 1996 Wissenschaftlicher Assistent am Philosophischen Seminar der WWU Münster. Publikationen: *Hegels Begriff der Handlung* (Stuttgart-Bad Cannstatt 1993); Aufsätze zu den Arbeitsgebieten Deutscher Idealismus, Philosophie des Geistes, Ethik und Bioethik. Mitherausgeber der Reihe *Probleme der Philosophie*, Paderborn 1996ff. und des Sammelbandes *Hirntod und Organentnahme*, Stuttgart-Bad Cannstatt 1997 (gemeinsam mit J.S. Ach).

Birgit Recki, Jahrgang 1954, Dr. phil.; 1984 Promotion, 1995 Habilitation an der Universität Münster im Fach Philosophie; seit 1997 Professorin für Philosophie an der Universität Hamburg. Arbeitsgebiete Ästhetik, Ethik, Kulturphilosophie. Publikationen: *Aura und Autonomie. Zur Subjektivität der Kunst bei Theodor W. Adorno und Walter Benjamin*, Würzburg 1988; *Ästhetik der Sitten. Die Affinität von ästhetischem Gefühl und praktischer Vernunft bei Kant*, Frankfurt am Main 1998; Mitherausgeberin von *Bild und Reflexion. Paradigmen und Perspektiven gegenwärtiger Ästhetik*, München 1997.

Peter Rohs, geboren 1936, Dr. phil. Studium der Philosophie, Germanistik und Volkswirtschaft in Freiburg, München und Kiel; dort 1964 Promotion bei Walter Bröcker; Habilitation 1975 in Frankfurt; 1985-1986 Geschäftsführer des Forums für Philosophie Bad Homburg; seit 1986 Professor für Philosophie an der Westfälischen Wilhelms-Universität Münster.

Alejandro Rosas geboren 1959 in Medellin (Kolumbien). Studium der Philosophie, Germanistik und Geschichte an der Westfälischen-Wilhelms Universität Münster; dort 1990 Promotion bei Peter Rohs. Zur Zeit *Profesor Asistente* an der *Universidad Nacional de Colombia* zu Bogota. Veröffentlichungen: *Transzendentaler Idealismus und Widerlegung der Skepsis bei Kant*, Würzburg 1991; *Kants idealistische Reduktion. Das Mentale und das Materielle im transzendentalen Idealismus*, Würzburg 1996; Aufsätze in Fachzeitschriften.

Ludwig Siep, geboren 1942, Dr. phil., ist Professor für Philosophie an der Universität Münster. Wichtigste Veröffentlichungen: *Hegels Fichtekritik und die Wissenschaftslehre von 1804* (1970); *Anerkennung als Prinzip der praktischen Philosophie* (1979); *Praktische Philosophie im Deutschen Idealismus* (1992); *Hegel: Grundlinien der Philosophie des Rechts* (hg. v. L. Siep; 1997). Aufsätze zur praktischen Philosophie der Neuzeit und zur biomedizinischen Ethik.

Christian Suhm, M.A., geboren 1970, Studium der Philosophie, Psychololgie, griechischen Philologie und Physik an der Westfälischen Wilhelms-Universität Münster; Magister Artium 1997; Arbeitsgebiet: Philosophie der Naturwissenschaft.

Marcus Willaschek, geboren 1962, Dr. phil., Promotion 1991 in Münster. Seit 1995 wissenschaftlicher Assistent am Philosophischen Seminar der WWU Münster. Veröffentlichungen: *Praktische Vernunft. Handlungstheorie und Moralbegründung bei Kant*, Stuttgart/Weimar 1992; Aufsätze in Fachzeitschriften und Sammelbänden u.a. zur Handlungstheorie, zur Philosophie Kants und zur analytischen Philosophie des Geistes und der Erkenntnis; Mitherausgeber der Reihen *Probleme der Philosophie* (Paderborn) und *Münsteraner Philosophische Schriften* (Münster).

Münsteraner Philosophische Schriften
herausgegeben von Prof. Dr. Kurt Bayertz,
Prof. Dr. Ludwig Siep, Prof. Dr. Josef Früchtl
Prof. Dr. Thomas Leinkauf und
Dr. Marcus Willaschek (Philosophisches Seminar,
Westfälische Wilhelms-Universität Münster)

Peter Rohs
Abhandlungen zur Feldtheoretischen Transzendentalphilosophie
Bd. 2, 1998, 256 S., 49,80 DM, br.,
ISBN 3-8258-3455-7

Jörg Thomas Peters
Der Arbeitsbegriff bei John Locke
Im Anhang: Lockes Plan zur Bekämpfung der Arbeitslosigkeit von 1697
Lockes Pädagogik ist weder eine auf Tugend zielende, wie in der Antike, noch eine gottesfürchtige, wie im Mittelalter, sondern eine konkret auf das Leben gerichtete, praktisch-nützliche, an den Interessen der Wirtschaft orientierte Erziehungslehre. Arbeit ist für Locke kein pädagogischer oder bildungstheoretischer Begriff wie später etwa für Hegel oder Marx, sondern für ihn erfolgt Erziehung, damit der Mensch in das ökonomische System paßt bzw. eingepaßt werden kann.
Um diese These zu verifizieren, wird im ersten Teil der Arbeit untersucht, worauf die Lockesche Arbeits- und Eigentumstheorie basiert. Dabei stellt sich heraus, daß Locke die Ökonomiekonzeption des Aristoteles, die von Cicero vertretene *oikeiosis*-Lehre, Teile der *dominium*-Theorie von Grotius und Pufendorf und wesentliche die Arbeit betreffende Ausführungen von Hobbes zustimmend in seine Arbeits- und Eigentumstheorie einbeziehet, während man dies von der absolutistischen Staatstheorie Sir Robert Filmers nicht behaupten kann. Dennoch hatte Filmers Lehre Auswirkungen auf Locke. Es ist Filmers Verdienst, nachgewiesen zu haben, daß das Privateigentum nicht qua Vertrag aus einer "ursprünglichen Gütergemeinschaft" hervorgeht, so daß Locke bei der Formulierung seiner Arbeits- und Eigentumstheorie nicht mehr auf die Okkupations- und Vertragslehre von modernen Naturrechtslehrern wie z.B. Grotius oder Pufendorf zurückgreifen konnte und gezwungen war, eine neue Begründung (Arbeitstheorie) für das Recht auf Privateigentum zu finden.
Im ersten Teil des zweiten Kapitels wird anhand des "Second Treatise" der *Two Treatises of Government* dargestellt, daß Lockes Arbeitslehre primär ökonomisch ausgerichtet ist, während im zweiten Teilkapitel anhand von *Some Thoughts Concerning Education* und des *Report of the Board of Trade to the Lord Justices in the Year 1967, Respecting the Relief and the Employment of the Poor, Drawn up in the Year 1967* der Nachweis erbracht wird, daß der Arbeitsbegriff durch Locke auch in der Pädagogik nicht nur einen großen Stellenwert erhalten hat, sondern daß der englische Philosoph – nach heutigen Kriterien – schon sehr modern gedacht hat, da seine Pädagogik eine Erziehung zur Arbeit vorsieht, die dem Primat der Ökonomie unterworfen ist. Im Anhang schließlich ist der *Report* mit sämtlichen Anmerkungen abgedruckt.
Bd. 3, 1997, 360 S., 59,80 DM, br.,
ISBN 3-8258-3268-6

Münsteraner Einführungen: Philosophie

Franz Gniffke; Norbert Herold (Hrsg.)
Philosophie: Problemfelder und Disziplinen
Philosophie existiert heute nicht mehr als System, aber sie bewegt sich immer noch in der Tradition bestimmter Denkmodelle und Problemfelder, wenn sie nach Antworten auf aktuelle Probleme sucht. Für eine erste Orientierung bietet sich daher als Rahmen gleichwohl die Aufteilung nach Disziplinen an. Der vorliegende Band "Problemfelder und Disziplinen" basiert auf einer Ringvorlesung am Philosophischen Seminar Münster, die versucht, auf diesem Wege einen Einblick in Aufgabenstellung, Fragen und Forschungsstand von Philosophie heute zu geben.
Bd. 1, 1996, 250 S., 34,80 DM, br.,
ISBN 3-8258-2219-2

Norbert Herold; Bodo Kensmann;
Sibille Mischer (Hrsg.)
Philosophie: Studium, Text und Argument
Bd. 2, 1997, 200 S., 29,80 DM, br.,
ISBN 3-8258-2220-6

Franz Gniffke; Norbert Herold (Hrsg.)
Klassische Fragen der Philosophiegeschichte
Bd. 3, 1997, ca. 250 S., ca. 34,80 DM, br.,
ISBN 3-8258-2769-0

LIT Verlag Münster – Hamburg – London
Bestellungen über: Dieckstr. 73 48145 Münster Tel.: 0251 – 23 50 91 Fax: 0251 – 23 19 72